【臺灣現當代作家
研究資料彙編】49

王禎和

國立台灣文學館
出版

部長序

　　文學既是社會縮影也是靈魂核心，累積研究論述及文獻史料，不僅可厚實文學發展根基，觀照當代人文的思想脈絡，更能指引未來的社會發展。臺灣文學歷經數百年的綿延與沉澱，蓄積豐沛的能量，也呈現生氣盎然的多元創作面貌。近一甲子的臺灣現當代文學發展，就是華文世界人文心靈最溫暖的寫照。

　　緣此，國立臺灣文學館自 2010 年啟動《臺灣現當代作家研究資料彙編》，鉅細靡遺進行珍貴的文學史料蒐集研究，意義深遠。這項計畫歷時三年多，由文學館結合學界、出版社、作家一同參與，組成陣容浩大的編輯群與顧問團隊，梳理臺灣文學長河裡的各方涓流，共匯集 50 位臺灣現當代重要作家的生平、年表與作品評論資料，選錄其代表性的評論文章，彙編成冊，完整呈現作家的人文映記、文學成就及相關研究，成果豐碩。

　　由於內容浩瀚、需多所佐證，本套叢書共分三階段陸續出版，先是 2011 年推出以臺灣新文學之父賴和為首的 15 位作家研究資料彙編，接著於 2012 年完成張我軍、潘人木等 12 位作家的研究資料彙編；及至 2013 年 12 月，適逢國立臺灣文學館十周年館慶之際，更纂輯了姜貴、張秀亞、陳秀喜、艾雯、王鼎鈞、洛夫、余光中、羅門、商禽、瘂弦、司馬中原、林文月、鄭愁予、陳冠學、黃春明、白先勇、白萩、陳若曦、郭松棻、七等生、王文興、王禎和、楊牧共 23 位作家的研究資料，皇皇巨著，為臺灣文學之巍巍巨觀留下具里程碑的文字見證。這套選粹體現了臺灣文學研究總體成果中，極為優質的論述著作，有助於臺灣文學發展的擴展化與深刻化，質量兼具。在此，特別對參與編輯、撰寫、諮詢的文學界朋友們表達謝意，也向全世界愛好文學的讀者，推介此一深具人文啟發且實用的臺灣現當代文學工具書，彼此激勵，為更美好的臺灣人文環境共同努力。

文化部部長　龍應台

館長序

　　所有一切有關文學的討論，最終都得回歸到創作主體（作家）及其創作文本（作品）。文本以文字書寫，刊載在媒體上（報紙、雜誌、網站等），或以印刷方式形成紙本圖書；從接受端來看，當然以後者為要，原因是經過編輯過程，作者或其代理人以最佳的方式選編，常會考慮讀者的接受狀況，亦以美術方式集中呈現，其形貌也必然會有可觀者。

　　從研究的角度來看，它正是核心文獻。研究生在寫論文的時候，每在緒論中以一節篇幅作「文獻探討」，一般都只探討研究文獻，仍在周邊，而非核心。所以作家之研究資料，包括他這個人和他所寫的作品，如何鉅細靡遺彙編一處，是研究最基礎的工作；其次才是他作品的活動場域以及別人如何看待他的相關資料。前者指的是發表他作品的報刊及其他再傳播的方式或媒介，後者指的是有關作家及其作品的訪問、報導、著作目錄、年表、文評、書評、專論、綜述、專書、選編等，有系統蒐輯、編目，擇其要者結集，從中發現作家及其作品被接受的狀況，清理其發展，這其實是文學經典化**真正的**過程；也必須在這種情況下，作家研究才有可能進一步開展。

　　針對個別作家所進行的資料工作隨時都在發生，但那是屬於個人的事，做得好或不好，關鍵在他的資料能力；將一群有資料能力的學者組織起來，通過某種有效的制度性運作，想必能完成有關作家研究資料彙編的人文工程，可以全面展示某個歷史時期有關作家研究的集體成就，這是國立臺灣文學館從 2010 年啟動「臺灣現當代

作家研究資料彙編」（50 冊）的一些基本想法，和另外兩個大計
畫：「臺灣文學史長編」（33 冊）、「臺灣古典作家精選集」（38 冊），
相互呼應，期能將臺灣文學的豐富性展示出來，將「臺灣文學」這
個學科挖深識廣；作為文化部的附屬機構，我們在國家文化建設的
整體工程中，在「文學」作為一個公共事務的理念之下，我們紮紮
實實做了有利文化發展的事，這是我們所能提供給社會大眾的另類
服務，也是我們朝向臺灣文學研究中心理想前進的努力。

　　我們在四年間分三批出版的這 50 本臺灣現當代作家研究資料彙
編，從賴和（1894～1943）到楊牧（1940～），從割臺之際出生、活
躍於日據下的作家，到日據之末出生、活躍於戰後臺灣文壇的作
家；當然也包含 1949 年左右離開大陸，而在臺灣文壇發光發熱的作
家。他們只是臺灣作家的一小部分，由承辦單位組成的專業顧問群
多次會商議決；這個計畫，我們希望能夠在精細檢討之後，持續推
動下去。

　　顧問群基本上是臺灣文學史專業的組合，每位作家重要評論文
章選刊及研究綜述的撰寫者，都是對於該作家有長期研究的專家。
這是學界人力的大動員，承辦本計畫的臺灣文學發展基金會長期致
力臺灣文學史料的蒐輯整理，具有強大的學術及社會力量，本計畫
能夠順利推動且如期完成，必須感謝他們組成的編輯團隊，以及眾
多參與其事的學界朋友。

國立臺灣文學館館長　李瑞騰

編序

◎封德屏

緣起

1995 年 10 月 25 日，在臺灣師範大學教育大樓的 201 室，一場以「面對臺灣文學」為題的座談會，在座諸位學者分別就臺灣文學的定義、發展、研究，以及文學史的寫法等，提出宏文高論，而時任國家圖書館編纂張錦郎的「臺灣文學需要什麼樣的工具書」，輕鬆幽默的言詞，鞭辟入裡的思維，更贏得在座者的共鳴。

張先生以一個圖書館工作人員自謙，認真專業地為臺灣這幾十年來究竟出版了多少有關臺灣文學的工具書，做地毯式的調查和多方面的訪問。同時條理分明地針對研究者、學生，列出了十項工具書的類型，哪些是現在亟需的，哪些是現在就可以做的，哪些是未來一步一步累積可以達成的，分別做了專業的建議及討論。

當時的文建會二處科長游淑靜，參與了整個座談會，會後她劍及履及的開始了文學工具書的委託工作，從 1996 年的《臺灣文學年鑑》起始，一年一本的編下去，一直到現在，保存延續了臺灣文學發展的基本樣貌。接著是《中華民國作家作品目錄》的新編，《臺灣文壇大事紀要》的續編，補助國家圖書館「當代文學史料影像全文系統」的建置，這些工具書、資料庫的接續完成，至少在當時對臺灣文學的研究，做到一些輔助的功能。

2003 年 10 月，籌備多年的「台灣文學館」正式開幕運轉。同年五月《文訊》改隸「財團法人台灣文學發展基金會」，為了發揮更大的動能，開

始更積極、更有效率地將過去累積至今持續在做的文學史料整理出來，讓豐厚的文藝資源與更多人共享。

於是再次的請教張錦郎先生，張先生認為文學書目、作家作品目錄、文學年鑑、文學辭典皆已完成或正在進行，現在重點應該放在有關「臺灣現當代作家評論資料目錄」的編輯工作上。

很幸運的，這個計畫的發想得到當時臺灣文學館林瑞明館長的支持，於是緊鑼密鼓的展開一切準備工作：籌組編輯團隊、召開顧問會議、擬定工作手冊、撰寫計畫書等等。

張錦郎先生花了許多時間編訂工作手冊，每一位作家的評論資料目錄分為：

（一）生平資料：可分作者自述，旁人論述及訪談，文學獎的紀錄。

（二）作品評論資料：可分作品綜論，單行本作品評論，其他作品（包括單篇作品）評論，與其他作家比較等。

此外，對重要評論加以摘要解說，譬如專書、專輯、學術會議論文集或學位論文等，凡臺灣以外地區之報刊及出版社，於書名或報刊後加註，如中國大陸、香港、新加坡等。此外，資料蒐集範圍除臺灣外，也兼及中國大陸、香港、新加坡、日本、韓國及歐美等地資料，除利用國內蒐集管道外，同時委託當地學者或研究者，擔任資料蒐集工作。

清楚記得，時任顧問的學者專家們，都十分高興這個專案的啟動，但確定收錄哪些作家名單時，也有不同的思考及看法。經過充分的討論後，終於取得基本的共識：除以一般的「文學成就」為觀察及考量作家的標準外，並以研究的迫切性與資料獲得之難易度為綜合考量。譬如說，在第一階段時，作家的選擇除文學成就外，先考量迫切性及研究性，迫切性是指已故又是日治時期臺籍作家為優先，研究性是指作品已出土或已譯成中文為優先。若是作品不少而評論少，或作品評論皆少，可暫時不考慮。此外，還要稍微顧及文類的均衡等等。基本的共識達成後，顧問群共同挑選出 310 位作家，從鄭坤五、賴和、陳虛谷以降，一直到吳錦發、陳黎、蘇

偉貞，共分三個階段進行。

　　張錦郎先生修訂的編輯體例，從事學術研究的顧問們，一方面讚嘆「此目錄必然能成為類似文獻工作的範例」，但又深恐「費力耗時，恐拖延了結案時間」，要如何克服「有限時間，高度理想」的編輯方式，對工作團隊確實是一大挑戰。於是顧問們群策群力，除了每人依研究領域、研究專長認領部分作家外（可交叉認領），每個顧問亦推薦或召集研究生襄助，以期能在教學研究工作外，為此目錄盡一份心力。

　　「臺灣現當代作家評論資料目錄」專案計畫，自 2004 年 4 月開始，至 2009 年 10 月結束，分三個階段歷時五年六個月，共發現、搜尋、記錄了十餘萬筆作家評論資料。共經歷了三位專職研究助理，近三十位兼任研究助理。這些研究助理從開始熟悉體例，到學習如何尋找資料，是一條漫長卻實用的學習過程。

接續

　　「臺灣現當代作家評論資料目錄」的專案完成，當代重要作家的研究，更可以在這個基礎上，開出亮麗的花朵。於是就有了「臺灣現當代作家研究資料彙編暨資料庫建置計畫」的誕生。為了便於查詢與應用，資料庫的完成勢在必行，而除了資料庫的建置外，這個計畫再從 310 位作家中精選 50 位，每人彙編一本研究資料，內容有作家圖片集，包括生平重要影像、文學活動照片、手稿及文物，小傳、作品目錄及提要、文學年表。另外每本書分別聘請一位最適當的學者或研究者負責編選，除了負責撰寫八千至一萬字的作家研究綜述外，再從龐雜的評論資料中挑選具有代表性的評論文章，平均 12～14 萬字，最後再附該作家的評論資料目錄，以期完整呈現該作家的生平、創作、研究概況，其歷史地位與影響。

　　由於經費及時間因素，除了資料庫的建置，資料彙編方面，50 位作家分三個階段完成。第一階段出版了 15 位作家，第二階段出版了 12 位作家，此次第三階段則出版了 23 位作家資料彙編。雖然已有過前兩階段的實

務經驗，但相較於前兩階段，此次幾乎多出版將近一倍的數量，使工作小組在編輯過程中，仍然面臨了相當大的困難與挑戰。

首先，必須掌握每位編選者進度這件事，就是極大的挑戰。於是編輯小組在等待編選者閱讀選文的同時，開始蒐集整理作家生平照片、手稿，重編作家年表，重寫作家小傳，尋找作家出版品的正確版本、版次，重新撰寫提要。這是一個極其複雜的工程。還好有認真負責的雅嫻、崔婷、欣怡，以及編輯老手秀卿幫忙，讓整個專案延續了一貫的品質及進度。

在智慧權威、老練成熟的學者專家面前，這些初生之犢的年輕助理展現了大無畏的精神，施展了編輯教戰手冊中的第一招——緊迫盯人。看他們如此生吞活剝地貫徹我所傳授的編輯要法，心裡確實七上八下，但礙於工作繁雜，實在無法事必躬親，也只好讓他們各顯身手了。

縱使這些新手使出了全部力氣，無奈工作的難度指數仍然偏高，雖有前兩階段的經驗，但面對不同的編選者，不同的編選風格，進度仍然不很順利，再加上此次同時進行 23 位作家的編纂作業，在與各編選者及各冊傳主往來聯繫的過程中，更是有許多龐雜而繁瑣的細節。此時就得靠意志力及精神鼓舞了。我對著年輕的同仁曉以大義，告訴他們正在光榮地參與一個重要的文學工程，絕對不可輕言放棄。

成果

雖然過程是如此艱辛，如此一言難盡，可是終究看到豐美的成果。每位編選者雖然忙碌，但面對自己負責的作家資料彙編，卻是一貫地認真堅持。他們每人必須面對上千或數百筆作家評論資料，挑選重要或關鍵性的評論文章，全面閱讀，然後依照編選原則，挑選評論文章。助理們此時不僅提供老師們所需要的支援，統計字數，最重要的是得找到各篇選文作者，取得同意轉載的授權。在第一階段進度流程初估時，我們錯估了此項工作的難度，因為許多評論文章，發表至今已有數十年的光景，部分作者行蹤難查，還得輾轉透過出版社、學校、服務單位，尋得蛛絲馬跡，再鍥

而不捨地追蹤。有了第一階段的血淚教訓，第二階段關於授權方面，我們更是如臨深淵、如履薄冰，希望不要重蹈覆轍，第三階段也遵循前兩階段的經驗，在面對授權作業時更是戰戰兢兢，不敢懈怠。

除了挑選評論文章煞費苦心外，每個作家生平重要照片，我們也是採高標準的方式去蒐集，過世作家家屬、友人、研究者或是當初出版著作的出版社，都是我們徵詢的對象。認真誠懇而禮貌的態度，讓我們獲得許多從未出土的資料及照片，也贏得了許多珍貴的友誼。許多作家都協助提供照片手稿等相關資料，如王鼎鈞、洛夫、余光中、羅門、瘂弦、司馬中原、林文月、鄭愁予、黃春明及其子黃國珍、白先勇及與其合作多年的攝影師許培鴻、白萩及其夫人、陳若曦、七等生、王文興、楊牧及其夫人夏盈盈。已不在世的作家，其家屬及友人在編輯過程中，也給予我們許多協助及鼓勵，如姜貴的長子王爲鐮、張秀亞的女兒于德蘭、艾雯的女兒朱恬恬、陳秀喜的女兒張瑛瑛、商禽的女兒羅珊珊、陳冠學的後輩友人陳文銓與郭漢辰、郭松棻的夫人李渝、王禎和的夫人林碧燕，藉由這個機會，與他們一起回憶、欣賞他們親人或父祖、前輩，可敬可愛的文學人生。此外，還有張默、岩上、閻純德、李高雄、丘彥明、朱雙一、吳姍姍、鄭穎、舊香居書店吳雅慧等作家及研究者，熱心地幫忙我們尋找難以聯繫的授權者，辨識因年代久遠而難以記錄年代、地點、事件的作家照片，釐清文學年表資料及作家作品的版本問題，我們從他們身上學習到更多史料研究可貴的精神及經驗。

但如何在規定的時間內，完成第三階段 23 本資料彙編的編輯出版工作，對工作小組來說，確實是一大考驗。每一冊的主編老師，都是目前國內現當代台灣文學教學及研究的重要人物，因此每位主編都十分忙碌。有鑑於前兩階段的經驗，以及現有工作小組的人力，決定分批完稿，每個人負責 2～4 本，三位組長的責任額甚至超過 4～5 本。每一本的責任編輯，必須在這一年多的時間內，與他們所負責資料彙編的主角——傳主及主編老師，共生共榮。從作家作品的收集及整理開始，必須要掌握該作家一生

作品的每一次的出版，以及盡量收集不同的版本；整理作家年表，除了作家、研究者已撰述好的年表外，也必須再從訪談、自傳、評論目錄，從作品出版等線索，再做比對及增刪。再來就是緊盯每位把「研究綜述」放在所有進度最後一關的主編們，每隔一段時間提醒他們，或順便把新增的評論目錄寄給他們（每隔一段時間就有新的相關論文或學位論文出現），讓他們隨時與他們所主編的這本書，產生聯想，希望有助於「研究綜述」撰寫的進度。

　　以上的工作說起來，好像並不十分困難，身為總策劃的我起初心裡也十分篤定的認為，事情儘管艱困，最後還是應該順利完成。然而，這句雲淡風輕的話，聽在此次身歷其境參與工作的同仁耳中，一定會恨得牙癢癢的。「夜長夢多」這個形容詞拿來形容這件工作，真是太恰當也沒有了。因為整個工作期程超過一年，在這段漫長的歲月中，因等待、因其他人力無法抗拒的因素，衍伸出來的問題，層出不窮，更有許多是始料未及的。譬如，每本書的的選文，主編老師本來已經選好了，也經過授權了，為了抓緊時間，負責編輯的助理們甚至連順序、頁碼都排好了，就等主編老師的大作了，這時主編突然發現有新的文章、新的資料產生：再增加兩三篇選文吧！為了達到更好更完備的目標，工作小組當然全力以赴，聯絡，授權，打字，校對，重編順序等等工作，再度展開。

　　此次第三階段共需完成 23 位作家研究資料彙編，年齡層較上兩個階段已年輕許多，因此到最後的疑難雜症，還有連主編或研究者都不太清楚的部分，譬如年表中的某一件事、某一個年代、某一篇文章、某一個得獎記錄，作家本人絕對是一個最好的諮詢對象，於是幾乎我們每本書都找到了作家本人，對解決某些問題來說，這是一個好的線索，但既然看了，關心了，參與了，就可能有不同的看法，選文、年表、照片，甚至是我們整本書的體例。於是又是一場翻天覆地的大更動，對整本書的品質來說，應該是好的，但對經過一年多琢磨、修改已近入完稿階段的編輯團隊來說，這不啻是一大挑戰。

　　1990 年開始，各地縣市文化中心（文化局），對在地作家作品集的整理出版，以及台灣文學館成立後對日治時期作家以迄當代重要作家全集的編纂，對臺灣文學之作家研究，也有了很好的促進作用。如《楊逵全集》、《林亨泰全集》、《鍾肇政全集》、《張文環全集》、《呂赫若日記》、《張秀亞全集》、《葉石濤全集》、《龍瑛宗全集》、《葉笛全集》、《鍾理和全集》、《錦連全集》、《楊雲萍全集》、《鍾鐵民全集》等，如雨後春筍般持續展開。

　　經過近二十年的努力，臺灣文學的研究與出版，也到了可以驗收或檢討成果的階段。這個說法，當然不是要停下腳步，而是可以從「臺灣現當代作家評論資料目錄」所呈現的 310 位作家、10 萬筆資料中去檢視。檢視的標的，除了從作家作品的質量、時代意義及代表性去衡量外、也可以從作家的世代、性別、文類中，去挖掘還有待開墾及努力之處。因此在這樣的堅實基礎上，這套「臺灣現當代作家研究資料彙編」，每位編選者除了概述作家的研究面向外，均有些觀察與建議。希望就已然的研究成果中，去發現不足與缺憾，研究者可以在這些不足與缺憾之處下功夫，而盡量避免在相同議題上重複。當然這都需要經過一段時間去發現、去彌補、去重建，因此，有關臺灣文學研究的調查與研究，就格外顯得重要了。

期待

　　感謝臺灣文學館持續支持推動這兩個專案的進行。「臺灣現當代作家評論資料目錄」的完成，呈現的是臺灣文學研究的總體成果；「臺灣現當代作家研究資料彙編」套書的出版，則是呈現成果中最精華最優質的一面，同時對未來的研究面向與路徑，做最好的建議。我們可以很清楚的體會，這是一條綿長優美的臺灣文學接力賽，我們十分榮幸能參與其中，我們更珍惜在傳承接力的過程，與我們相遇的每一個人，每一件讓我們真心感動的事。我們更期待這個接力賽，能有更多人加入。誠如張恆豪所說「從高音獨唱到多元交響」，這是每一個人所期待的。

編輯體例

一、本書編選之目的，為呈現王禎和生平、著作及研究成果，以作為臺灣
　　文學相關研究、教學之參考資料。

二、全書共五輯，各輯內容及體例說明如下：

　　輯一：圖片集。選刊作家各個時期的生活或參與文學活動的照片、著
　　　　　作書影、手稿（包括創作、日記、書信）、文物。

　　輯二：生平及作品，包括三部分：

　　　　　1.小傳：主要內容包括作家本名、重要筆名，生卒年月日，籍
　　　　　　貫，及創作風格、文學成就等。

　　　　　2.作品目錄及提要：依照作品文類（論述、詩、散文、小說、
　　　　　　劇本、報導文學、傳記、日記、書信、兒童文學、合集）及
　　　　　　出版順序，並撰寫提要。不收錄作家翻譯或編選之作品。

　　　　　3.文學年表：考訂作家生平所進行的文學創作、文學活動相關
　　　　　　之記要，依年月順序繫之。

　　輯三：研究綜述。綜論作家作品研究的概況，並展現研究成果與價值
　　　　　的論文。

　　輯四：重要文章選刊。選收國內外具代表性的相關研究論文及報導。

　　輯五：研究評論資料目錄。收錄至 2013 年 6 月底止，有關研究、論述
　　　　　臺灣現當代作家生平和作品評論文獻。語文以中文為主，兼及
　　　　　日文和英文資料。所收文獻資料，以臺灣出版為主，酌收中國
　　　　　大陸、香港、日本和歐美國家的出版品。內容包含三部分：

　　　　　1.「作家生平、作品評論專書與學位論文」下分為專書與學位
　　　　　　論文。

　　　　　2.「作家生平資料篇目」下分為「自述」、「他述」、「訪談」、
　　　　　　「年表」、「其他」。

　　　　　3.「作品評論篇目」下分為「綜論」、「分論」、「作品評論目
　　　　　　錄、索引」、「其他」。

目次

輯一◎圖片集
影像◎手稿◎文物

1941年，週歲的王禎和。
（臺灣大學圖書館提供）

1941年，週歲的王禎和與母親合影。
（臺灣大學圖書館提供）

1940年代，王禎和（右二）與母親（右三）、阿姨（左二）及弟妹們合影。
（臺灣大學圖書館提供）

1940年代，小學時期的王禎和。
（臺灣大學圖書館提供）

約1960年，大學時期的王禎和。
（臺灣大學圖書館提供）

1961年夏天，陳若曦與《現代文學》編輯同仁出遊野餐，攝於臺北碧潭。前排左起：鄭恆雄、楊美惠；後排左起：杜國清、王禎和、陳若曦、白先勇、王國祥、王文興、沈華、歐陽子。（臺灣大學圖書館提供）

1961年10月15日，王禎和接待來臺灣花蓮參訪的張愛玲（左）。（臺灣大學圖書館提供）

1962年夏天，王禎和與鄭恆雄（右）於成功嶺
受訓。（臺灣大學圖書館提供）

1963年，王禎和大學畢業照。（臺灣大學圖書
館提供）

1969年，王禎和、林碧燕結婚，與父母合影。（臺灣大學圖書館提供）

1970年代，王禎和（後排左一）與子女合影。（臺灣大學圖書館提供）

1972年，王禎和（第二排右一）參加愛荷華國際作家寫作計畫，與各國作家合影。
前排右二為聶華苓、第三排左一為保羅・安格爾。（臺灣大學圖書館提供）

1974年，王禎和與文友為自美國返臺的轟華苓接風。左起：轟華苓、王禎和、林懷民、朱西甯、殷允芃。（國立臺灣文學館提供）

1977年6月，王禎和（後排左二）參與耕莘實驗劇團於耕莘文教院演出的「望你早歸」話劇。（臺灣大學圖書館提供）

1984年，王禎和（左）與「嫁妝一牛車」電影劇組演員合影。左二為陸小芬。（臺灣大學圖書館提供）

1986年11月，王禎和與妻子林碧燕同遊新竹南園。（臺灣大學圖書館提供）

1987年，王禎和與陳若曦（左）合影。（陳若曦提供）

1988年5月8日，愛荷華國際寫作計畫在臺作家聯誼會於陽明山成立。前排左起：瘂弦、
姚一葦、李歐梵、王曉藍、殷允芃、柯元馨；後排左起：吳晟、王拓、七等生、尉天
驄、管管、王禎和、向陽、高信疆。（向陽提供）

1980年代，王禎和（右二）與家人同遊澎湖。（臺灣大學圖書館提供）

1980年代，王禎和與白先勇（左）合影。（臺灣大學圖書館提供）

1980年代，與文友合影。左起：梅新、王禎和、丘彥明、殷張蘭熙、胡金銓。（臺灣大學圖書館提供）

1968年11月，王禎和〈三春記〉手稿。（臺灣大學圖書館提供）

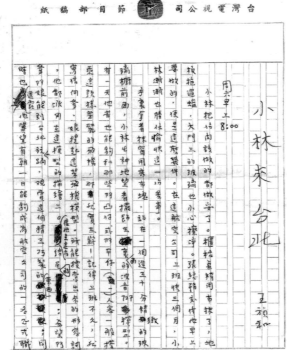

1973年10月，王禎和〈小林來臺北〉手稿。（臺灣大學圖書館提供）

1976年5月，王禎和〈素蘭要出嫁——終身大事〉手稿。（臺灣大學圖書館提供）

1979年8月，王禎和〈香格里拉〉手稿。（臺灣大學圖書館提供）

1983年，王禎和〈老鼠捧茶請人客〉手稿。
（臺灣大學圖書館提供）

1984年，王禎和〈玫瑰玫瑰我愛你〉修正手稿。
（臺灣大學圖書館提供）

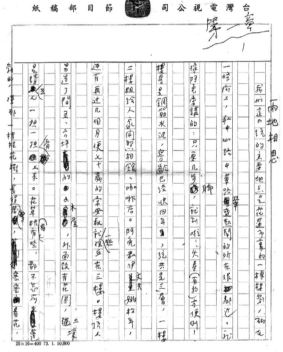

1986年8月，王禎和〈人生歌王〉手稿。
（臺灣大學圖書館提供）

1993年，王禎和〈雨地相思〉手稿。
（臺灣大學圖書館提供）

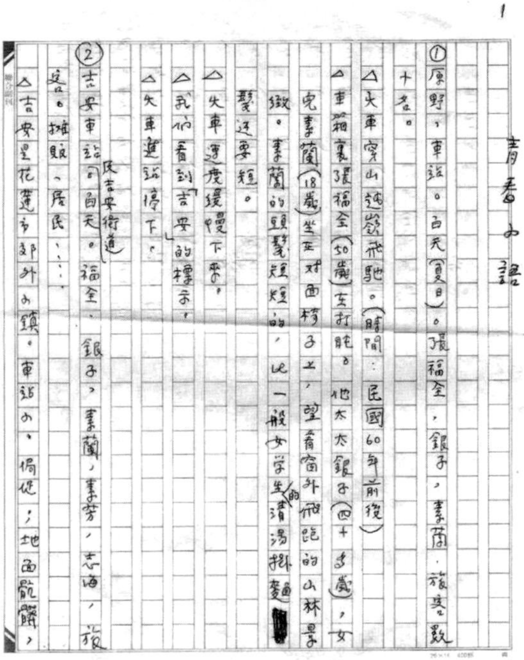

王禎和〈青春小語〉手稿。（臺灣大學圖書館提供）

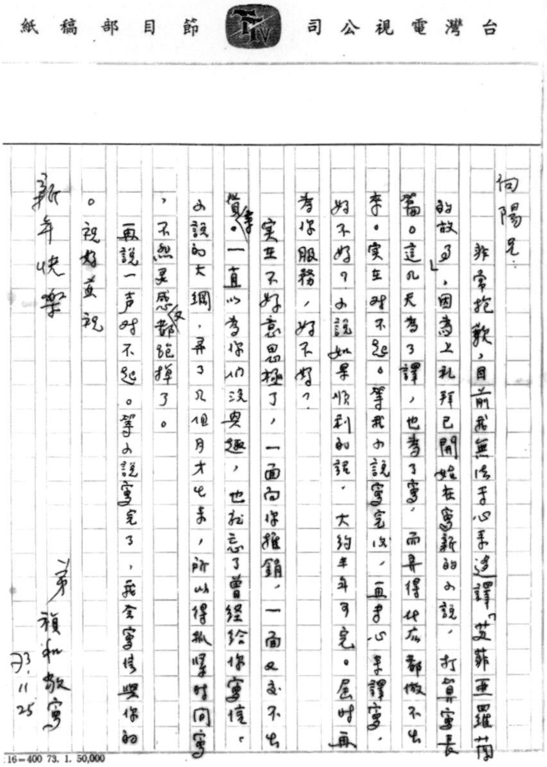

王禎和致向陽信函。（向陽提供）

輯二◎生平及作品

小傳◎作品◎年表

小傳

王禎和 （1940～1990）

　　王禎和，男，籍貫臺灣花蓮。1940 年 10 月 1 日生，1990 年 9 月 3 日逝世，得年 50 歲。

　　臺灣大學外國語文學系畢業。退伍後曾任花蓮中學英語教師、臺南亞洲航空公司、國泰航空公司，之後長期任職於臺灣電視公司。於 1972 年應邀赴美參加愛荷華大學「國際寫作計畫」、1983 年擔任《文季》編輯委員、1985 年擔任《人間》雜誌編輯顧問。曾獲第三屆時報文學獎小說推薦獎、1993 年聯合報讀書人最佳書獎，入圍第 22 屆金馬獎「最佳改編劇本獎」。

　　王禎和創作文類以小說、論述為主，兼及翻譯、劇本。大學時代即開始創作，其小說常以故鄉花蓮作為背景，帶有濃厚的鄉土文化風情，同時受到西方小說、戲劇及電影的影響，採用意識流、獨白等現代主義表現手法，以自然詼諧的語言技巧、幽默諷刺的筆調，描述市井小民平凡而庸碌的生活景象。應鳳凰認為：「善用喜劇手法表現悲劇人物，對於小說的『語言』及『對白』尤其花下大量工夫」。在寫作風格方面，大致上可分兩階段：早期多以卑微、貧窮、愚昧的小人物為主角，並以喜劇的筆法刻畫生活中各種無奈淒涼的遭遇，呈現小人物的掙扎與悲哀，如〈嫁粧一牛車〉、〈來春姨悲秋〉；後期轉向社會關懷與批判，將他在航空公司任職時期所遇見的各種社會現象投射至作品之中，細膩描繪臺灣經濟發展期間，社會上

各種小人物的生存之道,如〈美人圖〉、〈玫瑰玫瑰我愛你〉。李喬歸納其作品有兩大特色:「一是『掌握了臺灣的鄉村背景與人物』,一是為臺灣轉型期『留下歷史見證』。」

　　王禎和除小說創作外,尚有不少論述、劇本、翻譯與雜文等各類作品。曾於《電視周刊》長期連載影評及訪談,也翻譯外國人物傳記,同時將自己的小說作品改寫為劇本,如〈嫁粧一牛車〉、〈玫瑰玫瑰我愛你〉等,更進一步改編成電影,使其作品更加廣為流傳。

　　綜觀來說,王禎和終身致力於文學創作,即使後期罹患疾病,仍創作不輟,寫出許多膾炙人口的名篇佳作。他吸收西方文學中的思想和技巧,以臺灣傳統社會裡低層人民的悲苦生活及社會現象為素材,絕妙的將「現代文學」與「鄉土文學」兩者的特點加以融合,為文壇開拓了創新的文學視野,建構出一套屬於他自身「兼容並蓄」的文學風格。誠如林燿德所言:「如果認定王禎和的鄉土小說在六〇年代已粗具規模,那麼他的鄉土小說所看守的領域就遠較七、八〇年代所確立的『鄉土』來得涵容寬廣。其中所顯而易見的是西方現代小說的影響,王禎和通過鄉土的素材『本土化』了這些影響。」

作品目錄及提要

【論述】

從簡愛出發
臺北：洪範書店
1985 年 9 月，32 開，216 頁
洪範文學叢書 144

本書集結作者發表於《電視周刊》之文章，內容多以電影評論為主。全書收錄〈簡愛〉、〈飛瀑怒潮〉、〈貴婦怨〉、〈自由戰火〉等 40 篇。正文前有〈自序〉。

【散文】

電視‧電視
臺北：遠景出版公司
1977 年 9 月，32 開，308 頁
遠景叢刊 79

本書集結王禎和連載於《電視周刊》「走訪追問錄」專欄文章。全書收錄〈訪問姚一葦〉、〈訪問黃美序‧汪其楣〉、〈訪問丁衣〉、〈訪問林懷民〉等 43 篇。正文前有王禎和〈《電視‧電視》自序〉、舒凡〈從「走訪追問錄」到《電視‧電視》〉。

【小說】

金字塔出版社 1969　　　遠景出版公司 1975　　　洪範書店 1993

嫁粧一牛車

臺北：金字塔出版社
1969 年 5 月，32 開，175 頁
金字塔文庫 4

臺北：遠景出版公司
1975 年 5 月，32 開，267 頁
遠景叢刊 13

臺北：洪範書店
1993 年 9 月，25 開，291 頁
洪範文學叢書 250

短篇小說集。本書以平凡樸實的小人物為主角，描述在資本主義社會中，人們終日為了生活打拼的情形，及自身的痛苦、焦慮、懷疑與掙扎。全書收錄〈鬼·北風·人〉、〈快樂的人〉、〈來春姨悲秋〉、〈嫁粧一牛車〉、〈五月十三節〉、〈三春記〉六篇。正文前有也斯〈雜談王禎和近作（代序）〉、〈關於王禎和〉。

遠景版：刪去〈三春記〉，新增〈永遠不再〉、〈那一年冬天〉、〈兩隻老虎〉、〈小林來臺北〉四篇。正文前有尉天驄〈王禎和小說的現實意義——《嫁粧一牛車》五版代序〉、胡為美〈在鄉土上掘根〉、舒凡〈「危機時代」的新反抗文學——王禎和《嫁粧一牛車》序〉，正文後有〈後記〉、附錄也斯〈感覺溫暖外的風塵——談王禎和的作品〉。

洪範版：新增〈夏日〉一篇，原正文前三篇文章及正文後〈後記〉均移為附錄。

寂寞紅

臺北：晨鐘出版社
1970 年 10 月，32 開，152 頁
向日葵文叢 23

短篇小說集。全書收錄〈那一年多天〉、〈永遠不再〉、〈月蝕〉、〈寂寞紅〉、〈來春姨悲秋〉五篇。正文前有尉天驄序〈悲憫的笑紋——對王禎和小說的印象〉。

三春記

臺北：晨鐘出版社
1975 年 9 月，32 開，183 頁
晨鐘文叢 23

短篇小說集。全書收錄〈月蝕〉、〈伊會唸咒〉、〈夏日〉、〈三春記〉、〈寂寞紅〉、〈春姨〉（劇本）六篇。正文前有尉天驄〈悲憫的笑紋——對王禎和小說的印象〉，正文後有〈後記〉。

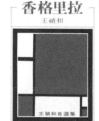

香格里拉（王禎和自選集）

臺北：洪範書店
1980 年 10 月，32 開，230 頁
洪範文學叢書 61

短篇小說集。全書收錄〈三春記〉、〈伊會唸咒〉、〈素蘭要出嫁〉、〈寂寞紅〉、〈香格里拉〉五篇。正文前有〈自序〉，正文後附錄李歐梵〈一支小調譜成的文學新曲——評王禎和的〈香格里拉〉〉。

美人圖

臺北：洪範書店
1982 年 1 月，32 開，198 頁
洪範文學叢書 78

長篇小說。本書以作者在航空公司任職的經驗為背景，描述社會上各種小人物的生活景象。正文後附錄林清玄〈戲肉與戲骨頭——訪王禎和談他的小說《美人圖》〉。

遠景出版公司 1984　　洪範書店 1994　　CUP 1998

玫瑰玫瑰我愛你

臺北：遠景出版公司
1984 年 9 月，32 開，297 頁
遠景叢刊 240

臺北：洪範書店
1994 年 2 月，25 開，279 頁
洪範文學叢書 251

New York：Columbia University Press
1998 年，18 開，183 頁
Howard Goldblatt（葛浩文）譯

長篇小說。本書以 1960～1970 年代的花蓮為背景，敘述一群市井小民，欲以開
酒吧之名從事情色交易，希冀賺取大量美金，書中藉由訓練女服務員的過程，
探討人類在資本主義社會下所形成的扭曲價值觀。正文前有姚一葦〈我讀《玫
瑰玫瑰我愛你》（代序）〉，正文後附錄丘彥明〈把歡笑撒滿人間──訪小說家王
禎和〉、蕭錦綿〈滑稽多刺的玫瑰──細讀王禎和新作《玫瑰玫瑰我愛你》〉、
「玫瑰玫瑰我愛你」歌譜。
洪範版：與遠景版內容相同。
Columbia University Press 版：為英譯本。正文後有〈AFTERWORD：How Roses
Bloom〉。

聯合文學 1987

聯合文學 2005

聯合文學 2013

人生歌王

臺北：聯合文學出版社
1987 年 4 月，25 開，216 頁
聯合文叢 001

臺北：聯合文學出版社
2005 年 1 月，25 開，263 頁
聯合文叢 001

臺北：聯合文學出版社
2013 年 8 月，25 開，320 頁
聯合文叢

中、短篇小說集。全書收錄〈老鼠捧茶請人客〉、〈素蘭小姐
要出嫁——終身大事〉、〈人生歌王〉、〈人生歌王（電影
篇）〉四篇。正文前有李瑞整理〈永恆的尋求（代序）〉。
2005 年聯合文學版：正文後新增劉春城〈一幢房子開始的
文學生涯——初論王禎和〉。
2013 年聯合文學版：正文後新增陳建忠〈他們為什麼要歌
唱？——王禎和小說《人生歌王》〉。

快樂的人

福州：海峽文藝出版社
1989 年 3 月，32 開，332 頁

短篇小說集。全書收錄〈鬼・北風・人〉、〈快樂的人〉、〈來
春姨悲秋〉、〈嫁粧一牛車〉、〈五月十三節〉、〈永遠不再〉、
〈那一年冬天〉、〈兩隻老虎〉、〈月蝕〉、〈寂寞紅〉、〈小林來
臺北〉、〈伊會唸咒〉、〈素蘭要出嫁〉、〈香格里拉〉14 篇。
正文後有陸士清〈談王禎和的小說創作〉。

三春記
臺北：洪範書店
1996 年 9 月，50 開，55 頁
隨身讀 17

短篇小說。本書敘述女主角阿嬌篤信算命所言，一生將有三次婚姻。故事從第三段婚姻的相親寫起，個性嬌縱的阿嬌在婚後急於掌握家中大權，遂展開一段與丈夫爭吵不休、與夫家子媳勾心鬥角的生活。書中以詼諧諷刺的筆法，呈顯作者對於社會現象的冷嘲熱諷。

兩地相思
臺北：聯合文學出版社
1998 年 6 月，25 開，161 頁
聯合文學 165・聯合文叢 143

長篇小說。本書爲王禎和未完成之遺作，將其自身抗癌的經驗投射於書中，敘述一位罹癌老人的治療過程，及面臨死亡時的態度，並運用時空交錯的手法，將老人年輕時的回憶穿插於故事之中。正文前有鄭樹森〈王禎和遺作《兩地相思》整理報告〉，正文後附錄〈《兩地相思》創作札記（摘刊）〉、鄭樹森〈王禎和的最後一封信〉、〈王禎和作品年表〉。

來春姨悲秋
北京：昆侖出版社
2001 年 4 月，25 開，255 頁
中國經典鄉土小說六家

短篇小說集。全書收錄〈鬼・北風・人〉、〈來春姨悲秋〉、〈嫁粧一牛車〉、〈五月十三節〉、〈永遠不再〉、〈兩隻老虎〉、〈三春記〉、〈伊會唸咒〉、〈寂寞紅〉、〈小林來臺北〉、〈素蘭要出嫁〉、〈那一年冬天〉、〈夏日〉13 篇。正文前有尉天驄〈讀陳映真、黃春明、王禎和鄉土小說的隨想（代序）〉，正文後附錄古繼堂〈以喜劇手法塑悲劇性格〉。

老鼠捧茶請人客／許俊雅策畫導讀、張振松繪圖

臺北：遠流出版公司
2006 年 2 月，25 開，101 頁
臺灣小說・青春讀本 10

短篇小說。本書運用意識流手法，描述一位阿嬤死後靈魂仍
圍繞在心愛的孫子旁，藉由其心中的獨白，刻畫阿嬤和家人
之間超越生死的深刻情感。正文前有許俊雅〈總序〉，正文
後附錄〈王禎和創作大事記〉、許俊雅〈多語言的探索〉。

【劇本】

嫁粧一牛車

臺北：遠景出版公司
1984 年 4 月，32 開，201 頁
遠景叢刊 234

本書為《嫁粧一牛車》電影劇本。正文前有劇照、王禎和
〈序〉、〈演職員表〉，正文後附錄達平〈阿郎・陸小芬拍床
戲驚天動地〉、達平〈陸小芬是另一個蘇菲亞羅蘭？！〉、王
禎和〈嫁粧一牛車（原著小說）〉。

大車拼

臺北：聯合文學出版社
1993 年 5 月，25 開，277 頁
聯合文學 74・聯合文叢 54

本書以喜劇筆法，描繪現實社會中小人物們無奈、悲苦的生
活景象。全書收錄〈大車拼〉、〈聖夜〉兩篇，文後分別附錄
尉天驄〈拼的哲學！笑的人生〉、姚一葦〈寫在〈聖夜〉發
表之前〉兩篇評論文章。正文前有林碧燕〈就從「夢」說
起〉。

文學年表

1940 年 （昭和 15 年）	10 月	1 日，生於花蓮。
1947 年	9 月	就讀花蓮小學。
1953 年	6 月	花蓮小學畢業。
	9 月	就讀花蓮中學初中部。
1956 年	6 月	花蓮中學初中部畢業。
	9 月	就讀花蓮中學高中部。
1959 年	6 月	花蓮中學高中部畢業。
	9 月	入讀臺灣大學外國語文學系
1961 年	1 月	發表短篇小說〈真相〉於《臺大青年》1 月號。
	3 月	發表短篇小說〈鬼・北風・人〉於《現代文學》第 7 期。
	7 月	發表短篇小說〈永遠不再〉（後改篇名為〈夏日〉）於《現代文學》第 9 期。
	10 月	15 日，張愛玲來臺，訪問花蓮，負責招待。
	11 月	發表〈異常的天才戲劇家——史德林堡〉於《臺大青年》50 年度第 4 號。
1963 年	5 月	發表短篇小說〈寂寞紅〉於《作品》第 4 卷第 5 期。
	6 月	臺灣大學外國語文學系畢業。 入伍服役。
1964 年	10 月	發表短篇小說〈快樂的人〉於《現代文學》第 20 期。

1965 年	1 月	翻譯〈去年巴倫馬（上）〉於《劇場》第 1 期。
	本年	退伍返鄉，擔任花蓮中學英語教師。
1966 年		辭去教職，轉任臺南亞洲航空公司職員。
1967 年	1 月	發表短篇小說〈來春姨悲秋〉於《文學季刊》第 2 期。
	4 月	發表短篇小說〈嫁粧一牛車〉於《文學季刊》第 3 期。
	11 月	發表短篇小說〈五月十三節〉於《文學季刊》第 5 期。
	本年	轉任臺北國泰航空公司職員。
1968 年	11 月	發表短篇小說〈三春記〉於《文學季刊》第 7 期。
1969 年	5 月	第一本短篇小說集《嫁粧一牛車》由臺北金字塔出版社出版。
	7 月	發表短篇小說〈永遠不再〉於《文學季刊》第 9 期。
	9 月	發表短篇小說〈那一年多天〉於《幼獅文藝》第 189 期。
	本年	與林碧燕結婚。
		轉任臺灣電視公司編審組職員。
1970 年	2 月	發表短篇小說〈月蝕〉於《文學季刊》第 10 期。
	10 月	短篇小說集《寂寞紅》由臺北晨鐘出版社出版。
1971 年	1 月	改寫〈寂寞紅〉於《文學雙月刊》第 1 期。
	3 月	發表〈由「董夫人」說起〉於《文學雙月刊》第 2 期。
	9 月	發表短篇小說〈春姨〉於《幼獅文藝》第 213 期。
	12 月	發表短篇小說〈兩隻老虎〉於《幼獅文藝》第 216 期。
1972 年	本年	應邀赴美參加愛荷華大學「國際寫作計畫」。
1973 年	8 月	發表短篇小說〈望你早歸〉於《文季》第 1 期。
	10 月	發表短篇小說〈小林來臺北〉於《文季》第 2 期。
	本年	返臺。
		轉任臺灣電視公司節目企劃組。

1974 年	5 月	5～7 日，短篇小說〈伊會唸咒〉連載於《聯合報》副刊。
	9 月	發表短篇小說〈伊會唸咒〉於《中外文學》第 3 卷第 4 期。
1975 年	5 月	短篇小說集《嫁粧一牛車》由臺北遠景出版社出版。
	9 月	短篇小說集《三春記》由臺北晨鐘出版社出版。
1976 年	5 月	5～7 日，短篇小說〈素蘭要出嫁〉連載於《聯合報》副刊。
	本年	開始於《電視周刊》撰寫「走訪追問錄」專欄。
1977 年	5 月	於《電視周刊》第 761 期開始長期撰寫影評，每周至少一篇，有時達六、七篇，共計七百餘篇。
	6 月	〈望你早歸〉一劇由耕莘實驗劇團於耕莘文教院演出。
	9 月	《電視・電視》由臺北遠景出版社出版。
	本年	調至臺灣電視公司影片組擔任編導工作。
1979 年	8 月	8～10 日，〈香格里拉〉連載於《中國時報》副刊。
1980 年	10 月	4 日，發表〈超越藝術的死胡同──對小說藝術的一點淺見〉於《中國時報》副刊。
		《香格里拉──王禎和自選集》由臺北洪範書店出版。
		〈香格里拉〉獲《中國時報》副刊第三屆時報文學獎小說推薦獎。
		罹患鼻咽癌，返回花蓮休養。
1981 年	2 月	10～22 日，長篇小說〈美人圖〉（第一章）連載於《中國時報》副刊。
	9 月	應邀參加第二屆時報文學週「長篇創作的心路歷程」座談會。
1982 年	1 月	長篇小說《美人圖》由臺北洪範書店出版。

	7 月	發表長篇小說〈美人圖〉（第二章）於《臺灣時報》副刊。
1983 年	4 月	發表短篇小說〈老鼠捧茶請人客〉於《文學季刊》復刊號第 1 卷第 1 期。
	8 月	17 日，應邀參加第三屆時報文學週講座，主講：「談一點我個人的小說寫作經驗」。
	9 月	7～9 日，短篇小說〈老鼠捧茶請人客〉連載於《世界日報》副刊。
	本年	應邀擔任《文學季刊》編輯委員。
1984 年	2 月	20 日，長篇小說〈玫瑰玫瑰我愛你〉連載於《聯合報》副刊，至 5 月 19 日刊畢。
	3 月	改編〈嫁粧一牛車〉為電影劇本，由蒙太奇電影公司攝製、張美君導演。
	4 月	劇本《嫁粧一牛車》由臺北遠景出版社出版。
	9 月	長篇小說《玫瑰玫瑰我愛你》由臺北遠景出版社出版。
	10 月	電影《嫁粧一牛車》參加多倫多影展。
1985 年	3 月	翻譯《英格麗褒曼自傳》由臺北遠景出版社出版。
	4 月	改編《美人圖》為電影劇本，由湯臣影業公司攝製、張美君導演。 短篇小說集《王禎和小說選》由福州海峽文藝出版社出版。
	5 月	發表劇本〈小林來臺北〉於《聯合文學》第 1 卷第 7 期。
	9 月	《從簡愛出發》由臺北洪範書店出版。
	11 月	應邀擔任《人間》雜誌編輯顧問。
	12 月	17～18 日，短篇小說〈素蘭小姐要出嫁──終身大事〉連載於《聯合報》副刊。

	本年	改編《玫瑰玫瑰我愛你》為電影劇本，由蒙太奇電影公司攝製，獲「金馬獎最佳改編劇本獎」提名。
1986 年	8 月	19 日，短篇小說〈人生歌王〉連載於《聯合報》副刊，至 9 月 16 日刊畢。
	12 月	2 日，劇本〈人生歌王〉連載於《自立晚報》副刊，至隔年 1 月 1 日刊畢。
1987 年	4 月	中、短篇小說集《人生歌王》由臺北聯合文學出版社出版。
	11 月	長篇小說《美人圖》由北京中國友誼出版公司出版。
1989 年	3 月	短篇小說集《快樂的人》由福州海峽文藝出版社出版。
1990 年	9 月	3 日，於臺灣電視公司工作中心肌梗塞逝世，得年 50。 4～11 日，劇本〈大車拚〉連載於《聯合報》副刊。
	11 月	行政院文化建設委員會與聯合文學舉辦「王禎和作品研討會」。
1993 年	5 月	遺作〈兩地相思〉發表於《聯合文學》第 103 期。 劇本《大車拚》由臺北聯合文學出版社出版。
	8 月	長篇小說《玫瑰玫瑰我愛你》由北京人民文學出版社出版。
	12 月	短篇小說集《嫁粧一牛車》獲《聯合報》最佳書獎文學類。
1996 年	9 月	短篇小說《三春記》（袖珍版）由臺北洪範書店出版。
1998 年	6 月	未完稿小說《兩地相思》，經鄭樹森整理，由臺北聯合文學出版社出版。 長篇小說《玫瑰玫瑰我愛你》（英文版）由美國哥倫比亞大學出版部出版。
2001 年	4 月	短篇小說集《來春姨悲秋》由北京昆侖出版社出版。

2002 年	12 月	家屬將著作手稿、書信等資料，捐贈臺灣大學圖書館。
2003 年	10 月	1 日，行政院文建會、臺灣大學文學院於臺灣大學圖書館共同舉辦「王禎和先生手稿資料展」。
2005 年	1 月	中、短篇小說集《人生歌王》由臺北聯合文學出版社出版。
2006 年	2 月	短篇小說《老鼠捧茶請人客》由臺北遠流出版公司出版。
2013 年	8 月	中、短篇小說集《人生歌王》由臺北聯合文學出版社出版。

參考資料：

‧臺大近代名家手稿系列展網站——王禎和先生大事紀。

http://www.lib.ntu.edu.tw/cg/manuscript/wch/life.htm

‧中國現代文學研究網。

http://www.modernchineseliterature.net/writers/WangZhenhe/life-b5.jsp

‧《臺灣文學年鑑》（1996〜2010），臺南：國立臺灣文學館。

‧新聞知識庫網站。

‧國家圖書館——當代文學史料系統網站、臺灣期刊論文索引系統網站。

輯三◎
研究綜述

真實的聲音，嘲弄的人生

王禎和研究評述

◎許俊雅

一、昔人已遠，作品依舊發光

　　臺灣文學有「二和」，賴和及王禎和，他們的作品都有著臺灣語言的特殊趣味，兩人年壽相仿，以人生百年計，不僅生年不滿百，僅是勉強達到二分之一，緣此，每讀其作，總要噓欷不已，有著昔人已乘黃鶴去，白雲千載空悠悠的落寞懷思之感。1993 年我始任暑期 40 學分班課程，堂中講授了王禎和〈嫁妝一牛車〉，此時距離作者 1990 年逝世已兩年多，出版界、學界依舊熱度未褪，《嫁妝一牛車》再版、遺作《兩地相思》出版，學者姚一葦、鄭樹森、張素貞、邱貴芬、陳芳明、林燿德都有精到論文討論了王禎和的作品，次年又有了王禎和研究的學位論文：李宜靜〈王禎和小說研究〉。距離 1987 年蔡碧華碩論〈從社會語言學觀點剖析王禎和的小說《玫瑰玫瑰我愛你》〉，這中間有七年未見學位論文，這自然是因中文學界普遍重視古典文學，對現當代文學作家還不夠重視，研究風氣也尚未形成，但進入 1990 年代，風氣已經漸改，而作家王禎和又已過世，大抵從 1994 年開始，王禎和的研究漸為熱絡，直到 2012 年葉淑惠碩論〈王禎和小說、劇本的生命書寫研究〉止，相關的學位論文達 20 篇以上，單篇論文扣其重複，亦有三百篇之多，其中一百多篇評論刊於作家生前（1990年），足見王禎和過世之後，其作品依舊讓人低徊不已，迭有評論關注其人其作。

　　王禎和崛起於 1960 年代，適逢 1960 年 3 月臺大外文系學生白先勇、

陳若曦、王文興、李歐梵、歐陽子等人發起《現代文學》雜誌，引介現代
主義。相對於反共抗俄的文藝政策，審美趣味的偏離，在在迫使現代主義
者在美學思維和創作形式另謀出路，逐漸取代偏重宣傳文藝政策的作品。
此時，作家王禎和、白先勇、陳映真、鄭清文、李喬、黃春明、七等生、
楊青矗、王拓、林懷民、施叔青、李昂等人在 1960 年代已發表重要作品，
陳映真最早的作品在《筆匯》和白先勇創辦的《現代文學》上發表，他的
代表作〈將軍族〉與白先勇的〈芝加哥之死〉在《現代文學》同一期刊
出。陳映真此時主要的作品有〈我的弟弟康雄〉、〈鄉村的教師〉、〈故鄉〉、
〈將軍族〉。陳映真浪漫而憂鬱的審美筆觸鍥入了知識分子的心靈世界，塑
造了不少與現實格格不入的憂鬱哀傷的知識分子形象。1966 年尉天驄主編
《文學季刊》，王禎和、黃春明、陳映真、七等生等人，創作了不少以臺灣
為背景的本土小說，王禎和在這裡發表了〈來春姨悲秋〉（1966 年）、〈嫁
妝一牛車〉、〈五月十三節〉（1967 年）。

　　特殊的時代背景，加上他個人的獨特思索與感情，王禎和從 1961 年開
始發表小說，到 1990 年去世為止，在這 29 年間撰寫了小說 22 篇，他大量
採用西方現代小說、戲劇、電影的技巧，並揉合了各種主義、前衛的技巧
與臺灣的鄉土材料。初期小說多以花蓮為背景，這是具有邊緣性的小市
鎮，其傳統農業經濟結構已經沒落，取而代之的商業結構則剛萌芽，他描
寫這些小人物在現實生活中的感受，孤兒寡母、下層勞動者等社會下層小
人物的辛酸悲苦和掙扎吶喊，對人的命運和人性的卑微有透徹的觀察與同
情。到了 1970 年代，隨著國際局勢、臺灣政治生態的變化，其作品傾向於
反映社會現實，關注社會變遷所衍生的相關問題，有力批判了美、日帝國
主義，並對資本主義下人心物化的種種荒謬加以挪揄。其創作風格特殊，
善以喜劇手法處理人生悲境，於嘲諷中蘊涵悲憫情懷。他大量使用故事人
物的日常用語，以真實的聲音來呈現故事，所以小說語言時夾有國、臺
語、外語，還偶有歌譜、各式字體龐雜，繁複多樣。兼跨當時風起雲湧的
「現代派」和「鄉土派」兩大流派，而融冶於一爐。大約目前可見的所有

研究，乃聚焦於其作品內容和形式的探索上，以下謹就此略為敘述之。

二、王禎和作品研究的重點及爭議

　　除了小說之外，王禎和的作品還包括劇本、影評以及翻譯，一生之中從事各種不同類型的創作，而以小說最受重視。其間不同的評價、討論、爭議自然也存在過，但今日重新省視，似乎雲淡風輕，絲毫不影響其創作的品質，而他的小說更是由於創作態度的嚴謹而在臺灣文學史上占有重要的地位。

　　目前可見最早的評論，應是 1968 年姚一葦發表於《文學季刊》的〈論王禎和的《嫁妝一牛車》〉，隔年，〈三春記〉入選了《五十七年短篇小說選》，隱地在《青溪》介紹了作者王禎和，肯定了王禎和小說。其後王禎和《嫁妝一牛車》、《寂寞紅》、《美人圖》、《人生歌王》、《玫瑰玫瑰我愛你》、〈香格里拉〉、〈伊會唸咒〉諸篇都有相當的評論篇數。在他甫逝世不久，《聯合文學》為他舉行了「王禎和作品研討會」，有呂正惠〈小說家的誕生〉、劉春城〈王禎和的文學生涯〉、鄭恆雄〈外來語言／文化〈逼死〉（VS 對抗）本土語言／文化——解讀王禎和的《美人圖》〉、東年〈美國美國我愛你——鬧劇《玫瑰玫瑰我愛你》的荒謬寓意〉、尉天驄〈消費文明下的屈辱和憤怒——談王禎和的《小林來臺北》〉、林燿德〈現實與意識之間的蜃影——粗窺一九八○年以前王禎和的小說創作〉，這些評論觸及各部不同作品，從各種角度來探討詮釋王禎和的小說。其中觸及的作品分期，評論家林燿德以 1980 年出版的《香格里拉》做為王禎和小說的分期，其著眼點是以長短篇界分，並觀察 1980 年之前的 16 篇短篇小說的文體，分析小說中所運用的現代主義技巧，認為王禎和是徹底的現代主義者。尉天驄則以〈小林來臺北〉做為王禎和小說分期的依據，概述王禎和前後期作品風格的差異，並指出王禎和在〈小林來臺北〉中以屈辱和憤怒做為書寫的基點，目的是不願讓創作生命枯萎，同時不想與其他現代主義作家一樣。之後各單篇論文及以王禎和為研究對象的學位論文，或將王禎和與其他的作

家做比較的研究，以及專題式的研究，便如雨後春筍，絡繹不絕，論者花費大量筆墨琢磨討論的議題，除了影響其創作之因素、不斷改寫的版本問題，還有小說改編電影互文性的討論，或者戲劇手法對其作品的影響、病誌書寫治療等議題，而有不少篇幅偏向於語言的問題，對戲謔、鬧劇、後殖民、現代主義等的討論。

至於專論王禎和全部作品的第一本專書，不能不提到高全之《王禎和的小說世界》，他用了三章的篇幅專論王禎和幾篇單篇小說，又精讀闡釋《寂寞紅》及《兩地相思》兩部小說，他鉤出王禎和小說對社會的關切，敘說王禎和小說的敘事觀點，他如何寫生命卑微，人生命運，比較王禎和與黃春明小說對娼妓的態度，也舉出王禎和小說人物重要的論題：母親形象。這些論點或有若干處已見前人，但高全之又往往能推陳出新，獨具慧眼，有時甚至獨排眾議，另創一格，如《嫁妝一牛車》的另一種讀法。

以下謹就幾個論述重點加以說明王禎和其人其作研究概況。

（一）影響小說創作的因素

王禎和出生成長於故鄉花蓮，大學時來到大都市臺北，卓思敏〈影響王禎和小說創作的因素〉即強調：「王禎和近五十年的生命裡所生活的兩個地方，是影響其文學創作的主要因素，同時也是構成其小說獨特性的原因。」花蓮，小市鎮的成長經歷使他的小說帶有濃厚的鄉土氣息；臺北，接觸了西方寫作技巧，用現代文學的觀念和技巧來處理鄉土題材。王禎和極力強調作家必須描寫自己所熟悉的故鄉人、事、物，他以美國著名的作家福克納、田納西威廉斯和中國著名作家老舍為例，指出他們所描寫的都是自己最熟悉的故鄉，他所發表的小說作品（除了〈小林來臺北〉、〈美人圖〉及〈老鼠捧茶請人客〉之外）皆以花蓮為故事背景。在《嫁妝一牛車》「後記」，特別提到創作之背景，〈五月十三節〉是由親戚家搞大拜拜而得到題目靈感，〈那一年冬天〉依王家一個伯公輩的親戚為藍本，〈鬼・北風・人〉中的秦貴福，〈嫁妝一牛車〉裡的萬發，這些人物的一言一行，都

是作者從小看慣了的，所以寫作時「一個個活生生地跳進我的腦海裡。」[1]

　　他在大二時發表〈鬼‧北風‧人〉刊登在《現代文學》上，之後又陸續發表了〈快樂的人〉、〈永遠不再〉，後正式加入《現代文學》幫忙，從中體會了寫作的觀念與技巧，也提供了他與文壇學界評論家互相切磋的機會。他自述大學就讀期間：「讀了許多精采的戲劇作品，特別對其中的尤金歐尼爾和田納西威廉斯的東西印象深刻，喜歡得不得了，尤其是尤金歐尼爾的《榆樹下的慾望》，那種對人性的深刻描寫使我非常感動。我覺得西洋戲劇中對人物、場景直接明快的表現手法是一般中國小說中所最缺乏，也是我最想學的地方。我發覺自己漸漸把戲劇當文學來念，這對我在小說創作上的干擾很大，我要求自己的小說創作也能抓住『戲』的部分來寫」、「我覺得小說的進行，最好是行動，而不是說明，只有用行動才會深刻引人，說明常常是很無力的。」白先勇說王禎和「大量採用了西方現代小說、戲劇、電影的技巧手法，來豐富他的小說表現方式。」

　　確實如此，王禎和說自己「很喜歡時空壓縮的處理方式」，這一點即是深受戲劇的影響。他要求自己的小說要能抓住戲的部分來寫，即從關鍵的地方開始寫起，以呈現故事。他曾以抓貓法來比擬，要適當、穩妥地抓著一隻貓，不應該抓著牠的尾巴、它的嘴，或是它的腳，最牢固的方法是抓著牠的脖子。因為脖子在貓頭之下、軀體之上，也就是在全身三分之二的地方。簡而言之，所謂抓貓法，即從關鍵處，從危機爆發那一刻開始落筆，而此處正是小說三分之二處。他擅長把小說的開頭定在整個事件的三分之二處，認為這是最穩健的方法，之後再繼續運用回溯、時空壓縮或意識流的方法，把之前發生的故事以及接下來繼續發展的情節以時空交錯的方式處理[2]。王禎和運用抓貓法所寫的作品極多，如〈老鼠捧茶請人客〉這

---

[1] 王禎和說自己「十八歲以前，沒離開過花蓮，所以花蓮的風土景物，在我的童年與少年生活的回憶留下了極深刻的印象。」參考胡為美〈在鄉土上掘根──遠景版五版代序〉，頁 283。收錄於王禎和《嫁妝一牛車‧附錄》。

[2] 白先勇，〈花蓮風土人物志〉，見高全之《王禎和的小說世界》（臺北：三民書局，1997 年 2 月），頁 12～13。

篇短篇小說，王禎和捨棄平鋪直敘的描寫，直接以祖母死去了好一陣子，孫子嚇得面無人色，呆坐在牀上做為故事的開始。接下來便繼續描寫她的鬼魂不斷想辦法安慰、保護孫子，想要與被嚇壞的孫子溝通，直寫到媳婦回來，小說才結束。他以意識流結合魔幻寫實的示現技法，不著痕跡地處理了許多變遷中的社會問題，又如〈三春記〉，寫阿嬌的三度婚姻大事。然而，王禎和並非以阿嬌如何認識第一任丈夫的情節做為小說的開頭，而是從阿嬌第三度的婚姻寫起，公路局的應局長要為阿嬌介紹男朋友，然後再一面回憶阿嬌的第一、二任丈夫，一面描寫阿嬌相親之事。之後，再續寫阿嬌的第三任丈夫以及婚姻生活。

　　王禎和興趣廣泛，在不同階段受到了張愛玲、老舍、曹禺、張翠鳳的大鼓，西方作家福克納、海明威、尤金歐尼爾、田納西威廉斯，以及日本導演小津安二郎等人不同程度的影響，在他的小說集《香格里拉》的自序裡，不斷提及對小津安二郎電影的喜愛，而張愛玲對王禎和創作的啟發鼓勵和影響是有脈絡可循的，其一是作品對他的影響，其二是她個人對他的影響。張愛玲十分賞識王禎和的小說〈鬼・北風・人〉，但對這個寫實故事用鬼魂結尾感到不太妥當，後來王禎和收集此篇成書出版，對這段結尾，在刪與不刪之間舉棋不定，所以，〈鬼・北風・人〉現存兩種本子。另王禎和的〈永遠不再〉，描述一位山地女子懷念她過去一段破碎的愛情，張愛玲看過後說：「你相當有勇氣，這山地生活，這麼特殊的背景，你敢用意識流的手法，通常，意識流是用在日常生活、大家熟悉的背景。」由於張愛玲認為這是篇寫實小說，但用超自然的對象，是不是有當？王禎和後來出書時，曾經把結尾整個刪掉，「但是英譯的沒刪，因為許多美國朋友讀了特別喜歡鬼的場面。」王禎和自己說到底是否要刪掉那些鬼，仍感到困惑，但王禎和也說「她一語驚醒我，以後再也不隨便新潮、前衛了。」[3]白先勇又指出〈永遠不再〉的靈感，很可能是來自張愛玲的一篇散文〈忘不了的

---

[3]丘彥明訪談王禎和，〈張愛玲在臺灣〉，收錄於鄭樹森編，《張愛玲的世界》（臺北：允晨出版社，1989年），頁24。

畫〉中為高更同名的一幅畫所編的一則哀豔的故事。高全之還列舉了張愛
玲與王禎和在小說的訂題與內容之間的重迭相通，在「張愛玲與王禎和」
這一章裡，高全之舉出了許多張、王之間文學上息息相通的例子。譬如
說，王禎和的幾篇小說的題名可能就是受了張愛玲的啓發。如王禎和〈來
春姨悲秋〉與張愛玲的〈桂花蒸阿小悲秋〉，而王禎和〈來春姨悲秋〉
「春」與「秋」對得很好，十分點題。而王德威則是這樣作結，「1960 年
代，王禎和雖有幸陪同張愛玲訪遊花蓮，在創作脾胃上畢竟另有所好。」
凸顯王禎和作品自有其特殊處。

（二）複雜多變的敘事觀點以及豐富多元的生動語言

　　敘事觀點以及多元語言，這兩者正是王禎和小說的一大特色。除了前
述作家深受戲劇影響外，電影技巧也給予王禎和的小說創作很大的啓示，
特別是敘事觀點。王禎和小說的特色，是以小說人物的觀點看小說人物的
世界，他盡可能地從客觀的角度出發，讓小說人物去呈現自己，而不加入
作者個人的主觀好惡，但又適時加入嘲弄者的觀點，使其小說多半呈現戲
謔、鬧劇式的某種辛酸蒼涼。

　　寫小說，首先碰到的難題便是如何選擇敘事觀點，敘事觀點一旦選
定，整篇小說便定了調。而王禎和每寫一篇小說，便在敘事觀點上，求其
創新的實驗。他自承對亨利・詹姆士（Henry James）提創的單一觀點曾經
潛心研究過，他的多篇小說也以單一觀點敘事為主[4]，這使得他的作品能立
即帶領讀者進入小說人物的內層，對於王禎和小說中敘事觀點的安排，高
全之在〈王禎和的小說藝術〉中指出：王禎和最常用的一個敘事觀點是第
三人稱單一觀點和第一人稱意識流的混合使用。確實王禎和作品單一觀點
中又以第三人稱觀點居多，如〈永遠不再〉透過弟弟水雲的敘事觀點，講
述兄弟兩人不同的婚姻故事，其餘如〈夏日〉、〈寂寞紅〉、〈快樂的人〉、

[4]王禎和自述「為了力求真實，為了真實感，個人以為單一觀點是比較好。寫起來，情節比較能集中發展，節奏容易控制。但也有不方便的地方，比如主角或敘事觀點者不知道的事，或到不了的地方便無法寫、無法發展了。」王禎和講；李瑞記，〈代序——永恆的尋求〉，《人生歌王》（臺北：聯合文學出版社，2005 年 1 月），頁 5～14。

〈來春姨悲秋〉、〈素蘭要出嫁〉、〈嫁妝一牛車〉、〈伊會唸咒〉、〈那一年冬天〉、〈小林來臺北〉、〈香格里拉〉、〈老鼠捧茶請人客〉、《美人圖》。使用第一人稱觀點的則有〈月蝕〉、〈兩隻老虎〉、〈人生歌王〉。使用第二人稱敘述觀點的較少，有遺稿《兩地相思》，直接用「你」來向讀者說故事，顯得親切而自然。聲音與敘事觀點的選擇關係密切，除了現實人生的第一、第二、第三人稱觀點，也運用老阿嬤的鬼魂敘事觀點，同時又不滿足於上述單一觀點的敘事，常在單一觀點中融入人物的內心獨白、意識流，因此小說角色內心的波瀾起伏，種種隱祕，都一一被披露，如來春姨內心的挫折悲愴、萬發的尷尬無奈、〈老鼠捧茶請人客〉老阿嬤的慌張期待，在在使讀者聽到一種特殊的聲音[5]。他還加入「電影的觀點」，他說：

> 最近我忽然對這種敘事觀點的要求，有點不怎麼熱衷。這是電影給我的很大啟示。寫小說，就是要給讀者徹底的真實，為什麼要透過某個人的眼光來看，為什麼不能像電影那樣讓所有的人物透過他們之間的言語行止向觀眾或讀者真實完整地呈現出來？這是與全知觀點不一樣的。因為全知觀點，有作者的參與，有作者的審視。而電影的觀點是較冷靜客觀，較看不出作者的身影。

　　他也加入嘲弄者的觀點，高全之指出了〈素蘭要出嫁〉中，辛嫂發現女兒素蘭被丈夫鎖在小木屋裡，那個嘲弄敘事者，突然「Oh，My God」也用了上來，而且接著一篇大鼓詞式的打油詩，把素蘭形容一頓。讀者至此，有點不知所措起來，因為辛嫂不是像萬發一樣的滑稽人物，突然對她取笑一番，不免感到唐突。研究者對其敘事觀點的運用，雖亦有若干質

---

[5] 小說進行至篇幅四分之一處，阿嬤方才驚嚇地瞥見自己倒臥在客廳地上的屍體，費了一會工夫確定自己的死亡。接著鬼魂的意識進入過往的回憶。篇幅至二分之一處，鬼魂的意識又回到當下，阿嬤不斷嘗試各種方法以安撫小孫子，直到兒媳回家，趕緊對著她進行口對口人工呼吸，阿嬤才恍然大悟，兒媳對她並沒有偏見（她一直以為媳婦嫌她自己髒），兩人間存在的問題只是缺乏溝通。小說的巧意安排，顛覆了世俗自以為是的婆媳問題的慣性思維，拆解了讀者順理成章的猜測。

疑，但大多持肯定態度，尤其〈嫁妝一牛車〉那個突梯滑稽敘事者的設計，沖淡調和了本質上悲苦淒愴的基調，運用極其靈活圓熟。

　　除了嘲弄者觀點，有不少研究，均朝向王禎和語言運用的嘲弄性。有的認為王禎和對「語言的賣弄、玩弄取代了所有其他的技巧」，他的作法是「將臺語醜化和低俗化了」、「糟蹋了漢字和祖先的語言」，但也有研究者指出王禎和的敘事語言，「形成了王禎和所獨有的文體」[6]，以及肯定王禎和諧謔挪揄語調的使用，有其可觀可論之處。姚一葦就說：「他的語言是獨特的，混合了臺語、國語、英語、日語，特別是臺灣化的日語，是一種非常複雜的混合形式；而且有時也夾進文言，可以說很多地方是神來之筆。」論者莫不指出其作經常利用修辭法中的倒反法和諧音雙關法為人物命名，藉此達到嘲弄或反諷的意味。利用倒反法的有〈嫁妝一牛車〉中諸事不順亦一點都不發的「萬發」，以及為償還賭債而賣掉三個女兒，且與簡底有著不倫之戀，似乎不是很好的「阿好」；《玫瑰玫瑰我愛你》的為人師表卻不懂斯文的的董斯文；《兩地相思》中因罹患癌症而無法常安的「常安」；〈快樂的人〉中只能含著苦笑的「含笑」；利用諧音效果的，如「阿蕭」音同「阿肖」（瘋子），故事結尾阿肖不也發瘋了嗎？《美人圖》中更是俯拾即是，如將「Ｕ・Ｐ・Ｔ 航空公司」譯為「流鼻涕航空公司」，「Ｔ・Ｐ・顧」成了「踢屁股」，「Ｋ・Ｃ・任」成了「氣死人」，Rocky 董成了「垃圾桶」、Dorothy 成了「多拉西」（倒垃圾），Ｖ・Ｄ・王成了「性病王」、南施成了「爛屍」等等，讀來自具「笑果」。另外，如還原、再創有聲無字的方言，「擔，你碼好啊！」、「塞奶」（撒嬌）、「不搭不齊」（不三不四）、「啄龜」（打盹）等，還有一些字體的想像，如阿好與簡底兩人要好，用「凹凸上」，阿好腸胃作怪，用「肚內的二氧化碳平平仄仄，仄仄平平得不可收拾」。陳長房甚至在「臺灣文學經典討會」發表的論文中，直接指出「不少

[6]李歐梵，〈一支小調譜成的文學新曲——評王禎和的〈香格里拉〉〉：「不盡是臺灣口語，內中夾雜了不少獨創的句法，有些是文言，有些是鄉俗俚語，甚至間或也有一兩句西化語法。這些不同的句法混合在一起，形成了王禎和所獨有的文體。」《中國時報》，1979 年 10 月 24 日，第 8 版。又附錄於王禎和，《香格里拉》（臺北：洪範書店，1986 年），頁 223。

評家反對王禎和以及同類型作家恣意揮灑，濫用禁忌語言和打破文字圖
騰，馴至喪失語言與文字原就具備的震撼力。此論實係庸人自擾」。持肯定
看法的似乎也比較多，如姚一葦、鄭恆雄、蔡芳定、許琇禎諸學者。

　　姚一葦認為從〈鬼‧北風‧人〉、〈嫁妝一牛車〉起到《美人圖》、《玫
瑰玫瑰我愛你》，王禎和一直在刻意創造一種揉合不同方言或語言的文體。
以如實表現各種社會背景、不同階層的人物，「使用不同方言或語言，湊在
一起，就像在進行合唱，有時和諧，絲絲入扣，有時齟齬，卻充滿諧趣。」
《美人圖》非常成功的融合了國語、臺灣閩南話、廣東話、英語和日語，
達到諧趣橫溢，入木三分的刻畫效果[7]。蔡芳定在〈王禎和《玫瑰玫瑰我愛
你》的小說藝術〉指出「豐富奇特的小說語言」是王禎和小說的一大特
色，巧妙利用諧音效果，刻意創造一種揉和式的文體，增加作品的幽默
感、滑稽性，強化作品的表現力[8]。許琇禎指出王禎和小說的語言不但是一
種溝通傳達的工具，更是文化現象的重要表徵。除了「寫實」的考量外，
很重要的原因即在於對臺灣多元文化的觀察和思考，從〈嫁妝一牛車〉、
《美人圖》到〈玫瑰玫瑰我愛你〉，王禎和在小說中雜用的各種語言，其實
正是臺灣社會文化發展三階段的縮影[9]，透過各種語言混雜過渡的年代，複
雜的語言環境背後所隱含的文化意義正如實顯豁。

　　廖淑芳〈王禎和與林宜澐小說比較閱讀——以語言運用為主的考察〉
舉邱貴芬〈翻譯動力下的臺灣文學生產〉一文中做說明，認為從 1960 年到
1970 年代臺灣政治高壓、社會卻加速進展，臺灣電話機、好萊塢和日本電

---

[7] 姚一葦，〈我讀《玫瑰玫瑰我愛你》〉，《戲劇與人生——姚一葦評論集》（臺北：書林出版公司，
　1995 年 10 月），頁 157～165。
[8] 蔡芳定，〈王禎和《玫瑰玫瑰我愛你》的小說藝術〉，《中國學術年刊》第 17 期（1996 年 3 月），
　頁 337。
[9] 許琇禎認為寫作〈嫁妝一牛車〉的 1960 年代，國語是強勢文化與階級的代表，王禎和寫被淘汰的
　社會底層人物「萬發」，臺語所具有的意義，其實更含蘊著它本身在所屬的文化中，那種自棄絕望
　又不平的位置。到了 1970 年代的《美人圖》以臺美斷交為背景，王禎和企圖表述的是都市文明與
　後殖民文化結合主導下的臺灣社會。這個階段的強勢語言及文化由「英語」所取代，開始呈現出
　民族意識對外來文化的抗拒和批判。見〈多言的文化衝突——王禎和小說研究〉，《中國學術年
　刊》第 20 期，1993 年 6 月，頁 559～561。

影的熱潮，影像音像所可能造成的由視覺聽覺到語言書寫形式之間的聯結，說明王禎和創作早期的常民社會正經歷一場劇烈的「語言與音像符碼的傳播變革」，以及和王禎和同處 1960 年代那個時期的創作者共有的心理氛圍和感覺結構，邱貴芬論述王禎和的文字運用是一種對「鄉土」的翻譯，其翻譯的動力來自一種期待掙脫束縛尋求解放的庶民活力，「這套雜燴語言不僅道出臺灣歷史的演進，更反映臺灣歷史裡，多種文化交錯、衝突、混合、一再蛻變重生的文化模式」[10]。

　　王禎和不只對於各種差異語言與形式的運用刻意為之，對於作品中的照片、歌譜、歌詞的嵌入文本，或在小說開頭、敘述中間或最後加入一段詩句，都有刻意的強調，說明了他對視覺、聽覺性的強烈知覺及自覺性的加以應用。在座談會上，他自陳如〈嫁妝一牛車〉開頭引亨利‧詹姆士（Henry James）〈The Portraitof Lady〉中的文句，〈寂寞紅〉開頭引元稹詩〈行宮〉，〈五月十三節〉引杜甫詩〈宿府〉，〈那一年多天〉引朱敦儒詞〈朝中措〉等。歌詞如〈兩隻老虎〉、〈香格里拉〉、《美人圖》、《玫瑰玫瑰我愛你》、《人生歌王》，歌譜如〈素蘭小姐要出嫁〉、《人生歌王》、《美人圖》，啟事如〈兩隻老虎〉，大空格如〈寂寞紅〉，家庭收支表如〈素蘭小姐要出嫁〉，人物照片如《美人圖》中的港星阿 B、歌手余天照片。甚至以加粗加黑加大以加強該詞彙的視覺效果，如〈老鼠捧茶請人客〉[11]中阿嬤試圖呼叫對面公寓的女人時，他用：

　　這位查某官！
　　這位查某官！
　　這位查某官！

---

[10]廖淑芳，〈王禎和與林宜澐小說比較閱讀——以語言運用為主的考察〉，《東華漢學》第 7 期（2008 年 6 月），頁 217～258。

[11]小說題目〈老鼠捧茶請人客〉，人客，是閩南語的語法，即「客人」的意思。作者並非用它來敘說一則童話故事或以此涵蓋小說的主旨，它是祖孫倆其樂融融的哼唱曲子，不具任何實質意義，但小說因此具備相當的音樂性。

這位查某官！

這位查某官！

這位——

——頁 20

「這位查某官！」連用五次，第四次後並加大加深字體，表現阿嬤的呼喊越發焦急大聲；阿嬤在等著媳婦回家時，對時鐘頻頻回首：

才一點二十一分！

才一點二十六分！

才一點二十七分！

才一點半！

——頁 21

　　以一句時間空一行的方式，表現阿嬤頻頻回顧的著急的心情，為求貼近阿嬤的說話語調與模式，王禎和嫻熟地使用國、臺語、日語夾雜的表達方式，並在文本裡穿插了一首她常教導孫兒唱的日本歌謠，並附上簡譜，點出了阿嬤生長的時代環境。在文本中可以發現這段被臺語改造過的日本歌謠「黑茶茶，滋奶茶／老鼠捧茶請人客」被阿嬤引用三次，以消解孫兒的恐懼，這都展現了他在小說語言形式的努力與細心，這以王禎和在〈永恆的尋求——代序〉可為註腳：

　　小說的媒體就是文字。最能表現作者風格的也是文字。因此個人非常喜歡在文字語言上作實驗。做實驗，不是為了標新立異，是為了這樣那樣把方言、文言、國語駁雜一起來寫，把成語這樣那樣顛倒運用，是不是更能形容我要形容的？更符合我所要的嘲弄諷刺？……用照片，比如在《美人圖》裡，說香港僑生像明星阿 B，我就列一張阿 B 的照片……是

　　不是比文字的描繪更直接生動？用兒歌「黑茶茶……」

可見多音交響的語言正是王禎和自覺性的寫作策略之一，不僅僅是爲了表達臺灣在 1960、1970 年代之後所面對的種種衝擊，也勇於挑戰舊有的語言習慣，勇於創新，營造怪誕、荒謬、悲涼、好笑的氣氛，爲了尋找真實的聲音以呈現故事。

（三）語言風格影響戲謔、鬧劇的解讀

　　延續上面的討論，王禎和的語言運用，既褒貶不一，透過語言藝術的經營，對人物所進行的嘲弄、戲謔之評價亦呈兩極化，如長篇小說《玫瑰玫瑰我愛你》一作即充滿毀譽意見。認爲諷刺喜劇流爲粗俗鬧劇者，如吳璧雍、龍應台皆有類似看法。吳璧雍認爲王禎和「原來擅長的戲劇化描寫反而隱而不彰」、「爲了博得讀者的笑聲而過度賣弄語言，卻使小說失去了藝術立場，更何況王禎和也沒有好好運用其擅長的技巧，使小說淪爲粗俗的鬧劇」。龍應台則評該書結構平淡、笑話誇大、有傷大雅，此近乎鬧劇的小說，「錯把粗話當作幽默」，「爲了表現他在語言上的小聰明而寫這本小說；小說所需要的深度、發展、人物的雕刻，全都不顧了」，甚至評爲是「失敗之作」[12]。呂正惠在〈荒謬的滑稽戲——王禎和人生圖像〉一文也批評：

　　　但《玫瑰玫瑰我愛你》就完全不同了。這是最粗俗的自然主義，既找不到早期那種客觀而精細的「解剖」，又缺乏道德意識的平衡，簡直是不忍卒讀。本來在小說開頭部分，敘述者的聲音還相當穩健，而具有批判能力，如：三個禮拜前，衛生所到學校放映了一部有關香煙與肺癌的影片。恐癌至極的他觀看到一半就嚇得——請容許用雖粗俗但卻比較準確

---

[12]東年於〈美國美國我愛你——鬧劇「玫瑰玫瑰我愛你」的荒謬寓意〉討論了姚一葦、蕭錦綿、龍應台、吳璧雍、呂正惠等人對《玫瑰玫瑰我愛你》的評價，最後指出以鬧劇和荒謬主義來檢驗《玫瑰玫瑰我愛你》應該是較合情理的。《聯合文學》第 74 期（1990 年 12 月），頁 36。

的比喻——差點屁滾尿流。影片一映完,他即壯士斷腕地宣布自今而後不再和香煙發生關係。但後來這聲音逐漸消失,只剩下男盜女娼的直接「演出」,這本小說就不堪聞問了[13]。

　　但為王禎和平反之文亦頗多,姚一葦直指王禎和小說中的語言「只有恰當不恰當的問題,沒有粗俗不粗俗的問題」,或從喜劇／鬧劇歷史傳統的考察比較,抉發其中的形成背景和意識形態,並進而在文本中發現其嘲弄、諷刺或笑謔的藝術技巧,藉以理解其寫作策略、美學動機,以及潛存在鬧劇表面下的人文意義。或從後殖民立場出發,該作體現了臺灣的後殖民精神,而其「雜燴」的語言風格,「一方面凸顯臺灣被殖民經驗所塑成的臺灣語言,另一方面以種種『抵中心』的語言姿態批判、顛覆殖民者文化本位的思考模式」[14]。《玫瑰玫瑰我愛你》遂有了如邱貴芬所言「這套雜燴式的小說語言亦可視為一種政治姿態。」其多語交織的小說語言以革命性的角色與姿態出現,「無形中打破了政府遷臺以後以國語為本位語言階級制」。

　　王德威則提出以「鬧劇」詮釋老舍作品的構想:「我們若以諷刺喜劇(sutirical comedy)一詞形容老舍在《老張的哲學》中所呈現的文學想像,未免過於概略及溫和。有鑒於書中充斥莫名其妙的暴力和曖昧的笑聲,老舍真正想製造的,應是種鬧劇(farce)。」王禎和也是和老舍相似,是謔仿(parody)說書(說故事)傳統的好手,他們同樣都喜歡嘲弄民間小人物在文化、經濟劇變時代,進退失據的窘狀。如果從「鬧劇」的角度來詮釋這本書,也許可以得到更多的發現,當王禎和接續了老舍以降的笑謔風格,王禎和作品多了戲謔、諷刺的成分,得以跳脫出典型的鄉土小說濃厚的悲苦氣氛。許琇禎從「多語言的文化衝突」的角度來觀察,《玫瑰玫瑰我

---

[13] 呂正惠,〈荒謬的滑稽戲——王禎和的人生圖像〉,《小說與社會》(臺北:聯經出版公司,1988 年5 月),頁 75～89。
[14] 邱貴芬,〈「發現臺灣」:建構臺灣後殖民論述——《玫瑰玫瑰我愛你》和臺灣後殖民文學〉,《仲介臺灣‧女人》(臺北:遠流出版公司,1997 年 9 月),頁 170。

愛你》是「臺灣文化全面被殖民的悲觀寫照及嘲弄。」[15]相當深刻的反映知
識分子的無力感與內心深沉的無奈。

　　同樣以「鬧劇」來批評《玫瑰玫瑰我愛你》的還有楊照〈「現代化」的
多重邊緣經驗──論王禎和的小說〉一文，該文以「臺灣文學史少見的冒
瀆鬧劇」來論述，但並不以「粗俗」來看待：

> 王禎和寫來幾乎完全不見任何道德負擔，用性與色情與粗俗暴露，挖掘
> 出了存在於臺灣社會新舊、土洋不同階層文化間的不協調狀態，用誇張
> 手法諧仿、顛覆了自己以前也曾運用過的鄉土語彙、鄉土情懷，結果是
> 比其他任何作品都更大膽、更直接地展示出臺灣做為一種拼湊式的文
> 明，錯亂卻炫目的特性。[16]

　　楊照解釋了王禎和如何戲謔，也提出「王禎和為什麼戲謔？」、「藉著
戲謔，王禎和到底要表達什麼？」的問題，目前雖未有較為具體清晰的論
點出現，但卻是掌握王禎和小說的關鍵鑰匙。而透過這些技巧、手法完成
的小說，其內涵所傳達的深度，卻也有研究者提出更高的要求，如許素蘭
在〈試論王禎和小說風格的流變〉中指出「王禎和未能在作品中，含蘊更
遼闊而深邃的思想，終究是一種缺憾。」[17]

（四）改寫與版本問題

　　王禎和對創作向來字斟句酌，小說在出版、再版時也經常有內容刪節
或改寫的情形，如〈鬼・北風・人〉刪去鬼的情節；〈兩隻老虎〉改寫結
尾；〈永遠不再〉易名為〈夏日〉，並刪去末段。這些改寫現象，後來也成
為王禎和版本研究的重點。李宜靜（1993 年）整理了王禎和小說的版本修

---

[15]許琇禎，〈多言的文化衝突──王禎和小說研究〉，《中國學術年刊》第 20 期（1999 年 3 月），頁561。
[16]楊照，〈「現代化」的多重邊緣經驗──論王禎和的小說〉，「第一屆花蓮文學研討會」，花蓮縣立文化中心主辦，1997 年 12 月 13～14 日，頁 275。
[17]許素蘭，〈試論王禎和小說風格的流變〉，《文學界》第 3 期（1982 年 7 月），頁 127～141。

訂，其中包括內容的刪改、題詞的刪改、文句的修改。內容的修改是在改變文本的深層結構；文句的修改則是改變文本的表層結構（語句），至於題詞的刪改之處則全數沒有影響到文本。之後，呂文翠又指出王禎和〈鬼・北風・人〉（1961 年）、〈永遠不再〉（1961 年）、〈寂寞紅〉（1963 年）、〈快樂的人〉（1964 年）前後發表出版的狀況，唯有〈快樂的人〉未曾刪改，維持原貌，其他三篇則都大幅刪改過。[18]據其考證，〈寂寞紅〉共經兩次改寫，一次收在 1970 年 10 月晨鐘版《寂寞紅》，當時已經大幅改寫，但後來收錄在《香格里拉》時（1980 年 10 月），又經過了小幅的修改[19]。如呂文翠所舉一段阿彩考慮是否嫁給世昌的文字：「阿彩頭髮披下來，軟軟地如秋風飄飄。外面雨聲淒厲彷彿夜遊的女鬼在浪笑。床上的棉被疊得整整齊齊，被套新洗過，可是鮮豔的花色因著小雨，叫人看來彆扭萎縮。……雨下這般大，她猜世昌可能不來，就拿尼龍領巾縮亦將頭一紮，對鏡瞧自己風貌，嫵媚動人，又朝鏡中的阿彩擠眉弄眼，覺得自己是戲裡的王昭君、紅姑、西施、祝英台、王寶釧、柳金花。……」這段文字後來已刪除。論者也持肯定態度，認為兩次修改以後的〈寂寞紅〉，情節上顯得更為緊湊，明顯可見「臺語對白」的純熟與進步，但同時還是有不滿意之聲，認為拖沓、冗長，改寫之評價，確實也因人因作品而異，眾聲喧嘩，如白先勇即認為王禎和對〈永遠不再〉這篇的態度就很值得研究。因為王禎和在金字塔版《嫁妝一牛車》和晨鐘版《寂寞紅》結集出版時都沒有選〈永遠不再〉，等到晨鐘版《三春記》時才把這篇小說收入，卻改名為〈夏日〉。白先勇認為「其實〈永遠不再〉十分切題，改成〈夏日〉倒反而浮泛了。」[20]

（五）小說改編為電影、劇本

在小說創作之外，王禎和對於電視、電影也有深入的接觸，也從事劇

---

[18] 呂文翠，《狎眤故鄉——王禎和小說研究》，淡江大學中國文學系碩士論文，1998 年 1 月，頁92。
[19] 同前註，頁40。
[20] 白先勇，〈花蓮風土人物誌〉，收入高全之，《王禎和的小說世界》（臺北：三民書局，1997 年 2月），頁 18～19。此作後改名〈夏日〉，已刪去末段，至 1975 年方收入晨鐘版《三春記》。

本及影評專欄的寫作，並曾將自己多部小說改寫成劇本並上映。如前述王禎和在不同階段所受到的影響，其中日本導演小津安二郎的電影，是不能忽略的，他在小說集《香格里拉》的自序裡，不斷提及對小津安二郎電影的喜愛，並深受感動。小津安二郎將電影藝術與社會群眾相結合，並超越時間、國籍，這種藝術境界自然是王禎和所追求的[21]。

　　王禎和對於自己的小說被改編成電影，經常感喟與其原作有距離，後來他自己親自操刀寫劇本，尤其是 1980 年，他發現罹患鼻咽癌，出版以《香格里拉》為名的「自選集」後，便以中、長篇小說與劇本創做為主。鄭樹森在〈王禎和遺作《兩地相思》整理報告〉說王禎和遺作「《兩地相思》近乎電影敘述方法的時空互剪交替出現。在寫作綱要裡，王禎和特別提到：『平行對比的方法寫。……即現在與過去。現在——唐吉訶德式的求醫過程。過去——與玉蘭官的過去。平行對比——電影的剪輯手法。』」又說：「王禎和的電影興趣，可以遠溯至 1960 年代中葉《劇場季刊》的翻譯評論。後來改編自己的小說，在電影劇本裡也不時寫下對場面調度及個別鏡頭的看法，供導演參考。他去世前幾年的信件，也經常談電影（特別推崇黑澤明）和搜求電影劇本。」[22]王禎和作品被改編成電影與電視劇，透過鏡頭的再詮釋，呈現出另一種不同的風貌，研究小說與電影互文關係的論文成為另一關注點。《中國時報》策畫了〈新電影運動：以改編小說為骨以影片風格為貌——〈嫁妝一牛車〉〉[23]，改編為電影的〈嫁妝一牛車〉，討論最多，如藍祖蔚〈臺灣小說改編電影的焦點與盲點〉[24]即檢討《嫁妝一牛車》，李宜靜在〈王禎和電影劇本之研究〉中，從主題、情節、人物、語言、時空五個面向，分析比較〈嫁妝一牛車〉、〈小林來臺北〉的改編劇本

---

[21]藍祖蔚，〈王禎和有關電影的兩封信〉，《聯合報》，1979 年 9 月 5 日，第 29 版。

[22]鄭樹森，〈王禎和遺作《兩地相思》〉，《聯合文學》第 103 期（1993 年 5 月），頁 8～9。又載《兩地相思》（臺北：聯合文學出版社，1998 年 6 月），頁 5～7。

[23]《中國時報》，1984 年 6 月 9 日，第 8 版。

[24]《臺灣現代小說史綜論》（臺北：行政院文建會、聯經出版公司，1998 年 12 月），頁 577～579。

和兩篇創作劇本〈人生歌王〉、〈大車拚〉的異同及特色[25]。大抵都指出了小說《嫁妝一牛車》的倒敘手法，在當時不易表現，且考量觀眾的接受度，因此電影採取線性敘述方式來表達。吳明珊〈城鄉辯證、倫理情愛糾葛與悲喜交織──論王禎和的小說與劇本〉[26]，提出王禎和面對傳統倫理難以解決的人生特殊情境、高度離散的社會，具有深刻的「文化反思」。其次，小說以萬發為重點，刻畫描寫其窘態處境與內心世界，但電影文本，透過鏡頭的詮釋，焦點在阿好身上，因陸小芬是當紅的偶像豔星，考量市場票房。之後，《美人圖》、《玫瑰玫瑰我愛你》亦都改編電影，相關論文如〈《美人圖》──又一部王禎和原著拍成電影〉[27]，黃儀冠〈男性凝視，影像戲仿──臺灣「文學電影」的神女敘事與性別符碼（1980S）〉──《玫瑰玫瑰我愛你》〉[28]，近年且將王禎和小說中的性／別重現與張藝謀電影相比較[29]，在在可見王禎和小說電影的魅力。劉玟伶〈王禎和作品論：小說、劇本與影評〉[30]雖然已是十幾年前學位論文，但關注到很多未被注意的議題，如「王禎和的劇本──同名改編劇本‧創作劇本」，分析王禎和七個創作劇本，發現〈春姨〉、〈嫁妝一牛車〉、〈小林來臺北〉、〈人生歌王〉等同名改編劇本，是小說內容的舊瓶新裝，而其他三篇創作劇本〈聖夜〉、〈望你早歸〉、〈大車拚〉，恰可代表王禎和小說悲劇、悲喜劇、鬧劇的風格軌跡。又討論王禎和的其他作品，包括《電視‧電視》、《英格麗褒曼自傳》、《從簡愛出發》及散佚在《電視周刊》的七百餘篇影評，並首次指出王禎和第一篇小說應是〈真相〉，發表於《臺大青年》50 年第 1 號。

---

[25]《康寧學報》第 1 卷第 3 期（1999 年 12 月），頁 53～68。
[26]臺灣大學臺灣文學研究所碩士論文，2010 年。
[27]《洪範雜誌》第 21 期（1985 年 4 月 30 日），第 2 版。
[28]《臺灣文學學報》第 5 期（2004 年 6 月），頁 178～184。
[29]楊哲銘，〈（重）書寫（他者的）歷史：張藝謀電影與王禎和小說中性／別重現的後殖民語／情境的比較研究〉，「跨領域對談：全球化下的臺灣文學與文化研究國際學術研討會」，臺南：成功大學臺灣文學系主辦，2007 年 10 月 26～28 日。
[30]清華大學中國文學系碩士論文，1997 年 6 月。

（六）小說人物形象的書寫

　　探討王禎和小說人物形象之篇目，大抵集中在父親、母親、孤兒寡母、妓女、老人等議題。亞菁很早留意到王禎和小說的人物塑造[31]，到1990年代，張大春〈威權與挫敗——當代臺灣小說中的父親形象〉[32]，指出臺灣當代小說中的父親若不是一個充滿權威的角色，便是一個滿遭挫敗者，並以〈嫁妝一牛車〉的萬發和〈三春記〉的區先生爲例。高全之〈王禎和小說的母親形象〉[33]則改談母親，蔡振念〈叫母親太沉重——臺灣現代小說中的母親及母女關係〉[34]以〈伊會唸咒〉、〈香格里拉〉、〈素蘭要出嫁〉爲討論依據。至2006年，陳宜伶以〈王禎和小說人物形象析論〉爲其碩士論文，談王禎和小說中的女性形象（就「母親」、「妓女」、「精神失常者與女職員」三者）、男性形象（就「知識分子」、「商人」、「父親」、「民意代表」四類）及小說人物形象塑造的義涵與藝術手法。在此之前，2005年，另有單篇談寡婦形象[35]。溯自1979年，王禎和以自傳風格強烈，刻畫孤兒寡母相依爲命的故事〈香格里拉〉，獲《中國時報》「第三屆時報文學小說」推薦獎之後，孤兒寡母（寡婦）的人物描寫，確實喚起讀者的注意。尤其是來自於原生家庭的「孤兒寡母」現實與離散的父親形象，經常成爲王禎和創作的原型。在〈伊會唸咒〉、〈香格里拉〉、《兩地相思》諸作中，皆觸及寡母孤苦無助、恐懼不安的情緒，孤兒寡母飽受親友、社會欺凌與歧視的現象。研究者或以敘事治療的基本概念和精神解讀王禎和這些自傳性濃厚的小說作品。

　　至於老人書寫，除了黃春明作品經常討論外，王禎和作品中的老人，亦予讀者深刻印象，吳秀英以《王禎和小說中的老人書寫》爲學位論文，

---

[31] 〈王禎和小說人物的造型〉，《幼獅文藝》第47卷第4期（1978年4月），頁131～135。
[32] 《張大春的文學意見》（臺北：遠流出版公司，1992年5月），頁68～69。
[33] 《王禎和的小說世界》（臺北：三民書局，1997年2月），頁143。
[34] 《中國現代文學理論季刊》第20期（2000年12月），頁518～521。
[35] 屏東教育大學中國語文學系碩士論文，2006年6月。及《臺灣文學評論》第5卷第3期（2005年7月），頁125～139。

討論〈來春姨悲秋〉、〈那一年冬天〉，以位居社會邊緣，經濟困頓的老人為主角，描寫他們的人生遭遇及對命運的抵抗、妥協、無奈，〈老鼠捧茶請人客〉、《兩地相思》，寫老人面對生命的無常和疾病的侵擾下所表現的無奈，最特別的是，「《兩地相思》中王禎和以己為鏡，於小說中結合個人罹癌經驗，使其成為特殊的病誌書寫作品。」[36]另外，風塵書寫亦同黃春明小說並置討論，「妓女」也成為王禎和小說的要角，2000 年時，筆者建議劉至瑜以〈臺灣作家筆下的妓女形象──以呂赫若〈冬夜〉、黃春明〈莎喲娜啦·再見〉、王禎和《玫瑰玫瑰我愛你》和李喬《藍彩霞的春天》為例〉參加臺師大人文獎，亦獲得重視，得到首獎，2004 年，李俐瑩以〈臺灣寫實小說中的風塵書寫──以王禎和、黃春明為例〉[37]，比較二人共有的風塵書寫中之異同。2008 年，顏訥在閱讀王禎和小說文本後，發現「女人較男人更經常性被醜化。而女性角色也非全然被醜化，還可大致歸納成『善母』（賢妻）──形象塑造正常，與『惡母』（惡妻）──形象塑造醜惡。」遂有從「女職」與「母性」觀點詮釋王禎和小說中的女性形象[38]。王禎和小說中尚有如秦貴福、萬發、阿蕭等人物形象，作者或透過外型殘缺、行為荒謬或語調怪異等描繪，以凸顯其生命的卑微不堪、悲涼好笑，都寫得生動感人。

　　探討王禎和小說人物（形象）的學位論文有陳宜伶的《王禎和小說人物形象析論》和吳秀英的《王禎和小說中的老人書寫》，陳宜伶將王禎和的小說人物分為男性和女性，再各自區分為數種類型加以析論，對於人物形象的列舉論述頗詳細，然在論及人物形象塑造的義涵時，則稍嫌簡略和不足。吳秀英探討的則為〈來春姨悲秋〉和〈那一年冬天〉中經濟困頓的老人，及〈老鼠捧茶請客人〉、《兩地相思》中遭死亡疾病籠罩的老人。單篇論文研究小說人物的則有：亞菁的〈王禎和小說人物的造型〉主要在概述

---

[36]中興大學臺灣文學研究所碩士論文，2009 年，「中文摘要」。
[37]劉、李二文，分見《臺灣人文》第 4 期（2000 年 6 月），頁 1～20；臺灣師範大學國文學系在職進修碩士班碩士論文，2004 年 6 月。
[38]《淡江中文學報》第 19 期（2008 年 12 月），頁 217～256。

王禎和前後期小說人物的不同造型，以及王禎和在人物命名上的嘲弄態度；趙夢娜於〈閱讀王禎和的〈伊會唸咒〉〉中分析小說中刻畫人物的方式，是用簡單的二分法將人物分爲兩派：欺壓者和被欺壓者，此外，亦分析王禎和改寫結局的用意及房子的象徵意義。

（七）作家作品的比較

論者經常以作家作品比較法，凸顯王禎和作品的特色，如洪錦在〈悲歌兩唱——論呂赫若〈牛車〉與王禎和〈嫁妝一牛車〉〉[39]中，指出〈牛車〉和〈嫁妝一牛車〉雖都在書寫生命、訴說小人物的無奈，但不同的是：〈牛車〉以全知觀點敘事，控訴的重點是時代，風格是沉寂嚴肅的；〈嫁妝一牛車〉以第三人稱觀點和意識流混用的方式敘事，控訴的則是環境和命運，其風格是嘲弄、荒誕不經的。徐志平〈臺灣鄉土文學三大家述評〉[40]以「孤獨的鬥士」、「真實的鄉土作家」、「獨樹一幟的語言藝術師」分別概括陳映真、黃春明、王禎和三人的風格。黃重添〈多刺的「玫瑰」與冰冷的「小寡婦」——《玫瑰玫瑰我愛你》與《小寡婦》比較隨想〉[41]以兩篇題材相同、構思相似的作品：黃春明的中篇小說《小寡婦》與王禎和的長篇小說《玫瑰玫瑰我愛你》，從主題表現、結構形態、語言運用等方面比較。黃武忠寫了〈小說的方言使用——兼談楊青矗「工廠人」、王禎和「嫁妝一牛車」、黃春明「莎喲娜啦・再見」用語之比較〉、〈社會結構變遷中的疏離感——王禎和〈來春姨悲秋〉與林佩芬〈一九七八年春〉之比較〉[42]兩篇，廖淑芳〈王禎和與林宜澐小說比較閱讀——以語言運用爲主的考察〉[43]，都是以作家作品進行比較考察，另王儷蓉〈臺灣鄉土小說翻譯——論黃春明與王禎和作品之可譯性及其英譯之等效問題〉及李南衡以〈臺灣小說

---

[39]《臺灣文學評論》第 2 卷第 1 期（2002 年 1 月），頁 84～95。
[40]《人文藝術學報》第 3 期（2004 年 4 月），頁 27～55。
[41]《臺灣研究集刊》第 14 期（1986 年），頁 91～96。
[42]分別見《書評書目》第 72 期（1979 年 4 月），頁 56～65；黃武忠，《文藝的滋味》（臺北：自立晚報社，1983 年 10 月），頁 61～70。
[43]《東華漢學》第 7 期（2008 年 6 月），頁 217～258。

中 e 外來語演變──以賴和 kap 王禎和 e 作品作例〉獲學位論文[44]。

　　除了以上所述研究重點，王禎和作品在對比的經營、場景的佈置、氣氛的醞釀、結構的圓整等等，都有可觀之處，亦有不少論述關注。〈五月十三節〉以兩組客人的買貨退貨，呈現了羅老闆夫妻兩人不同的心態。〈小林來臺北〉以樸實勤懇的員工小林、老張對比虛華奢靡的高級職員南施、多拉西。〈來春姨悲秋〉、〈那一年多天〉則分別以秋、冬的氣氛烘托人物的處境及心情。〈嫁妝一牛車〉從「村上底人都在背後譏笑著萬發」的「結果」開始，然後敘述他受嘲的「原因」，再回到他在料理店的現場作結。透過時空壓縮法，使小說有尺幅千里的美學效果。《玫瑰玫瑰我愛你》的「得恩堂」場景，不與宗教發生任何關係，反倒是吧女訓練班開訓典禮之所在，它不是人心救贖之場所，而是金錢性交易之所在，其反諷十足，《玫瑰玫瑰我愛你》也象徵了「美金美金我愛你」。〈快樂的人〉含笑一再地掛記「信」，可以看出作者伏筆的安排。

　　至於其他討論面向尚有定位其小說是自然主義的說法（如呂正惠、朱嘉雯）[45]，劉春城說王禎和小說技巧有「寫實主義的心腸，自然主義的筆觸，現代主義意識流和南美魔幻寫實的手法」[46]，東年〈美國美國我愛你：鬧劇《玫瑰玫瑰我愛你》的荒謬寓意〉提出「所謂文藝的『自然主義』，主張採取科學的態度翔實精確地描述自然及人生」、「王禎和逐漸轉變成一位臺灣文壇中獨一無二的荒謬主義者」[47]，李歐梵認為王禎和作品中的荒謬感與自然主義有些關聯，調和地說：「王禎和作品中的『人生觀』，有點自然主義的色彩，但仍然以人道主義為基礎。」[48]就其小說觀之，王禎和並不拘

---

[44] 王儷蓉文，臺灣師範大學翻譯研究所碩士論文，2003 年；李南衡文，臺灣師範大學臺灣文化及語言文學研究所碩士論文，2007 年。

[45] 朱嘉雯，〈地老天荒的原始世界──探討解嚴前後臺灣小說中的自然主義傾向──自然主義在解嚴前後臺灣小說中所呈現的特質〉，《解嚴以來臺灣文學國際學術研討會論文集》（臺北：萬卷樓圖書公司，2000 年 9 月），頁 285～286。

[46] 劉春城，〈一幢房子開始的文學生涯──初識王禎和〉，《臺灣文學的兩個世界》（高雄：派色文化出版社），頁 186。

[47] 《聯合文學》第 74 期（1990 年 12 月），頁 36。

[48] 李歐梵，〈一支小調譜成的文學新曲：評王禎和的「香格里拉」〉，《香格里拉》（臺北：洪範書

泥於哪一主義流派，他時時保持創新實驗的態度，因而寫作技巧多樣。餘
如病誌書寫討論作家自身經驗的書寫意義[49]，語言翻譯的觀點，討論王禎和
小說具有的「越界」與「翻譯」特質[50]。翻譯與地方文學生產，討論臺灣在
1960 年代對於西方現代文學主義的挪用，並進一步檢視翻譯於在地文學生
產中所扮演的角色及其操作情形[51]。音樂與圖像跨文本書寫，敘述王禎和常
在小說中引歌入文，〈老鼠捧茶請人客〉、〈素蘭小姐要出嫁〉和〈人生歌
王〉三部作品的題目都與臺語歌曲有關，意蘊豐富[52]。或從其小說探討戰後
臺灣勞工題材、原住民女性角色的呈現等等。

三、結語

　　王禎和曾為《聯合文學》第 18 期扉頁題字，寫道：「每當開始寫小
說，幾乎無時無刻不在提醒自己：不要重複以前的手法，毋要用先時用過
的辭彙，要找到一種新的表現形式。」從題材、語調的選擇、敘述觀點的
運用、意識流與魔幻寫實的技巧、強烈的狂歡式的戲謔風格，王禎和努力
截長補短，不斷變化寫作手法，對文學藝術的追求態度極其認真，值得讚
賞，但從研究評價來看，若干作品卻也招致某些質疑，毀譽參半，其中多
種語言入文的問題、字體形式、語言實驗性的嘗試、情色化的嘲謔語彙等
等，尤其討論熱烈，事實上，語言文字問題在七等生、王文興的小說裡，
也存在作家有意的經營，而評論家不客氣的批評，甚且有「小兒麻痺體」
的譏諷，唯時過境遷，今日重新閱讀王禎和之作，大致上對此王禎和式獨
特的文體，已然多能接受，這一點也形成王禎和與陳映真、黃春明、王拓

店，1986 年），頁 223。

[49] 葉錦霞，〈王禎和的病誌書寫──《兩地相思》試析〉，《生命的書寫──第二屆主題文學學術研
討會論文集》（臺北：萬卷樓圖書公司，2003 年 8 月），頁 65～90。

[50] 鄧倩如，《雙面翻譯──論《玫瑰玫瑰我愛你》的跨文化與跨語際交換》，臺灣大學臺灣文學研究
所碩士論文，2008 年。蔡易伶，《從後現代思想看王禎和小說《玫瑰玫瑰我愛你》的「翻譯」問
題》，輔仁大學翻譯學研究所碩士論文，2008 年。

[51] 李育霖，〈翻譯與地方文學生產：以王禎和小說《玫瑰玫瑰我愛你》為例〉，《中外文學》第 35 卷
第 4 期（2006 年 9 月），頁 11～26。

[52] 陳思和，《陳思和隨筆集：羊騷與猴騷》（上海：人民出版社，1994 年 3 月）。

相比，特殊凸出相異之處，成為其標誌。甚至以後殖民角度討論「多語顛覆中心」問題，更加凸顯其作品特殊之處，因此提起王禎和，人們自然想起他的〈嫁妝一牛車〉、《玫瑰玫瑰我愛你》、〈鬼·北風·人〉、〈小林來臺北〉、〈伊會唸咒〉、《香格里拉》、《美人圖》種種情節及特色的寫法。

　　今日重讀其小說，可以發現作家不僅在小說的主題與技法上日益求精，忠實反映臺灣都市化的歷程，資本主義促使臺灣社會經濟急速繁榮，但也使農村社會的價值體系逐漸崩壞，除了老人、勞資、國族認同等問題，他也很早觸及一些較忌諱或少為人注意的問題，如〈鬼·北風·人〉描寫姊弟之間的曖昧情愫，〈夏日〉描寫了原住民女性及其情慾。在王禎和作品研究大量集中在知名的一些小說之際，關於他的其他作品之發掘及討論，如其早年刊於《臺大青年》的〈異常的天才戲劇家——史德林堡〉、〈鹿死誰手〉、〈真相〉或者較少被討論的劇本〈聖夜〉、〈望你早歸〉、〈大車拚〉諸作，期待有後續的討論。

輯四◎
重要評論文章選刊

秋日懷禎和

◎姚一葦[*]

　　王禎和的第一篇小說〈鬼・北風・人〉發表在《現代文學》第 3 期，
開始引起我的注意。這篇小說描寫一個寡居、開一爿小雜貨店維生的姊
姊，和在外浪蕩多年，回來投靠她的弟弟之間的矛盾衝突。這雖是他的處
女作，但是他的心理描寫、語言風格，以及對於那些卑微小人物無可奈何
的處境的刻畫，已成爲他後來作品的指標。我想他寫這篇小說的時候，最
多只有 20 歲。

　　我認識禎和，記得是他大學剛畢業的那年，他在返回花蓮之前來看
我。他告訴我他極愛戲劇，曾在黃瓊玖教授的指導下，寫了一個劇本。我
們暢談戲劇、電影和小說，我們之間將近三十年的友誼，自此開始。

　　1963 年，我參與了《現代文學》的編輯工作，我立即向禎和拉稿。不
久他寄來了〈快樂的人〉。1966 年我離開了《現代文學》，而成爲新創刊的
《文學季刊》的同人，我只向禎和拉稿。當我收到他的《嫁粧一牛車》
時，興奮不已。連讀幾遍，讀時大笑不止。後來每當讀書發笑時，我的家
人會問我：「你又在讀王禎和嗎？」可是發表之後，禎和頗不高興，因爲他
用的語言極爲特殊，檢字工人不習慣，而校對又欠精，以致錯誤百出。《文
季》只好重刊一次，由他自校。同時也引起了一些不同看法和批評，於是
我請《文季》的朋友來我家便飯。飯後我分析這篇小說，當時許南村記錄
了下來，並予以發表（經收入拙著《欣賞與批評》）。禎和從此成爲《文

[*]姚一葦（1922～1997），戲劇家、散文家、評論家。江西南昌人。發表文章時爲國立藝術學院教
授。

季》同人，也成爲大家的好友。

嗣後，禎和發表了許多好小說，像〈三春記〉、〈伊會唸咒〉、〈素蘭要出嫁〉、〈寂寞紅〉、〈香格里拉〉、〈老鼠捧茶請人客〉……。其中我尤其欣賞〈老鼠捧茶請人客〉。

這篇小說是在一種虛擬的、假設的情況下建造起來。寫一個老婦人帶著她的小孫子在家，兒子媳婦俱已上班。此時她突然死去。作者描述老婦人死後，仍在關心她的小孫子，而媳婦還沒有回來，「這怎麼辦？」當然這種情形是假設的，但是如果這個老婦人不是猝死，而是重傷，使她身體不得動彈，而心靈還是靈活的，此時對這位老祖母言，所關心的不正是她的小孫子，而非她自己嗎？我想任何一位老祖母都是如此，是人生中的一種恆常的經驗。此種經驗放在一個虛擬的條件下傳達出來，便非那樣直接。這就是藝術家的魔力。

禎和筆下全屬卑微的、弱小的、爲社會所忽視的人物，當他們面對一種外來的勢力時，無法抗拒。〈嫁粧一牛車〉中的萬發在揭穿了他妻子與姓簡的姦情時，只能換得一牛車。〈來春姨悲秋〉中，來春姨的媳婦要趕走她的同居人阿登叔時，她只能讓他離開，只能在心中「記掛著阿登叔的風寒不知痊癒了否？」他們「不會自殺，不會殺人，甚至也不會打架」（用也斯語）。

而且這些人物被滑稽化了。他滑稽化的方法是「卑抑」（"degradation"），亦即將他們貶低，貶得不如常人；同時也是將讀者抬高，使讀者在比較起他們來時，感到自己是多麼的偉大，多麼的光彩啊。於是縱聲大笑。但是在笑過之後呢？會不會覺得實在不應該發笑；不僅不應該發笑，而應該報之以哭呢？這正是卓別林電影中的手法，禎和是深得簡中三昧的。

他的小說實際上是討論人的處境問題。雖然這兒沒有轟轟烈烈的大事，但卻是最平凡、最普遍的人生困境，「人生到此，夫復可言」的一種無可奈何之境。禎和將此種痛苦、悲慘的人的境遇，披上一重滑稽的、可笑

的外衣，讓大家暫時忘掉那種如山的亙古不化的哀愁。他在善意的愚弄我們，愚弄我們大家。

因此我要說，禎和是個人道主義者，不在表面，而是隱藏在他的內在的對人類的愛；特別的是對那些弱小者的關懷，以喚起對那些被遺忘的人的注意與同情。我最欣賞禎和的也在此。

後來，禎和患了鼻咽癌。癌症對任何人都是嚴重的打擊，但是卻不曾把他壓倒。他不僅繼續寫下去，而且寫得更多、更勤，更寫起長篇來，《美人圖》、《玫瑰玫瑰我愛你》、《人生歌王》，都屬比較長的作品。題材的範圍也越來越寬廣；更由鄉村轉向都市；而且他絕不迴避「低俗」，在「低俗」的外表下來表露他對人生的控訴。

前已言之，禎和對戲劇有特別的愛好，對西洋戲劇有深厚的學養。他有時也發表劇本。我記得我主持的中國文化大學藝術研究所戲劇組的同學，於 1980 年曾演出他的《春姨》（由吳振芳導演）。我在〈一個實驗劇場的誕生〉文章中，說過這樣的一段話：

《春姨》，王禎和的原劇發表已將近十年，這卻是它的首次演出。據他告訴我，雖然有人嘗試演出過，但都知難而退。因此一般人只知道他是一個小說家，不知他是一個戲劇家；看了此次的演出，我敢說他在戲劇方面的才華，絕不下於他的小說。（在此我誠摯地希望他今後多寫劇本！）王禎和的劇本和他的小說一樣，有他獨有的風格。他的筆下是那些卑微的小人物，一些家庭瑣事，他們的痛苦與悲傷，他們的願望和願望的不切實際。在感情的基調上是「悲劇的」，但是王禎和將它喜劇化了；讓我們暫時沉默了哀憐，關閉了同情。但是此種喜劇化的程度最難把握，因為不可過分，過分便成為胡鬧，那就傷害到作者「悲天命而憫人窮」的胸襟和他的獨特風格。導演對於此一敏銳的尺度作了正確的把握，是很不容易的一件事，真使我對她刮目相看。

我一字不易的抄錄下來，因為這正是我今日所要惋惜的，惋惜他沒有繼續往舞臺上有所發展。

他雖沒有再寫舞臺劇，但卻在電影劇本方面有所發揮，他對電影有很大興趣，對於經典之作，如數家珍。尤其是當他的小說被攝成電影之後，興趣就更濃了。

我記得「嫁粧一牛車」試片時，他邀我去看。看過之後，使我感到電影與小說之間有一道無可逾越的鴻溝。讀小說時你可以自由想像，因此我早已有了心目中的萬發、阿好和姓簡底；此刻當我面對銀幕上的真實而具體的「人」時，那豈是萬發、阿好、姓簡底呢？散場時，禎和心情很好，介紹我認識該片導演張美君，並一同去到附近的咖啡店喝茶，還要我講了幾句話。當然上面所想的我沒有說出來，因為像這樣的作品能改編成電影，已是難得；何況，導演是用了心的，在能力限制的條件下，豈可苛求。

他電影劇本的原稿都影印送我先看，並徵詢我的意見，包括生前未能發表的《大車拚》在內。我接到他的作品時，一定立即閱讀，他一定提出我的看法。我還記得我做過一次糊塗事，那就是當我讀完《大車拚》之後，立即覆了封長信，寫下我的意見。不料過了幾天，禎和夫人來電話說沒有收到我的信。後來信被郵局退回，原來我把和平西路竟寫成和平東路了。這件事之所以發生，因為我當時有別的事正在忙著。但我不管怎麼忙，禎和的事第一優先；結果忙中有錯，欲速而不達了。

最近幾年，禎和因照鈷六十，使喉頭及聽力受損，因此只能筆談。可惜我沒有留信的習慣，只找到最後他給我的一封信。是他去年8月28日，看完了在國家劇院上演的《紅鼻子》之後，寫給我的。茲錄如下：

姚教授：

謝謝賜票，周六前往觀賞《紅鼻子》，我雖聽力不好，但仍看得好多回都流下淚水。太好了，我沒想到成績會如此卓越。每個演員都給人深刻印

象，那番清新氣質，職業演員是不可能有的。

看了演出後，更覺《紅鼻子》是優秀無比的劇作，結構勻稱，戲力高張，每個演員都有發揮的空間。

好久好久，沒看過這麼好的舞臺劇。應該找人錄下來，給圖書館收藏。

在此恭喜您，並祝　健康快樂

晚　王禎和敬書　78、8、28

我深知禎和不是一個愛說應酬話的人，他喜歡，我當然高興。

他突然走了。3 日晚上我聽到這個消息，我流了眼淚；這個晚上，我夢見他。今天我已冷靜了下來。他十多年來，一直和癌症搏鬥，他的作品證明他沒有被打敗。但是這些年來，他是夠辛苦的，一次又一次的接受那無比的摧殘，實在不能再忍心看他遭受任何的折磨了。

禎和，你雖離我們而去，但是你的作品會活在我們的心中，也活在許許多多現在和未來的讀者的心靈上。

禎和，你安息吧！

——《中國時報》，1990 年 9 月 16 日

——選自姚一葦《戲劇與人生——姚一葦言論集》
臺北：書林出版公司，1995 年 10 月

悲憫的笑紋
記王禎和

◎尉天驄[*]

　　50 年前的花蓮，在感覺上是一個邊野的地帶。從臺北去花蓮通常要將近一天半的路程，先坐火車到宜蘭的蘇澳，再換公路局開往花蓮的汽車。一上蘇花公路，背山面海，陡壁不斷。清水斷崖以後，每走一段就是一陣驚訝。過了新城，才是一片平坦；海是海的樣子，山是山的樣子，天空也只是天空的樣子。這就是花蓮。

　　初到花蓮，真讓人有著紀德在《地糧》中由喧囂的城市重返大自然的那種興奮，連空氣也瀰漫著喜悅。一排排粗大的麵包樹舒展著層層肥厚的葉子，一般的住家，多是覆蓋著油毛氈的木屋。當時的旅館只能稱之為客棧，而且只是比故事中的高陞棧或雞毛店稍高一級的地方，住室內只有一座水泥砌的儲水池讓人打水沖洗。日和月彷彿不是在趕忙著時間的交替，它們唯一的任務似乎只是在遠處瞭望。走著、走著，整個人就走進一個邊塞的世界裡。雖不神祕，卻披戴著幾許原始。邊塞的花蓮，於是在人們心中成了一種瀟灑，一種讓人陶醉的情調，即使一盞半明不明的窗臺燈火、一堆古堡的殘垣，也幻化成似真似假讓人嚮往的舊夢。

　　然而擁抱那種情懷的人大多不是真正的花蓮人，就像唐代邊塞詩人其實不是真正居於邊塞的人一樣；他們的鄉愁也不是真正的鄉愁，而是一種無處排遣的思緒。這些都是不屬於當地人的，但是，居住於當地的人也有他們的遐想，即使夢幻的傳奇也與外地的來人無法相同。它的真實，它的

政治大學中國文學系名譽教授。

奧祕，是要用當地人的血淚，醜陋，愚蠢，一層層去揭發才能領會的。而
王禎和，就我們所知，應該是開發這一鄉土的第一人。在其間即使是瑣瑣
碎碎的嘻笑也讓人嗅到淚水的辛酸。

　　王禎和 19 歲那年，在白先勇主編的《現代文學》發表了第一篇小說
〈鬼・北風・人〉，把花蓮那個邊遠的小市鎮鮮活地呈現出來。那時是
1960 年，他初次離開從來沒有離開過的鄉土，來到臺北就讀臺大外文系一
年級。當時有些人喜歡用舶來的概念解說自己所涉想的花蓮，但初讀
〈鬼・北風・人〉時，就被王禎和筆下的花蓮市鎮景象和人物震懾住了。
在那裡出現的完全是一般人想像不到的景象；那裡沒有我們日常習見的循
規蹈矩、父慈子孝、兄友弟恭；而是處處潛伏著爭吵、嫉妒、失意，以及
瑣碎異常的作爲。沒有喜，也無所謂悲，每一段落都像是連續不斷的黑
雲，飄過來，飄過去，壓在人的心上，讓人那麼不安。有時又像不知何時
會突然冒出的鬼魂，攪亂了人的思緒。

　　王禎和發表〈鬼・北風・人〉後的第五年，我才有緣和他見面。他自
臺大畢業後，曾在花蓮中學執教兩年，後來進入臺南亞航、臺北國泰航空
公司辦事處工作，最後進了臺視影片組服務。1966 年《文學季刊》創刊，
姚一葦先生向他邀稿，他寄來了〈來春姨悲秋〉，接著又寄來了〈嫁粧一牛
車〉。後者發表時，大家都不習慣他在語言上的改變，校對時出了一些誤
差，引起他的不滿，於是在下一期重刊一次。姚公說：「禎和在做大的改
變，非細心讀不能了解他的特別意趣。」於是我們好幾個人就坐在明星咖
啡館三樓一邊唸一邊揣摩校對。七等生更混合著國、臺語，學著小說中萬
發的罵人語言，引起大家的樂趣。從那以後，誰要請吃飯便會學著〈嫁粧
一牛車〉裡的語言說：「走！我請你呼頓嶄的。」

　　這以後，他的創作便一步步走向了高潮。〈五月十三節〉、〈三春記〉、
〈寂寞紅〉、〈伊會唸咒〉〈玫瑰玫瑰我愛你〉……一篇一篇接續著產生出
來。

　　禎和有空也常來明星咖啡館，他很文靜，從不大笑，興奮時會直拍別

人的肩膀。我感覺他的笑容總是悲憫中帶有一絲寂寞。有一天他忽然一本正經地對我說：「老尉，你知不知道，咱們倆有親戚關係？」

我說：「你別胡說，我又沒做大官，你跟我攀甚麼關係？」

他說：「你回去問你老婆，就說王禎和的老婆叫林碧燕。」

我回家一問，原來林碧燕和我老婆孫桂芝是花蓮女中的同班同學，兩人還同用過一張桌子。從此以後，我們家的聚會又多了一員；她們兩個加上黃春明的太太尤彌就結成了鐵三角，用禎和學著孔老夫子的話形容的那樣，從此「唯女子爲難養也，遠之則怨，近之則不遜」起來。禎和有時很迷信，碧燕生了兒子後，他一本正經地和我討論兒子的名字，第一要講究筆畫，第二要名字中有「文」字。不能太土，也不能太俗，而且要國語和臺語唸起來都好聽，還要譯成英語也要順口。和他想了好一陣子，我對他說：

「禎和，紅包拿來！我想到一個典雅有氣派的名字。」

「甚麼名字？」

「王宣文！」

「試申述之……」

「你知道嗎？清朝皇帝給孔老夫子的諡號叫文宣王，倒過來不就是個好名字嗎？」後來王宣文成了我的乾兒子，碧燕還特地到我家提一壺水拿一袋米回去，說要沾沾我的福氣。——天知道我哪有甚麼福氣，只不過人長得胖些罷了。

我們幾個老朋友常喜歡逗禎和，也開碧燕的玩笑。有一次我說：「禎和，你的學生有的進大學當了我的學生，聽他們說，你在花蓮中學教書的時候，學校距離你家很近，一堂課下來，常常身上一片粉筆灰，下了課你就先回家美容一番，第二堂上課就會滿身香水味地走進教室。」

他笑著連連否認，臉都紅了起來。我們問碧燕說：「你家先生，看起來循規蹈矩，一臉正經，怎麼小說裡那麼多亂七八糟的東西？連治療性無能的單方也背得滾瓜爛熟。」

　　碧燕說：「他甚麼亂七八糟的書都看，人家不愛看的，他仔仔細細像讀經典一樣。」

　　1978 年，禎和得了鼻咽癌。那一陣子，唐文標和楚戈也得了同樣的毛病。於是他們三個人就結合成為抗癌聯盟，互相勉勵。禎和因為照射鈷六十的影響，自此無法發聲，見了人也只有筆談。想不到，宣文十歲那年，也發現患有肝癌。手術那天，映真、春明和我三家，一大清早都去了臺大醫院手術室外面陪伴禎和夫婦，大家都一言不發，凝重地注視著手術室的大門。三、四個小時過去了，醫生走了出來，向大家說：「恭喜，恭喜，癌細胞已經凝成一個小球，很輕易清除掉了！」話還沒落地，禎和碧燕就相擁號啕起來。那一年《中國時報》頒發推薦獎給禎和，他無法出席，由我代他去領。

　　對於自己的寫作，王禎和曾經這樣說：

　　　我覺得一個作家應該寫他最熟悉的東西，只有這樣，他的作品才會有生命、有感情，才會使讀者有深切感，產生共鳴感。就拿我自己來說吧，我是花蓮人，從小在花蓮長大，十八歲以前，沒有離開過花蓮，所以花蓮的風土景物，在我的童年與少年生活的回憶裡留著極深刻的印象。我小說中的許多人物都是那個時候印象深刻的人、事、物的累積。他們的一言一行都是我從小看慣的、熟悉極了的、徹底了解的東西，在我寫作的時候，一個個活生生地跳進我的腦海裡來。常常有人問我：「王禎和，為甚麼你能夠把你小說中許多市井小人物描寫得這麼活靈活現？」我想這是唯一的原因。

　　王禎和筆下的鄉土生活，基調是貧窮的。貧窮讓人甚麼事都做得出來。前一階段他寫的大多是花蓮移民社會的現象，後一階段他寫的大多是即將走向現代工商業社會的臺灣東部的現象。他 1960 年開始發表小說至1990 年過世的 30 年間，也正是花蓮變化最多的歲月。「工商業社會帶來的

『唯利是圖』、『大利滅親』，真使人驚魂動魄」，這是他對一位香港朋友所說的感慨。人與人的日益冷漠、小商人小買賣人家的互相欺詐，交織著倫常秩序的變異，使得遠離大都市的小市鎮也一步步趨於淪落；有些人把不正常的繁榮當成榮耀；另有些人則因找不到出路而坐以待斃。原本「相濡以沫」的人倫關係，日漸朝向互相殘害的方向發展，像「不知甚麼時候，更大的災難又要降臨」，這樣的恐懼便經常在那些人的四周迴旋不去。這種沉悶無望，於是成了王禎和作品不斷出現的主調。在那樣無望的情況下，活下去唯一的目標，甚麼廉恥，道德，高貴與下賤，都成了次要甚至是沒有意義的事。而王禎和的作品，就是在這樣的現實中孕育出來的。他答覆朋友的詢問時，也曾有如此的自述：

「為甚麼你會選這些小人物作你小說的題材呢？」

常常我被這麼問著。

也許就正因為我也是個「小人物」吧！他們於我而言是那麼親切！那麼熟悉！他們的藥，也是我的藥；他們的辛酸，也是我的辛酸；他們的感受，也是我的感受。他們是我自己、我的親人、我的朋友、我的鄉鄰……。他們就在我的周圍、我的身邊。一道過著相同的生活、一道呼吸著相同的空氣，要寫不能不寫他們。

寫他們，絕不是出於一種關懷。「關懷」這筆畫龐多的兩個字，對我而言，顯得如許地尊貴，如許地高高在上，說甚麼我是萬萬無有一點資格使用的。

還是那句話，寫他們，正因為我是他們的一分子，寫他們，正因為我跟他們過著相同的生活。

　　禎和外文能力強，又愛看電影，觀念很現代，除了寫小說，在《劇場》雜誌寫過一些有關現代電影的文章。法國「新小說」作家霍格里耶（Alain Robbe-Grillet）為導演雷奈寫的電影劇本《去年在馬倫巴》，也是他

翻譯的。我編《文學季刊》期間,被文友們激發起寫小說的興趣,發表了〈大山〉、〈到梵林墩去的人〉等習作。朋友鼓勵我「有寫小說的潛能」,有一次和禎和聊天,他說:「天驄,你這個人也很鬼,別人看不出你小說中的招數,卻逃不過本山人的法眼。你在〈大山〉中那段一個老兵的自白,和〈到梵林墩去的人〉中的對話,處處徘徊著雷奈和海明威的鬼魂,還不誠實招來!」

他說得沒錯,那時我的確從現代電影中汲取了很多營養。禎和也一樣。他對戲劇和電影的著迷可說已經到了「癡」的地步。他特別喜歡日本導演小津安二郎和黑澤明。在自選集《香格里拉》的序中,他如此形容小津:

> 他的電影不但深深地感動著日本現代的觀眾,也深深感動其他國家的現代觀眾。他的電影雖然是反映戰後的日本人,可是在他的苦心經營下,劇中人物的歡笑與哭泣、期盼與挫敗,超越了時間,超越了國籍,變成了世人的歡笑和哭泣、期盼和挫敗。透過東京市井街坊的一切,小津安二郎以活潑的、自然的、充滿生命力的寫實技巧,將他的藝術與社會廣大群眾密密結合起來,而沒有走入「孤芳自賞」的藝術死胡同裡。

禎和寫作小說,也像小津拍電影那樣嚴謹。每次寫新作,他總是先打草稿,然後構想哪些地方安排哪些人物,哪些人物該在哪個時候出現。總要寫了又寫,改了又改,有的用紅筆加上注解,有的用綠筆加上說明。我對禎和說:「你應該去讀建築系,一磚一瓦安排得那麼仔細。」姚一葦先生每次說起禎和,總一次又一次地稱讚不已。

對於他獨特的小說語言,禎和不承認自己是用臺語寫作,而說是受了亨利・詹姆斯(Henry James)的影響,想融合各種生動的語言,產生新的意境和意趣。他認為:如果只執著於臺語寫作,自我封閉,便會造成文學生命的窒息。融合各種語言的風格才能加強自己語言的活潑性。所以他看

了張翠鳳的大鼓，也曾在自己的小說中融入說書的質樸。有一次，我們說起某官員的墮落，他搖搖頭說：「真是到了病入膏肓的地步！」我說：「病入膏肓。」他不動聲色地說：「病入膏盲！」我「嗯」了一聲，隨之領會了他的深意——意思是比「膏肓」更無可救藥。還有一次，他罵某人「甚麼也不會，只有一『枝』之長！」大家先是一愣，接著便都笑了起來。所以，我們要求禎和在稿子上碰到這樣的狀況，一定要加注，否則校對時可能會校錯。後來他在新版的小說集中，很多方言字句也都加上注釋。

　　禎和的小說，以自己的鄉土為出發點，鄉土的歡笑和哭泣就是他作品的主調。有一次他說：「有人說我作品的世界充滿了吵鬧、嫉妒，那是人的不安，也是人的無聊，都是活在瑣瑣碎碎的小世界裡，缺乏更高的追尋。其實，小地方的小人物正是如此的。他們只要活著，就習慣生活中的一切。你能用上流社會的尺度去評論他們嗎？活在苦難和屈辱中的人，是不一定要把屈辱當成自己心上的最大壓力的。在〈三春記〉中，區先生的性無能實際上也是一個象徵，他的無能實在也是你我的無能——在現實生活中誰沒有『無能』的時候？我心中也有這種難以言說的悲哀，妓女間互相嬉笑，小偷們互相炫耀偷竊成績，對他們講道德是沒有意義的。我採用嘲弄而近於戲謔的方法，來沖淡我心中的無奈。」

　　他對我說這話的時候，是上世紀 1960 年代末。到了 1970 年代後期和 1980 年代，王禎和已由一個花蓮人變成了臺北人，而臺灣的經濟成長也到了無所謂城市和鄉村，無所謂繁榮和落後，無所謂是是和非非，有的便是透過卡啦 OK，或者 KTV、MTV 之類，讓許多人成了追求享樂的族群。——在享樂中，一切都是愈滑稽愈好，千萬別沾染任何感傷。當然更不能涉及甚麼道德、甚麼價值、甚麼尊嚴。在這麼一個「我笑故我在」的時代裡，所謂道德、所謂價值、所謂尊嚴，恐怕連一張衛生紙的用處也比不上。當男性的性機器和女性的性機器可以隨意、隨時、隨地組合的時候，當男男女女老老少少可以那樣享樂人生而又視為當然之時，這世界不已經天人合一，古今玄同了嗎？王禎和對於這一現象的感慨，正是如此！

就在這樣的境界裡，我們看到王禎和「真如」的世界——我們不能沾染任何感傷，更不能有甚麼悲憤。我們唯一可做的就是唱吧！唱吧！跳吧！跳吧！脫吧！脫吧！而在唱唱——跳跳——跳跳——唱唱的享樂主義之中，甚麼環保、反抗、救人、同情，統統成了小兒科的玩意。這就是卡啦 OK 主義取代官僚社會的真諦。不懂這一點，我們就無法解讀王禎和後期作品（如〈美人圖〉、〈玫瑰玫瑰我愛你〉、〈人生歌王〉……）的意義。他的劇本《大車拚》所宣示和嘲諷的，更是這一努力追求享樂的人生哲學：

> 唱吧！唱吧！跳吧！跳吧！脫吧！脫吧！
> 有拚才會贏！有拚才會贏！

王禎和喜歡亨利・詹姆斯那句話：「生命裡總也有甚至舒伯特都會無聲以對的時候。」當他一再經由自己的作品重複著那句話時，我們應該靜靜地諦聽這一哲學像草根冒出土地、表面上好似無聲而實際上終將迸發巨雷一般的滋長聲音。

《大車拚》是禎和的遺作，在他去世三年之後出版。患病期間，他還寫了一篇〈老鼠捧茶請人客〉，以卡夫卡（F. Kafka）的筆法寫一位照顧兒孫的老祖母，在家中倒下將死之際，遊蕩的靈魂仍關懷著兒孫的安危，充滿著焦急之情，這種焦急其實就是禎和本人的焦慮，而且在他有生之年，似乎不曾有過減弱的現象。即使在他因照射鈷六十而無法言語時，碰到老友仍掏出本子，為此而急切地筆談不已。有一次我開玩笑地說：「你在電視公司上班，真是看盡美女呀。」他寫道：「哪天我帶你到後臺看看，你就知道那種美麗之後充滿了多少醜陋！」談到以前的作品，他寫道：「我很後悔，在寫作中有時過分嘲弄像〈嫁粧一牛車〉中萬發那一類的人物。他們已經卑微到不能再卑微了，我竟然那樣對待他們！」

那時，他的神情流露著無限的愴然。後來我才知道，〈嫁粧一牛車〉裡

那些不堪的情節，其實是出自他的熟人身上。

　　王禎和出生於 1940 年，逝世於 1990 年，不幸只享年 50 歲。

──選自尉天驄《回首我們的時代》

臺北：印刻出版公司，2011 年 11 月

關於王禎和

◎陳思和*

一、遺留給人間的微笑

讀臺灣《文訊》第 10 期[1]「懷念作家」一欄時，看到了王禎和的名字，不覺驀地一怔，難道王禎和⋯⋯了？忙翻開去讀，果然這位傑出的臺籍作家於 1990 年 9 月 3 日去世了。不知是筆者疏忽還是信息不通，直到現在，國內的報刊上似無報導。《文訊》上刊登的「王禎和研究資料」，蒐集了評論王禎和的文章索引，也無大陸的資料，這多少讓人感到有些淒涼。

王禎和的作品在大陸介紹不多，除了一些臺灣小說的選本裡必選《嫁粧一牛車》等少數篇什以外，筆者只見過一本王禎和的小說選集《快樂的人》（海峽文藝出版社，1989 年），收入了 14 個短篇。據說王禎和創作極其嚴肅。20 年間（從 1961 年開始發表小說到 1981 年寫完長篇小說〈美人圖〉止）一共才發表 18 篇小說，大概他患病以後創作的〈老鼠捧茶請人客〉（短篇）和〈玫瑰玫瑰我愛你〉（長篇）等不計入內，但即使加上了，也不過 20 餘篇。那本書是從 18 篇中選出 14 篇，不但數量上可觀，質量上也應能看出王禎和創作的大致風貌。

王禎和是鄉土作家，他的作品中沒有裝腔作勢的救世胸懷，也沒有高人一等的青天意識，他描寫小人物生存的艱難和處境的孤立，語言是土裡土氣的口語夾臺語，意識卻與西方現代派小說的「反英雄」相通。他諷刺

---

*發表文章時為復旦大學中文系教授、博士生導師暨復旦大學人文學院副院長，現為復旦大學中文系教授、博士生導師。
[1]編按：《文訊》第 10 期應為第 60 期筆誤，該期《文訊》出版於 1990 年 10 月號，總號第 60 期。

社會轉型期間崇洋媚外、拜金主義等不良風氣，也不用文天祥式的浩然正氣，倒是有幾分農民的狡黠與無賴（如他愛給人物取挖苦性的外號，便是一例）。唯其這樣，才讓人讀他的作品感到親切，總覺得他也是芸芸眾生中的一分子。他大多數作品的背景是寫家鄉花蓮，人物關係也能在一些並不連貫的作品中互視，如在他的處女作〈鬼‧北風‧人〉中，他寫浪蕩子貴福和姐姐的故事，在〈寂寞紅〉裡，寫了貴福的哥哥世昌夫婦的故事，在〈來春姨悲秋〉裡又寫了他們的母親來春姨的故事，儘管這些人物身上都有缺點，彼此間也充滿了不和，但他們每個人都被悲涼的命運籠罩著，以他們各自的不幸來揭示人生的不幸。讀著這些滿是污穢、艱辛、苦澀的花蓮市民的故事，使人不由聯想起福克納筆下的約克納帕塌法世界。

　　說起王禎和的創作，總不免要講諷刺喜劇的風格，其實王禎和的早期小說裡喜劇成分並不多，他只是寫悲劇時不用煽情手段，也不對人物濫施同情而已，至於寫小人物受傷害的同時也暴露出自身的弱點，這本是魯迅小說傳下來的傳統，不過是啟蒙色彩被置換了更為嚴峻的現實主義，到1970 年代以後，王禎和的創作才開始出現戲謔風格，甚至用這種風格去重新改編他以前的作品，如把〈嫁粧一牛車〉改編成電影，「差不多每一場都有教人發笑的地方，越是辛酸的地方，我越不會忘記把笑帶進去」（王禎和語）。在〈兩隻老虎〉裡，王禎和塑造了一個畸人──大不同鞋店蕭老板，開始用誇張、戲謔的手法來嘲諷人生。在〈小林來臺北〉及稍後的長篇〈美人圖〉、〈玫瑰玫瑰我愛你〉中，這種滑稽多刺的風格更為凸出，於是有了「把歡笑撒滿人間」的稱譽。

　　其實，王禎和的人生道路很多不幸，他早年右耳失聰，中年患鼻咽癌，做了手術後，一度不能說話，不能進食，受盡病魔折磨，但他對文學始終一往情深，依然一字一字地創作多種小說，而且風格上愈來愈開朗、風趣和滑稽。他有一次說：「我不知該怎麼說，也許我看的傷心事太多了，總希望：只要可能，讓人間多一點笑聲，就是大大小小的一響，也是好的」。其人格其心胸由此可見一斑。

二、《玫瑰玫瑰我愛你》

王禎和這個名字與我曾有過三次遭遇，但直到這一次才讀出趣味來。記得第一次知道王禎和還是在復旦選修臺文學課程。（當時叫做「港臺文學」，現在已改稱「臺港文學」，關於這名詞順序的變化賈植芳教授作過一個形象比喻：1972 年以前官方口號是：「打倒美帝蘇修」，到了尼克松訪華以後就改作「打倒蘇修美帝」了。）那時候在課堂上就聽過分析《嫁粧一牛車》什麼的，但不知是上課時一心想鴻鵠將至而聽擰了，還是因為那篇作品的臺語土話疙疙瘩瘩不很中讀，稀里糊塗地竟把他歸到了早期鄉土作家一類。第二次是前年在《八方》雜誌上讀到《玫瑰玫瑰我愛你》的電影劇本，粗粗瀏覽一遍，因不知背景，只以為是一齣鬧劇，有如看上海滑稽戲那般。電影劇本只是提供一個故事，有些細節令人想起日本故事片《望鄉》。在《望鄉》裡也是為了招待度假美軍，妓女阿崎婆一天接待 30 個美軍而癱瘓如泥，遭到情人的遺棄。這是個令人髮指的故事，但在《玫瑰》裡，同樣細節卻誇張成一名妓女自誇一天能接 100 個客，榮獲娼界比賽冠軍，另一妓女能在一分鐘內把客人「清潔溜溜掉」更勝一籌，這些細節當作喜劇題材處理，實在讓人笑也笑不出來。但這一次是非常偶然的機會得到一本《玫瑰玫瑰我愛你》的小說，再一次讀完，才知道前兩次都誤解了王禎和，或者說，我根本沒有讀懂王禎和。

王禎和是臺籍作家，早期小說的語言土夾白，國語不流利，這都是事實，但他對生活素材的處理，確是具備了一種藝術家的眼光。《嫁粧一牛車》裡對那個拉牛車的小人物滿懷屈辱，又渾渾噩噩的心境的描繪，特別是設計了他似聾非聾的生理缺陷，都含有果戈里式的博大同情與諷刺才華。他幾乎沒有劍拔弩張地哀其不幸，怒其不爭，只是用含淚的嘲諷口吻揭示出人生辛酸態。他把同情灑向了每一個人：那個用妻的貞操換來一輛牛車的車夫，那個在苦難中變態地追求個人幸福的妻，甚至是那個從小缺少愛撫，死死抓住他人妻子而求得一絲溫情的成衣販子。如果說，王禎和

也算鄉土作家，那其成就顯然遠在大陸 1920 年代的「人生派」小說之上（包括《爲奴隸的母親》、《生人妻》這類作品），也在臺灣早期的鄉土作家之上。但這次讀的《玫瑰玫瑰我愛你》，雖寫的也是臺灣的事，用的也是臺灣話，風格上似乎早已變換了早期樸素的現實主義的鄉土味，他是用 1980 年代臺灣現代社會意識來反省 1960 年代發生在花蓮市賣春界接待美國大兵的鬧劇，用誇張的戲謔手段展示了社會轉型時期各種人物追逐金錢的荒誕行徑。

　　故事是夠荒誕的：花蓮市要接待 300 名前來度假的越戰美軍，各界人士──知識界、司法界、醫學界、宗教界、政界、娼界都百般忙碌起來，由娼家「四大公司」聯手創辦花蓮市第一座酒吧，要用合乎國際禮儀的規格來爲越戰美軍「服務」，順便也爲「國家」爲個人創收外匯。奈何好事多磨，一些大地方的酒吧女郎不肯前來應召，於是他們急中生智，委託中學英語老師董斯文臨時開辦一個「吧女速成班」。小說並沒有寫那批「美國怪物」來了以後如何蹂躪臺灣姑娘和那些形形色色的鴇母龜公如何賺大兵阿哥的美金，甚至也沒有寫董斯文如何點鐵成金，在短短的四、五天內把 50 名土娼培訓成國際水平的「吧女」，它僅僅描寫了「吧女速成班」從構想到開辦典禮的那一段時間各色人物的活動，這樣就把一場本來是悲劇的題材合乎邏輯地變成了鬧劇，然而在一連串的滑稽可笑的情節背後，又時時隱示著一個更大的悲劇即將到來。

　　小說的書名是《玫瑰玫瑰我愛你》，那本是一支 1930 年代大陸的流行歌曲，據說曾流傳到美國，有了英文的歌詞，在有些人眼中這恐怕也算是民族文化征服世界的一個驕傲。在小說中，它還有兩個不同的含義，表面的情節是董老師苦心安排妓女在歡迎美軍時唱什麼歌，《龍的傳人》固然太嚴肅，何況那時侯德健還沒有譜曲，所以結尾時董斯文總算選出了這支《玫瑰玫瑰我愛你》作爲歡迎美軍（或者說是賺取外匯）的第一道節目。其次還有一個象徵的含義，即董斯文的這一靈感來自妓女們聽講性知識課，有一種厲害的梅毒叫做「西貢玫瑰」，因此玫瑰在這裡又有性病的含

義，象徵著人類自身的腐爛。「玫瑰玫瑰我愛你」於是就有了多重的含義，成爲書中各類人物逐臭趨炎的一個象徵。或許這部小說的真正可笑處，除了人物的外表行爲上──諸如董斯文的放屁、錢議員的脫褲、鄲醫師的貪色等等；除了某些外在的荒誕細節上──諸如在教堂裡開辦「吧女速成班」典禮等等，更有趣的是作者沒有用趕盡殺絕的態度去鞭撻他的筆下人物，相反，小說用戲謔的方法寫出了一些比較嚴肅的現象，譬如董斯文吧，他在花蓮市當中學英語教師，除了性格怪誕、外貌粗俗以外，確有許多天才的想法──被他自稱爲神來之筆，他對吧女速成班的一套主觀設計，對接待美軍的各種服務設施計畫，不能不說是合乎現代社會服務理想的，可惜的是一個現代知識分子僅僅把他的現代化知識運用在妓女賣淫身上，這才具有令人沉思的諷刺性。

這部小說使我想到王朔的一部諷刺小說《千萬別把我當人》。那一個寫的是以娼妓悅外人，這一個寫的是覓拳師揚國威，但一樣的都是爲了騙錢。那一部用的是臺灣語雜英文日文和口語，鑄成新型的文學語言，這一部用的是北京土語夾雜著半文不白的普通話和「文革」語言，也別有風格。只是王禎和的藝術境界與語言才能畢竟要高出王朔許多，但王朔胡言亂語背後批判傳統文化的沉重感，也是王禎和所缺乏的。如有好事者把兩者作一個細細的比較，倒是一個有意思的好題目。

三、《人生歌王》

《人生歌王》是王禎和的最後一部作品集，也是他身患絕症後以頑強毅力與死神搏鬥的結果。不過作品的字裡行間絲毫沒有透出憂鬱的氣味，樸素，樂觀，處處散發著人性的溫馨，仍然是他的作品的一貫風格，只是與《嫁粧一牛車》相比少了一點冷峻，與《玫瑰玫瑰我愛你》相比少了一點戲謔。這部集子收了三篇小說：〈老鼠捧茶請人客〉、〈素蘭小姐要出嫁〉和〈人生歌王〉，另有一個電影劇本，與小說同名，也叫《人生歌王》。據說是先拍了電影，然後再改寫成小說。

　　三部作品的題目都與臺語歌曲有關。前兩個題目都是套用了歌曲的名字，第三個題目中，《人生》也是以前流行過的臺語歌曲，「歌王」則是主人公———一個臺灣歌手。每部作品中都插入了歌曲（連譜帶詞），像是電影插曲一般。這大約是王禎和的創作風格，但與過去的作品《兩隻老虎》，《玫瑰玫瑰我愛你》相比，又少了一些諷刺和誇張意味，更加給人帶入一種戀舊的情調。我揣摩臺籍作家王禎和的晚年心境一定有很大的痛苦和寂寞，在病魔纏身之際，盤旋他腦海的，只能是綿綿不斷的兒時所熟悉的臺語歌曲。

　　《老鼠捧茶請人客》發表於 1983 年，是他患癌症的第二年，字裡行間透出的生命信息格外強烈。他改變了以往的現實主義手法，通篇用鬼魂獨白，寫出了人間的溫馨。小說寫的是一個現代公寓裡極其普通的故事：夫妻倆雙雙上班去了，家裡留著老婆婆與小孫子，老婆婆犯心臟病猝死，小孫兒嚇呆了，一動不動地楞在牀上，整整過了三個小時，直到女主人（媳婦）回家。據說這是一個真實的故事，王禎和已經醞釀多年了，但當他戰勝了絕症的折磨後，對生與死的參悟更爲透徹，對人與人之間的溫暖更爲嚮往，於是就出現了這個超現實主義的作品。小說是從老婆婆猝死以後寫起，寫老婆婆的靈魂乍離開屍體，還不適應這變化了的一切，久久逗留在這套公寓裡，她先是不明白自己已死，見小孫兒一副呆傻的模樣心焦如焚，百般安慰生者，然而小孫兒仍然無動於衷。當她最終清楚自己已死的時候，不但沒有悲哀，反而爲自己死前沒有拖累子女感到欣慰，於是她伴隨在小孫子的身邊，守護著他直到兒媳回來。「老鼠捧茶請人客」的兒歌不斷地穿插在老婆婆與孫兒的精神溝通之間，成爲死者對生者的充滿人情味的感情表達。王禎和那時剛剛經歷了一場死亡的考驗，他沒有悲觀地接受命運的嚴酷打擊，反而表達了更爲積極的願望：人死後還能與這個世界相通，死並不是離開這個世界，而是能與親人更親近；死並不是一切的終結，而是一切更好的開始。他坦率地承認，他希望這種善良願望不僅是他小說的境界，也同樣是現實的一種可能，因此我們在老婆婆嘮嘮叨叨滿口

土語的獨白中，能夠很強烈地感受到一種博大的人格力量的震撼。

在以後幾年裡，他除了從事影片編導工作外，還從事大量的小說創作和翻譯工作。他又斷斷續續寫出了《素蘭小姐要出嫁》（《終身大事》）和《人生歌王》，這兩個作品的氣韻都有些衰，也許只是生命迴光返照的一種徵象。不過作品充滿人性味、又略帶一點憂傷的描寫，戀舊的臺語歌曲和親切的本土語言，都製造了一種溫馨的情調。「素蘭小姐要出嫁」既是歌名，又是故事發生的背景，主人公小包（19 歲）馬上要娶親，未婚妻也叫素蘭，可是小包一直懷疑自己的性的能力，他在婚前多方去詢問，試驗，最後在一個妓女的啓發下確認了自己是個男子漢，然而他得到證實以後就拒絕與妓女性交，爲的是保住童貞獻給未婚妻。作家一定也是從平常聽來的某個故事中提煉出這個作品，但是他沒有發揮他所擅長的戲謔和打鬧的小手法，略帶一點憂傷地寫了一個純樸少年的覺悟。《人生歌王》寫的是一個臺灣歌手的成長、教育、成名、困頓，以及復出的過程，雖然有命運的不公正，黑勢力的猖獗以及法律的黑暗，但作品的基調依然是漾溢著愛與溫馨。林小田做爲一個本鄉本土的民間歌手，他爲復興臺語歌曲所作的鬥爭，無疑寄予了王禎和對自己一生所追求的事業與理想的期望。

又過了三年，王禎和猝死於心肌梗塞，了卻了他災難、疾病、鬥爭、樂觀的一生。

備註

本題中三篇關於王禎和的短文原是各不相關的獨立篇章，不是同一時間寫的。特此說明。——作者。

——選自陳思和《羊騷與猴騷》

上海：上海人民出版社，1994 年 3 月

啼笑皆是
為王禎和先生手稿資料展而作

◎柯慶明*

王禎和先生的手稿資料展，訂於明日（10 月 1 日）上午，在臺大圖書館開展，當天上午 10 時將在該館國際會議廳舉辦「關於王禎和的種種」座談，由王禎和的花中同學楊牧先生、大學同班鄭恆雄教授、創辦《現代文學》的王文興教授、愛荷華時期同住的王潤華教授與創辦《文學季刊》的尉天驄教授分別引言。

10 月 3 日與 10 月 9 日，下午 3 時 20 分起，將於同一地點播放《嫁粧一牛車》與《玫瑰玫瑰我愛你》影片。並在同一地點，安排了三場專題演講：10 月 24 日下午 2 時 30 分，黃建業教授講：「大學與電影的因緣——從王禎和的《嫁粧一牛車》與《玫瑰玫瑰我愛你》講起」。11 月 19 日下午 3 時 30 分，鄭恆雄教授講：「談王禎和文體的發展」。12 月 19 日上午 10 時，柯慶明教授講：「談王禎和的小說世界」。歡迎各界人士，自由參加。

「……生命裡總也有甚至修伯特都會無聲以對底時候……」

總覺得對於王禎和的小說而言，亨利・詹姆斯《仕女圖》的這句話，就像劉禹錫的〈烏衣巷〉詩對於白先勇一樣，是一個定音定調的指標。尤其王禎和自己坦言：「尋找真實的聲音來呈現故事，一直是我努力的目標。」以真實的聲音來呈現無聲以對的情境，那會是「寂靜之歌」？還是

---

*發表文章時為臺灣大學中國文學系教授兼出版中心主任，現為臺灣大學臺灣文學研究所兼任教授。

「愛在心裡口難開」？而世故圓融的老子說：「大音希聲」。文建會與《聯合文學》主辦的「王禎和作品研討會」竟然以「人生歌王」爲標題，真的令人拍案叫絕。

王禎和可能是唯一在小說裡附上歌譜的小說戲劇家，《人生歌王》原是以歌手爲主角姑不論：〈兩隻老虎〉、〈素蘭要出嫁〉、〈香格里拉〉篇名即是歌名，〈老鼠捧茶請人客〉亦是日本童謠的臺語諧擬版，〈大車拚〉原來題作〈要拚才會贏〉，後來卻以〈火車快飛〉的文字修改版來配歌；以原住民爲主角的〈夏日〉，亦配了一支原住民歌曲：「拿魯彎多……」《美人圖》其實不妨視作，像柴可夫斯基的《一八一二序曲》，書中所引的美國國歌與〈誰都不能欺侮它〉的愛國歌曲，兩歌交鋒爭勝的文字變奏。而《玫瑰玫瑰我愛你》，其實正可視全書的整體動作，就是在於這首主題歌（因此也是全書反諷的主題）的搜尋與完成。

但這種表現方式，雖然王禎和用得更多，但卻不是他個人專擅；白先勇在〈一把青〉、〈金大班的最後一夜〉、〈孤戀花〉，以至〈遊園驚夢〉都用了相同的手法。這些歌曲都烙有它們流行的時代、文化，甚至社會階層，特殊族群的印記，因而可視爲是某一特殊時空人群之生命情調的表徵。他們所要捕捉再現的正是一些行將消逝，不管是好是壞，種種過往昔日的生活風味。因爲這終究是作者（或者也是同時代的我們），所接觸過、經歷過，在這充滿變動糾葛與離散斷裂時代的人們與生活。（敢有歌吟動地哀 V.S 此時無聲勝有聲？）王禎和似乎更加警覺到連「音樂之聲」也會消失在風中，因此特別將簡譜也附上了？

至於篇首引詩：〈五月十三節〉引了杜甫〈宿府〉；〈那一年冬天〉引了朱敦儒〈朝中措〉；〈寂寞紅〉篇名及篇首，引了元稹〈行宮〉；〈快樂的人〉篇首雖未引詩，卻在篇中多處引古詩詞做爲反諷的對比。從傳記的角度來理解，這或許反映了當時臺大外文系的學生，一樣的都受過很好的中國古典文學的薰陶。但從文化與美學的角度來看，引述了亨利・詹姆斯就將以本土爲素材的作品與北美西歐的文化傳統掛了鉤；同樣地，古典詩詞

的引用，亦在漢語文學的大傳統中尋到了定位。假如我們還要堅持王禎和是一位「鄉土」作家，那麼他至少是一位視野橫貫東西精神接續古今的「鄉土」作家。

其實王禎和的作品，描寫的不僅是花蓮等地的「鄉下」，正如〈小林來臺北〉篇名所顯示的，臺北，這種國際都會，或其他的「城市」，也是他刻畫的場域。城顎的彼此差異而又互相遭遇，國際與本土的相互吸引卻又糾纏交涉，這種「中心／邊陲」的預設，才是王禎和作品戲劇性的基本張力。

〈小林來臺北〉與《美人圖》固然是以鄉下人的眼光來批判臺北的「高等華人」（有趣的是在《美人圖》第二章，安排來代表民族精神，堅持國家認同的批判者小鄺，竟是一位香港僑生，而且死於心臟病），《玫瑰玫瑰我愛你》，則是國際戰爭與都會文化，以色情行業爲媒介，延伸到了內山的花蓮，因而產生了種種「土娼洋化」過程的似是而非之奇觀妙事。（臺北當時以美軍與洋人爲恩客的臺北色情行業，難道沒有類似的訓練過程？只是早已司空見慣，引不起任何文化震盪的波瀾。）因此土洋交涉，城鄉對決才是王禎和作品的重心。

當然，其間更有時代發展的軌跡：由〈嫁粧一牛車〉萬發的希冀一臺牛車；到《大車拚》小村莊村民的爭取公路班車。萬發以屈辱租妻給外來的鹿港仔方式獲得；村民則由「在臺北讀大學吃頭路」的阿英領導，以「愛拚才會贏」的精神，經集體乘公路班車上城，在自身團結加上外界的奧援，終於抗爭交涉成功。由無奈的悲情到喧鬧的嬉樂，反映的正是對於命運之自主信念的轉變。

鄉土作品的悲情，不論是〈嫁粧一牛車〉的萬發，或者是〈來春姨悲秋〉的來春姨，其實大多來自生活的困窘（疾病往往是火上加油的嚴重打擊）；而街坊鄰居對其不合倫常「婚姻」狀態的蜚短流長，則更是雪上加霜的痛楚來源。小林來臺北之後所看到的情慾氾濫之普遍，雖然王禎和起先不免要加以嚴詞斥罵，冷嘲熱諷，但卻未嘗不是一種可以丟棄鄉土倫範的

一種解脫，到了《大車拚》幾乎可以全無顧忌地以嬉戲笑鬧視之，反映的
是另一種更為寬容的倫理觀。

　　這種對於命運自主信念的轉變，以及更為寬容的倫理觀，亦見於〈素
蘭要出嫁〉系列的作品。在最早的〈素蘭〉作品，素蘭因升學壓力、婚姻
不幸而一再精神崩潰，沉重的醫療費用一再地拖累家人，雖然父母兄弟姊
妹一再以犧牲的精神來共度難關，但素蘭卻創傷太深，無法痊癒。是部既
批判社會欠缺必要的福利制度，卻又顯現家族雖在精神上團結，現實上則
為走向離散的，既悲情又溫馨故事。

　　但接著改編為劇本〈青春小語〉（手稿），則寫的是以素蘭、小包的相
戀：小包找妓女初試雲雨卻仍堅守童貞；但素蘭反在初次謀職時即遭下藥
失身，因而初夜沒有落紅，遂引生許多誤會，終因小包發現真相而冰釋和
好，可說是笑多於淚的故事。而小包實驗性事的經歷，後來又改寫成一篇
充滿喜感而近於滑稽的小說，而以〈素蘭小姐要出嫁——終身大事〉篇名
發表。

　　最後又統合了素蘭腦疾，影響全家的家計；痊癒後與小包相戀，以至
初夜滋生誤會，回娘家病發，造成娘家二度陷入經濟困境；終至兩人誤會
冰釋，娘家弟妹也因小包的協助而得以就學等情節，寫成了〈素蘭要出
嫁〉的劇本（手稿）（該劇本又有略加修改而題為〈終身大事〉的手稿），
在蒙太奇影業公司打印的《素蘭要出嫁》電影劇本上，王禎和除大事刪
改，更在末尾以鉛筆寫下了「隨風飄逝」，要觀眾們：「人生在世對事不要
太認真」等字句，其後又題了四句：「故事結局真圓滿，夫妻共床百年長；
都要真心來相愛，過去代誌何必論。」反映的正是克服種種遺憾，以真愛
擁抱圓滿的人生態度。

　　王禎和一直遊走於小說與劇本（舞臺劇與電影）之間，《嫁粧一牛
車》、《美人圖》、《玫瑰玫瑰我愛你》皆由小說改編而拍攝成電影（《美人
圖》第一章亦改編成舞臺劇《小林來臺北》）。〈來春姨悲秋〉也在小說之後
改編成舞臺劇本《春姨》；而《人生歌王》則是先編了電影劇本，「後來覺

得這還是有可爲的小說素材，也就順手寫了個中篇」。王禎和在大一下以小說〈鬼・北風・人〉嶄露頭角，卻在大四時以劇本〈聖夜〉作爲「畢業論文」。他的舞臺劇本〈望你早歸〉亦經耕莘實驗劇團在耕莘文教院演出。

其實我們很難斷定哪一種體類才是王禎和的最愛。雖然他在〈永恆的尋求〉中表示，想使「小說回復到往昔爲時代做見證的崇高地位，以宣揚人之美德，提高人之情操」，但取法舉例卻提的多是劇作家 John Synge、曹禺、荷馬史詩與電影的例子。他甚至在《香格里拉・自序》中表示：「每當我提筆寫小說，心中就油然浮起小津（安二郎）氏的一部部電影來」，事實上他更撰寫過七百餘篇專業當行的影評，並輯出 40 篇精粹，以《從簡愛出發》書名單行出版。

王禎和由早年擔任《現代文學》的第二批編者，而成爲《文學季刊》的重要作者，對於某些評論者而言，可能代表著美學立場的轉變。但若參照王禎和的〈遠景版後記〉，他的爲《文學季刊》撰稿始於〈來春姨悲秋〉，是由於「姚一葦教授來信邀稿」。其實也正是原來主編《現代文學》的姚一葦、何欣先生們不再負責編務，《現文》又轉回早期以譯介而非創作爲主的編輯方針，因而姚、何兩先生又和尉天驄先生等人創辦了《文學季刊》期間。

根據自述：他當時所關切的仍是張愛玲的「意識流」的處理，亨利・詹姆斯的小說觀點，後來更去了美國愛荷華大學的國際作家寫作班。（上愛荷華國際寫作班，也幾乎就是《現代文學》作家群的標準行程。）到了我執行《現文》編務的年代，指導我且負責集稿的卻仍是姚、何兩位先生。年輕識淺的我，自然沒有尉天驄先生的人脈與影響力，因此從來沒有和王禎和有任何直接的接觸，自然也就沒有稿子發表在《現文》，其實早期《現文》的班底，除了白先勇後來也鮮少賜稿。

那段期間，王禎和的作品亦一樣地發表在《作品》、《幼獅文藝》，1974年之後就轉往了幾家報紙。他當時的這些小說，則編成了《寂寞紅》與《三春記》兩個集子，應白先勇的邀約在其開辦的晨鐘出版社出版。所

以，尉天驄先生或陳映真等人或許經歷過由現代主義往鄉土文學方向的轉變；但是以花蓮人物為素材，卻是王禎和自其在《現文》上發表的作品，即是如此。或許如他屢次在訪談中表示的：「每寫一篇小說，我都面臨新的挑戰，無論如何不要重複以前」；「盡量朝『標新立異』、『前無古人』的目標跑去」，勇於實驗創新，才是王禎和真正的美學立場吧！

1982 年 9 月我在臺大醫院外科開刀房外家屬等候室，和王禎和有了平生唯一的近距離接觸，據陪伴他的尉天驄先生告訴我，他在等待小孩作肝癌的手術，當時他自身亦已患鼻咽癌有一兩年了；我則是等候母親為癌症復發所做的第二次開刀。我們除了點頭示意，確實只能無聲以對。

在整理王禎和手稿資料之際，我特別查對了一下，他重要的長篇作品都發表在發病以後，這期間更包括他作品改編電影的拍攝；他在唯一的翻譯作品《英格麗褒曼自傳》前的序文，特別強調她的敬業：「雖然得了（乳癌）重症，但她仍然繼續演戲」，「反而工作得更加勤快」，「她就是這樣一個不向命運低頭的女人」。同時肯定地說：「她給世人留下來的一件件光輝燦爛的作品」，「她將隨著她的作品長留人間」，這會是他心目中的典範與夫子自道嗎？

王夫人所捐贈的書信，皆是他致也患癌症作家西西的去函，除了談文論藝，更是充滿了病友間的互勵互勉。我想在這最後的十年間他實在是發光發熱的，正像他的喜歡穿大紅衣服（有照片為證）。他在丘彥明的訪問中說到：「也許我看的傷心事太多，總希望：只要可能，讓人間多一點笑聲，就是小小的一響，也是好的呀！」因此讓我們不僅像朱天文寫在金馬獎典禮程序表上所說：「您的小說，我們全家都很喜歡。」讓我們也相信面對他小說中種種只有無言以對的情境，他會對我們這些不知如何反應的讀者說：「啼笑皆是！」

——《聯合報》，2003 年 9 月 30 日～10 月 1 日，7 版

生命中無聲以對的歎息
記與王禎和先生的文字交

◎向陽[*]

　　驚聞小說家王禎和先生因鼻咽癌併發心臟衰竭於 9 月 3 日過世，心中難過許久。他的〈嫁粧一牛車〉曾是我大學年代愛不釋手的小說，開頭引用了亨利・詹姆斯的一句話：

> ……生命裡總也有甚至修伯特都會無聲以對底時候……
> 這句話如今竟然成為剛告別 50 年人生歲月的王禎和先生，以及認識他的文壇朋友共同的心聲了！

　　我與王禎和先生並無深交，但一直打從內心深處對這位爲臺灣文學奠下深厚根基、創造臺灣文學一向缺乏的「黑色幽默」典型的作家抱著敬意。這種敬意，一半來自他作品中對臺灣鄉土的悲憫，一半則來自我與他之間可數的幾次通信與見面。

　　與王禎和通信，是在民國 71 年 4 月，當時我尙未進入《自立晚報》編副刊，受《臺灣日報》副刊主編陳篤弘兄之託，策劃一個名叫「每日精品」的專欄，爲使稿源充裕、水準齊一，第一批邀稿函發出的對象，王禎和先生也在其間，4 月 21 日他即寄來〈從「大西洋城」談起〉的短文，以路易馬盧導演的電影《大西洋城》闡證一個社會崇尙金權、把成功視爲道德的可怕，其中他借索忍尼辛的看法點出了美國「這個社會的弊病」在

*發表文章時爲靜宜大學中國文學系、輔仁大學大眾傳播系講師，現爲臺北教育大學臺灣文化研究所副教授。

於：

> 競相追逐物質享受，結果生活是一天比一
> 天薄弱，導致社會失去了理想。

　　由王禎和先生寫作生活中少見的這篇 600 字小品，我看出了他做為一
個作家的狷介與純潔，他從電影「大西洋城」中看到其實不只是美國社
會，而且是臺灣社會逐漸向金權靠攏的悲哀。年來臺灣社會的演變，已完
全證明了他的這句話。

　　我立刻回信向他致謝，沒想到第二天他來了限時信，表示要修改原稿
的兩個地方：

> （1）第二行第六個字起「美國崇尚金錢的功利社會」請改為：「崇尚金
> 錢的美國社會。」
> （2）第六行第四個字起「整個社會失去了理想。」改為「導致了整個社
> 會失去了理想。」

　　面對王禎和先生如此嚴謹不苟的寫作態度，我當然趕緊把還沒發出去
的稿子截下，按照他的要求作了修正。

　　第三天，我又接到他限時寄來同一篇稿子，全部重行謄抄，右上端註
明「定稿」，同時附了一張信，請我廢棄前稿，以定稿為準。一篇短短 600
字的小品，前後三易其稿、二度謄抄，這種尊敬文字的寫作精神，益發使
我由衷敬佩，而當時已罹患癌症，還能發聲的王禎和先生在我回電話向他
致謝時以微弱的口氣連聲說「歹勢」的聲息，至今仍清楚地湧盪在我的腦
海之中，因為那大概是我所聽過他講的最清楚的話了。

　　其後，我到自立副刊服務，與作家的聯繫愈形密切，幾次寫信或打電
話向王禎和先生邀稿，都因他確需休養而不可得，我當然也不敢強求。等

到我快忘了，他又寄來了一篇評論性的小品〈驕傲不得〉，內容係針對電視上某藝人使用「我好驕傲」表示「I am proud of……」之意的誤用提出針砭，我在 6 月 27 日收到，7 月 1 日又接到他「千萬拜託」的改正函，「請照如下改正」：

> ……他講了好幾次「我好驕傲」，顯然他是深受 PROUD 此字誤解錯譯的影響……請改為
> ……他講了幾次「我好驕傲」，顯然是為他編撰腳本的人深受 PROUD 此字誤解錯譯的影響……

在這封信中，他把說藝人講了「好幾次」改為「幾次」，把藝人誤用的責任還給寫腳本的人，顯現的已不只是文字的斟酌，而是他對人間抱以同情與了解的人格修養了！

第三度接到王禎和先生的信，是二年後的事。民國 73 年 10 月，他主動地寫了一封謙稱為「推銷」的信給我，表示他「近讀蘇菲亞羅蘭傳，很受感動。是一部相當坦誠生動的傳記，很想將之譯為中文」，並問自立副刊有否興趣？名家名譯，我當然求之不得，立刻回信請他動手迻譯。過了一個月，我收到他以「非常抱歉」啟筆的信，告訴我他已開始在寫新的小說，而且打算寫長篇。「這幾天為了譯，也為了寫，而弄得什麼都做不出來。實在對不起。等我小說寫完後，再專心來譯寫，好不好？小說如果順利的話，大約半年可完。屆時再為你服務，好不好？」這封信只有三段，除了「非常抱歉」、「實在對不起」之外，還有「實在不好意思極了」、「再說一聲對不起」總計四句十分客氣的話，反而使我不好意思極了。對王禎和先生來說，對臺灣文學來說，小說才是他真正的生命，因此，我立刻打電話請他不要放在心上，自立副刊樂意永遠等待他的任何作品。

收到王禎和先生的新作時，又是二年後的事。民國 75 年 11 月，他寄來小說《人生歌王》的電影劇本，我如獲至寶。我當然喜歡他的小說，但

《人生歌王》劇本，除了場景交代，對話全部都使用臺語。在這個劇本中，我看到了王禎和先生維護臺語尊嚴的用心，他在電視公司服務，大概也對電視上臺語劇的粗製與踐踏臺語頗為痛心吧，在這個劇本中，他使用了與臺灣民間的樸拙謙遜相當適切的臺語。我常用臺語寫詩，他的臺語劇本，我用顫抖著的手發了稿。這個可能是王禎和先生所寫的唯一劇本，也是我所見王禎和作品中首度使用的純正臺語作品，自當年 12 月 2 日開始在自立副刊連載，至 1987 年元旦刊完，獲得了不少讀者的回響。

　　與王禎和先生的交往，竟然都是在這種「無聲」的信件與稿件過程中傳遞，可說是我進入文壇以來最特殊的交友經驗了。直到民國 77 年 5 月，「愛荷華大學國際寫作計畫在臺作家聯誼會」在陽明山中國飯店成立，我與王禎和先生才首次見面，那時他已發不出聲音來了！我們連見了面都得透過他隨身攜帶的紙筆交談……。

　　如今，王禎和先生走了，帶著他的紙、他的筆，也帶著他的淡泊、謙虛，連同他的病一齊走了。與晚年的他有過短暫的文字之交的我，在雨夜的燈下重讀他給我的信函、稿件，追憶這位令人懷念而可敬的前輩臺灣作家，不禁也感到生命的荒謬而無聲以對！

──選自向陽《喧嘩、吟哦與歎息──臺灣文學散論》

臺北：駱駝出版社，1996 年 11 月

王禎和小說的排比結構

◎蔡源煌[*]

　　有一次搭南下火車返鄉，隨身帶了王禎和的《嫁粧一牛車》小說集在車上看。鄰座的旅客是一位行動不便的老者。當一位中年親人扶著他一小步一小步移近座位時，我伸手幫忙他就座。我們彼此點頭微笑，沒有進一步交談。車子開動以後，我便從簡單的行囊中取出該書讀將起來。約莫半小時光景，我發現老人的目光正瞥著我手中攤開著的書；最後，他好奇地伸過手來，將封面翻折起來瞧了一眼，然後便一勁看著窗外飛馳的景緻。他沒說什麼，而我也默默地看著王禎和的小說；老人與我一直如此無言地交談。我心裡想，當時他的感受也許和我初睹這本集子的書名時一樣：這本書若不是風態喜劇，八成是不倫不類關於社會研究的書。

　　最近，遠景出版社重印了這部小說集。王禎和一共出了三部作品集（《寂寞紅》，民國 59 年，晨鐘出版社；《三春記》，民國 64 年，晨鐘出版社；《嫁粧一牛車》，民國 58 年，金字塔出版社，民國 64 年遠景出版社重印），每有重複雷同。短篇小說一類，總計不過十來篇，全已囊括在上述後二個集子裡。以王禎和的創作時間而言，如此數量絕非多產。王禎和時寫時停，筆者如果沒記錯，自民國 63 年 9 月〈伊會唸咒〉以來，直到民國 65 年 5 月，只寫了〈素蘭要出嫁〉一篇。說王禎和的小說是風態喜劇，是社會研究，並沒有錯。然而，仔細端詳，便覺得此一印象有所偏差；費解的是，王禎和的小說，愈是趨於社會通相報導的幾篇，質方面愈是不如重點在於人物的局限與固有胸懷的幾篇。最明顯的是去年在《聯合報》副刊

*發表文章時為臺灣大學外國語文學系講師，現為臺灣大學外國語文學系退休教授。

發表的〈素蘭要出嫁〉，無論題意旨趣或技巧，均遠遜於早先發表的作品。
該篇描述一位縣府職員，因女兒精神失常就醫所費甚大，不堪負荷，申請
提前退休。退休金除了付醫藥費，尚餘一小筆款額，卻因投資大理石生意
而付之一空。最後，迫不得已替人看守山林；腿傷後，只能利用過年時節
替人家寫春聯，每副三元。他太太為了家計，擺地攤營生。全篇主題，用
該篇的一句話來概括，便是：「身分可以當飯吃，當錢用嗎？為了生活，是
莫有什麼適宜不適宜的。」換句話說，它所揭櫫的便是書生無用論。因
之，全篇在在顯露人物徹底的消極苦難（Passive suffering），致而扯入諸多
外在世界的細瑣末節。拿寫作時間較近的另一篇〈伊會唸咒〉來看，也有
這種感覺。「伊」篇中，戲劇衝突係建立於李議員與阿緞的外在地位差距。
李議員因三番兩次想購下阿緞的住地未成，運用其政治勢力報復，使公所
要以違章建築的名義拆除阿緞的房子。比諸早先寫就的小說，這兩篇似乎
已經失卻了早先作品中人物所表現的寬大關切，同時，又訴諸外在世界的
客觀結構來建立人物的衝突，忽略了作品內在的有機自臻自圓條件。「伊」
篇由於四個段落分立，層次分明，型構上仍不失完整；至若「素」篇，則
因外在世界客觀的介入，小說的題旨泛溢無章，報導性質多於藝術考慮。
唯此，本文中所要涉獵的幾篇，係指在這兩篇之前發表，結構較為完整者
而言。

　　綜觀王禎和的小說，讀者可以發現一個一貫的主題。王禎和的人物，
在人性的廣大範疇中，在在表現了寬大的心胸，充滿了人際彼此的關切；
矛盾的是，他們自身的處境卻往往甚為拮据。王禎和把人物擺在困頓局限
的情況中，試圖對他們的個人責任之本質、極限加以界說——探討在不影
響社會原有秩序之下，人物內心潛在關切的最大極限。王禎和小說的背
景，幾乎都是以小家庭或少數人共同生活在一起的空間為主；而這些家庭
或小社會所面臨的現實困難卻是一致的。儘管如此，人物的基本關切仍然
相當活躍。每個人心中都存著一項執著意念，而時時訴諸這個意念。對人
物的關懷、對事物的渴望嚮往，成了心中的執著。這也就是前文所稱的人

物所表現的關切。於是就形成一個很明顯、凸出的反諷，小說中人物的悲劇情調也益發顯著。爲表現這個主題，作者訴諸一個表面上似乎簡便，而實際上運用起來卻很不容易的排比結構（juxtaposition as structure）。王禎和的小說，在結構方面的成就，並非在於外在世界客觀結構的反映，而是在於小說本身的內在結構。本文之探討，就從這個觀點入手。

　　當然，筆者並不諱言結構的探討自有其弊，理由在於此一方法往往只偏重一部作品的組織架構，而忽略細節。不過，以王禎和的小說而言，結構與母題之配合，甚爲得體，尤以排比手法的運用（如人物、事件、次要情節等等之排比）最爲獨特，用這方法來研究當不失其箇的。

　　〈月蝕〉是一個典型的例子。故事非常簡單，描寫一個初三的學生急著要救堂弟；堂弟的腿開始潰爛已經六天了，而六天內不診治便會喪命。可是，要到堂弟家，必須經過一個墳場；他不敢過去，要求念小學六年級的弟弟陪他去。走到靠近荒塚的地方，弟弟知道他要去的是「同爸爸結仇的堂叔的家」，說什麼都不願陪他去。那時刻才下午四點三刻，沒有弟弟作伴，他不敢穿越墳塚。就這樣眼巴巴地將內心的渴望擱下來，「洗不盡的歉疚」。果真照胡校醫所說，六天之內不診治，他的堂弟泰山性命就保不住了；可是，他心裡還想，明天找個同學陪他去看看。

　　就呈現的手法而言，〈月蝕〉可以說是王禎和作品中最具內在張力的一篇。作者首先就賦予篇名強烈的象徵意義。月蝕，質言之，就是沒有月亮的晚上。沒有月光的夜晚，要獨自一個人穿過墳場，氣氛倍覺恐怖。從另一個角度來看，如果月圓代表某一種和諧、完滿的實現，那麼，很顯然的，月蝕就影射一種殘缺。光是就本篇篇名之含義來看，讀者便可以發現，本篇之戲劇衝突、張力所以如此大，乃是由於外在現實與人物內心的嚮往成了兩個相對的絕對存在。這也就是悲劇反諷之所在：儘管主人翁心裡是如何迫切地想要救他的堂弟，但是要到堂弟家去又必須經過那一片墳場；不幸的是，他根本不敢自己穿越過去。也就是說，他如果要達成內心的嚮往，就必須克服眼前的現實對他心理上的威脅。

　　本篇是以第一人稱的觀點寫來，因此，前文所指出的衝突也更戲劇化。一開始，主人翁急急忙忙跑回家，喚醒正在午睡的弟弟，要弟弟陪他一起去。偏偏他們的堂叔與父親有仇，他不敢讓弟弟知道是要去堂弟家。走在公路上，他不斷地想，如何讓弟弟相信他們正在從事一項英雄的冒險，但是他只是默默無語地踩著腳踏車。作者借用播音室的意象，來表現路上一片死靜的氣氛。不久，見到大榕樹，弟弟掉轉車頭就走，因為他曉得那是到堂弟家必經之處；留下哥哥一個人獨自坐在一塊大石頭上納悶。造成本篇戲劇衝突張力之因素諸多，譬如第一人稱觀點，重複句法表現等等皆是。然而，從整體結構來考慮，筆者覺得，本文所揭櫫的排比結構應居首功。作者一邊寫道：

　　墳場就在附近。
　　墳場就在附近。
　　墳場就在附近啊——

只要穿越過墳場，內心的迫切渴望立刻可以實現，可是主人翁心裡卻又同時潛存著一股無法克服的恐懼，而構成他的一種悲劇缺陷（hamartia）。作者緊接著陳現主人翁內心的恐懼寫道：

　　鬼要來。
　　鬼要來。
　　鬼已經來了。

　　排比結構，看起來似乎簡單，但是要使情況、氛圍安排得當，務期造成情境的反諷（situational irony），目的才算達到。〈月蝕〉這一篇應該算是成功的例子了。
　　在另一篇小說〈夏日〉中，作者也運用類似的排比結構，描寫一個山

地女人芭娜嫁給平地的男子；不久，丈夫另結新歡，女人無奈地跑去見婆婆，不意又受到一番奚落。女人回家來，苦悶之餘，進浴室洗澡；浸在浴缸裡，一邊撫摸著自己的胴體，一邊重新燎燃起失去多年的青春火焰。在呈現方面，作者所運用的是現實與回憶的排比。從小說的結尾，我們知道，不但丈夫拋棄了她，連孩子也被迫和她分居；而這一切均透過回憶與現實的排比，逐漸陳現出來。小說最後一段，描寫女人內心的淤結化為一種自虐的解脫：

> 她額上一片汗濕，兩手死勁上推窗子，然而牢牢的窗卻怎麼也打不開，只是隨著搖撼的手瘖地叫喊幾聲。哦，熱，她咬住下唇，握起拳頭兇兇地向門窗揮打過去。砰！砰！兩塊玻璃破裂了。芭娜愕愕地站著，兩手停在半空中。冰涼的晨風，拂動她長長襯裙的下擺，她全身起一陣摸觸冰雪的感覺。「哎唷——哎唷——哎唷——」她驚悸地凝視鮮血泊泊的手。「血——哦——血」慌忙一轉身，向前跟蹌了幾步，仆倒下去。

滿腔的熱情慾望，就這樣無情地被冷凍了，唯有藉自虐表現來發洩。

　　嚴格說，本篇只有三個動作（action）：芭娜去看婆婆；入浴；以及最後這一幕擊碎玻璃窗。三個動作沿著高潮發展，循序漸進；然而故事的重點卻在於第二個動作以及它所引起的聯想、回憶。愈想愈激動，終至以自虐的行為來發抒心中之鬱悶。同樣地，讀者不可忽略，本篇的戲劇衝突也是建立於外在現實與內心活動的排比。

　　大致加以歸類，〈月蝕〉與〈夏日〉兩篇所謂的排比結構，是泛指借外在事件與內在活動之衝突此一母題而建立的。比如「月蝕」代表殘缺，代表內心的渴望無法實現，「夏日」所影射的熱情慾火，也因眼前底現實局限，毫無用武之地，女人終得顧影自憐、自撫自慰，甚而以自虐的動作來代表內心淤結的爆炸。細察其他諸篇，如〈那一年多天〉、〈來春姨悲秋〉、〈嫁粧一牛車〉，亦不乏此一結構，然由於篇幅所限就不逐一涉獵了。（最

明顯的例子，如來春姨的願望——希望她自己比阿登叔活得長壽，好照料他的後事，免得她媳婦岡市草率應付了事。殊不知她自己都是泥菩薩過江了，還管得了那麼多？）

另一篇小說〈寂寞紅〉，截然分為兩部：第一部以 1937 這個年號為副標題；第二部則標明為 1957 年。王禎和的小說，最明顯的一個主題，乃是要考驗個人責任的最大極限。讀〈寂寞紅〉時，「個人責任」四個字是絕不可以忽略的。在第一部裡，鐵匠秦世昌一心一意想分家，另立門戶謀求發展。他當著母親面前指謫說：

> 要是你不將錢當沙土亂撒，多大的鐵店，我也開得下。誰化去祖公業？我嗎？一年到底你儘看戲，賭紙牌，家中來個半生不親的，也殺雞宰鴨迎大官一般。爹死後那幾個月裡，家裡簡直莫分日夜地開酒席，打桌圍，臨了沒錢，你便怨怪我把爹的家產一古心眼丟乾淨！⋯⋯到底是誰丟乾淨？你說！

他的弟弟秦貴福，也一樣不爭氣；秦世昌覺得，即使是讓他在鐵店打雜，都嫌他是個累贅。

總而言之，秦世昌自信只要能暫時擺脫家累，前途大有可為。他對母親說，分家以後，

> 我每月會供你錢，供你米的，待我賣力幾年，一定要經營一家比爹還大的鐵店，那時候我要砌棟房子。房子後面我也要蓋座葡萄棚。我一定把你接過來奉侍。到那時候，貴福一定會變好。我依舊要他在店裡幫忙。兄弟畢竟是兄弟，記什麼恩怨！對啊！也叫阿登叔過來一起住。

分家的事終於達成了；世昌和岡市當晚就搬到街上去。第一部最後一段如此寫道：

> 我要好好努力幾年，我要像爹那樣造間大房子，房後蓋座葡萄棚，留片
> 空地堆廢鐵。哦！秦世昌大鐵店，看來就在眼前了。好像我可以用手摸
> 到了！我的鐵店！我的大鐵店啊！

從這個結尾看來，秦世昌的道德觀和志趣都是向上的，因為他畢竟沒有拋
棄個人責任。

　　第二部裡，秦世昌已經轉業做榻榻米生意。他千方百計，想要擊敗競
爭的商家，標一筆公家生意。由於急需一位鹿港來的草蓆販仔供貨，他成
了鹿港販仔投宿的雙連旅社的常客。在那裡，他首先遇到相命的吳通天；
後者說世昌現在的太太罔市是掃帚星，所以他必得「二娶」才能出頭。稍
後，他又結識了旅社裡一位娼婦阿彩；兩人經過幾番巫山雲雨，秦世昌竟
然向阿彩表示：做完了這筆生意以後，就拋妻別子攜著她到臺北「風光一
番」。很顯然地，秦世昌已經完全拋棄了個人責任。縱使這筆生意能夠標
成，他的道德觀早已經敗壞無遺。

　　隨著這個情節的發展，投標的事也突然起了變化：投標日期延長 20
天，榻榻米的數量也從 500 件增加到 1500 件。秦世昌有意獨攬全部生意，
就向小商家放了風聲，要他們支持他，答應每家給兩百到五百元「圓仔
湯」。投標的事頓起變化，與秦世昌競爭最厲害的兩家建議聯合當地商家，
推舉一家把生意標下來，而後大家分攤，省得你爭我奪。可是秦世昌一意
孤行，想要獨攬這筆七、八萬元的生意。想到這筆生意之同時，又想起相
命的指點，洋洋自得：

> 算命說我應該娶個妾。娶個妾就娶個妾嗎！怕什麼？猶疑什麼？七、八
> 萬元的生意都敢碰，娶個妾要什麼？

心裡邊思量著，又到旅社去找阿彩；碰巧遇上阿彩剛剛和一個男人完了好
事。俟那客人下樓去，秦世昌不問青紅皂白給了阿彩兩個巴掌，鬧得不歡

而散。追究這個事件之始末，讀者可以看出來，標得這筆生意，而後和阿彩來個燕雙飛，已經成了他內心唯一的執著。正因個人責任的拋棄以及道德的沒落敗壞，秦世昌的掙扎顯得幾分可鄙！職是，他的下場也是可想而知的；這一部的結尾，鹿港的草蓆販仔告訴他說，兩個商家已決計聯合起來準備對付他。

〈寂寞紅〉既分兩部，前後對照：第一部意味著道德的超升；第二部則恰巧相反。就整體結構而言，也正是排比手法的運用。

在《嫁粧一牛車》一書的後記裡，王禎和說：「六二年，從美國愛我華大學國際作家工作室回來，進到辦公室，又是滿耳聽到談麻將，推牌九的聲音，很覺不舒適。〈小林來臺北〉便是在這種心境下寫出的。」言談之中，〈小林來臺北〉一篇，箭頭何所指已至為明顯。其實，「小」篇的結構也是建立於排比手法——事件的排比。表面上看來，故事的主人翁是小林，實際上故事牽涉到的關鍵人物卻是辦總務的老張。老張不懂洋文，卻能在航空公司謀得此職，「聽說馬老闆當年看重老張在警總有熟人，辦理出入境證比旁人有法子，才拉他到公司」。後來，老張在警總的熟人調差了，公司也另派一個年輕人來頂老張的業務。如今，老張名義上是辦總務，平時的工作，充其量不過是買買掃把、調度工友而已。碰巧接替他的年輕人被派到香港受訓，所以老張又暫時兼辦出入境證的業務。

故事發生於一個星期六。當天早上，老張因為女兒病重，急欲送醫院診治；老張的女人一個人照顧不了，於是老張請假回家料理這件事。碰巧馬老闆的太太後天要出境，立刻要辦出境證。馬老闆的兒子討了德國媳婦，回來度假，原訂下個月才走，突然改為後天就走，馬太太趁機一起出去。故事就沿著這兩個事件的排比發展；此一排比時而被擴大成為公司裡大部分職員奢靡驕浮與老張、小林的儉持對照。訂位組的汪太太，女兒放著國中、高中不念，偏偏要往士林美國學校送；女兒要求什麼，只得百依百順。老張的女兒情況危急，正在用氧氣罩急救。老張的太太打了兩次電話來，碰巧是汪太太接的；第一次，汪太太在電話上便是一陣奚落，未等

老張太太說清楚，就把電話掛斷。第二次，打給小林，汪太太卻一旁冷語，「語氣蒸騰著厭煩」。

　　老張、小林與公司其他職員，形成一個顯而易見的強烈對照。公司的職員幾乎都是千篇一律的定型人物：崇洋；群居終日言不及義；在一起不是談賭經就是相互調情。全篇的主題，似乎也在表明個人的自私與境況差距。然而，在結構方面，則沿著事件的排比而加以發揮，也算得上一篇佳作。

　　除了上述各種排比之外，王禎和也善於用人物的排比來控制小說的結構。最傑出的例子，當數〈兩隻老虎〉與〈快樂的人〉。

　　〈兩隻老虎〉的觀照代表街上人家的看法，時而充滿鬧劇氣氛。不大同皮鞋號的老闆阿蕭，身高不及四臺尺，生就一副娃娃臉，卻不忘了擺出大老闆姿態，反而弄巧成拙。他的同鄉東海和他合夥做生意，阿蕭出錢，東海出力。皮鞋店裡裡外外的事，全由東海負責：幫忙找師傅、買皮料、辦貨、照顧客人，還兼燒飯做菜。東海忙進忙出，對皮鞋這道生意也很在行，幾乎所有的顧客和鄰居，都把東海當老闆，反而把阿蕭這個「現成老闆」當學徒或店小二看。日子久了，阿蕭心裡覺得不是滋味，乃竭力要使人相信他和東海身分有別。他打起領帶，擺出老闆的模樣，竟至把東海氣走。過了十多天，由於生意慘澹，不得已又把東海找回來。可是，從此阿蕭對東海也時時刻刻不忘以老闆自居；阿蕭甚至從綠燈戶接回來一個女人，養在小店裡，以表示他的闊綽。

　　本篇的最大反諷──套用篇裡的一句話──便是「四兩人做半斤事」。七月普渡那一天，街上的人家（敘述者）請了東海和兩個師傅去吃拜拜；阿蕭卻自稱在大酒樓訂了酒席宴客不能來。其實，是否真有這回事，也是天曉得！東海他們吃了一陣子以後，兩個師傅酒酣而語，把阿蕭臭罵了一頓。稍後，阿蕭也來了；他說朋友沒有來，所以把酒席取消了。在座的客人與阿蕭見面，相互寒暄，自我介紹。作者甚至在文字編排樣式上也開了阿蕭的玩笑：

敝姓王，三橫一豎王。請。

阿蕭當然站起來，杯子舉到頭頂

　　　　　本人姓蕭，大不同的老闆

敝姓劉，卯金刀劉。請。

　　　　　本人姓蕭，大不同的老闆

大不同？王姓客人表示不解。

…………

　　　　　本人是大不同的老闆請各位以後光臨指教

……阿蕭手指向東海。

　　　　　這位是本人請的夥計。看店送貨的夥計。

…………

阿蕭又用手指著正在抽煙的張李兩師傅。

　　　　　他們是本人僱來的做鞋工人。

　　在造型上，東海和阿蕭是一個明顯的對照。東海刻苦耐勞，做起事來頭頭是道；反之，阿蕭卻無一可取，老闆老闆掛在嘴上。從他對東海的態度，讀者可以發現，他對於老闆這個名分的執著，使他不顧同鄉情誼，時時向東海使臉色。然則，東海卻有道義原則。最後，阿蕭債務纏身，債主的外務員緊逼不捨，甚至計議把皮鞋店的存貨搬走償債；街上人家屢勸東海一走了之，可是東海卻說：當初慫恿阿蕭來花蓮做頭路的是他，提議阿蕭開皮鞋店的也是他，還有阿蕭同他又是街坊，又是同鄉，擺渡擺到江邊，造塔造到塔尖怎麼他都不能袖手不管啊！

　　外務員開了卡車來，打算搬走存貨。阿蕭趁人家不注意，一溜煙鑽進櫥窗裡，死守著皮鞋。有一個外務員打開櫥窗，要擠進去把阿蕭拖出來；阿蕭山拳猛擊將外務員嚇退，但是最後一拳出手太猛，身子衝破了玻璃摔出櫥窗外來。等到阿蕭被送往醫院，都已經精神分裂了。

　　人物排比運用得較凸出的一篇是〈快樂的人〉。其實，本篇篇名和人物

的名字（含笑）都具有反諷的意義。含笑的男人別有所愛後，含笑就離開家鄉到北部來。十年來，她一再地當人家的長期情婦；每換一個男人，她就央人家寫信來（寄給自己），說家裡、孩子需要錢用，信的內容十年如一日，千篇一律。向情夫要得的錢，還賭債及會錢都不夠！

住在同一幢公寓鄰室的，是一個妓女綠珠。對綠珠，含笑始終抱著五十步笑百步的態度，自以爲清高。

　　哼！綠珠，我含笑不是你那幫七姊八妹，我也是混活的，可是我混得堂正，斷不會輕看自己，坑進窯子，一味走下流。哼！綠珠，你們那幫混事由的，實在羞恥！她仰著臉，傲然地──我那一點跟她們那幫人一樣？雖說大家都是混活的，可是那一點一樣？哼！我不至於那般下作！她心裡就這麼幾句話翻來滾去，好像這樣才能使她感到心安理得。

最後一句話說得不錯：含笑正是在不斷的理性化，以求個心安理得。而她卻選中了眼前唯一的對象來比較，所以非得將綠珠貶得一文不值，無法祛除胸中的心魔！雖然她覺得綠珠上教堂做禮拜，以及綠珠所說正和一個大學生熱戀的事，全是一片謊言，但至少綠珠能對洗衣服的老嫗表現那一份關愛，就要比含笑強得多了。而含笑呢──只懂得「徵收香客的香火錢」，全盤耗在賭桌上。儘管她一再自我慰解，自以爲比妓女高尚，當收到自己投寄來的那封信時，心理上的最後一道防禦也不攻而破。作者描寫她那種近乎「頓悟」（"epiphany"）的反應說：

　　哦！我比她〔綠珠〕好不了多少的，好不了多少的。我的天！我十年的日子也一樣過的不堪，一樣過的萎縮啊！十年來，我的青春白白浪費了！我的青春，我的青春！哦！可憐的青春！她跌進牀裡暗暗哭著，不敢放聲。過了許久才記起手中底信，趕忙將信甩到牆跟去不看一眼地，不念一句地。它的內容她清楚地可以一撇一捺地背誦──十年來一字不

易的內容。

　　本篇中，作者含蓄地表示，當綠珠汲汲營營之際，上教堂禮拜對她而言並無太大的實質意義。文中最後部分寫道：

　　綠珠叫唱著：「阿婆，今天是星期六，我要是掛個住客，明天就沒法上禮拜堂啦！為什麼禮拜天要跟在禮拜六的緻頭，真不好辦事哪！」
　　「姑娘，只要你有一顆信心，主一樣會看顧你的。」信主的阿婆這般講。

這裡阿婆所說的話，雖然完全代表一種宗教的觀點，卻是本篇人物排比所要試探的答案。從宗教的意義上來看，只要有信心，便能得救。哥德（Goethe）的《浮士德》有一句話說：「唯獨有心向上的人，才能獲救。」（"War immer strebend sich bemuht, den konnen wir erlosen."）本篇中的綠珠，嚴格分析，是不無此一傾向的。阿婆生病，她關心她、幫助她。從她談起一個大學生正熱戀著她時的語氣來觀察，不論是否純屬虛構，我們至少可以看出，她終究是存有一種嚮往——也許是希望盡早從良隱退吧！反之，讀者如果分析含笑的背景，可以看出含笑正是反其道而行，不像綠珠「有心向上」。拋棄了家庭、兒子，輾轉北上十年了，枕邊不曉得換過了多少藏嬌使君？同時，又染上了吸煙好賭的習性，天天沉溺在牌桌上，日復一日，愈陷愈深！
　　本文所要討論的最後一篇作品是〈永遠不再〉。本篇中，水雲和他的哥哥的境遇，有所對照；作者將兄弟倆的境遇差別歸因於結婚之對象。雖然小說中對水雲的大嫂並無明確交代，然而，從大哥羨慕的語氣亦可得知一二：

　　「你比我有福氣啊！」他阿兄歎了一口氣，沉重得異樣。過了許久，方

補了一句：「你娶了個好女人！」

十年前，水雲的哥哥和桃枝有過一段戀情，唯論及婚嫁時，桃枝的家人嫌水雲的哥哥賣豬肉沒出息。水雲的哥哥才娶了現在這個太太，才有遇人不淑之歎。禮拜天，哥哥照例從工地出來，到水雲家看看寄養的兩個兒子，順便買菜回去。碰巧桃枝和一個鰥夫訂婚，送來喜餅。水雲的哥哥念眼前自己之落魄，心裡頭又一直希望桃枝嫁一個好人家；可是，十年後的今天，桃枝卻偏偏要許嫁給一個鰥夫。哥哥心裡感觸良多，愈想愈激憤，竟把氣發洩在兒子身上，甚至將大兒子國材得獎的一張畫踩壞。

做為一個父親，水雲的哥哥兼具了粗暴與體貼的兩面。而在本篇小說中，他之粗暴舉止，其來也有自，反而加深了戲劇衝突，並且也多少博得讀者的同情。往日的戀情沖不淡他對桃枝的關懷；既然桃枝家人不願將她許嫁於他，他總希望桃枝能嫁個比他像樣的人。然而，事情並不如他所祈望！因此，他才被逼入一陣情緒的暴風圈裡，拿孩子出氣。午睡醒來，準備回工地去，他立即做了「贖罪」的工夫，給大兒子國材十塊錢買圖畫紙。

「一時大意，破損國材一張畫，還是得到賞的，」他阿兄轉過身來，手裡拎著一大綑高麗菜，菜色頗鮮嫩。「不應該！實在不應該！」

王禎和的人物，常常被擺在一個最緊迫，最局促的格局裡，但是不忘卻人際的寬大關切。如果說，水雲的哥哥對桃枝的關切也許因為他的粗暴舉止而變得模糊，現在他向孩子「贖罪」的表現，至少也贖回了他心胸中的真正關切與本質了。

排比結構甚為單純，但是卻能充分表現不同的價值觀衝突，或外在情況與內心活動之相剋。現實的局限與內心的渴望，嗣經排比或對照，令個人的嚮往益發顯得渺小、無奈。然而，王禎和筆下的人物，難能可貴的

是：儘管置身於有限格局之中，他們心中固有的悲憫胸懷仍相當活躍，個
人責任感仍然得以發揮。他們的悲劇情調，關鍵在於齊克果所說的：自我
是有限及無限的綜合體。每個人都可以意識到自己兼具了有限與無限兩個
因素。有限是指約束性的因素；無限則指擴張性的因素。王禎和的人物便
是夾在這兩個因素的夾縫之間。他們明白，缺乏無限感，缺乏內心的嚮往
渴望，便屬心靈低能，然而著眼於無限時，卻又受限於眼前的有限格局，
於是造成強烈的悲劇反諷（或悲劇感）。

　　基於此一認識，王禎和小說中之排比結構就更具獨特價值了。它非獨
使小說的戲劇性張力益發顯著，而且充分表現了作者對於小說之完整內在
的重視。王禎和的人物，可貴之處在於他們均非心靈低能者；他們有著基
本的人性關切；他們均能在現有秩序之下充分發揮個人責任感。雖然在人
物造型或情節處理上，王禎和容或流於鬧劇氣氛，然則並未影響小說內涵
的嚴肅性。王禎和的小說運用排比結構者，不一而足；本文中所討論的幾
篇，均係善用此一手法而使小說臻至完整自足之地步的最佳例證。

——選自《小說新潮》，第 1 卷第 2 期，1977 年 10 月

荒謬的滑稽戲
王禎和的人生圖像

◎呂正惠[*]

自然主義的小說家

　　王禎和是一個令人迷惑的小說家，讓人不知如何去面對他才好。在寫作上，他的苦心經營可能不下於王文興；就作品而言，他最好的小說絕對不輸給黃春明和陳映真。但奇怪的是，他一直不能給人「鮮明的形象」。當我們提起白先勇，我們想到《臺北人》；提起王文興，我們想到范曄；至於陳映真，我們知道他是一個迷惘的知識分子；黃春明，我們知道他眷戀鄉土。但是王禎和呢？我們實在不曉得如何去「簡化」他。

　　王禎和可能是一個「客觀的」小說家，盡量讓他的人物去呈現自己，不加入小說家個人的好惡。相比之下，白先勇、王文興、陳映真、黃春明，不論程度上有何差異，「主觀」的成分都要比王禎和強。既然較主觀，形象自然鮮明，我們也許可以這樣想。而客觀的王禎和，當然就無法讓我們了解小說背後的作者的人格了——看了莎士比亞各種型態的劇本，誰能說莎士比亞是怎樣一個人？

　　但是，我想，問題並沒有那麼簡單，莎士比亞是個特例，我們姑且放下不談。讓我們想想西方近代的大小說家，那一個不讓我們看到一個特殊的生命世界？巴爾扎克、狄更斯、福樓拜、托爾斯泰、杜斯妥也夫斯基，那一個不提供給我們一幅鮮明的生命形象？臺灣的小說家跟一流作家相比

[*]發表文章時為清華大學中國文學系副教授，現為淡江大學中國文學系教授。

當然還有一大段距離，不過，在他們自己的限度內，白先勇、王文興、陳映真、黃春明也的確各自描繪了一幅獨特的人生圖像。但是，我們如何來面對王禎和？我們能說王禎和沒有嗎？既然大家一致承認王禎和是傑出的小說家，我們怎能說王禎和沒有他自己的「人生圖像」？問題是，當我們認為答案應該是「肯定的」的時候，我們怎麼不太容易去找出那個答案來？這是我讀王禎和所感覺到的最大困惑。

懷著這樣的困惑，我把王禎和的小說按著寫作年代從頭到尾再仔細的讀了一遍；終於，我摸到了一點線索，然後恍然大悟：原來王禎和是一個自然主義的小說家。很多人認為，王禎和深受現代主義影響，另有很多人把王禎和看作是鄉土小說家，這都有部分道理。但更重要的是，王禎和無意中符合了自然主義的精神。只有這方面看，我們才能掌握到王禎和作品的精髓，才能了解：他所描寫的人生圖像為什麼那麼模糊不清。

卑微的、不堪的「人」

王禎和小說的基本精神是：人的渺小、生命的卑微。遠在黃春明之前，他就以「小人物」來做為小說的主角，然後他的小人物跟黃春明的是多麼的不同啊！黃春明的小人物都有一顆黃金似的心，都具有十足的理想性，不管黃春明如何的嘲諷他們，但我們絕對可以肯定的說，他們都是好人，都是可愛的人。但是，讓我們想想王禎和小說中的人物：來春姨、萬發、羅老板、阿乞伯、秦世昌、阿蕭，那一個讓人覺得可愛、可以憐憫、可以同情？（〈小林來臺北〉以後的作品另有討論，詳下。）黃春明是藉著小人物來追懷即將逝去的農業社會的田園世界，王禎和卻透過小人物來告訴我們：人是可鄙的，生命是卑微的。

嚴格的講，王禎和的小說不能算是鄉土小說，「鄉土」不是他所要關懷的重點。從王禎和的第一篇作品〈鬼·北風·人〉，我們就可以看到，王禎和所感到興趣的是什麼。主角秦貴福在外浪蕩三次，最後再回到家鄉的時候，連他阿兄都不肯理睬他，只好賴在姊姊的雜貨店裡。他從小就對姊姊

有一種不尋常的感情上的依賴，當他知道守寡的姊姊另有新歡時，他氣憤的把姊姊所賺的血汗錢拿去賭掉。姊姊盛怒之下把他趕出家裡，但是體會到自己無處可去時，他決定還是要賴著姊姊不走。這個秦貴福沒有任何「人」的價值，他是個「不堪」的人；是這樣的「特質」引發小說家王禎和的興趣，而不是秦貴福的「鄉土性格」，王禎和根本不去描寫他的鄉土氣。

王禎和對於「不堪的人」的特殊興趣，從〈鬼・北風・人〉一直貫串到〈兩隻老虎〉。〈五月十三節〉的羅老板，早年風光一時，還曾經當選過代議士，後來破產。他現在最大的樂趣是，看完報紙以後對著太太滔滔不絕地發表他偉大的見解，恰如當年在議會大堂裡的情狀。〈那一年冬天〉裡的阿乞伯，晚年無依無靠，好不容易得到遠房親戚月霞的收容，替她看管租書店。為了博得月霞的好感，以便長期居住下去，他不惜訂出種種不合情理的規矩，想要少丟書，多賺錢，最後把事情搞得一團糟。〈兩隻老虎〉的侏儒阿蕭，為了證明自己的「老闆」地位，做出種種荒謬的行為，導致皮鞋店的破產，自己也因此發瘋。這都是王禎和的人物的典型，他們所呈現出來的，絕對不是鄉土小人物的氣質，而是生命的卑微與不堪。

除了把王禎和歸類為鄉土小說家之外，一般人也常談到他的悲憫與同情。事實上王禎和的人物如果從這個角度去描寫，即使不刻意凸出他們的鄉土性格，也能夠以殊途同歸的方式達到黃春明式的溫情主義與人道主義。然而，這並不是王禎和的寫作目的。只要我們進一步的分析小說家王禎和對於他的人物的態度，我們就更不會以黃春明的特質來衡量王禎和，就更容易把握到王禎和小說藝術精神之所在。

在王禎和早期（〈小林來臺北〉之前）的作品裡，最容易寫成「感人」的小說的，恐怕要數〈來春姨悲秋〉和〈嫁粧一牛車〉。來春姨，由於兒子的貧窮和媳婦的不孝，被迫不得不讓沒有夫妻名分的老伴阿登叔離開她兒子家，而去投奔別處。這樣一對老伴侶，原本可能得到讀者所有的同情；但奇怪的是，王禎和卻似乎有意去「沖淡」這種同情。他竟然告訴我們，

來春姨也並不是怎麼「可愛」的人物。阿登叔剛退休，手上有一筆不小的退休金，來春姨不但沒有勸阿登叔拿出來給經濟拮据的兒子貼補家用，還時時的買好吃的東西，無節制的揮霍。當阿登叔不得不走時，來春姨為了維持面子，竟然向媳婦討取 3000 元——阿登叔當年拿給她兒子修理房子的錢。而且，當來春姨心情不好時，她還會遷怒孫女，對她斥罵，甚至打她耳光。假如說，她媳婦並不是好媳婦，那麼，她顯然也不是好婆婆。王禎和很「公平而客觀」的告訴我們這一切；如果他想要以此來爭取我們對來春姨的最大量同情，我想他是在緣木求魚。王禎和當然沒有這麼笨，他根本不是想要寫一篇「感人肺腑」的小說。王禎和對於來春姨這個「人」的興趣，絕對不下於他對她的「不幸」的關懷。王禎和喜歡「解剖」那些不堪的人，但是絕對不會表現出完全的同情心，甚至可以說，他常常是不表現任何一點同情心的。王禎和是一個「硬心腸」的小說家，他以他的「硬心腸」毫不留情地描繪他所感興趣的「不堪的人」。

王禎和這種獨特的態度，在〈嫁粧一牛車〉裡表現得最為明顯。一個窮到無以為生的男人，不得不讓另一個男人來共同擁有自己的太太，以換取生活所需。這個故事，比〈來春姨悲秋〉更容易寫得悽愴感人；但王禎和反而有意的把它處理得荒謬可笑。小說裡的三個人物，一個重聽，一個狐臭，另一個則「嘴巴有屎哈坑大」、「胸坎一塊洗衣板」，完全沒有一點女人味。人物的滑稽大大的削弱了人們的同情心，而王禎和的敘述語調又極盡調侃、嘲諷之能事。當萬發初聽到自己的太太可能與姓簡的有曖昧關係時，王禎和這樣寫著：

> 消息攻進耳城來底當初，他惑慌得不得了，也難怪，以前就沒有機緣碰上這樣——這樣底事！之後，心中有一種奇異的驚喜氾濫著，總嘎嗟阿好醜得不便再醜底醜，垮陋了他一生底命；居然現在還有人與她暗暗偷偷地交好——而且是比她年少底，到底阿好還是醜得不簡單啊！

　　整篇小說，我所強烈感受到的是，王禎和從頭到尾以類似的語調去「醜化」他的人物，而且是「興致勃勃地」。我既不能發現到王禎和的憐憫之情，又感受不到為了活下去不得不讓妻的悲愴氣氛。姚一葦先生在評〈嫁粧一牛車〉時說得好：

> 　　語言底嘲弄，無疑是一個文學上的技巧……在過分的揶揄中，窒息了作者的某種非常「人間底」的東西，則毫釐之間，結果又真不可以道里計了。

　　〈嫁粧一牛車〉雖然是比較極端的例子，但事實上王禎和早期的小說沒有一篇不具有這種「醜化」人物的嘲弄的語調。當他這樣做時，他把人物矮化、鄙俗化，以獲得某種程度的喜劇效果，而悲憫之情卻付之闕如，或者幾乎被淹沒掉。在黃春明的嘲諷中，我們可以感受到濃厚的溫情主義，這在王禎和的作品裡是很難發現得到的。

玻璃幕裡的滑稽戲

　　王禎和的語言也「阻礙」我們去同情小說中的人物。他那種雜揉著歐化句法與閩南語辭彙的文字，細讀之下雖然可以讓人看出王禎和的苦心經營，但唸起來卻非常的艱澀而不順暢。更重要的是，那好像一層膜，阻隔了讀者與小說人物直接交通。王文興的語言也非常難於突破，但是他獨特的抒情氣息與勃然怒氣仍然是無法掩抑的。王禎和則不然。他的語言好像一層透明玻璃，我們只能透過玻璃來看那一幕人間底戲劇，而且是被王禎和「醜化」了的木偶戲與滑稽戲。

　　王禎和早期小說的世界，讓我想起張愛玲作品裡的一段描寫：

> 　　無邊無際的暗花北京地毯，腳踩上去，虛飄飄地踩不到花，像隔了一層什麼。整個的花團錦簇的大房間是一個玻璃球，球心有五彩的碎花圖

案。客人們都是小心翼翼順著球面爬行的蒼蠅，無法爬進去。

——《鴻鸞禧》

王禎和的語言所造成的效果，就是使他所描繪的人生，「像隔了一層什麼」，讓人們「無法爬進去」。不同的是，那世界並不是「五彩的碎花圖案」，而是「荒謬可笑的木偶」。

王禎和是非常崇拜張愛玲的，也曾得到張愛玲的讚賞。表面上兩個人的作品千差萬別，但透過上面的比較，我們就可以了解到兩人的相似性。他們所觀察到的人生，雖然有「碎花圖案」和「荒謬木偶」之別，但觀察的方式卻是相同的：他們都在人生之外觀察人生，他們「隔岸觀火」，他們並未投入喜怒哀樂的洪流之中。他們小說中那種奇異的客觀主義，那種冷靜嚴酷對待人物的態度，都是源自於這種置身事外的觀察方式。

這種觀察方式又來自於他們對人性的看法。基本上他們都是自然主義的人性論者，他們看不到人的可愛處，他們只看到人的可厭處。讀過張愛玲的〈金鎖記〉和〈茉莉香片〉的人，都會深受震撼。那裡把人性的醜惡和破壞慾赤裸裸地呈現出來，那種邪惡的力量簡直具有一種「壯美」的本質，那種徹底灰暗的色調簡直要讓人對張愛玲既畏且敬，且懷疑：她是怎麼活的？

王禎和：「中庸」的張愛玲

王禎和是一個「中庸」的張愛玲，對「惡」的認識沒有張愛玲那麼深刻，當然也沒有張愛玲那麼悲觀。他覺得人都是可鄙、可厭的，所以不只是平凡，根本就是小丑。人都是受一種卑微而莫名其妙的欲望所支配，而不得不做出各種稀奇古怪、毫無價值的行為，一點也不必給予尊敬，更不用談到什麼「人性的尊嚴」。像侏儒阿蕭，在眾人面前侮辱他的合夥人和做鞋師傅，花了許多的錢來「養」妓女，只不過要證明他是「老闆」，是有價值的人。像老年無依的阿乞伯，毫無道理的刻薄別人，「欺負」小孩子，只

不過爲了能在月霞家裡長久的待下去。他們的境遇原本都值得同情，但王禎和卻刻意去描寫他們的行爲，以及他們的行爲所源自的人性是絲毫不必加以同情的。他這樣做不是爲了譏笑阿蕭和阿乞伯，而是要告訴我們：大家不要笑，我們都是阿蕭和阿乞伯，都是荒謬可笑，毫無價值的「東西」。這就是王禎和的自然主義、王禎和悲觀的人性論。

在我看來，王禎和的自然主義表現得最徹底的是〈寂寞紅〉的下半篇。在上半篇裡，主角秦世昌是個「充滿野心」的青年，他希望能脫離母親，到城市裡奮鬥。他相信只要如此，一定可以重振家業，擁有自己的大鐵店。下半篇的秦世昌已是中年人，開了一個小小的榻榻米店，讀者可以確定，他的一生大概「僅止於此」。我們看到秦世昌不惜一切的要與兩家大榻榻米店鬥法，以便標到一筆公家的大生意。我們又看到他迷戀一個妓女，在妓女的甜言蜜語下得到自我肯定的滿足。小說結尾時，我們確知，不論在事業跟「愛情」上，他都將兩頭落空。

這篇小說調侃、嘲弄的語氣不太明顯，主要是以一種寫實的方式來表現一個小人物的生活。不管主角自己的心境如何，讀者看到的是一種單調而沒有希望的生活圖像。你必須承認生活就是那個樣子，但，那也就是說，人本來就沒什麼好活的。這種暗淡的色調比王禎和任何一篇「荒謬木偶戲」都無法忍受。

爲了做爲對比，我們再談到早期的王禎和所寫的唯一具有光亮的小說〈永遠不再〉。水雲的阿兄把他兩個小孩寄宿在他家裡，每個星期日阿兄都到水雲家來看小孩。水雲婚姻美滿，太太賢慧，家境日漸豐裕，使得婚姻不幸，事業無成的阿兄相形失色。有一次阿兄正在水雲家，無意得知他舊日的女友即將結婚。他們本來是理想的一對，但由於女方家長反對，他才在短期間負氣結下了錯誤的婚姻。現在他女友年過 30，勉強嫁了一個不太好的對象。他們兩個的一生無疑都被耽誤了。阿兄思前想後，心情極端暗淡下無緣無故責打小孩子。但在小說結尾，我們看到阿兄終於雨過天青，讓小孩送他到車站。

不論水雲阿兄的「恢復」是一時的，還是長久的，我們看到他的自制、他的努力，他並沒有讓卑微的人性一直往下拖，變成「不堪的人」，一如阿乞伯、阿蕭與秦世昌。水雲的婚姻是失敗了，但他的努力保持清醒代表了人性的尊嚴。在這地方，人的自主性出現，光明出現，就不再是純然的自然主義了。王禎和早期小說，看完之後能夠讓人吐一口氣的，恐怕就只有這一篇。

荒謬滑稽、暗淡卑微，這就是王禎和早期小說所勾畫出來的人生形象。從這個角度來看，我們才能掌握到王禎和小說藝術的真精神。老實說，這種精神、這種人生形象，恐怕不會引起讀者太大的興趣，不太討好讀者。同是寫小人物，黃春明田園式的溫情主義顯然更受歡迎。也就因為如此，人們習於以看黃春明小說的方式來看王禎和，想要從其中看出悲憫與同情，這一來就差之毫釐，謬以千里了。王禎和所以令人迷惑，關鍵就在這裡。假如我們以王禎和來看王禎和，而不以黃春明來看王禎和，那麼王禎和面目顯然毫無費解之處。

「我們要作家是幹什麼呢？」

不過話說回來，王禎和自然主義的人性論，「隔岸觀火」的人生態度，不論表現得如何高明，總是可以批評的，他既不能夠把人性的「惡」寫得像張愛玲那樣具有悲劇的張力，人生就變得只是瑣碎與卑微而已，然後你再把那些瑣碎與卑微的人物畫成丑角，再把人生扮成「荒謬的木偶戲」，那又算是什麼人生境界呢？美國批評家愛德蒙·威爾遜這樣批評卡夫卡：

> 「人是不應當欺騙任何人的，即使是安慰別人說，世界會好轉過來，也是不應該說的。」這是卡夫卡備受讚揚的警句之一。但是如果不是要他「騙」我們說，世界行將好轉的話，那麼我們要作家是幹什麼呢？以卡夫卡來說吧，他本身便是一個受騙的迷途羔羊。他所留給我們的是一個被踐踏的人所發出的奄奄哀鳴。我個人一時也看不出，他何以會被捧成

一個偉大的作家或道德的導師。（蔡伸章譯）

卡夫卡是不是該接受這樣的批評，恐怕見仁見智。但無疑的，文學作品一定要有（最廣義的）道德上的意義。在早期的小說裡，王禎和顯得過分冷酷，過分悲觀。他的作品所引起的注意，既不如白先勇與黃春明，也不如陳映真與王文興，恐怕不是沒有道理的。

前後期風格的轉變

從〈小林來臺北〉以後，王禎和的風格有明顯而重大的變化。我們可以把這些後期的作品分成兩組：〈小林來臺北〉、〈美人圖〉和〈玫瑰玫瑰我愛你〉為一組，〈素蘭要出嫁〉、〈伊會唸咒〉、〈香格里拉〉、〈人生歌王〉為一組。從第二組作品最可以看出王禎和的改變，在這裡他變成黃春明式的王禎和了。他毫不遲疑地表現他對小說中不幸人物的同情，而且幾乎沒有任何嘲諷意味。如果說，在早期的作品裡，他收得太緊，吝於表現感情，在〈素蘭要出嫁〉、〈香格里拉〉等篇中，他又放得太鬆，近於濫情了。不過，我們終於看到這樣的片段：

> 抬頭看了他母親一眼，然後——彷彿要給伊一點時間來考慮——他眼光望向門外，正好迎上了西曬進來的日頭。那時四月底五月初，花蓮一年當中氣候最溫宜適切底時陣，連要下山底太陽也紅橙得特別艷麗，把小全一張清淨底小臉都給耀映得有如鍍了一層金，廟裡底金童忽然站到眼前來！
>
> ——〈香格里拉〉

這是早期的王禎和絕對欠缺的東西。不論這些小說的品質如何，這種轉變是可喜的。

另一組小說我們可以稱之為「鬧劇」，而這鬧劇，其實是早期「荒謬滑

稽戲」的變形與發展。在這裡，王禎和所看到的，是一整群人的醜陋與卑劣；他把這一群人「漫畫」化、鬧劇化。這種寫法跟早期的「滑稽戲」最大的不同是：「滑稽戲」是要藉著「丑化」人物來表現人生的卑微、荒謬的本質，而「鬧劇」卻是要批評某一群人，某一種社會。因此，在這組作品裡，我們同樣看到王禎和道德意識的抬頭。

以小林為觀察者所展現出來的美國航空公司的中國人的「美化」鬧劇，我們可以稱之「小林三部曲」。因為〈美人圖〉的兩章實際上只是〈小林來臺北〉的兩個續篇，不能算是完整的長篇小說。很多人可能不太喜歡這些作品，但我個人卻認為這是王禎和後期作品裡最傑出的。在陳映真、黃春明、王禎和聯合出擊的一系列殖民經濟小說裡，我也相信「小林三部曲」是最有價值的。那裡面所描寫的人物，如汪太太、貞節狐、鐵公公，雖然過分簡化，但仍然生動異常。在淳樸的鄉下青年小林的映照之下；王禎和相當成功的描繪了臺灣社會特別畸形的一面。第三篇播放美國國歌那一段是整個「三部曲」的高潮，值得所有臺灣的中國人再三回味。

從王禎和對於航空公司那些「美人」的嘲諷可以看得出來，他仍然是以自然主義的方式來看待人的劣根性。雖然是過度鬧劇化了，但本質還在。不過，這裡的自然主義和王禎和的道德意識（以小林為代表）取得了相當的平衡，所以基本上「小林三部曲」應當視為成功之作。

但〈玫瑰玫瑰我愛你〉就完全不同了。這是最粗俗的自然主義，既找不到早期那種客觀而精細的「解剖」，又缺乏道德意識的平衡，簡單是不忍卒讀。本來在小說開頭部分，敘述者的聲音還相當穩健，而具有批判能力，如：

三個禮拜前，衛生所到學校放映了一部有關香煙與肺癌的影片。恐癌至極的他觀看到一半就嚇得——請容許用雖粗俗但卻比較準確的比喻——差點屁滾尿流。影片一映完，他即壯士斷腕地宣布自今而後不再和香煙發生關係。

　　但後來，這個聲音逐漸消失，只剩下男盜女娼的直接「演出」，這本小說就不堪聞問了。

　　因此我們可以看出，不論是在自然主義方面，還是在對待人物的態度上，王禎和後期的小說都放得過鬆，有過分泛濫之嫌。王禎和能不能在早期的嚴謹與後期的道德意識之間取得平衡，這個問題恐怕是他將來的小說是否有進一步突破的關鍵。王禎和生病以後，仍然持續不斷的創作，產量超過任何同輩作家，這種精神沒有人不佩服。因此，我們更期望他克服種種的困難，達到小說藝術的最高峰。

——選自《文星》，第 109 期，1987 年 7 月

現實與意識之間的蜃影
初窺一九八〇年以前王禎和小說創作

◎林燿德*

　　王禎和（1940～1990），臺灣花蓮人，國立臺灣大學外文系畢業。歷任花蓮中學教師、國泰航空公司、臺灣電視公司職員。王禎和是臺灣被視為「鄉土作家」的諸氏中最具代表性又最具異質性的一位，他取材於鄉土／城市的過渡期臺灣社會，取法於現代主義的觀物方式與文體表現，他生命中最後十年的創作又凸出了當代臺灣小說中難得一見的荒謬情調；因此，單純地將王禎和類化為寫實的「鄉土派」並非完善的觀點。本文試就王禎和1980年以前的小說創作進行粗略的窺探。

　　副題為「王禎和自選集」的《香格里拉》在1980年正式出版之刻，王禎和的短篇小說體裁可說也完成了一個總結；之後，他最後的十年光陰都投注於長、中篇小說與劇本創作，定稿而收錄個人別集中的短篇小說餘響僅有〈老鼠捧茶請人客〉（1983年）、〈素蘭小姐要出嫁——終身大事〉（1985年）兩篇。

　　將《香格里拉》視為一個總結，一個趨近於完成階段的、或者一個形式上的分水嶺，應該能夠輕易得到眾人的共識。王禎和第一部長篇小說《美人圖》在1981年完成、出版，這個長篇（其實是兩個中篇的拼貼）自短篇〈小林來臺北〉（1973年）敷衍派生而出，時隔後者完成時間已有八年之久。

　　篇幅長短，若就形式主義觀點而言，是進行散文作品（相對於詩）類

*林燿德（1962～1996），詩人、散文家、小說家、評論家。福建廈門人。本名林燿德。發表文章時為中國青年寫作協會祕書長。

型劃分的重要基準。長篇小說並非短篇小說的擴張、聯綴，同一素材一旦
分別以長、短篇形式同時進行創作，因爲容量的差異，勢必產生引導主題
的個別方式，也產生敘述中情節分布以及文體的不同表現。短篇小說和長
篇小說比較起來更可以處理無情節、甚至反情節的敘述，通常短篇小說也
不必在有限的篇幅中貫徹最終的情節鎖鍊；長篇小說則很難將無情節的敘
述通貫全局——即使能夠踐履，這類敘述的實驗也難得成功——但是卻利
於處理遠較短篇小說複雜數倍的多元敘述觀點以及大縱深的時空轉場。

關於王禎和的長篇小說，顯然有諸多證據可以提示：他是以短篇所開
發出來的觀點做爲發展的基礎，因本文探討的範疇以 1980 年《香格里拉》
爲界，並以創作時間向前逆推的短篇小說爲限，故略而不提。在此，王禎
和的短篇小說成績與他個人創作生涯編年史的前 20 年恰巧互相疊合。

在這 20 年間，王禎和出版的短篇小說集共有五部，依列是：

金字塔版《嫁粧一牛車》1969 年，收六篇。
晨鐘版《寂寞紅》，1970 年，收五篇。
遠景版《嫁粧一牛車》，1975 年，收九篇。
晨鐘版《三春記》，1975 年，收六篇。
洪範版《香格里拉》，1980 年，收五篇。

這五本短篇小說集收錄作品的重複性非常高，以〈三春記〉、〈寂寞
紅〉兩篇爲例均反覆收錄三次，事實上王禎和創作量一直不大，如果他仍
在人間，未來若出版新的短篇小說集，勢必要再度重檢舊作以充實篇幅。
嚴格地說，剔除重複入選的作品，王禎和自 1961 年迄 1980 年的近 20 年期
間，總共只完成了 16 個短篇——〈鬼‧北風‧人〉（1961 年）、〈夏日〉
（原題〈永遠不再〉，1961 年）、〈寂寞紅〉（1963 年／1971 年改寫）、〈快
樂的人〉（1964 年）、〈來春姨悲秋〉（1966 年）、〈嫁粧一牛車〉（1967
年）、〈五月十三節〉（1967 年）、〈三春記〉（1968 年）、〈永遠不再〉（與

〈夏日〉原題同而內容異，1969 年）、〈那一年冬天〉（1969 年）、〈月蝕〉
（1970 年）、〈兩隻老虎〉（1971 年／1975 年）、〈小林來臺北〉（1973 年）、
〈伊會唸咒〉（1974 年）、〈素蘭要出嫁〉（1976 年）、〈香格里拉〉（1979
年）。

　　這張成績單對於一個在當代備受矚目的小說作家而言，是一個非常
「嚴謹」的數字。在此，我們可以發現 1960 年代崛起的重要作家們，在
1970 年代以前多半以短篇小說創作爲主力，少見氣勢恢宏的大河巨製，而
且以短篇成就來衡量，他們的才華並沒有充分發散出來，王禎和並非特
例，餘如白先勇、王文興、七等生、陳映真、黃春明等皆有類似情況。當
然我們也必須要衡量這批臺灣戰後真正振興小說藝術的作家群所擁有的特
殊時代氛圍和傾向，以及他們或隱或顯所迎擊、所拒斥的政治權力結構等
等線索，而更重要的因素可能在於文學史上他們被編排的角色，還有他們
本身對於外來影響、本土情懷與文章思想流變的學習、重建以及創作實
踐。

　　立足於 1990 年代，王禎和的短篇作品已經被不同意識形態的讀者和批
評家逐漸正典化。一個量少的作家所以造成影響，相對地勢必要以正文品
質的革命性做爲成就的論證。我們目睹那一代作家在被授與大師頭銜的同
時，也被種植在社會正文與小說主題交纏的領域中。王禎和的短篇小說選
材，往往被視爲作家滲入社會基層，揶揄悲憫人性以及控訴現實的典範。
於是〈伊會唸咒〉（1974 年）被視爲剝削者對抗環境、甚或臧否政治的隱
喻；〈素蘭要出嫁〉（1976 年）、〈嫁粧一牛車〉（1967 年）以及〈小林來臺
北〉（1973 年）都成爲揭露社會現實的題庫；最後，王禎和的宇宙遂化約
爲臺灣中產階級／知識分子對「社會福利」制度的憧憬、對貧窮小市民的
關懷、對確立本土語言精神的耕耘……等等現象面的註腳。

　　無疑，這一類的言談所擎舉起的是：素樸的模擬論和歷史／社會條件
所交叉而成的十字架。在這具十字架的投影下，文學史成爲特定意識形態
規範下的政治史附庸。如何在作家現實生活與作品主題中尋找出預設的特

徵，以便將他們的姓氏鑲嵌在意識形態光譜的一隅，並且引爲各種流行時尚的主觀正義的侍者，已經成爲此類批評家存在於當代的主要任務。

如果將文學史自政治史的陰影下剝離出來，關於品質的認定便可以落實在正文本身，從而探究作者規範小說情節分布程序的創新性以及其他針對「隱藏作者」的擬議。王禎和在文體上的經營，不僅僅對立於浪漫作品的理想主義，其實也悖逆了直寫主義（literalism）的墜落。

回溯到金字塔版《嫁粧一牛車》的開創時期也好，浸淫在《香格里拉》所總結的成果也好，梭巡在王禎和 1960、1970 年代的整體風格之中，我們應該超越素材面的統一性而進入文體的層次來理解他在文學史中所提供的書寫經驗。

寫實主義一詞是否能夠規範王禎和的創作生命，是一個極爲有趣的問題。也許 20 世紀的中國作家比哲學家進行了更豐富的哲學思考，然而現實的蠶影飛翔在創作者的思想之前。但這也不表示寫實主義這麼一個混淆不清的術語便足以視爲鄉土作品唯一的創作哲學。顯然，在 1960 年代臺灣擁有若干「信徒」——包括王禎和、白先勇——的亨利・詹姆斯（Henry James, 1843～1916）在 1934 年出版的《小說藝術》一中指出：

> 小說是文學形式中至爲獨立不羈、富有彈性而奇異的一種。

但是寫實主義的批評言談卻令我們聯想到柏拉圖（Plato, 427～347BC）在《理想國》中將詩人逐出城邦的悲壯情景，「理想國」的規劃者所準備聘請的不是聰明並且富於幻想的詩人，而是那種「較爲樸素、缺乏魄力」的說書人。

基本上王禎和在〈寂寞紅〉（1963 年）等短篇小說中所呈現的藝術比較偏向觀察與經驗的層面，不過他並未完全排除想像的領域。在他論創作背景時——特別可依遠景版《嫁粧一牛車》的〈後記〉爲據——常常以生活周遭的人事爲觸媒，〈五月十三節〉（1967 年）是由親戚家搞「大拜拜」

而得到題目，〈那一年多天〉（1969 年）依王家一個伯公輩的親戚爲藍本……，這些創作背後的故事埋藏在現實的邊緣，成爲另一種可資參考的正文。但更重要的是王禎和的短篇作品本身已隱現出現實的不確定性和主觀性，雖然當時他還沒有建構起《玫瑰玫瑰我愛你》那種大型荒謬劇的框架，卻不適以單純的應合理論（the coirrespondence theory）來附會其作品。王禎和關切的是建立語言與現實世界的聯繫，說他的語言直接反映現實，或者說他認爲整個現實世界只是一個虛構體，都偏離了他在正文中所欲傳達的終極訊息。

廣義的說，王禎和是不容否認的鄉土文學作家，也被論者籠統地視爲一個「廣義的寫實主義作者」。但是筆者卻認爲：就文體而言，他是一個徹頭徹尾的現代主義者。他並非一味「尊重」外在的現實，一方面他爲了趣味以及通俗的說服力而修改做爲小說藍本的現實素材，如他在《人生歌王》（1987 年）的序文論及〈嫁粧一牛車〉（1967 年）：「那是我小學四、五年級的時候，從親戚口中得知這麼一個又辛酸又絕頂的事——一個人爲了免於挨餓，只得讓一個經濟能力較好的男子住進家裡，共同享用他的太太」，「原來人物是四肢健全，耳聰目明。我覺得這樣一個相貌堂堂的人，喜感不夠，悲哀感不足，請他當男主角，給人印象不會深刻，而且有礙情節的鋪張（人家不相信他會這樣那樣），這就如戲劇裡主角的型不對，無論怎麼認真演，觀眾總是不信服。於是我就——這倒有點像上帝一樣——這也可能是寫小說的一種樂趣——讓主角耳聾，讓他的男性不及格一點」。

另一方面，王禎和的文體所指，尤其是他所模擬的臺語對白，與其認爲是現實的形象，不如視爲借以認識現實——使現實趨近某種藝術效果的真實——的程序之一，因此，所謂「廣義的寫實主義」一詞一旦運用於形容王禎和之刻，則是傾向於內聚（coherence）的模式，不純然爲經驗所鎖定，也不滿足於外在現象的素繪，即使在〈素蘭要出嫁〉（1976 年）這種平鋪直敘的框架中，王禎和也多少顧及了小說人物心理性的主觀釋放。

如果認定王禎和的鄉土小說在 1960 年代已粗具規模，那麼他的鄉土小

說所看守的領域就遠較 1970、1980 年代所確立的「鄉土」來得涵容寬廣。其中所顯而易見的是西方現代小說的影響，王禎和通過鄉土的素材「本土化」了這些影響。

1961 年他的處女作〈鬼・北風・人〉完成，整體的情調類似瑞典小說家史特林堡（Johan August Strindberg, 1849～1912）的北歐式表現主義色彩，尤其令人聯想到《鬼魂奏鳴曲》那齣短劇中的神祕氣氛，就王禎和的取材、小說敘述所呈現的情調等多方面來觀察，很難推翻其中隱藏著史特林堡「鬼影幢幢」的影響；在本文中他同時預示了幾項日後綿延發展的軸線：家族史與地緣人際關係的探索，臺語、半文言與北京語體的錯綜文體，還有意識流技巧的運用。

1987 年王禎和曾經在接受《臺北評論》訪問而刊載於該刊創刊號的紀錄中指出：「這篇小說（按：指〈鬼・北風・人〉我大二時寫的，那時還不懂得什麼意識流技巧呢！）這或許是自謙之詞，但是他作品中的意識流技巧，很難憑藉二十餘年後的否認而切斷與英美意識流作品之間可能產生的關係。

王文興受到喬哀斯（James Joyce, 1882～1941）的影響可以說是定論。至於王禎和，除了史特林堡的影響，也容易讓我們聯想到福克納（William Faulkner, 1918～1962）的特色。

福克納作品裡擁有濃郁的地域色彩，他喜好處理個人身世和外在世界交錯而過的素材，文白間雜的文體，一再修改作品的現象，乃至在正文裡大量採用特殊字體編排的趣味，這些情況都符應在王禎和的創作宇宙中。

關於意識流技巧，較諸〈鬼・北風・人〉更為激烈的嘗試出現在收入《三春記》的〈夏日〉（1961 年）與〈月蝕〉（1970 年）。〈夏日〉的主題是非常老舊的棄婦吟，全篇呈現的是漂浮在主人翁芭娜心理時間的意識流，恐懼、悲憤與枯渴的情感取代了傳統情節的地位，濃烈的意象層遞而至：

　　攀全浴缸的邊緣，芭娜霍然站直身子。握起黑髮，兩手死死箍緊它。他

（按：指芭娜的漢族丈夫強明）那時才 24 歲，24 歲！咳！多動人的年紀！他的腋肢窩老散出一股濃濃的汗味，又臭又酸，衝進鼻子裡，那才叫舒服哩！她的頭歪向一邊，鼻尖貼近脅下亂聞亂嗅。芭娜鬆開手，長長鬢髮隨即披散下來。黃裡帶紫的腮閃現芍藥花的紅光，在鬢柔雲鬢的襯映下，更是油亮得像失去多年的青春火焰，重新燎燒起來。24 歲，他那時才 24 歲！那時他渾身都是硬幫幫的肉塊，硬得就像石頭。她抬起醉意沉沉的臉，絳脣微張，雙眼深閉，一副睡夢神態。

引文之末的神情，正欲勾起下一段性愛的甜膩回憶，這也使得我們想起托爾斯泰（Leo Tolstoy, 1828～1910）在《戰爭與和平》中描寫戰爭場面時，凸出參戰者溼潤嘴脣的生動細節；但是最令人感到興趣的是，這種詩質的細節描寫流動在現實與夢囈交滲的意識中，以及敘述觀點瑣碎而靈活的跳接之間。一個山地血統的婦人芭娜的心理狀態，以第三人稱和第一人稱錯雜呈現，第三人稱限制觀點處理了動態細節，第一人稱觀點獨白則以漢語和山地語錯雜的吶喊，勾勒出飄零的回憶與靈慾的掙扎：

旋開龍頭，水滑啦滑啦地流進缸裡。抹上香皂，搓揉一陣，芭娜登時被晶白的泡沫淋淋地裹滿一身，活像在太陽底下慢慢融化的雪人。（按：以下轉為芭娜與強明初次愛撫的回憶敘述）強明，輕點，聽到沒有！輕點哎喲——你怎麼搞的？簡直在咬人嗎？（按：以下切換為芭娜第一人稱觀點）我死勁地推開他的臉，真不成話又不是嬰孩，怎麼啜吮人家的乳頭？他睜大眼睛盯住我，我記得清清楚楚，他還翹起兩片嘴脣哩！一副憨相。（按：以下轉回現實時空）水滑啦滑啦地向下流，滑啦滑啦地缸裡的水向上升。（按：以下接續回憶）我稍稍動了一下，他的頭連忙朝向我胸上壓過來。我心一慌，趕緊用手堵住他的嘴，不許他再亂來。他狠命甩開我的手，手指頭在人家的腋肢窩裡亂擾亂癢，口裡還嘰哩咕嚕著，我可不曉得他在講些什麼鬼話？他像咀嚼檳榔地喊出芭娜，芭娜。強

明，你放手——嘻——嘻嘻——放手——放手——嘻——只要你放手——
——嘻——你要做什麼我都依你。（按：以下更換為強明的回答）騙我？
（按：以下恢復芭娜聲音）不騙你，我跟你說——嘻嘻——嘻——說實
說——嘻——快放手。（按：以下再轉回現實時空）拍啦，一盆清水從肩
上沖下來，芭娜身上的泡沫清洗了一大片。（按：以下再轉回憶）他的臉
龐摩挲我的胸膛。（按：以下轉強明聲音）芭娜！芭娜！白歐拉卡個蝶斯
妄，白歐拉卡個蝶斯妄。（按：以下轉芭娜聲音）你愛我？哦！強明，你
也會這句山地話？！我笑了起來，伸出手圍抱他。他汗漉漉的背硬幫幫
的，凹凹凸凸的，摸在掌心裡，多有意思！他那一身香臭酸鹹摻揉交雜
的氣味，嗅進鼻裡，真叫人心神飛揚。他吐長舌尖舔舔我光碌碌的肩
膀，起陣像是溼涼又像癢熱的滋味，弄得我心頭木麻麻的，不知道想什
麼才好。他那散發桂花香氣的軟軟褐髮不時擦過我的臉，我不自禁地握
一絡擺近鼻下吸聞。月亮藏在雲後，上下一片黝暗。我記得那時他們瘋
狂的歌聲忽然遠遠傳響過來（按：在此指山地人節慶歌舞）。歐歐一呀；
很海呀，歐歐一呀，很海呀——我的手指頭顫顫巍巍地沿著他土溝般的
背中線慢慢下滑，慢慢下滑，下滑，最後觸到他腰上扁圓的窟隆，好似
一窪淤著淺水的小小池沼。啊——啊——這——這——這是男人的腰——
——腰肢酒窩。歐歐一呀很海呀。我一把摟緊他赤裸的腰肢，不讓他稍稍
離開我。（按：以下轉回現實時空）拍拉，又一盆水沖下來，拍啦，拍
啦。（按：以下接回憶，芭娜聲音）米卡拉波卡個，米卡拉波卡個（按：
以下強明聲音）芭娜，妳說什麼？（按：以下芭娜聲音）我說要嫁給
你。（按：以下族人歌唱）歐歐一呀很海呀。（按：以下強明聲音）哦！
芭娜！哦！我的芭娜。（按：以下芭娜觀點）我從衣袋裡翻出一顆包著胡
椒葉醮上石灰的檳榔，塞進他手裡。今天是狂歡節，我們管他叫米卡林
克賽，每個少女都得帶一顆檳榔。要是碰上了她喜愛的男子，就把檳榔
遞給他。他把檳榔放進口裡咬，我乘他不注意趕忙站起來，拉好衣服就
快著步子跑開。（按：以下強明聲音／族人歌唱）芭娜！芭娜！芭娜！歐

　　歐一呀很海啊。（按：以下芭娜聲音／族人歌唱）我去跟阿馬，恩那說我要嫁給你。歐歐一呀很海呀。嘿，強明快跟我過來！米卡拉波卡個。米卡拉波卡個。（按：以下轉為現實時空）拍啦，水潑於地。芭娜跪下來，一身溼亮。兩手挈起長髮往下掣拉。「如今他變了！完全變了！」一漣漪的迴響蕩漾過來：「如今他變了！完全變了！」

　　以上近一千一百字的整個段落，筆者所以不憚冗長抄注，是因為這種敘述非常明白地驗證了王禎和處理意識流和複合敘述觀點的能力，現實時空粉碎在心理時空的河川中，山地人的狂歡節慶成為戀情的伴奏，隱喻著性愛的儀式過程；當然，我們也可以將這篇小說、甚或所引注的這一個段落，擴張其隱喻為山地族／漢族的交媾模式以及政治神話。但是筆者所在意之處，並非原題〈永遠不再〉的〈夏日〉這篇小說是 1960 年代初期山地小說的重要例證，而繫諸其成熟而淋漓盡致的意識流技巧，因為前者只是個基於素材特性和意識形態而歸檔的次文類，後者卻是能夠普遍化於不同觀點作品內山的基礎技能，而這種技能已誕生自作者本身對於正文時空的重建能力。

　　1970 年完成的〈月蝕〉根本摒除人物性格典型的營造，全篇純粹以素材本有的氣氛和文體鋪張的情調奏功，沒有完整的情節，卻是一篇完整的小說。就「故事」本身而言，已化約至頗為簡化的地步，小說開端的初始情境立即將讀者帶入主導情節，第一人稱敘述者「我」為了營救命在旦夕的堂叔兒子「泰山」，喚醒午睡中的弟弟，兩人雙雙騎上單車，到小說結束總共只乘騎了兩地間的半段路程，即以一個進退不得的兩難情境收攏全局。在正文中，第一人稱敘述者一連串環環相扣的心理疑懼和徘徊，以營救人命的迫切使命貫穿，形成精緻的系列心理風景。「我」必須獲得弟弟的陪伴，否則他不敢單獨穿越墳場到堂叔家，但是找來弟弟又是一椿無可挽救的錯誤，因為他會向業已與堂叔交惡的父親告狀，結果被哄騙上路的弟弟中途發現目的地，立即掉轉車頭回家，剩下「我」在「太陽忽然萎弱許

多下去。天光灰上來」的黃昏時刻荒涼地騎行紅泥路面：

> 我開始在平坦的路上騎。平坦的紅泥路。陰溼的紅泥路。見不到足跡。
> 見不到轍跡。我往後看，也看不到我車輪的印跡。驚怖萬狀地我極目四
> 望。灌木叢和亂草一堆堆，泥路的兩邊。再遠是極峻極光禿的山。我飛
> 騎。我張慌。我馬不停蹄。我張慌。太陽忽然萎弱許多下去。天光灰上
> 來。（中略）
>
> 墳場就在附近啊──
>
> 我頓然剎車。我聽到。我確實聽到遠遠的一聲叫。我下了車。我極力鎮
> 定自己。又一聲叫。這次更近一點。更近一點。我仔細聽去。狗在遠處
> 吠。像狗在遠處吠。（按：例如前段末兩句，既具備修辭上的增強效果，
> 後句又修正了前句的細節，狗吠聲由肯定的聽聞扭轉為「像」的擬似、
> 懷疑，暴露出加重節拍的壓迫性心理節奏，前後文中多見此類安排。）
> 吠得這般長。長得這般異樣。又一聲極端長極淒屬的吠叫，我全身在發
> 抖。我的手快握不住車把。天光又灰下了一層。太陽要落山。太陽要歸
> 去。狗在狂吠。嚎嗥得這般異樣地長。我身體不停發抖。我的牙齒不信
> 地格格交戰。頃刻四面八方響起這樣長長像狗吠的聲音。埋伏的奇軍。
> 我被截殺。太陽要歸去。太陽要落山。
>
> 鬼要來。
>
> 鬼要來。
>
> 鬼已經來了。

　　在這些段落中，我們可以體察出王禎和的特有魅力。他掌握住所謂藝
術的本質，藝術是一種創造性的體驗程序，一種介於現實與意識間的蜃
影，被創造的事物素材反而移居次要地位。在〈月蝕〉中，王禎和純熟地
使用形象來創生「視象」而非做為認知的工具，這一切獨特的魅力建立在

小說細節——情節分布的基礎單元——恰如其份的處理之上。細節存在於每一個句子之中，並非寄生於籠統的主題規範下；反過來說，對讀者而言，是各單元的細節連結成整篇作品的主題。進一步看，就一個創作者的全體而言，從一個單篇挪移到另一個單篇中的文體，也由作品細節的過渡與流變所形成的因襲或革命來決定其間的內在聯繫。

情節素材本身可以截取自真實發生於這個世界的事件，但是由細節所構成的情節分布則處於藝術想像力的統御下。在金字塔版《嫁粧一牛車》的〈關於王禎和〉一文中，出現了這麼一段耐人尋味的說詞：

> 對於受制於傳統教育而不敢越雷池一步的人來說，固然有「王禎和國文不及格」的感覺，但是對於大多數的人來講，這種語言確如某詩人所說「是一種適服，一種過癮。」

對於某詩人的廣告詞擱下不論，王禎和被視爲「國文不及格」這種看法的確是典型的藝術反動言談。王禎和所以不遵守正常的「及格的文法」，就在於破壞過去的陳說。反常化——小說講述者對於司空見慣的事物賦與如同第一次目睹的好奇——的細節處理，正是當代小說區隔於傳統的重要指標。

不僅僅在王禎和那些布滿意識流痕跡、甚至「鬼影幢幢」的短篇小說中我們遇見了這種異常化的手段，那些更趨向具體情節而逐漸過渡向日後劇本框架的其他短篇，也同樣巧用了異常化的細節。譬如〈素蘭要出嫁〉中辛嫂發現女兒被囚禁的實況，王禎和竟以十組四六對句的駢體文來表現；譬如〈香格里拉〉（1979 年）結尾出現那輛廣告車和無關宏旨的歌曲，以及字裡行間那些近乎「光怪陸離」而「親戚」（在此做動詞解）於「詩的邏輯」的描寫：

> ……計太太隔著只六米寬底馬路喊話過來，右手仍舊根深蒂固地「長」

在頭殼頂。（按：非常滑稽的動作）……那時四月底五月初，花蓮一年當中氣候最適宜底時陣，連要下山底太陽也紅橙得特別艷麗，把小全一張清淨底小臉都給耀映得有如鍍了一層金，廟裡底金童忽然站立到眼前來了！（按：「四月底五月初」的模糊性／「時陣」這個臺語詞彙的鑲嵌／「小全」臉上「如鍍了一層金」／「廟裡底金童」超現實地跳躍進敘述中／以上皆屬異常化表現手法）

　　異常化的細節導致王禎和小說創作的本質趨向於詩，以及重建、再度組合「現實」的企圖；詩質的小說不僅僅著重敘述本身，更借由意象的凸顯，悄悄地變形了這個日常的世界。事實上他在第一個十年中所展布的意識流痕跡，已經暴露了「現實」（如同在此筆者所加上的引號，正重新質疑了「現實」一詞的通俗解釋）的主觀性、不確定狀態以及連續不斷的變遷性格。

　　王禎和一再重修作品，是他重視細節的另一佐證。最有趣的例子是《三春記》和《香格里拉》兩個版本中〈伊會唸咒〉議員角色姓氏的更改以及結局的差異，這種差異並沒有損及全篇的情節分布，但是卻有微妙的影響。《三春記》中〈伊會唸咒〉的李議員因為去拜年，「果真是騎摩托車上坡時給大卡車撞到，當場就死掉」，而〈香格里拉〉裡李議員被改為章姓，王禎和必然有意以「章」、「髒」的諧音而製造出雙關語的趣味，在此雙關語所寓含的細節得以反過來擴展為支撐批判性主題──惡有惡報──的基點。

　　而收在《香格里拉》的〈伊會唸咒〉關於議員之死細節，又配合姓氏的更改而重訂，被「章」議員所壓迫的阿緞，得到弟弟傳來的「喜訊」：

他昨晚在美崙縣長公館打通宵麻將。大清早他騎摩托車回來，下坡的時候給大卡車撞上了，當場就死啦！

　　找縣長打通宵麻將，以及由「上山」改爲「下山」，這樁事例本身開始隱藏著道德批判，加深了說服讀者心理的效果，一夜未眠的細節印證也導致了「符合現實邏輯」的錯覺，因而降低了〈伊會唸咒〉前一個版本的自我解構可能——也就是說阿緞能夠保住房屋不受議員侵奪，並非依賴她的詛咒或者單純的機運這些非常反諷的理由。雖然修改後的版本無法徹底擺脫其中的荒謬感，這種荒謬感卻在王禎和創作生命的最後十年成爲重要的標誌。

　　就王禎和在 1980 年代前完成的 16 個短篇的正文背景來看，以花蓮爲核心的地域性十分明朗，其中〈鬼・北風・人〉、〈寂寞紅〉、〈來春姨悲秋〉等三篇自成一組互涉關連的家族小說系列，〈香格里拉〉和〈伊會唸咒〉是另一系列。後一系列最後同收入《香格里拉》一書，但是死於阿緞之子小全五歲那年的「章」某又在《香格里拉》裡「復活」，文中的「當時」小全正在參加中學考試，似乎是王禎和成書時未及統一之處，或許這正是王禎和刻意留下的某種線索，因爲正文中的「現實」本來就如同波赫士（Jorge Luis Borges, 1899～1986）在《交叉小徑的花園》（1941 年）中所安排的隱喻一般，曲折、矛盾，沒有被完成，但並不等於虛假。這兩個系列原本可如〈小林來臺北〉一般再予發展，可惜因爲王禎和的逝世而留下令後世遺憾的殘局。

——選自鄭明娳主編《當代臺灣文學評論大系・小説批評卷》
臺北：正中書局，1993 年 6 月

王禎和小說中的個人與國家

◎陳芳明[*]

> 一個作家，能離開自己的鄉土嗎？一個作家，絕對離不開自己的鄉土，
> 因此他要描寫的人、物、事，需是與他生活息息相關的，需要他所關懷
> 的鄉土、社會、國家。
>
> ──王禎和，〈永恆的尋求〉

前言：王禎和與臺灣本土文學

通過 1977 年鄉土文學論戰之後，臺灣作家開始進入了統獨之爭的階段。所謂統獨之爭，一言以蔽之，便是作家的國家認同的問題之爭。[1]使這方面的爭論激化的原因，無疑是客觀的社會條件與政治現實所促成。臺灣鄉土文學作品的大量崛起，約在 1970 年臺灣退出聯合國的期間，本土作家第一次強烈感受到臺灣所面臨的外交危機。隨著危機意識的升高，草根性的民主運動也在島上大規模浮現。鄉土文學的潮流，事實上是相應於民主運動的高漲而蓬勃發展的。這是戰後以來，臺灣作家第一次意識到文學與政治的密切聯繫關係，也是第一次意識到文學運動與臺灣的歷史命運是無可割捨的。[2]

---

[*]發表文章時為民主進步黨文宣部主任，現為政治大學講座教授。
[1]有關鄉土文學論戰到統獨之爭的文學理論發展，較為簡約扼要的討論，請參閱蕭新煌，〈當代知識分子的「鄉土意識」〉，收入中國論壇編輯委員會編，《知識分子與臺灣發展》（臺北：中國論壇雜誌，1989 年），頁 179～214。
[2]在鄉土文學論戰期間，臺灣作家對存在於島內的政治經濟體制做了極為深刻的解析。有關這方面的議論，有兩冊文集值得參考。一是代表民間觀點的，即尉天驄主編，《鄉土文學討論集》（臺北：編者自印，1978 年）；一是代表官方立場的，即彭品光主編，《當前文學問題總批判》（臺

　　但是，文學與政治的聯繫，究竟密切到何種程度？文學運動與臺灣歷史命運，究竟存在著怎樣的依存關係？這些問題，在鄉土文學論戰期間並沒有獲得確切的釐清。因此，1978 年美國與中國的建交，1979 年高雄事件所帶來民主運動的頓挫，都不能不迫使作家必須對這些問題進行最為嚴肅而徹底的思考。從 1980 年到 1984 年，臺灣民主運動陣營內部發生了臺灣意識與中國意識的論戰，釐清了 1970 年代以來有關國家認同問題的一些爭議。[3]這場論戰對本土作家也產生了相當程度的衝擊，就在這段期間，「臺灣文學」一詞，正式獲得普遍認同而從此確立下來。長期受到中國體制與中國價值觀念支配的臺灣作家，在面臨歷史轉型期的關頭，終於覺悟到建立臺灣主體的迫切性與重要性。

　　臺灣主體絕對不是抽象空洞的名詞，而是有物質基礎的具體存在；它具備了一定的歷史傳統、政治結構、經濟條件、社會性格與文化內容。更重要的是，它是臺灣人民主觀意志的總表現。臺灣的歷史發展與社會現實，乃是依照臺灣人民的力量開拓出來的，而不是依照歷來統治者的意志為主要推動力量。從這個觀點來看，臺灣文學的嬗遞就非常清楚了。臺灣文學運動之所以能夠創造可觀的傳統，之所以能夠留下豐碩的遺產，全然是以本土作家的智慧與努力所釀造出來的。因此，在臺灣主體的重建過程中，臺灣文學正是臺灣人民表現其意志力量的主要一環。要了解臺灣人的願望、理想、奮鬥與挫折，就有必要對臺灣文學作品深入評估。

　　在本土作家中，王禎和是一位舉足輕重的小說家，他刻骨地表達了臺灣人的困頓、掙扎與憧憬。如果要通過小說來討論臺灣文學主體性的重建，那麼王禎和作品無疑是一個雄辯的存在。對於臺灣人的語言，他審慎地予以保存並發揚；對臺灣人的性格，他精緻而細膩地予以刻畫。對於社會的弱小者，他不惜筆墨來描述他們充沛的生命力；對於知識分子的虛

北：中華民國青溪文藝協會，1977 年）。

[3]1980 年代發表的「臺灣結」與「中國結」論戰文章，有數篇主要的文字已收入施敏輝編，《臺灣意識論戰選集》（臺北：前衛出版社，1988 年）。

偽，他殘酷無情地予以揭露；對於社會既存的國家觀念，他放膽地顛覆；對於臺灣固有的人情溫暖，他百般珍惜。在戒嚴令當道的時代，王禎和使用小說的形式，對政治現實加以抑揚褒貶，爲苦悶時代的臺灣人留下真切的見證。

　　大部分的批評家，往往集中在王禎和小說的語言和技巧，對於他作品背後的企圖總是刻意忽略。對於一位創作將近三十年的小說家來說，這樣的批評是不可能觸及他的精神核心。王禎和說得很清楚：「在寫一篇小說之前，我總提醒自己：別忘了基本的是非和原則。我會問自己：你是站在什麼樣的立場說話？對於那些人，你該給予更多的關切和同情？而那些人又該給予譴責？寫這篇小說，我有什麼東西要與讀者共享？並且，是有意義的共享。……如果一個故事不合乎這些標準，我就不會去寫，因爲沒有意義。」[4]這段自白說得非常清楚，他的創作有是非，有原則，有立場，有意義。他絕對不是所謂的「自然主義的小說家」，他作品所描繪的人生圖像，也絕對不是「那麼模糊不清」。[5]

　　既然王禎和的小說有原則，有立場，那麼他究竟在追求什麼？僅僅是停留在探討他作品中的「鬧劇」、「滑稽」、「幽默」，是不可能得到答案的。同樣的，僅僅把焦點投射在他小說裡的「卑微角色」、「弱小人物」，也不可能找到主題。沒有一位作家是爲了幽默而幽默，也沒有一位小說家是爲了卑微而卑微。在幽默與卑微的背後，王禎和作品的精神，完全是要對臺灣人族群提出強烈的批判與誠摯的肯定。一如他自己承認的，把家鄉經驗寫成小說，「不只是愛和關切，還有恨」，甚至他說得更爲露骨：「恨鐵不成鋼」。[6]這種愛恨交織的心情，反映了他對臺灣人族群的期許。

　　畸型的政治體制，使臺灣人的性格受到扭曲。在社會最底層的農村百

---

[4]王禎和，〈永恆的尋求〉，《人生歌王》（臺北：聯合文學雜誌社，1987 年），頁 8。

[5]呂正惠，〈荒謬的滑稽戲——王禎和的人生圖像〉，《小說與社會》（臺北：聯經出版公司，1988 年），頁 76～77。

[6]王禎和講；李瑞記，〈永恆的追尋——談我的小說寫作經驗〉，《中國時報》「人間」副刊，1983 年 8 月 20 日，8 版。

姓，陷於生活的窘境；爬到社會上層的知識分子，則出賣人格靈魂。面對
這種時代的怪現狀，王禎和一方面希望以文學的力量使人性獲得昇華，另
方面則企圖藉刀劍之筆對整個腐敗的社會予以撻伐。他全部作品所呈現出
來的主題之一，便是要凸出個人與國家之間的衝突。對於個人，他懷有無
限的希望；對於國家，他表現得非常虛無。在臺灣文學主體性朝向積極重
建的道路上，王禎和的小說確實具有極其不凡的意義。

花蓮：臺灣人的原型

　　王禎和，花蓮人，生於 1940 年，逝世於 1990 年。在將近三十年的文
學生涯裡，他總共出版了如下的小說作品：

1.《寂寞紅》，臺北：金字塔出版社，1969 年。
2.《三春記》，臺北：晨鐘出版社，1975 年。
3.《嫁粧一牛車》，臺北：遠景出版社，1975 年。
4.《香格里拉》，臺北：洪範書店，1980 年。
5.《美人圖》，臺北：洪範書店，1982 年。
6.《玫瑰玫瑰我愛你》，臺北：遠景出版社，1984 年。
7.《人生歌王》，臺北：聯合文學雜誌社，1987 年。
8.《大車拚》（遺稿），臺北：聯合文學出版社，1993 年。

　　其中《美人圖》與《玫瑰玫瑰我愛你》是長篇小說，其餘都屬短篇小
說集。書中收入的小說作品有重複之處，事實上，他一生只寫了 18 篇短篇
故事。[7]然而，僅憑這有限的作品，王禎和就足可成為臺灣文學的重鎮。此
外，他也出版了一冊《電視・電視》（臺北：遠景出版社，1977 年）。這是
他任職於臺灣電視公司電影組時，為《電視週刊》所寫的一個「走訪追問
錄」的專欄文字，最後蒐輯成冊的。在同樣的週刊上，他也寫了不少影

---

[7]有關王禎和作品的簡介，可以參閱應鳳凰，〈用嬉笑面對刻薄的命運——談王禎和幾本著作〉，《自
立早報》副刊，1990 年 9 月 6 日，19 版；以及劉春城，〈王禎和的文學生涯〉，《聯合文學》第 74
期（1990 年 12 月），文中有簡明的〈王禎和小說作品年表〉，頁 73。

評，其中有一些文字就選輯成爲一冊《從簡愛出發》（臺北：洪範書店，1985 年）。

　　就作品的產量而言，王禎和一生寫出這幾部小說，不能不說是相當稀少的。但是，如果考慮到他生命中的最後九年與病魔纏鬥，那麼他能抱病完成如此分量的小說，就可知道他的創作慾是何等旺盛。王禎和終於沒有戰勝鼻咽癌，以 50 歲的盛年告別人間。他以明朗筆調刻畫小說人物，顯然他就是小說人物的化身，帶著拒絕認輸的態度與死神戰鬥。正如他自己說的：「越是辛酸的地方，我越不會忘記把笑帶進去。」[8]他的生命與他的作品，可以說是相通的、一致的。

　　那麼，他小說的重要性又在那裡？這可以分成兩方面來看。有一派批評家認爲王禎和的小說活用了臺灣的語言。小說中的人物對白，讀者可以從中發現臺灣語言的魅力。這一派批評家，比較注重他的文字運用與創作技巧。[9]另一派批評家則認爲，王禎和的小說善於塑造卑微人物，在小人物的嘲弄中透露他的關懷與同情。這一派批評家主要在於強調王禎和作品中的人道精神。[10]具體而言，前者注意的是王禎和的表現形式，後者則側重於他的內容精神。不過，這兩派批評家的論點，雖然都觸到王禎和的創作層面，但都沒有涵蓋他精神的全貌。他既然承認自己的創作有原則，有立場，有意義，批評家就不能忽略他的小說企圖。

　　王禎和作品的最高目標，乃在於尋找臺灣人的原型。在臺灣人的族群裡，什麼才是真正的性格？什麼是被扭曲的？被扭曲的原因在那裡？這是他的小說背後所隱藏的疑問。基本上，王禎和作品的孕育與誕生，可以說

---

[8]丘彥明，〈把歡笑撒滿人間──訪小說家王禎和〉，《聯合報》「聯合」副刊，1984 年 2 月 19 日，8版，後收入王禎和《玫瑰玫瑰我愛你》，頁 277。

[9]注重王禎和小說語言與技巧的批評家，以姚一葦與鄭恆雄爲代表。參閱姚一葦，〈我讀《玫瑰玫瑰我愛你》〉，收入王禎和，《玫瑰玫瑰我愛你》，頁 1～11；鄭恆雄，〈外來語言／文化「逼死」（vs.（對抗））本土語言／文化〉，《聯合文學》第 74 期（1990 年 12 月），頁 51～59。

[10]強調王禎和作品人道精神的批評家，以李歐梵與尉天驄爲代表，參閱李歐梵，〈一支小調譜成的文學新曲──評王禎和的《香格里拉》〉，收入王禎和，《香格里拉》附錄，頁 215～230；尉天驄，〈悲憫的笑紋──對王禎和小說的印象〉，收入王禎和，《三春記》，頁 1～4。

完全是臺灣社會的產物。臺灣社會在國家體制與經濟現代化的改造下，在
很大程度上已遭到侵蝕、損害、破壞。尤其是戰後以來，在現代化、西
化、洋化等等面具的偽裝下，臺灣人固有的質樸、單純、戇直、坦誠的傳
統，加速地被污染了。一些爬到所謂上層社會的臺灣人，有意或無意地，
也慢慢遺忘並放棄自己的本性。取而代之的，是來自上海灘的海派性格，
或是來自西方的洋派性格。

　　但是，在社會底層，臺灣人性格事實上仍然保持著強烈的抵抗力量。
在上層臺灣人日漸喪失本性之際，停留於中、下階層的臺灣人，顯然還維
持他們的人格與尊嚴。他們很想往上爬，企圖掙扎以求出人頭地。在他們
追求美好生活的同時，卻仍執著於自己的傳統性格——勤勉、誠懇、堅韌
而落實。

　　從這個角度來看，王禎和的作品就在於描述這些人物的表情與心情。
每位臺灣本土作家，幾乎都是以他們所來自的故鄉人物做為對象。黃春明
筆下的宜蘭鄉村小角色，王拓描繪的八斗子漁民，楊青矗刻畫的高雄工
人，鍾肇政小說中的桃園茶農，宋澤萊敘述的雲林農民，都深刻表現他們
的家鄉色彩。王禎和的作品也不例外，他的小說乃是以花蓮小城鎮的人物
為主要角色，描寫他們的滿足與憤懣，他們的矛盾與和諧，以及他們的努
力與挫折。對王禎和而言，花蓮人的性格，無非就是臺灣人性格的原型。

　　王禎和說：「我覺得一個作家應該寫他最熟悉的東西，只有這樣，他的
作品才會有生命、有感情，才會使讀者有親切感，產生共鳴感。就拿我自
己來說吧，我是花蓮人，從小在花蓮長大，18 歲以前，沒有離開過花蓮，
所以花蓮的風土景物，在我的童年與少年生活的回憶裡留下了深刻的人、
事、物的累積。他們的一言一行都是我從小看慣了的、熟悉極了的、徹底
了解的東西，在我寫作的時候，一個個活生生地跳進我的腦海裡。」[11]

　　他在稍早出版的《三春記》的〈後記〉裡，說得更為真切：「也許就正

———————————
[11]胡為美，〈在鄉土上掘根〉，收入王禎和，《嫁粧一牛車》，頁 89～90。

因為我是一個『小人物』吧！他們於我而言是那麼親切！那麼熟悉！他們
的樂，也是我的樂；他們的辛酸，也是我的辛酸；他們的感受，也是我的
感受。他們是我自己、我的親人、我的朋友、我的街鄰……。他們就在我
的周圍、我的身邊。一道過著相同的生活，一道呼吸著相同的空氣，要寫
就不能不寫他們。」[12]換句話說，任何有意把王禎和與小說中人物區別開來
的企圖，都將只有誤解、曲解他的小說精神。

　王禎和對知識分子身段的最大批判，便是他根本就鄙視知識分子。在
上面所引述的文字之後，王禎和緊接又說：「寫他們，絕不是出於一種關
懷。『關懷』這筆劃龐多的兩個字，於我而言，顯然如許地尊貴，如許地高
高在上，說甚麼我是萬萬無有一點資格使用的。」如此自剖式的告白，往
往被批評家所忽略了。王禎和痛恨知識分子虛偽的關懷姿態，他厭棄那種
假惺惺的人道主義者。他所追求的，所要保存的，便是未曾被污染過的臺
灣人本性。

　這一個認識相當重要。因為，有些批評家往往把王禎和的小說套在空
洞的「中國框架」裡，僵硬地把他作品中的小人物解釋成「中國的苦難意
象」；彷彿不戴上「中國」的眼鏡，就不足以看清王禎和的精神內涵。這種
批評家的解釋，正是王禎和所鄙視的知識分子見解。長期以來，在政治體
制與政治教育的支配下，臺灣知識分子毫不設防地接受了虛浮氣氛的薰
陶。他們錯誤地以為，只要是以華文寫作，便屬於中國無疑。這種停留在
文字形式層面的批評，嚴格來說，並不能算是文學批評，而只是個人幻覺
的一種擴張而已。魯莽地使用「中國」的鼻子來嗅王禎和的作品，就只會
讓人產生荒謬滑稽之感。例如，美國有位漢學家白芝（Cyril Birch），解釋
〈嫁粧一牛車〉這篇小說時就說：「命運迫使萬發默認他人占據其妻，就好
像命運迫使這裡的人承認中國大陸被搶占的事實。」這種批評，完全抹煞
了王禎和小說人物的性格，強作解人地扭曲作品的原意。這是「中國框

---

[12]王禎和，〈後記〉，《三春記》，頁183。

架」下典型的教條批評。

王禎和作品之所以值得注意，完全是由於他的小說與臺灣社會緊密地結合，完全是因為他自己的風格正是小說人物的性格。觀察他的創作風格，基本上可以分成兩個階段，而大致是以 1970 年做為粗略的劃分。

在 1970 年之前，王禎和的全副注意力都集中在小鎮人物求生掙扎的事蹟；特別是人與人之間的交互關係，包括性格、利益的衝突與和諧，人性的提升與墮落，生命的執著與割捨。這些小鎮人物的塑造仍然保持著資本主義化以前的臺灣農村性格。在他們身上，可以發現人特有的拙樸與耿直。因此，要了解臺灣人原型所具備的特色，似乎可以從他們身上獲知一二。這些小說包括：〈月蝕〉、〈夏日〉、〈寂寞紅〉、〈鬼・北風・人〉、〈快樂的人〉、〈來春姨悲秋〉、〈嫁粧一牛車〉、〈永遠不再〉、〈兩隻老虎〉、〈三春記〉等。

到 1970 年以後，臺灣社會的每個角落，幾乎已都受到資本主義的入侵與衝擊。在臺灣，所謂資本主義化，簡直就是「西化」、「洋化」的同義詞。在西化的陰影下，臺灣人的性格也開始發生變化。於是，舊有的人際關係，又摻入了「現代與傳統」、「西化與本土」、「城市與鄉村」、「知識分子與農村人物」等等對立的新因素。處於劇變的社會裡，王禎和小說中的人物也相應地有了變化。面對外來的挑戰，王禎和的精神堡壘仍然建基於臺灣人的純潔性格。他使用對比的方式，藉農村出身的人物來觀察社會的演變。這些小說包括〈小林來臺北〉、〈素蘭要出嫁〉、〈香格里拉〉，以及長篇小說《美人圖》、《玫瑰玫瑰我愛你》與《人生歌王》。

無論前後期的小說有多大變化，王禎和所要肯定的是臺灣本土的重要性。遠在臺灣文學主體受到熱烈討論之前，王禎和就已經以文學形式來闡釋主體性的意義。他對臺灣人族群縱然有批判的意味，但是他還是抱持著巨大的信心。他的小說，充滿了希望。

臺灣族群的溫暖人情

在王禎和的早期小說中,我們看到臺灣小鎮人物為了生活而委曲求全的實況。他筆下的人物,大多出自花蓮,因為那是王禎和的家鄉,是他耳濡目染的風土人情。當他落筆描繪人物時,他並不是以知識分子的眼光去看,而毋寧是盡量為小人物設身處地,竭力反映出真正小人物的原貌。這也說明了為什麼許多高級知識分子的文評家,每看到他小說中的人物造型時,便斷定王禎和的文筆是「嘲弄的」,角色的特徵也是「滑稽的」。事實上,如果把王禎和的全部小說放在一起時,就可了解他在一般文評家所謂「嘲弄筆法」的背後,誠然懷有一份忠實誠懇的心情。受過後天良好教養的知識分子,總是在閱讀王禎和的小說時,都吃驚地認為:社會中的下層小人物竟然是這樣生活下來的,他們的人格尊嚴竟然是這般卑微維持下來的。

不錯的,王禎和的小說就是要告訴人家,下層的百姓確確實實就是這樣掙扎生活下來的。

在臺灣官方的教育制度裡,書本灌輸的往往是「尊養」、「面子」、「地位」、「身分」等等虛偽的字眼。臺灣知識分子對於「往上爬」的定義,便是「掙到了面子」或「維持一定的地位」。然而,這種往上爬的定義,顯然不適用於臺灣的下層人物或農村社會。

以惹人議論的短篇小說〈嫁粧一牛車〉為例,就足夠顛覆一般知識分子的價值觀念。替人拉牛車的萬發,被生活壓力驅使到人生最局促的角落時,他想到的絕對不是面子、不是地位,他所能想的是如何活下去的問題。對於養尊處優的書生來說,無論如何是思索不出萬發應如何掙脫生活的壓力。

對於下層人的生活景況,王禎和嘗試從另一個角度來處理。萬發一生潦倒,幼年洗身時,污水灌進耳朵,被庸醫治成了八分聾;從此,每找一份差事便丟一份。他的老婆阿好,又沉溺於賭博,終而賭得把女兒賣出去

了。在最無助之際，一個新的因素介入了他的生活。一位來自鹿港的成衣販子簡底搬到他們附近，阿好與兒子阿五去幫簡底做生意，以爲生活補貼。問題就在這裡出現，阿好與簡底終於有染，而簡底又已成爲他們生活中的支柱。若是發生衝突，簡底就會離去，生活頓失依靠。因此，萬發陷於掙扎之中了，究竟是生活重要，還是面子重要？

不久，萬發因治療腹瀉而用盡了錢，又因牛車撞傷人而入了獄。在鐵窗裡的萬發，面對了人生最無奈而又無聲的一刻。就在獄中，他聽到鹿港簡底回來了，不僅阿好與阿五工作又有著落，簡底還頂了一輛牛車給萬發。在這樣的情況下，萬發要不要屈服？在生活的壓力下，萬發畢竟還是低頭了。他從此擁有了他一生夢寐的牛車，家人的生活也有了依靠；很不幸的是，這一切卻是他以妻子交換來的。弱小角色的生活困境與掙扎，是如此的別無抉擇。

這篇小說，使王禎和成爲眾所矚目的作家。因爲，他寫出了臺灣下層人物的真相，直接揭露了社會底層的黑暗面，並且也毫無遮掩地觸及人性最真實的一面。如果進一步去思考的話，這不但是一篇寓言小說，甚至還是一篇預言小說。就寓言的意義來看，他其實不在嘲弄萬發的貧困，而是在影射臺灣社會的墮落。它等於在批判某些努力往上爬的人，不惜賣身投靠，爲了獲利而卑躬屈膝。對於這種上層社會人士的嘴臉，如果剔除他們的人格外衣，如果卸下他們仁義道德的假面，其醜陋程度恐怕遠遠勝過萬發。就預言的意義來看，王禎和似乎已經看到了臺灣社會演變的趨勢。他看到了價值觀念的顛倒錯亂，犯了錯誤可以合理化，說了謊言可以不必臉紅。臺灣官場人物的男盜女娼，豈非就是萬發與阿好生活真相的放大？萬發與上層人物的最大不同處，只不過是他沒有能力爲自己包裝，也沒有任何理論爲自己辯護。這也是在小說集《嫁粧一牛車》的扉頁，爲什麼王禎和會引用亨利‧詹姆斯的一句話：「生命裡總也有甚至修伯特都會無聲以對底時候……。」舉世滔滔，唯下層人物的無聲道盡了一切。

王禎和的作品並非只是爲了揭露而揭露。他的小說，確實又喚醒了知

識分子來注意這些在社會中被遺忘的人物。但是他並不是把人物推上舞臺就算了，他也點出了他們生命中的意義。弱小人物也有他們的理想，更有他們的現實。就理想而言，他們也希冀有出人頭地的一天；不過，他們從來不會奢言使命或任務，也不會誇稱巨大的野心。以前述的萬發爲例，他生活中的最大目標，便是擁有一輛自己的牛車，不多也不少。就其現實而言，他們的理想往往不堪一擊；甚至爲了維護那僅有的理想，還很有可能侵犯別人的生活，而被視爲貪婪、自私。在畸型的社會體制下，弱小人物的處境便是自生自滅，根本得不到制度的照顧與保障。

　　〈來春姨悲秋〉中的一對老夫婦便是如此。來春姨與阿登叔投靠兒媳老二與罔市，只不過是爲了廝守一生。但是阿登叔並非老二的父親，而是來春姨喪夫之後，她所遇到可以信託的一位老人。來春姨、阿登叔相偕去投靠時，曾以阿登叔的退休金資助老二夫婦，他們以爲因此就可安心養老了。但來春姨與媳婦罔市卻時時發生齟齬，阿登叔也常常受到罔市的冷嘲熱諷。經過無數的爭吵之後，阿登叔不得不離家出走，另尋天地去了。基本上，來春姨與阿登叔自成一個世界，老二與罔市另成一個世界，而來春姨與老二又是一個世界。如果把他們的世界都區別來看的話，他們其實都是非常善良的。來春姨與阿登叔的相濡以沫，老二對來春姨的孝順，都能夠顯現人性明朗的一面。這三個世界相互重疊時，就發生了利益衝突，人情世故的矛盾也隨著升高。

　　在王禎和的小說中，我們可以看到這樣的人生模式：一邊有理想，另一邊就有挫折。〈嫁粧一牛車〉如此，〈來春姨悲秋〉與〈有一年冬天〉也是如此。再進一步觀察其他的作品時，他的創作方式都是循此軌跡去進行。爲什麼他會這樣寫？王禎和只不過要確切地寫出臺灣人的真正性格。挫敗的命運，迫使臺灣人的生命必須堅強起來。每當深陷挫折之際，他們並沒有放棄努力。阿登叔受不了罔市的奚落，他並不因此而自我否定。離開了來春姨，他仍捎錢給她，同時也勇敢活下去。綜觀他所有的短篇小說，〈五月十三節〉的羅先生，〈兩隻老虎〉的阿蕭，〈永遠不再〉的阿兄，

〈寂寞紅〉的秦世昌，無一不帶有頑強傲慢的性格，是一種不認輸的韌性。在生活的升降之中，他們表現了無比的意志力之外，還流露了善良的人情。他們不只善良，還具有理想。他們的理想不必然是一般知識分子所說的「崇高」、「偉大」、「聖潔」那樣。但是，對理想的追求與執著，他們不遜於上層人物，而且有過之而無不及。

王禎和的創作，深受戲劇的影響。爲了忠實記錄臺灣族群的表達方式，他不能不借重臺語對白，因爲，母語是表達情感最直接的工具。在作品裡他放入了大量的福佬話，在描述下層人物時，王禎和省略了許多外表形貌的刻畫，而乾脆以語言來襯托人物的情感。他自己也承認：「尋找真實的聲音來呈現故事，一直是我努力的目標。」[13]他尋找的方式，便是在街坊巷閭「偷聽」以發掘民間語言的生動活潑，民間語言想像力的豐富。臺灣語言「組合力的精妙」，使王禎和感動不已。正因爲如此，王禎和毫不遲疑在小說裡大幅摻入臺語。然而，他的重點不在語言本身，而在於語言背後蘊藏的民間情感。

語言可以增加戲劇的效果；動作更可以獲得讀者對人物的注意。所以，他說得很明白：「我覺得小說的進行，最好是行動，而不是說明，只有用行動才會深刻引入。說明常常是很無力的。用廣東人看戲的說法，人物與場景的行動是『戲肉』，小說家的說明是『戲骨頭』。戲肉是好戲連臺，容易消化；戲骨頭是生吞活剝，吃不進去。」[14]就這個觀點來印證，讀者可以了解爲什麼在小說中人物的對白總是多於景物描述。有些地方，王禎和完全捨棄了情節的推演，而直接以戲劇對話的方式來安排。

王禎和看過日本導演小津安二郎的作品《東京物語》之後，頗受這部影片的震撼。他說：「全片只用『切』來轉變場景，沒有『溶』，或『淡出』、『淡入』的手法，更別說其他鏡頭的花招。在影片裡，日本戰後中下

---

[13]王禎和，〈永恆的尋求〉，《人生歌王》（臺北：聯合文學雜誌社，1987年），頁7。

[14]林清玄，〈戲肉與戲骨頭──訪王禎和談他的小說《美人圖》〉，收入王禎和，《美人圖》，頁197～198。

階層人物的心態，他們的渴慕與失望，他們的歡欣與悲涼，……都以細緻溫馨、悲天憫人的寫實風格抒寫出來。」[15]這段文字雖然是在評論小津安二郎的影片，實際上，也可以視爲王禎和對自己小說的期許。他作品裡弱小人物的噓寒問暖，那種人間溫情全然藉臺灣語言呈露出來。從表面上看，他的小說平鋪直敘，但其內容精神往往能在尋常中顯現突兀。在本土作家中，要找出一部作品像王禎和那樣精確傳達臺灣人情感，那樣熟稔使用臺灣語言技巧的，恐怕難以找到第二位。

批判知識分子與國家機器

如果花蓮是王禎和小說裡的臺灣精神據點，那麼他塑造的人物與使用的語言，代表的是臺灣本土最真實的產物。對臺灣本土精神構成最大傷害的，便是知識分子喪失了臺灣人固有的性格。知識分子屈從於政治體制，同時還順服地接納外來的西方文化價值。從 1970 年以後，王禎和改變了他的筆調，開始在作品裡摻入他諷刺、批判的風格。這是因爲自 1970 年後，國家機器開始墮落，面臨外交危機時，仍徹底接受國際強權的擺布。國家早已失去其尊嚴，知識分子也完全失去了其應有的操守，這種腐敗的景象，對於一位熱愛臺灣的本土作家來說，毋寧是痛心疾首的。

完成於 1970 年代中期的〈伊會唸咒〉與〈香格里拉〉兩篇小說，已足夠反映王禎和對政治體制與教育體制的批判。這兩篇小說，同樣以一對母子阿緞與小全爲中心，敘述臺灣社會轉型期小鎮人物的處境。〈伊會唸咒〉中的阿緞，爲了固守自己的家園，全心抵抗一位民意代表章議員的威迫利誘。章議員有意擴充自己經營的店面，遂覬覦隔壁阿緞的日式小屋。爲達到兼併的目的，章議員先是向阿緞出價收購未遂，繼而指控她的房屋是「違章建築」，最後竟然聯合市公所的建設股長、機要祕書與管區警察，企圖使用法律逼迫阿緞出讓房屋。在官方「依法行事」的態勢之下，阿緞幾

---

[15]王禎和，〈自序〉，《香格里拉》，頁 1。

乎被逼成瘋。

　　法律原是用來保護百姓的，如今卻成爲「乞丐趕廟公」的粗暴工具。阿緞對抗龐大公權力的唯一對策，便是詛咒章議員「不得好死」，這可能是小鎮馴良百姓所能發出的最大抗議聲音。就在詛咒後的第二天，章議員竟然被卡車撞死。從此以後，阿緞保住了她的房子，但是「一街路底人都這樣嘰喳著伊會作法，伊會唸咒」（頁 60）。這種天道報應式的結局，頗似中國明代馮夢龍《三言》、凌濛初《二拍》的寫法。在落伍的封建時代，無助的百姓沒有能力保護自己時，王朝的法律也無法扶助百姓時，他們都只好訴諸「現世報」的寄望。惡有惡報的庸俗公式，幾乎成爲民間故事的特色。但是，王禎和的在 20 世紀的臺灣也使用這種寫法，絕對不是庸俗的。事實上，他是在批判國家法律已經失去權威，而且還墮落成爲權力人物的附庸。章議員的死，等於宣告公權力的死。〈伊會唸咒〉寫出了現代百姓的最大抗議，寫出了王禎和對國家的絕望。

　　同樣的，〈香格里拉〉也是以阿緞和小全爲主角，描繪出小鎮母親對兒子升學問題的關心。王禎和以細膩的、雕鏤的筆法，仔細敘述窮困的母親所懷望子成龍的心情。只要能夠使孩子出人頭地，任何艱辛她都能夠忍受。故事中最諷刺的地方，便是小全的口試竟然必須知道誰是美國總統候選人。阿緞爲此而四處問人，以便獲得答案。當她誠惶誠恐請教隔壁的章代表：「這回競選美國總統的兩個候選人是誰？不知道您能不能抄個名單給我？」，這個問題立即引起街坊鄰居的恥笑。一位沒有見過世面的小鎮婦人，居然關心起美國的政局，這種鮮明的對比，可謂極盡諷刺之能事。阿緞其實爲使小全考試順利，不得不硬著頭皮向人請教。王禎和在此等於對臺灣教育體制嚴厲予以批判，阿緞遭受到的恥笑，豈非就在凸出現存教育體制的荒謬？美國總統選舉居然會與小學裡的考試聯繫起來，體制教育之怪誕，竟有至於此者。

　　王禎和對知識分子與國家機器的批判，全面展現於短篇小說〈小林來臺北〉，以及兩部長篇小說《美人圖》與《玫瑰玫瑰我愛你》。這三部作

品，把故事背景從花蓮轉移到臺北。同時，也把臺北惡質文化延伸到花蓮的影像，誇大地渲染於小說情節之中。對王禎和來說，臺北是接受西化洗禮極爲徹底的一個城市。他深知，他所緬懷的淳樸農村社會，已是一去不復返。舊時光的「香格里拉」，不可能繼續存在下去。但是，他對臺灣知識分子在西化過程中完全失去臺灣人的主體性，強烈感到痛心。

〈小林來臺北〉便是通過一位農村出身的年輕人的眼睛，觀察洋化知識分子的喪盡天良與出賣靈魂。王禎和對這篇小說的創作背景有所解釋，1973 年他「從美國愛俄華大學作家工作室回來，進到辦公室，又是滿耳聽到搓麻將、推牌九的聲音，很覺不舒適。〈小林來臺北〉便在這種心境下寫出的」。[16]這是可以理解的，因爲 1970 年代初期，正是臺灣進入外交危機的階段，也是島內政局開始發生重大變化的時期。客觀的條件要求王禎和必須走出花蓮小鎮，要求他以更大的勇氣面對臺灣社會的現象。

他塑造下的小林，是一位從花蓮來的鄉下青年，在一家航空公司打工。故事裡，兩個不同的族群終於正面遭遇了。一邊是操臺語的、帶著戀厚農村性格的鄉下人物，一邊則是滿嘴洋語、徹底具有都市性格的知識分子。在時代前進的巨輪下，王禎和的小鎮人物應該是被遺忘、被輾壓的落伍者。然而，在〈小林來臺北〉的情節裡，王禎和反而以小林的價值觀念來檢驗一批批崇洋的知識分子。他們性格的扭曲程度，從小林的立場來觀察就很清楚了。

事實上，〈小林來臺北〉只是長篇小說的一部分而已。王禎和後來所寫的《美人圖》全書共分兩章，可以視爲小林的故事系列的延伸。三篇故事放在一起來閱讀，正好構成一部臺灣現代版的《儒林外史》。〈小林來臺北〉敘述小林親眼看見一批高級華人的洋奴嘴臉，他們關心的是拿了綠卡的家屬的在美生活，對臺灣社會現實漠然以待。代表臺灣社會的受害者，便是航空公司的張總務。這位中年的臺灣人，服務於公司 20 年後，由於不

---

[16]王禎和，〈後記〉，《嫁粧一牛車》，頁 253。

譫英語,即將受到資遣的命運。從來,沒有獲得公司保險的張總務,好不容易保住了他的職位,卻因家裡女兒生病而忙著四處張羅。張總務的處境,並沒有得到公司同仁的同情與援手;相反的,他還受盡奚落、責備。這種洋化族群對本土族群的壓迫,活生生顯現於小林眼前。故事的最後是,張總務一方面必須把女兒送去醫院,一方面又必須聽命於公司同仁的使喚。這批洋化知識分子,嘴裡談的不是打情罵俏,便是討論他們的美國生活。小林對這些人的冷酷無情,終於不能不喊出他內心的聲音:「幹你娘!小林心中忽然大聲叫,你們這款人!你們這款人!」(《嫁粧一牛車》,頁 248)

這種吶喊,近乎阿緞的〈伊會唸咒〉。然而,這裡的層次劃分得更為清楚,「你們這款人」("You group")與我們這種人(We group)是屬於兩個世界的。這種對立並非只是知識分子與鄉村小角色的緊張關係而已,它實際上是外來文化與本土文化的對決。這篇故事,並沒有提出勝敗輸贏的結論;不過,王禎和要強調的是,本土精神是具有批判態度的,並不是對外來文化的墮落而渾然不覺。

《美人圖》的第一章,專注於描寫兩位同是鄉村人物小林與小郭之間的相互關切。王禎和的故事企圖,於此就更為明朗了。臺灣本土族群,在沒有受到西化污染之前,從來就是相濡以沫的。當航空公司的高級華人依舊沉緬於美國式的生活之際,小林必須協助農村的父親與哥哥掙脫經濟困境。故事的重點,集中在小林的父親上臺北求援,希望獲得小林的金錢資助。問題就在於小林的微薄薪水,根本沒有餘力補貼家用。在最絕望的關頭,伸手幫助小林的,並不是養尊處優的公司同仁,反而是在旅行社工作的小郭。不過,小郭的錢是從賣身中賺得的。這裡又是一個強烈的對比,小郭嚮往的是都市的物質生活,為了買部新車,他終於去幹同性戀的男妓。在獲知小林需錢孔急時,小郭不惜放棄買車的夢想,把辛苦掙得的錢借給小林。顯然,王禎和有意要指出一個事實,來自農村的弱小者,雖然也極力往上爬,但在上升過程中,他們並沒有遺忘自己的根。當朋友需要

扶助時，他們仍然能夠適時給予溫暖的援手。小郭的行動，對照於只關心
頭髮、指甲的洋奴行徑，批判的精神自然就湧現了。

　　小林這個弱小角色，在《美人圖》第二章，有更為精闢的世界觀，時
間背景設定在 1978、1979 年之交，美國宣布與臺灣斷交的關頭。航空公司
的副總經理金公公，下令發動公司工作者，必須寫信向美國總統抗議。這
項寫信運動，只不過要讓記者知道他的「愛國從不後人」。在妝點門面之
後，工作人員的簽名信就丟到垃圾桶去了。王禎和於此對當時社會上的所
謂「愛國運動」，又是以犀利的筆予以無情揭穿。王禎和通過小說人物，表
現了他的諷刺：「小林很清楚記得：就在中美斷交還沒滿月，馬老總便急得
掉了雞巴般地把全家輸往美國去尋他的『根』。屁屁真（PP 曾）當然也一
路跟去當屁蟲，當然也不忘記每天叼他那根像勃起陰莖的雪茄。接著跑掉
的是垃圾桶（Rocky 董），一聽說中美防禦條約要廢了，也顧不得倒垃圾
（Dorothy）小姐有沒有地方可倒垃圾，他就二十四孝隨他爹娘慌慌張張飛
到美國佛羅里達州的甘迺迪角去盛裝太空總署生產的肥垃圾去了！然後，
是性病王、約翰牛、陳出納、倒過來拉屎（Douglas）……他們紛紛變賣家
產疏散到美國各地去。但他們自己都留了下來，單身獨自地寄寓在臺北。」
（《美人圖》，頁 99）

　　這段描寫，對那些取有洋名的公司職員進行入骨式的批判。文句中使
用「雞巴」、「陰莖」、「垃圾」、「屁蟲」等骯髒的字眼，簡直是這些人的人
格同義詞。在這群喪盡人格的洋奴中，王禎和安排了一位香港華僑的工作
同事小鄺。因為小鄺懂得英文，這個角色的出現，主要在於凸出他有能力
判別臺灣洋奴寫信給卡特的英文內容。小鄺立刻就發現洋奴的殖民地心
態，藉著這種發現，使小林本土精神的批判就更加理直氣壯了。故事的結
局是，當航空公司職員勤於練習唱美國國歌之際，小鄺竟然病故了。王禎
和安排這樣的情節，是不是在暗示洋奴最後是勝利的？並非如此。高級知
識分子向美國投懷送抱，甚至最後移民到美國葉落歸根，剛好可以證明留
在臺灣的本土人物才是正確的。因為，臺灣畢竟是屬於有本土精神的臺灣

人。洋奴式的知識分子，在臺灣是水土不服的，他們的離家出走乃是必然的趨勢。

　　對知識分子的憎惡，也幾乎就等於是對國家的批判，因為，傳送國家觀念乃是知識分子的一種職業。《玫瑰玫瑰我愛你》這部小說，完成於戒嚴令尚未解除之前，王禎和勇於批判的態度顯現在那個恐怖時代，誠然是應該給予審慎評估的。書名本身，代表的就是一種諷刺。「美國」的浙江發音，近似「玫瑰」；則「我愛你」的含義就是「我愛美國」。這部長篇小說的假想目標，可以說呼之欲出了。

　　《玫瑰玫瑰我愛你》的主要人物是中學英文教師董斯文。在越戰期間，美軍將到花蓮度假，董斯文臨危受命，必須在短短五天內把當地的妓女訓練成會說簡單英語的吧女。小說的場景，放置在「吧女訓練班」的籌備過程與開班典禮之上。王禎和抓住高級知識分子崇洋媚外的心理，刻畫他如何在美軍來臨之前的「心路歷程」，以及他與上流人物、下流社會的接觸。上焉者如錢議員、惲醫師，下焉者如妓女戶大鼻獅、黑面李、矮仔姬與紅毛大姊，另外還有大鼻獅的姘婦阿恨。

　　王禎和說：「我時常聽到『書生誤國』，也常聽到『書生救國』的話。到底那句話才是對呢？我印象裡現代知識分子有時講的話，實在是至真至正，那種救世胸襟，尤令人感動流淚；但有時他們又憑知識自以為是，講出的話，所做的事，往往有錯而不自知，有時甚至錯得離譜，在社會上產生誤導的情況。更經常見到的是：他們講的，在沒有結果出來以前，又像對，又像錯。知識分子在現代社會中扮演什麼角色，不是我小說所要討論的，我只對他們做『中間人』的趣味，感到興趣和注意。」[17]這段陳述，其實就是在譴責知識分子的搖擺性格。由於他們的知識又是對又是錯，所以才會導致「書生救國」或「書生誤國」的結果。他們站在統治階級與被統治階級之間的立場，常常是上下討好。站在外國與本土之間，又總是裡外

---

[17]丘彥明，前引文，頁275。

通吃。《玫瑰玫瑰我愛你》的主要內容，就在掌握這種典型的買辦性格。

　　這部小說使用了臺語、國語、日語、英語，大大發揮了語言在生活中所產生的魅力。就在各種語言的交錯使用中，董斯文具備了偉大的雄心，要把地方性的妓女訓練成世界級的吧女。這當然是很滑稽的一種人格昇華。在他莊嚴的敬業態度裡，透露了知識分子的諧星性格。王禎和在這個人物上，完全不放過任何機會來嘲弄知識分子。他是如此形容董斯文的：「攻讀外國語文學系的他，也許用功過度，竟連自己講的國語都躲不掉西潮的影響。談話的對象知識水平越高，他的話就像拙劣翻譯小說裡的詞句，像：多麼胡說——我很高興你跟我同意——這是我的認為——他不知道他在說什麼——我為你感到很驕傲——我被愉快地驚異了……經常自他嘴裡冒出來，常常叫對方聽得又吃力又彆扭，有時還有鴨子聽雷，聽莫懂啦！」（頁 6）王禎和的描述，簡直就是以典型的臺灣高級知識分子為假想敵。在講話夾帶洋語的風氣裡，董斯文無疑是如假包換的影像寫真。

　　美國人在打越戰，臺灣居民卻被迫跟著音樂跳舞，而且還必須提供樂園供其度假，國家尊嚴可謂一敗塗地。但是，王禎和卻故意在恰當處搬出國家人格來。董斯文的構想中，在歡迎美軍時，應該唱什麼歌？〈高山青〉？〈苦酒滿杯〉？〈臺灣好〉？這些都似乎很不得體。王禎和在這個地方插入了他自己的聲音：「可惜的是，這時候，〈龍的傳人〉，〈梅花〉，〈中華民國頌〉還未編出。不然我們的董斯文一定也會拿這三首歌來仔細斟酌考慮的。他一定會的。」（頁 30）以愛國歌曲來娛樂度假的美軍，是非常荒誕的情景。王禎和的諷刺，於此又造成震撼效果。

　　在「吧女訓練班」，董斯文一方面以商品產銷來形容妓女，一方面又強調以人道主義來對待她們。知識分子的投機性格，可以說表現得淋漓盡致。王禎和的嘲弄，至此並未停止下來。他更上層樓把知識分子的國家觀念當作一種猥褻，一種倒錯的表演。董斯文在開班典禮來臨之前，在洗澡時突然想到一個嚴重的問題：「明天就要舉行吧女速成班開訓典禮，是不是也要仿照學校的週會——開始時要來套全體肅立、唱國歌、向　國父遺像

行三鞠躬禮……的儀式？如果不唱國歌，不向　國父遺像行禮，開訓典禮
不是顯得不夠莊重？他到底是把訓練吧女的工作當件正經事在辦呀！可又
怕懼別人要咒罵他這樣搞太荒唐了吧！怎能讓 Prostitute 唱國歌，向　國父
遺像鞠躬？用力撙了一把塗滿肥皂的頰。OK，就是有人反對也不必怕。
See，憲法也無規定 Prostitute（妓女）不可以唱國歌，不可以向　國父遺像
敬禮。她們也是人呀！誰能否定她們的基本人權」（頁 206）董斯文在思索
這些構想時，最荒謬的是，「他才出浴沒多久，包皮略長的生殖器尚未翻
洗」。

　　王禎和把這種莊嚴與猥褻聯繫起來，無疑是對國家觀念的一次嚴重顛
覆。在臺灣的政治體制裡，唱國歌是無比神聖的事業。王禎和的文字裡，
每遇「國父遺像」時，照例前面必定空一格。這等於說明即使在洗澡時
刻，知識分子的思考也對國家象徵帶著崇敬。如此對國家那樣尊敬的英文
老師，考慮那麼周詳，只不過是要決定是否在吧女速成班的典禮上唱國
歌。這真是上乘的、擊中要害的國家批判。笑話尚不止於此，因為他在思
考國家儀式時，也正是他個人要清洗下體的時候。滑稽突梯的效果，就在
這樣的安排中產生出來。

　　龍應台在批評這部小說時曾說：「從第一章之後，全書就不再有任何新
鮮的事。議員脫褲子競選、醫師調戲少年等等，在教堂開吧女會之後，也
不再稀奇。……第一章之後完全是半面的、靜態的發展，像在酒裡摻水，
分量越來越大，酒味卻愈稀薄。」[18]龍應台的批評，似乎是以一般傳統小說
的結構來要求這部小說。她企圖在這部小說找到起承轉合的發展，或是找
到頭、腰、尾的結構。這當然是徒勞無功的，因為王禎和本來就沒有要依
照傳統的規律去創作。他只不過是在動亂的政局裡，有意點醒知識分子的
盲從與屈服。他利用劇場安排的方式，從大量的對白中襯托出知識分子的
心態與嘴臉。恰恰就是他使用了生動的語言，各色人物的特色都神龍活現

---

[18]龍應台，〈王禎和走錯了路──評《玫瑰玫瑰我愛你》〉，《龍應台評小說》（臺北：爾雅出版社，
　1985 年），頁 79。

登上了舞臺。他捨棄了小說家的「戲骨頭」，完全依賴了戲劇的「戲肉」。他選擇的是「行動」，而不是「說明」。因此，龍應台以尋常小說的標準來考察，自然就失落了。

《玫瑰玫瑰我愛你》是王禎和創作生涯的總表現。語言功力的發揮，戲劇效果的掌握，人性衝突的呈露，個人與國家的矛盾，都可在這部小說中找到清晰軌跡。

本文文學的典範

在生命的顛峰時期，王禎和被迫與癌症纏鬥，前後長達九年。但是，病魔並未使他的鬥志銳減。他在晚期向臺灣文學史繳出了《美人圖》、《玫瑰玫瑰我愛你》與《人生歌王》三部作品。那種旺盛的創造力，足可睥睨其他同輩作家。生命的傲慢，正是對死神的最大報復。他的戰鬥精神，與他筆下塑造的弱小人物，可以說是等高同寬的。他以具體行動，實踐了自己的創作評論。他的誠實、率直，不僅表現在小說裡，更表現在他現實生活之中。

王禎和的文學精神，完全是用來肯定臺灣族群的信心。他雖然集中於花蓮人物描繪，但是他勾勒出來的畫像，則是全體臺灣人的形象。臺灣主體的建立，就奠基在這樣族群的奮鬥之上。他沒有高深的理論，也沒有空洞的口號，小說裡的卑微角色，便是要臺灣人來鑑照。魯迅曾經以阿 Q 這樣的虛構人物，概括整個中國人的民族性。王禎和筆下沒有阿 Q，但有的是挫敗中又站起來的弱小人物。這些弱小者的勇敢與怯懦，憧憬與幻滅，抵抗與屈服，正是臺灣人民族性格的最好寫照。

對他而言，國家是墮落的、腐敗的。所以在小說中，凡涉及權力人物，幾乎沒有一個人不帶滑稽性格。他的嘲弄與諷刺，在於提醒知識分子無須對國家迷信。臺灣知識分子的猥瑣態度，乃是國家權力壓制下的扭曲後果。如果國家對他是幻滅的，王禎和的國家認同又在那裡？毫無疑問的，他的國家認同就在臺灣這塊土地上。臺灣本土精神的重建，是他畢生

文學歷程所追求的目標。企圖以「中國」詮釋他，恰好就是王禎和所批判
的知識分子的盲點。他從來不擺超出臺灣格局以外的身段。他熟讀西洋文
學，也勤閱中國文學典範，但是他開闊的視野是爲了找到臺灣本體的原
點。王禎和的世界是小林的世界，這是毫無疑問的。若是有人還要以中國
框架來限制王禎和小說的意義，他的在天之靈可能會用臺語三字經罵人的
吧。

——1992 年 9 月聖荷西

——選自陳芳明《典範的追求》

臺北：聯合文學出版社，1994 年 2 月

王禎和的小說藝術

◎高全之[*]

> 彭祖看不清倉頡的手稿，去問老子
>
> 老子在《道德經》裡霎眼睛，去問杞人
>
> 杞人在防空洞裡躲著
>
> 他不肯接受記者的訪問
>
> 北京人，你流浪在哪家博物館？
>
> ——余光中詩〈古龍吟〉[1]

前言

　　王禎和（1940～1990）不是位多產的小說家。我們這麼說，當然有尊敬和懷念的意思。喜愛的東西，常是不嫌多的。在他數量有限的小說作品裡——18 個短篇，四個中篇或長篇[2]——卻有個奇特的現象：小說人物名稱

---

[*]電腦軟體工程師。

[1]節錄余光中詩集《天狼星》（臺北：洪範書店，1980 年 2 月 4 版）。

[2]這些小說依完稿或發表先後秩序（括弧內為民國年次）為：〈鬼・北風・人〉（50）、〈夏日〉（50）、〈寂寞紅〉（52、62 改寫）、〈快樂的人〉（53）、〈來春姨悲秋〉（55）、〈嫁粧一牛車〉（56）、〈五月十三節〉（56）、〈三春記〉（57）、〈永遠不再〉（58）、〈那一年冬天〉（58）、〈兩隻老虎〉（60）、〈小林來臺北〉（62）、〈伊會唸咒〉（63）、〈素蘭要出嫁〉（65）、〈香格里拉〉（68）、〈美人圖〉（70）、〈老鼠捧茶請人客〉（72）、〈玫瑰玫瑰我愛你〉（73）、〈素蘭小姐要出嫁——終身大事〉（74）、〈人生歌王〉（75）。王禎和也寫劇本：〈聖夜〉（52）、〈春姨〉（69）、〈望你早歸〉（62）、〈大車拚〉（77）、〈嫁粧一牛車〉（73）。另外兩本書：《電視・電視》（遠景出版社，民國 66 年初版）、《從簡愛出發》（洪範書店，74 年初版）。另有未完成長篇小說〈兩地相思〉（74），發表在《聯合文學》，民國 82 年 5 月。

的重複使用。論者或會說〈美人圖〉是〈小林來臺北〉的擴大重寫,其中人物名稱自然會沿用舊名。但是除此以外的人物名稱重複,卻是發生在各具生命、獨立存在的不同小說裡。例子:〈來春姨悲秋〉與〈寂寞紅〉的來春姨和罔市;〈伊會唸咒〉與〈香格里拉〉的小全和阿緞;〈永遠不再〉、〈小林來臺北〉與〈美人圖〉的張總務;〈素蘭要出嫁〉與〈素蘭小姐要出嫁──終身大事〉的素蘭。

　　或許王禎和不自覺的在暗示他小說作品之間有個共通性,互相關聯。或許他在暗中希望我們能對他小說作品做個綜合性的閱讀。但是這種猜測,卻引起我們做一個總論的興致。找些現成的評論來看也好。有關王禎和的評論非常多。《中華現代文學大系》[3]評論卷選收 1970～1989 年間的文學評論。李瑞騰在序文裡提到初選入圍 619 篇文章,在這些文章裡被評篇數最高的作家,王禎和高居第五位。僅次於陳若曦、白先勇、余光中和黃春明。結果在 16 篇評論王禎和的文章裡,最後入選文學大系的只有呂正惠的〈荒謬的滑稽戲──王禎和的人生圖像〉。這篇文章是這樣開始的:

> 王禎和是一個令人迷惑的小說家,讓人不知如何去面對他才好。在寫作上,他的苦心經營可能不下於王文興;就作品而言,他最好的小說絕對不輸給黃春明和陳映真。但奇怪的是,他一直不能給人「鮮明的形象」。當我們提起白先勇,我們想到〈臺北人〉;提起王文興,我們想到范曄;至於陳映真,我們知道他是一個迷惘的知識分子;黃春明,我們知道他眷戀鄉土。但是王禎和呢?我們實在不曉得如何去「簡化」他。

　　呂正惠的困惑應該不是個孤立的現象。〈香格里拉〉、〈美人圖〉、〈玫瑰玫瑰我愛你〉在發表之後,都各別引起熱烈的討論。〈美人圖〉還引起一場

---

[3]余光中總編輯,《中華現代文學大系──臺灣一九七○──一九八九》(臺北:九歌出版社,1989年 5 月)。

官司[4]。

　　我們斗膽一下，提供一個綜觀王禎和小說的方法。我們會從他的小說敘事觀點說起。掌握敘事觀點，才能進一步了解他的小說語調與文字。了解他的小說方法、故事內容，我們也尋求他的小說意義。這個閱讀的過程自然不是固定不變的。有時我們先了解到作者企圖、小說的意義，才體會到小說的文字和語調。反覆推敲琢磨，我們嘗試回答這幾個基本的小說閱讀問題：他怎樣說故事，他說的故事是什麼？這個故事的意義在哪裡？

　　我們會詳細討論王禎和小說世界的四種受限情境。受限情境的意思是局限受困，無能突破的情況和處境。這是王禎和小說最基本、最重要的焦慮和關切。這四種受限情境分別是個人在苦難人生裡謀生或反抗惡勢力的能力限制、是個人無法改善內在性格缺陷的限制、是群體無從自省自覺它惡性意識形態或社會行為的限制、是人生有涯的限制。這四種受限情境不一定各自分離呈現，也不互相排斥。它們有時部分重疊，在同一個小說故事裡一起出現。王禎和刻意經營，讓它們輕重緩急、秩序井然、各得其所。

　　讀者覺得王禎和小說難懂的可能原因之一，是習慣於小說裡得到簡易明白的積極人生指引。王禎和小說的意義有時不明顯直接，需要一點耐心尋求。我們會建立王禎和小說世界的倫理秩序，觀察他對倫理運作的質疑和肯定。在倫常之外，我們會注意到愛情，以及危難中的友情，如何成為這些受限情境的重要人生意義。

　　介紹完這四個受限情境之後，我們會再討論他在小說方法上不拘成規舊習，力求突破的嘗試。這種種嘗試，與他人生處處受到限制的看法大概是一致的。王禎和享譽文壇多年，在中國小說的地位應已篤定。在本文終結之前，我們再探討他在臺灣中國文化的位屬。

---

[4] 〈美人圖〉引起官司的新聞報導，收錄在這本書裡。見《美人圖》一書（臺北：洪範書店，1982年4月4版）。

從敘事觀點談起

　　談小說敘事觀點，對已經熟悉小說原理的讀者，實在冒犯失禮。我們又不得不提一下王禎和最常用的一個敘事觀點，以利稍後的討論。這個敘事觀點是第三人稱單一觀點和第一人稱意識流的混合使用。王禎和自己說過：

> 為了力求真實，為了真實感，個人以為單一觀點是比較好。寫起來，情節比較能集中發展，節奏容易控制。但也有不方便的地方，比如主角或敘事觀點者不知道的事，或到不了的地方便無法寫、無法發展了。[5]

　　王禎和對自己敘事觀點的解釋，差不多就是上面這麼一段話。我們需要補充的意見滿多。敘述故事的人，亦步亦趨，跟著一個作者選定的角色以第三人稱來說故事。那第一人稱意識流——除了少數例外，如〈鬼・北風・人〉、〈玫瑰玫瑰我愛你〉——也僅限於這個選定人物的內在思潮活動。所以說是「單一觀點」。但是這個敘述故事的人，並不完全等於那個角色人物。比如說，〈嫁粧一牛車〉敘述者用嘲弄的語言時，是作者王禎和現身。這個敘事者也不完全等於小說作者，因為小說作者洞察全局，而敘事者只是跟著一個選定角色的活動來說故事。可以說，這個敘事者是作者與選定的角色人物之外的第三者存在。可以說，作者躲在這個敘事者背後來說故事。

　　王禎和寫小說，先要決定這個敘事者的個性、理知的程度、道德的高下、說話的速度和氣質。所謂小說的語調，往往就是由這個敘事者來決定。王禎和大部分小說的敘事者，像〈嫁粧一牛車〉、〈永遠不在〉，都謹言慎行，非常有節制。他的理知能力、知識程度，都酷似或受限於那個選定

---

[5]見〈永恆的尋求（代序）〉。這篇演講稿由李瑞整理，發表於《中國時報》人間副刊，1983 年 8 月 18 日，8 版。後來收入《人生歌王》一書（臺北：聯合文學出版社，1990 年 9 月 3 版）。

的角色人物。但是王禎和也常常賦予敘事者降格或卑抑的性格。那個敘事者就多嘴多舌，說些瘋瘋癲癲的話來。這時王禎和就躲得更遠了。舉個例子。〈素蘭要出嫁〉辛嫂找到鎖在後院小木房裡的素蘭，敘事者突然加句英語——全篇小說唯一的英語，還高興的吟起詩來：

> 這一聲伊底「天啊！」比起西方影片裡的婦女凡見到什麼悲慘可怖的景象時所發喊底「Oh, My God!」是要更沉痛更驚駭許許多多倍底。
>
> 哦！天啊！！
>
> 小小木房，僅有兩坪大小
>
> 勉勉強強，擠張舊破板牀
>
> 披頭散髮，素蘭斜坐於上
>
> 衣裳爛破，真乃百孔千瘡
>
> 氣息醃臢，教人難於嗅聞
>
> 牀上地下，滿是排泄骯髒
>
> 兩眼張惶，彷彿吃過大驚
>
> 一見人來，駭得西跑東闖
>
> 纍纍痕傷，令伊體無完膚
>
> 眾人看得，無不驚心膽慌

　　王禎和曾專程到歌廳聽章翠鳳的大鼓詞。還「買了她的唱本，看得著迷」[6]。〈素蘭要出嫁〉敘事者像個說書人自我陶醉起來。敏銳的讀者當會留意到這個敘事者冒冒失失、裝模作樣。王禎和的敘事者，時常有這種情緒衝動，一語驚人的舉動。〈快樂的人〉敘事者多次夾雜古詩。比如說：

> 她頭向上一仰，太息一聲（感此傷妾心，坐愁紅顏老？）

---

[6]見〈嫁粧一牛車——遠景版後記〉。這篇後記收在《嫁粧一牛車》一書的洪範版裡（臺北：洪範書店，1993 年 9 月）。這個版本由鄭樹森和葉步榮校訂，是這本書所收小說最可靠的版本。

〈快樂的人〉敘事者也夾雜諷刺的評語。像下面這句子裡的「一定是手按著心窩在講」：

> 要不是自家今天心上有事（一定是手按著心窩在講），還懶在牀上病相思呢！

〈玫瑰玫瑰我愛你〉敘事者的搶眼，更過於〈快樂的人〉敘事者。他不停的從故事情節裡跳出來搶白。這些搶白或插話具有下列一項或多項的功用：翻譯、嘲諷、卑抑，和強調今不同昔。第一項功用是翻譯臺語、日語和英語；等於是夾註。第二項功用是嘲諷。說到董斯文在飯店套房裡獅吼起來：「我要不畏艱難、勇往邁進、不達目的、誓不罷手（恰好四句，A級的米高梅電影，片頭上的獅子往往是要吼四大聲的）」。以上這個例子也具有第三項功用：賦予敘事者一個自鳴得意的、卑抑的個性。敘述者描述完董斯文套房，就加油添醋地說：「這是照斯文得獎的筆調寫的哦」。稱董斯文「斯文」，以示親暱。董斯文人品極為低下，無廉無恥，這個敘事者的人格也高明不到哪裡去。搶白的第四項功用是強調臺灣今不同昔。故事第一章結束時提到董斯文在考慮吧女到港口歡迎美軍光臨時該唱哪條歌。敘事者就搶口說：「可惜的是，這時候，〈龍的傳人〉、〈梅花〉、〈中華民國頌〉還未編出。不然我們的董斯文一定也會拿這三首歌曲來仔細斟酌考慮的。他一定會的。」這種今不同昔的搶白，有一部分在解釋臺灣語言的進化。比方說：

> 可是不穿衣服不是不好看嗎？（這時節，「形象」一詞尚未流行。要不然他一定會這麼說：「可是這樣一來，不是醜化了我的形象嗎？」）

　　蕭錦綿在〈滑稽多刺的玫瑰〉一文[7]裡，舉了 12 個類似的例子，認為這樣做「不但對語言的進化作了詳細的交代，而且把閱讀的人提升到作者一樣的地位，一樣的別具隻眼，一樣的眼明『口』快，使讀者充分享受參與的樂趣，甚至還可以交談耳語，這幾乎不是小說而是劇場了！」

　　這種說法完全沒有注意到敘事者可以與作者分開，具有獨立的──而且是扭曲降格的──個性。我們說過，這個故事的敘事者具有自鳴得意的、卑抑的個性。我們認為這些解釋臺灣語言進化的搶白，一方面助長敘事者趾高氣揚的姿態，一方面強調今不同昔。

　　王禎和給這些故事敘事者降格或卑抑的身分，有三層用意。其一，姚一葦說過，王禎和小說人物卑抑，是一種喜劇的方法[8]；敘事者卑抑，也有喜劇的效果。其二，當敘事者多嘴多舌、瘋言瘋語的時候，王禎和不是把讀者「提升到作者一樣的地位」；正好相反，作者躲得更遠了。作者擴大自己與讀者的距離。讀者不察，就會覺得他的小說意義不清不楚了。其三，這種有缺陷個性的敘事者在各屬小說裡，具有特殊的目的。我們稍後討論各種受限情境的時候，再解釋王禎和在個別小說裡讓這些敘事者暫時失控的原因。

　　前文提到第三人稱敘事觀點使用有兩個例外：〈鬼・北風・人〉和〈玫瑰玫瑰我愛你〉。這兩篇小說都用了多於一個的第三人稱單一觀點和第一人稱意識流的混用。前者是王禎和的第一篇小說。大概那時還沒有熟悉後來他慣用的敘事方法。後者的敘事觀點「脫軌」，倒是有意而為。我們稍後會討論王禎和小說方法求變的情形。

　　另外一個敘事觀點的例外，是〈人生歌王〉。這是個第一人稱單一觀點的敘事方法。

---

[7]蕭文收在《玫瑰玫瑰我愛你》一書（臺北：洪範書店，1994 年 2 月初版）。
[8]見姚一葦〈論王禎和的「嫁粧一牛車」〉一文。這篇文章收在姚一葦《文學論集》一書裡（臺北：書評書目出版社，1974 年 11 月初版），頁 123～137。

反抗惡勢力之能力微弱的受限情境

我們現在談第一種受限情境：個人在苦難人生裡謀生或反抗惡勢力的能力限制。這種受限情境裡的困境，來自外來的惡勢力。這種困境在王禎和小說裡出現的次數很多，也最容易辨認，文評家對它的討論也最多。我們可以〈嫁粧一牛車〉為討論的起點。這個故事在說個人在「環境」或「命運」這個「龐大而不可抵抗的勢力」下，受盡屈辱、卑弱渺小[9]。姚一葦認為萬發的悲劇「是由他自身以外的境遇、環境、或命運所造成的，而不是由他自己的性格所造成的。」[10]。這是個精要的意見。從萬發的立場來看，阿好的性格缺陷——她好賭，是他面對的那個外在的惡勢力的一部分。

文評家或許忽略的，是這個故事悲劇力量的源頭：家庭倫常關係的蕩然無存，以及我們對家庭倫常關係脆弱性的承認。本文即將一再舉例說明：王禎和對家庭倫常關係的維護，以及個人在倫常關係裡是否盡到他應負的責任，一直耿耿於懷。一旦這個家庭倫常關係受到創傷、一旦個人無法履行家庭義務，王禎和小說給我們的緊張程度就提高，壓力就加大。

〈嫁粧一牛車〉是個悲慘的故事。萬發的老婆阿好愛賭，輸多了就變賣女兒，一共「傾銷」了三個女兒。萬發為了生存，不惜讓別個男人共享他的老婆。父母親無法盡到養育子女的責任、丈夫無法盡到養家活口的責任。故事的結局是妥協、是苟且偷生式的和解、是受盡屈辱、喪盡尊嚴地生存。王禎和不急切的加予道德的評價，他要我們達到超越道德常規的了解，了解到比倫常關係更基本的動物本能的求生需要，了解到人類妥協的巨大幅度和能量。

再舉些例子說明家庭倫常在這個受限情境裡的重要性。〈素蘭要出嫁〉辛嫂一家也受苦受難，可是每個家庭成員都努力盡他個人的倫常責任。辛

---

[9]同前註。
[10]同前註。

先生念念不忘他的責任：「男主外，女主內，古代傳下來的規矩。只要我有一口氣在，斷不會叫你吃苦的。」可是挫折不斷發生，後來受傷變成殘廢，在醫院終於哭號起來：「我莫有用，我莫有用，我實在莫有用啊！」、「讓大家這款吃苦，我這個做爹的，真不是東西！真不是東西！」

　　王禎和小說世界裡的父親形象，多半是爲生活疲憊不堪的：〈美人圖〉在車站等小林送錢的父親、帶孩子看病的張總務；〈永遠不再〉的阿兄；〈人生歌王〉在嘉義市看見王小田唱歌賣藥的父親。這些父親都比萬發幸福一點：他們活在堅實的倫常關係裡面。王禎和小說世界裡的母親形象，尤其是堅強負責。〈素蘭要出嫁〉的辛嫂、〈伊會唸咒〉和〈香格里拉〉的阿緞，都可敬可愛。王禎和小說裡的兄弟，除了〈鬼・北風・人〉的秦貴福與〈寂寞紅〉的世昌，都是家庭裡的好幫手。〈永遠不再〉水雲對阿兄尊敬愛護，大概值得天下有兄弟的人羨慕。〈素蘭要出嫁〉裡的志鵬、素芳、志海；〈伊會唸咒〉和〈香格里拉〉那位幫忙姊姊阿緞的弟弟；〈人生歌王〉那位爲王小田送飯的弟弟，都是好孩子。除了〈寂寞紅〉的世昌以外，這些窮苦人家的兒子在故事裡賺了錢，就算是很少的錢，都會照顧貧困的父母。

　　王禎和小說世界的苦難人物，也時有朋友拔刀相助。〈來春姨悲秋〉裡的阿福伯並不對來春姨提供道義或實質上的幫助。本文稍後在第四節，會再詳加討論這個象徵符號的阿福伯。他是向社會勢利、炎涼世態屈服的代言人。除此之外，〈美人圖〉的小郭，慨然贈送小林他賣身「用血汗拚來的」錢；小酈用計幫助老張對付鐵公公，保住老張的工作；〈素蘭要出嫁〉的老梁夫婦；〈伊會唸咒〉的游先生；〈兩隻老虎〉的東海，都是社會溫情，是減低人生痛苦的良藥。唐君毅說中華文化裡的「孝慈之道，又通於政治上社會上人與人之關係。」[11]他說：「天下人之相友，皆當如兄弟。」[12]小郭送錢給小林時候說：「我不是同你講過我們之間就像兄弟同樣。」王

[11]見唐君毅《中國文化之精神價值》一書（臺北：正中書局，1967年8月臺5版），頁189。
[12]同前註。

禎和小說世界裡患難相助的友情，也是倫理關係外延的現象，是一種與家
庭倫常相關聯的人生意義。

　　如果這種受限情境裡受苦的人有良性的家庭倫常、社會友情，王禎和
的焦灼似乎就少一點、敘事者的語調就輕鬆一點。唐君毅說：「孟子以父母
俱存、兄弟無故，爲人生之一樂。」[13]所以〈素蘭要出嫁〉的敘事者講到素
蘭被辛嫂找到，如本文第二節所說，高興得說起英語，吟句打油詩來。這
個受限情境裡的苦難人物，如果有良性的倫常關係，就可以在基本求生的
努力裡有所憑藉，那時他們的生活，似乎就有了意義。

個人智障的受限情境

　　第二種受限情境，是個人無法改善內在個性缺陷的限制，可以說，這
是個人的智障。這種智障會造成個人情緒、理知和行爲的不合宜。王禎和
以兩種形式來呈現這種受限情境。其一，這個性格缺陷，也是個人遭受人
生挫折的部分原因。其二，這個性格缺陷破壞家庭倫常的正常運作，時會
促成他人的人生惡運。不論形式爲何，人物都無法自覺到他的性格缺陷。
缺乏自省自覺的能力，自然就沒有改善的可能。所以我們說這是一陣有限
制的處境，一種人性的受限情境。王禎和小說世界裡，沒有一個人性改善
的例子。在他筆下，人性棄惡從善的可能性，或是改過自新的行爲，都不
是重要的課題。他善用意識流描寫內心思潮，可是他的人物從無天人交
戰、在善惡之間掙扎取捨的經驗。

　　舉些例子來說明這種受限情境的第一種形式。〈鬼・北風・人〉秦貴福
的潦倒，與他「缺骨氣，只一味尋軟錢，可從來就不肯下苦功做門像樣的
事」有關；〈兩隻老虎〉蕭老闆的事業失敗，在於他的自卑心理、在於他無
法善待朋友和員工；〈那一年多天〉阿乞伯的刻薄霸道，觸犯眾怒，終於使
得月霞盤讓租書店，使得他再度面臨何去何從的生存問題。這些人物爲了

---

[13]同前註，頁187。

個性缺陷所付出的代價是巨大的。秦貴福和阿乞伯有基本生活的問題，蕭老闆被打得滿身是血，精神失常。由這些代價，可看出這種個性缺陷受限情境的悲劇意義。

　　這種性格缺陷受限情境的第二種形式，可以〈三春記〉為代表。我們在本文第三節已提到，〈嫁粧一牛車〉阿好的好賭是一種性格缺陷，是萬發苦難人生的一部分；〈三春記〉阿嬌下嫁區先生以後，逼去原與區先生同住的兒子順成一家，進而完全控制區先生的一生。她的自私、算計、惡毒，在區先生的軟弱、牀事無能的對比之下，顯得龐大頑強，十分恐怖。在順成直言責怪繼母阿嬌的時候，區先生一巴掌打順成，罵說：「三姑六婆也還是你的娘！」那時阿嬌「叉腰站著」、「臉上陰冷的出現笑」，阿嬌真是有恃無恐。倫常運作受到殘暴人性的干擾，新的倫常關係（再娶的妻子）排斥舊的倫常關係（親生父子）。阿嬌的恐怖，不止於她在鬥爭裡節節勝利，她的恐怖，是讓我們看見人性裡那種不知休歇、趕盡殺絕的凶殘蠻橫。區先生的失敗不限於他識人不當、牀事無能；他最大的失敗，是讓牀事無能這事決定自己必須屈服投降、全軍盡沒。王禎和在說人先自辱，然後人辱之。他在對倫常運作的僵硬性質提出質疑。

　　說到他對倫常運作的質疑，不能不再想到〈來春姨悲秋〉。這個故事講婆媳相爭、講老人安適問題，但是最重要的，這是個愛情故事。這個故事由來春姨的觀點來敘述。王禎和完全不用卑抑或降格的方法來醜化來春姨、媳婦罔市或阿福伯。罔市在來春姨眼中固然狠毒，來春姨自己也是凶巴巴的婆婆。敘事者的語調清冷，細述兒子老二家計艱難，完全不偏袒來春姨或是罔市。故事裡阿登叔和老二，都有可敬可喜的形象。這個清冷的敘事語調十分要緊。如果敘事者偏袒婆媳任何一方，或是醜化阿福伯，就無暇以來春姨和阿登叔那種相依為命的愛情，來顯示出世態炎涼的無情。那有情世界和無情世界的對比，就不夠強烈。

　　阿登叔年老退休，用存款幫助老二頂房子、給來春姨治病。一旦存款用完，阿登叔就不再受罔市歡迎。罔市的有利武器是阿登叔在倫常關係上

的名分：他既不是老二的生父，也不是繼父，他只是來春姨 26 年來的同居人。來春姨終於鬥不過罔市，無法改變阿登叔被迫離開的結局。她的敵人不只是罔市而已，她面對的惡勢力是貧窮、是勢力的倫常關係——阿福伯夫妻也為分擔兒女的負擔而分居兩處——尤其是偏重血親關係的謬見。這是三種受限情境的混合呈現：第一種受限情境（反抗惡勢力的能力限制），第二種受限情境（罔市的人性缺失侵犯到母子和來春姨、阿登叔的「夫妻」倫常），以及我們稍後在本文第五節會討論的第三種受限情境（群體意識形態缺陷的限制——阿福伯代表那個向炎涼世態投降的群體意識）。這篇小說的意義：那種願意終老一生的愛情、那種對血親名分的質疑，還有阿登叔那種臨敗不失風度的尊貴氣質。

這種無情世界對有情世界的摧殘，在王禎和其他愛情故事裡就不存在，因為情人或夫妻沒有被迫分離。〈五月十三節〉這個既是傷逝又是愛情的故事裡，最感人的地方是羅東海夫婦之間的那種相依為命的關係。羅東海愈是囉嗦，羅太太對他的愛情和憐憫就更凸出；故事裡楊先生的病情愈是嚴重，楊太太對他的照顧就愈真切。這兩對老伴簡直就是兩對同命鳥。敘事者揶揄羅東海的嘮叨、楊先生的病態性肥胖。他們形狀卑抑，並不可厭，這就是小說的語調效果。敘事者也愛心滾滾、情人胸懷、寬大包容。

〈五月十三節〉這兩對老伴；〈來春姨悲秋〉的阿登叔和來春姨；〈素蘭要出嫁〉的辛先生和辛嫂；〈人生歌王〉的王小田和婉芬，都由於愛情或夫婦倫常，在苦難生活之中有所憑藉、有點指望。

群體智障的受限情境

第三種受限情境，是群體無從自省自覺的惡性意識形態或社會行為。可以說，這是那社會群體的智障。王禎和對這種受限情境的興趣，是很早就開始的。前文已提到〈來春姨悲秋〉裡阿福伯的象徵意義；他代表向炎涼世態低頭投降的認定。他是殘酷的社會現實的化身。他也是這種不合理的社會意識的代言人，一再向來春姨訓誨勸降；〈伊會唸咒〉的謠言說阿緞

會作法念咒,是一種愚昧無情的社會群體行為。

　　王禎和以臺灣社會現實問題作為小說故事的例子比比皆是,並不是每個例子都可以看作群體的受限情境。比如說:〈素蘭要出嫁〉裡辛先生由閱報知道臺灣缺乏福利制度來照顧鰥寡孤獨、公醫制度來為窮人治病。既然知道了社會病態,就不是大家都在理知能力上受到限制。

　　群體智障的一個例子,是小說人物對臺灣聯考制度的無異議接受。〈素蘭要出嫁〉的素蘭可能是為了聯考升學制度發瘋的;〈香格里拉〉抨擊聯考制度,李歐梵已有簡要的說明[14]。這兩篇小說的人物完全不質疑聯考制度,參加聯考的社會群體行為,已成為日常生活的一部分。李歐梵說:「小全準備考試,似乎如臨大敵,但是卻有條不紊——甚而『興味盎然』地,把一項一項的東西,裝進書包裡……」[15]。小全的象徵意義,是高高興興地應付聯考,他沒有別的選擇。這是他接受更多教育,出人頭地的唯一途徑。王禎和對這種群體智障的質疑,就藉由那個荒謬的問題——小全不知道美國總統候選人除了艾森豪以外,另外一個候選人的名字——呈現出來。小全、阿緞是無辜而且天真的。所以王禎和只是抨擊和質疑對聯考制度無條件接受的意識形態,不是責怪這個社會群體裡的個人。

　　王禎和藉用敘事者大力攻擊群體智障,得從〈美人圖〉算起。前文已提到過這篇小說裡的正面人物:小林、小郭、小廓和老張。他們的家庭倫常責任,患難互濟的友情,與周遭的惡勢力形成對比。這個惡勢力,藉由王禎和自己的話說:

　　　美人指的是一些嚮往美國,自認是高等華人的人,另一方面,「美人」是
　　　醜的反諷,指一些唯利的沒有人性的人。[16]

---

[14]見李歐梵〈一支小調譜成的文學新曲〉一文。這篇文章收在《香格里拉》一書(臺北:洪範書店,1991年8月9版)。

[15]同註14。

[16]見林清玄〈戲肉與戲骨頭——訪王禎和談他的小說「美人圖」〉一文。這篇訪問收入《美人圖》一書,見註4。

　　這個惡勢力是那些嚮往美國、自認是高等華人的群體。有了正面和反面人物，故事就有衝突和緊張。王禎和的企圖不止是要呈現我們在第三節討論過的第一種受限情境——個人抗爭惡勢力的能力有限性，他也要呈現另外一種受限情境：這個惡勢力群體，在嚮往美國、自認爲是高等華人這個社會行爲裡，沒有自省自覺的可能。這個故事的敘事者並不矯情做作，他毫不掩飾他對這種群體智障的道德譴責。最明顯的例子，是他把茱麗洪就要在美國剖腹生產的嬰兒，由英文字嬰兒譯成「卑鄙」。卑鄙的不是小嬰孩，卑鄙的是移民美國的心態和行爲。

　　王禎和對這個群體深惡痛絕，對他們的受限情境並不同情，可是他一直記得自己是個小說家。他從不在小說裡現身或藉由敘事者——他善用的卑抑人格的敘事者直接發表他的政治、社會或道德的意見。那樣做，如果做法不當，會妨礙他的小說藝術。王禎和本人大學畢業以後曾考慮出國留學，拿到美國奧勒岡大學的註冊通知，又決定留在臺灣專心寫作。他最重要的實際美國生活經驗，大概是民國 61 年去愛荷華大學的國際作家工作室。他大概可以諒解臺灣日常用語裡外文參雜的現象。他在航空公司上過班，後來也爲電視周刊長期寫電影介紹：「總共七、八年間，介紹的影片、影集也近四百多部，字數應在兩百萬左右。」[17]他在工作上，口說、書寫和閱讀外文的經驗大概也是有的。他在〈美人圖〉所不齒的，不是在日常工作上使用外文，而是崇洋、自以爲高等，以及移民。〈永遠不再〉也提到過移民的社會現象，水雲在故事結尾時候，很突然地向他太太提議移民巴西，好像這是件稀鬆平常，沒什麼大不了的事。

　　了解到王禎和在〈美人圖〉裡呈現的群體智障，以及他對這個群體的不滿，或許可以看出這個故事裡正面人物（小林、小郭、小酈、老張）所代表的不只是前文提到的倫常、友情與正義。這些正面人物還代表了以臺灣爲吾鄉吾上的認定。這樣說來，在這些正面人物裡安排一位滿口廣東國

---

[17]見《從簡愛出版》自序。見註 2。

語的小廓就有特殊的意義。小廓不但富有正義感，幫助老張保住工作；他
英文好，對移民家庭的問題也有深入的了解。藉由他，王禎和告訴我們更
多移民的婚姻、就業，以及子女教育的問題。可是這些嚮往美國的人，卻
認為自己的生活品味和等級，比居留臺灣的人要高明。所以這個優越感，
是虛假而且可惡的。小廓，一個在臺灣居留工作的華僑，尤其顯示王禎和
對臺灣群族共存，有包容接納的肯定。

　　王禎和小說世界裡，群體智障的極致，是引起爭議的〈玫瑰玫瑰我愛
你〉。王禎和自己對這篇小說的解釋其實滿要緊，他說這篇小說的問題是
「工商社會帶來的『唯利是圖』、『大利滅親』。」他說像董斯文這種知識分
子有時候「憑知識自以為是，講出的話、所做的事，往往有錯而不自知，
有時甚至錯得離譜，在社會上產生誤導的情況」[18]。有錯而不自知，就是我
們說的，沒有自省自覺能力的限制一種受限情境。這篇小說的群體並不限
於知識分子，這個群體包括醫生、牧師、律師、議員，以及妓院老闆。這
個故事裡沒有正面人物，多的是反面人物。所以故事裡沒有大不了的衝突
與緊張，是個群魔飛舞、群丑橫行的世界。

　　王德威解釋這篇小說最熱心，也很有精要的意見。可是他說董斯文
「好色、好吃」[19]，這兩個說法都不妥當。先談「好吃」，整個故事裡，根
本沒有描述他實際吃東西這個動作，或是想吃東西這個念頭。王禎和只有
在介紹他出場的時候，提到他很會照顧自己的身體。他每天服用維他命
C，「儲在冰箱超過一周的菜蔬，不敢吃，怕不夠新鮮，吃了會得癌。」不
使用塑膠的餐具、不吃在鐵架上烤的肉，怕致癌。他到紅粉樓找到四大妓
院的老闆們，矮仔姬急忙要去拿副碗筷請他一起吃飯，他連忙說已在飯店
吃過了，再吃，就要肥得像豬公。董斯文是肥胖，也許肥得像豬公。肥的
人就一定好吃嗎？王禎和並沒有直接的或間接的說他吃食喝水、說他口饞

[18]見丘彥明〈把歡笑撒滿人間──訪小說家王禎和〉一文。這篇文章收入《玫瑰玫瑰我愛你》一書，見註7。
[19]見王德威〈從老舍到王禎和──現代中國小說的笑謔傾向〉一文。這篇文章收入《從劉鶚到王禎和──中國現代寫實小說散論》一書（臺北：時報文化出版公司，1986年6月初版）。

口渴，我們怎麼能說他好吃？

　　再談「好色」，董斯文除了自瀆以外，不敢嫖妓，怕傳染性病。在故事裡，他並不意淫，也不對周遭任何妓女有輕薄的言行。他對憚頌主的性騷擾，也不亂心志。他本人並不好色，只是一心一意的、毫無廉恥的，要辦好這個酒吧賣淫的事業。在王禎和小說世界裡，妓女屢見不鮮：〈快樂的人〉、〈寂寞紅〉、〈素蘭小姐要出嫁──終身大事〉、〈美人圖〉，也都有妓女的情節。有妓女處必有嫖客，可是王禎和對於他的主角男子嫖妓、或者心中貪好女色，一直忐忑不安。

　　〈寂寞紅〉世昌是唯一的男主角實際做了嫖妓這事，可是他誤動真情，在故事結尾時發現上當，好像得到懲罰，罪有應得；〈素蘭小姐要出嫁──終身大事〉小包花錢請妓女引動性欲，在性欲引動之後，居然能緊急剎車，為了他的未婚妻，保持貞操；〈美人圖〉描寫小郭和貞節狐的身體，都性感誘人、男同事性騷擾女同事，也栩栩如生。可是男主角小林看在眼裡，完全沒有引起性的興趣。男色女色，他心志一點也不動搖；〈玫瑰玫瑰我愛你〉的董斯文，繼承了這個柳下惠的傳統，在賣淫事業圈裡，完全不動淫念。

　　〈美人圖〉和〈玫瑰玫瑰我愛你〉這兩個群體智障的受限情境，都用男同性戀的性騷擾，做為那個受限群體的一種惡劣行為；〈美人圖〉的旅行社副理一再挑逗騷擾小郭，最後以金錢達到奸淫的目的；〈玫瑰玫瑰我愛你〉的憚頌主，簡直就是肆無忌憚的色魔了。值得一提的是受害人的反應，小郭頗以賣身賺錢自得，並慨然把賣身錢送給小林，以解決小林鄉下哥哥娶妻的需要。可是那個少男病人在憚頌主的淫威之下，幾乎是逆來順受。董斯文明知憚頌主同性戀的毛病，在憚頌主多次騷擾之中，也只有一次用手推開那「撫弄」他乳房的手，他沒有強烈不滿的情緒反應。這種安排或許適合故事背景裡，對性騷擾容忍的社會現象。對性騷擾的警覺和反對，或許是晚近社會的事，可是這種安排也有另一層用意。如果那個少男病人或董斯文為了保護自己的身體或尊嚴而有所反抗，就會為他們的角色

帶來一些正面的意義。王禎和蓄意要在這個故事裡呈現一個無法無天、完全沒有正面意義的世界，這樣這兩個角色就得受點苦，被動柔順。

　　同樣的觀察，可以用在這個故事的宏觀布局上。董斯文和他的同夥最終的目的，在設立酒吧以淫業來賺取即將來訪美國大兵的錢，這整個事件推動的過程沒有遭遇到什麼大不了的阻力，任何反對的意見或力量，比如說，某些衛道之士出面反對成立酒吧、某些新聞媒體揭發賣酒為名、賣淫為實的預謀，都會在故事裡多少建立正面人物或正面意義，那就與王禎和的意願相違。他要建立一個在情節上全面的，在程度上全然的群體智障，所以故事情節就沒有善惡衝突。故事情節裡唯一剩下的懸疑，是董斯文如何一再在招訓妓女的過程上想到新的點子，這些新點子如何增加他那夥人的麻煩，他需要如何爭取他那夥人的同意與合作。四大妓院老闆雖然口出怨言，但利字當先，還是非常合作，同心協力做事，所以故事的懸疑也不是很大。

　　這樣安排促成另外一個窘境：故事裡沒有人真正受到外來的惡勢力壓迫、沒有人有基本生活的憂患、沒有人有內在性格的掙扎、沒有人在正面的意義，所以就沒有一個讀者可資印證自我的主角人物。董斯文和他同夥的合作，並非患難裡互相幫助，除了權力的追求和金錢的誘惑以外，毫無可資欽羨的目的。所以他們的結合，也完全不是像〈美人圖〉小林那夥朋友，具有正面的意義。

　　董斯文提議在酒吧裡增加男妓為男同性戀美軍服務，利字薰心，錢議員也顧不得「傷風敗俗」、「人言可畏」。黑面李推介他三個 17、18 歲、練過舉重的外甥、紅毛大姐推介她兩個姪兒、大鼻獅就推介他念過大學的兒子，連董斯文都為大鼻獅要自己兒子做妓男「大吃一驚」。龍應台覺得大鼻獅企圖以子為妓，「未免太超常理，作者原本希望讀者覺得好笑，但這個情況過分離譜，讀者反而生疑，產生抗拒的情緒。」[20]

---

[20]見龍應台〈王禎和走錯了路——評《玫瑰玫瑰我愛你》〉一文。這篇文章收入《龍應台評小說》一書（臺北：爾雅出版社，1990 年 5 月 18 版）。

　　王禎和寫這個情節，並不是要讓讀者覺得好笑。他要藉此強調「大利滅親」。如果我們了解倫常關係在王禎和小說世界的重要性——它是各種受限情境裡最重要的生命意義——也許我們可以了解這個情節，在王禎和心裡的重要性。為了營利，父親可以要兒子賣淫——兒子答應與否是另外一回事，這就是倫常不存的世界。王禎和不要在這個故事的群體受限情境裡提供任何希望，那麼他一定要徹底摧毀倫常關係。這個情節就是要交待清楚：這個喪失良知、功利至上的群體，完全沒有倫常可資依靠。

　　同樣的解釋，可以用在大鼻獅要同居的妓女阿恨再度出馬賣淫這個情節上。讀者也許記得〈快樂的人〉妓女含笑利用一封假造的家信，來製造一個與家人有聯絡的假象。這樣既引起鄰居的羨慕，也可騙取姦客的同情與金錢。這個欺騙的行為，一方面說明她企求不得的倫常的重要性，一方面說明她生活在自欺欺人的謊言裡。這種虛假的倫常秩序，就是〈玫瑰玫瑰我愛你〉大鼻獅和阿恨的同居關係。大鼻獅口口聲聲要阿恨為他生個女兒：「生了女兒，你就知道天下父母心，都是同款同樣。」可是利字當頭，會要這個可能是自己未來女兒的母親再去賣淫。這篇小說所以花了大幅章節來描述阿恨無憂無慮的舒服悠閒生活，以及大鼻獅和阿恨的對話，就是要說倫常、愛情，在這裡是一片假象。我們在本文第三節裡指出〈嫁粧一牛車〉萬發為了阿好的賭債出賣三個親生女兒，是個倫常不存的世界。〈玫瑰玫瑰我愛你〉也是這麼個無所依靠的悲慘世界。

　　有了這樣的了解，我們或可體會為何王禎和說：「寫小說以來，遭遇最大的困難，就是這部」。[21]缺乏衝突和緊張的情節，缺乏讀者可以印證自我的人物和正面的意義，只有一個微弱的懸疑，王禎和必須想辦法來維持讀者閱讀的興趣。他用了兩個辦法。其一，在粗鄙下流的語言——以卑抑這個賣淫集團的人格——加入笑料情節，像董斯文的放屁。其二，是讓敘事者具有卑抑的性格，如本文第二節已討論過的，多嘴多舌、不停的插話；

---

[21]見註 18。

這些插話有時故做丑態以博一笑，有時竟然提供頗資參考的臺灣語言演進的評論。這第一種方法曾經引起龍應台的反感：

> 人的肉體、器官，與功能其實都是非常自然，光明正大的東西，作者卻把它們髒化、醜化，用以逗笑。事實上，放屁有什麼可笑？「翻洗包皮」有什麼可恥？王禎和錯把粗話當作幽默。[22]

王禎和應該預料得到這種說笑話激怒、逼煩讀者的可能性。他反正不希望讀者喜歡或同情這個故事裡的人物——像董斯文。那些厭煩不安的反應，與這篇小說的目的——他要我們漸次察覺到這個表面上歌舞升平的世界，實際上唯利是圖、道德盡廢、倫常不存，而引起道德的警覺和良知的不安——可以說是和諧一致的。

我們這種看法，與現存的幾位文評家意見很不一樣。姚一葦、蕭錦綿、張大春都說這篇小說是個喜劇[23]；龍應台認為這是篇不值得評介的小說[24]；呂正惠認為這篇小說「不忍卒讀」、「不堪聞問」[25]；王德威說這是「『渾然忘我』的喧鬧，『嘉年華』式的節慶歡笑」[26]。我們認為這是王禎和諸多受限情境裡的一種，是個群體智障的受限情境。不僅如此，它是王禎和小說群體智障的極致呈現：表面上鬧熱滾滾，實際上——套句董斯文的話說：「的相反」——完全沒有光亮，是天昏地暗的極樂世界。基於我們這種看法，才能體會到王禎和精心為讀者設計的一個參與方位。在我們指出那個設計之前，先引王德威的一個意見：

---

[22]見註 20。
[23]見姚一葦〈我讀《玫瑰玫瑰我愛你》——代序〉一文。這篇文章收入《玫瑰玫瑰我愛你》一書。見註 7。蕭錦綿文見註 7。張大春〈人人愛讀喜劇——王禎和怎樣和小人物「呼吸著同樣的空氣」〉一文，收入《張大春的文學意見》一書（臺北：遠流出版公司，1992 年初版）。
[24]見註 20。
[25]見呂正惠〈荒謬的滑稽戲——王禎和的人生圖像〉一文。這篇文章收入《中華現代文學大系》，見註 3。
[26]見王德威〈玫瑰，玫瑰，我愛你？——一種讀法的介紹〉一文。這篇文章收入《眾聲喧嘩——三〇與八〇年代的中國小說》一書（臺北：遠流出版公司，1988 年 9 月 6 日初版）。

> 要之，整個故事的企圖頗具攻擊性。它不但刺探揶揄讀者的閱讀成規與
> 價值觀念，也極欲引領我們進入一個迥然不同的社會秩序裡。……我們
> 毋寧相信王禎和盼望他的讀者不妨暫時擱置其正義感或道德觀，姑且以
> 寬容輕鬆的心情進入他的世界裡，一塊兒攪和一番。[27]

　　我們的看法並不一樣。這篇小說用肉體和粗鄙的笑話，用倫常不存、道德盡絕的群體社會行為，迫使我們面對我們的動物性，人的最低層的生存形狀。這篇小說要我們攬鏡自照，對我們這種可能的形象，產生不齒的反應。王禎和要我們理解到這個群體社會行為改進的不可能性──那是他對我們最大的恐嚇與嚇阻。作者希望讀者可以因此產生與這個群體劃分界線的志願──而不是「一塊兒攪和一番」。那麼讀者就會同意作者對這個群體的道德上的不同意。不僅如此，那就是要我們讀者擺脫那個群體智障的籠罩，免入那個受限情境。這也說明了這篇小說敘事者多嘴多舌的另一個目的。表面上他在提供更多的笑話，或臺灣語言進化的知識，事實上他一再提醒讀者：你只是在讀一篇小說，你不必融入，你可以置身於這個群體之外；這個群體有個道德無法醒覺的受限情境。董斯文一再說「的相反」；敘事者一再強調今不同昔，都是王禎和處處設的防備，不要讀者走路不小心，一跤跌進那個受限情境裡去。

生命有限期的受限情境

　　我們必須涵蓋王禎和小說裡時間的受限情境，我們的討論才能完整。這是生命有限期的那個受制性。在簡單的例子裡，這個受限情境以傷逝的感慨出現。〈五月十三節〉羅東海喜愛回想年輕時當議員的威風；〈永遠不再〉阿兄為逝去的結婚機會而發一頓脾氣，都可算是傷逝的故事。王禎和發表〈美人圖〉時候大概 41 歲，已得鼻咽癌，51 歲因「心臟衰竭」過世

---

[27]見註 26。

[28]。前後最少十年，大概受了很多病痛，也大概想過生死之類的問題。這段時間裡談到死亡的作品，也是他僅有的關於死亡的故事，只有〈美人圖〉與〈老鼠捧茶請人客〉兩篇。可見他生命意志力堅強，不讓死亡問題煩心。這兩個死亡：〈美人圖〉小廝和〈老鼠捧茶請人客〉祖母，都是心臟病突發，與王禎和自己過世的情形類似，實在是不幸的巧合。

〈老鼠捧茶請人客〉講祖母死亡變鬼魂的故事。它完全沒有本文指出的前三種受限情境：與苦難人生抗爭的能力限制，個人或群體的智障。可是它在人生有涯這個受限情境裡，再度肯定了倫常關係。這位祖母與兒子媳婦同住，白天幫忙照顧三、四歲的孫兒，祖孫情篤。變鬼之後，見到媳婦在她屍體上做口對口人工呼吸急救，覺得自己生前錯怪了媳婦的孝心。她活在，也死在堅實的倫常運作裡面。倫常溫暖，使她做鬼也要繼續盡祖母的責任：「等阿嬤見過閻王，有了法力，阿嬤會常常回來看你，回來教你念歌，回來變把戲給你看，回來帶你出去吃蚵仔麵線……」這篇小說裡有王禎和對生命如何在肉體死亡之後延續的好奇心。如他自己所說，他希望這種生命的延續是可能的：

> 像在〈老鼠捧茶請人客〉中，我就想提出對死亡的另一看法。我想說：人死後還能與這個世界相通；死，並不是離開這個世界，而是能與親人更親近；死，並不是一切的終點，而是一切更好的開始。
>
> 當然，在現實裡，對於人死後是否真能如此，我也仍採取存疑的態度，但是，我並不放棄這樣的可能和希望。[29]

這段話提到他希望死後能與親人更親近。本文已重複多次，強調王禎和小說世界裡倫常的重要。以上那段話是在寫完〈老鼠捧茶請人客〉之時做的演講。後來在〈玫瑰玫瑰我愛你〉發表以後的一個訪問裡，他提到另

---

[28]見鄭樹森〈王禎和的最後一封信〉一文，《聯合報》「聯合」副刊，1991 年 10 月 12 日。
[29]見註 5。

外一個小說的構想，也與死亡有關係。這段我們引在這裡：

> 我現在想寫一篇小說，一個什麼都沒有的老人拚命要活下去的故事。為
> 什麼他要活下去，因為他活著，他過世的親人朋友便活在他的心裡，便
> 也一樣跟他活在世上，若他死了，這些人便也跟著死了，所以他要拚命
> 求長生不死。這也是一個好笑又辛酸的故事，我希望能寫出來與各位讀
> 者女士先生共享。[30]

　　可惜這篇小說沒有寫成。從這段話，我們看見他對生命意義的另一個
看法：生命逝去，這個生命所攜帶的記憶也一起逝去。可是我們今天讀王
禎和的小說，他的各種受限情境的形式與內容並沒有遭到忽略。他的倫常
執著、愛情與患難互濟的友情的肯定，也不會被遺忘。文章千古事，也許
百年之後，王禎和的讀者會印證我們今天對王禎和小說的看法。也許他們
會有不同的看法。不管怎樣，王禎和作為小說家這個身分，他的文學生
命，會變成讀者的一份記憶。代代相傳，那份記憶興起衰退，生生不息。

不斷求變的小說方法

　　這種人生處處受到限制的看法，也與王禎和小說方法不斷求變的企圖
一致。他說：「每寫一篇作品，都希望與以前不一樣，突破以往。一項新的
開始、新的挑戰，有沒有成功是另一回事，但這種努力與心意是每個寫作
者都應有的。」[31]我們綜論王禎和的小說，可以看見三種求變的企圖。第一
個企圖，是試用不同的小說敘事觀點。我們在本文第二節曾指出，他最常
用的小說觀點是第三人稱單一觀點和第一人稱意識流的混合使用。在〈玫
瑰玫瑰我愛你〉發表後的一個訪問裡，他解釋這篇小說用了董斯文以外的
敘事觀點，實際上他加用了妓女阿恨和大鼻獅的敘事觀點——因為一個單

---

[30]見註 18。
[31]見註 18。

一觀點「太拘束了，把自己的筆綁得死死的，想想何必如此『自我虐待』呢？」[32]。他也希望能嘗試用「像電影那樣讓所有的人物透過他們之間的言語行止向觀眾或讀者真實地呈現出來」。小説敘述觀點求變，成為一個「很惱人的問題」[33]。

　　第二個小説方法求變的企圖，是突破文字媒體的局限。小説的媒體是文字，從最粗淺的媒體功能來看，文字不像電影、電視那樣可以有直接的影像和音響。為了加強視覺效果，他在〈美人圖〉裡就在提到歌星余天的時候，放張余天唱歌「苦不堪言」的相片，在提到小鄭長得像電影小生阿B的時候，放張阿B「娃娃臉」的相片。為了加強聽覺效果，就在小説本文或小説之後附加故事生活背景裡提到的歌譜歌詞。〈香格里拉〉、〈老鼠捧茶請人客〉、〈玫瑰玫瑰我愛你〉都是以歌名為小説的題目。這些小説裡都有歌詞或歌譜。〈人生歌王〉是歌手王小田的故事。這篇小説裡的歌詞、歌譜就多了。

　　王禎和說：「尋找真實的聲音來呈現故事，一直是我努力的目標。」[34]這話當然可以有著多層的義涵和解釋，不過其中最粗淺的一種解釋，就是故事背景裡生活的聲音。就像王禎和在曹禺作品裡「聽見北平居民的嗓音，北平居民表達意念感情的真實聲音。」[35]那些流行歌曲，該是這種尋求真實聲音的多種方法之一。王禎和大概恨不得在我們讀他小説的時候，可以在一旁播放這些流行歌曲，讓我們耳際歌聲搖曳。此時真是有聲勝無聲。這種對小説媒體有局限性質的看法，大概與他長期在電視公司上班，並且熱愛電影有關。

　　時下個人電腦流行，光學磁片也普遍。去年美國有家公司把馬克吐溫的一生全部作品（小説、散文）、親友信件、有關的文學批評、早期的家居影片、主要小説故事背景的實地錄影、生平大事列表，收集在一張光學磁

---

[32] 見註18。
[33] 見註5。
[34] 見註5。
[35] 見註5。

片《馬克吐溫的世界》來發售。該公司同時宣布即將發行另外一張小說家愛倫坡的光學磁片專集。這些產品的品質與市場反應都有待進一步的觀察。哪天臺灣的廠商出版一張王禎和的光學磁片,一定得收錄那些他心愛的流行歌曲。當讀者在電腦螢幕上讀〈香格里拉〉這篇小說,電腦就同時播放那條歌。我們在電腦螢幕上讀〈玫瑰玫瑰我愛你〉,電腦就一下播放那條主題曲、一下顯示石松先生的電視鏡頭。王禎和如果知道這種高科技多媒體的閱讀小說方法——不是說人死後鬼魂可以回訪親友嗎——該是很開心的。這並不是鼓勵我們的小說家在作品夾用歌譜、歌詞,這也不是說藉由電腦閱讀小說優於,或者取代傳統書本的閱讀方式。這些問題的討論,都已超過本文的範圍。我們只是在留意到王禎和對小說媒體限制的求變企圖上,產生這些聯想。

第三個小說方法求變的企圖,是大量使用故事人物的日常用語:國語、英語、日語、廣東話,以及最重要的,臺灣話。文評家很早就指出,並且反覆討論過王禎和小說語言的這項特色。我們簡單提一下這種小說語言的三個目的。

王禎和小說語言的首要目的,是他自己所說的:「尋找真實的聲音來呈現故事」。他曾說〈嫁粧一牛車〉的小說語言目的之一是營造一種「怪誕、荒謬、悲涼、好笑的意思。」[36]這種以小說語言配合各種小說主題和語調的目的,在他一生創作生涯裡是不變的。

王禎和小說語言的第二個目的,是為臺灣社會的日常用語,特別是臺灣話,以書寫形式留下紀錄——也許是歷史的痕跡,也許是現時語言風貌的保存。從〈玫瑰玫瑰我愛你〉敘事者口中,我們可以看見王禎和注意到語言演進的現象。但是他面對的挑戰非常巨大:臺灣話沒有固定的書寫形式,臺灣不同鄉鎮的臺灣話有時並不一致,而且臺灣話像任何語言一樣也在隨時代演進而變化。他小說語言裡所有的國語以外的詞句(方言、外國

---

[36]見註 5。

話），由於臺灣話沒有固定的書寫形式，臺灣話給他的挑戰也最大。從〈人生歌王〉，我們可以看見他對臺灣方言藝術——像臺語歌曲的喜好。他在訪問歌仔戲導演蔡天送、演員葉青、青蓉、布袋戲製作人黃俊雄的時候，都提到對臺灣民間藝術失傳的隱憂[37]。他訪問電視連續劇導演辛奇，還談到閩南語流失的現象。辛奇先生在訪問裡說：「上層社會的閩南語目前真不容易聽到了。」[38]

王禎和小說語言的第三個目的，是他自己說的：「讓讀者在閱讀時，一邊讀一邊思索、體會。」[39]換言之，是減緩讀者的閱讀速度，強迫讀者思考體會。王禎和確實知道他有些小說作品的語言，會使讀者產生閱讀的困難。這個問題，因為臺灣話沒有固定的書寫形式，又以臺灣話為主。英文、日文，都有字典可查。廣東話由於香港書報的長期印行，也大致有約定俗成的寫法。不懂廣東話的人還是看不懂，懂的人倒可以看著文字唸出聲來。難懂的臺灣話如果沒有註解，就沒有字典可查。請教朋友，也不一定會完全滿意。為了精讀〈嫁粧一牛車〉，我把幾個沒有註解的句子圈出來，找幾位從小說臺灣話長大的朋友求教：「總曼嗟阿好醜得不便再醜底醜，垮陋了他一生底命。」，「向無近他若是，自他雄凶凶再不起底後來」，「伊娘！什麼張致嗎？！」我請這些朋友看上下文，發聲音唸出來，再解釋句意。我看見有些朋友張口結舌，支支唔唔，好半天才唸出聲來。有時反覆幾次，才能猜解句意。這個經驗，使我體會到小說家王禎和捉弄讀者的企圖。他或許真有讓讀者受點凌辱，吃點苦頭的意願。

這種閱讀的困難自然因人而異。洪範版《嫁粧一牛車》一書由葉步榮和鄭樹森細心排校。鄭樹森就告訴我說，他閱讀王禎和小說，雖不覺得有特殊困難，但遇到臺語對話，就會慢下來，用臺語默唸或朗讀，也就是把書寫語轉化成口頭語。王禎和小說世界的受限情境，時常讓小說人物直接

---

[37]見〈訪問蔡天送・葉青・青蓉〉一文。這篇文章收入《電視・電視》一書，見註2。
[38]見〈訪問辛奇〉一文。這篇文章收入《電視・電視》一書，見註2。
[39]見註5。

或間接的受苦受難。如果讀者遭遇到閱讀的困難，大概也與小說人物的苦難，是一致和諧的。

　　這種閱讀的困難自然也因作品而異。一般而言，王禎和小說裡使用方言（臺灣話、廣東話），即使是粗鄙下流的話，總有肅然敬慕的心情。但是一旦用起英語或英語的中譯——他的英文用字顯示出極好的英文程度——就時常不免那種輕佻不屑的口氣。

如何為王禎和定位？

　　本文指出王禎和小說的共通性，是他對人生以及人性受限制這件事的關切。我們稱它為四種不同性質，但是並不互相衝突排斥的「受限情境」。由這項基本的了解，我們指出王禎和小說世界的正面意義：倫常、愛情，患難互助的友情。我們說他留意到人基本的生存需求，也許情況可笑，有時需要我們超乎倫常和道德的成規去了解和同情。我們說他痛恨功利主義、高等華人的優越感、崇洋、以及移民。我們談過他的小說方法，包括敘事觀點、語調、語言和對比。我們對他一些小說做了個別深入的審視，也對整個小說世界做了綜觀。我們希望本文提供了一個，退一步看海闊天空的小說閱讀方法。

　　讀王禎和，我們總不免想到文評家好把他歸類為「鄉土文學」作家。他本人並不喜歡這個頭銜。有次在訪問裡被詢及被歸於「鄉土文學」作家的意見，他並不贊同。他說：「作家應該寫他所最熟悉的東西」[40]。他不是為了響應鄉土文學批評運動而去寫鄉土故事的，他寫他最熟悉的事，而那最熟悉的事，正好是花蓮、臺北。

　　王禎和這個不願受文學口號或文學頭銜宰制的立場，很值得我們在此一提。陳義芝在《八十二年短篇小說選》序言裡指出，現今臺灣盛行的文

---

[40]見胡為美〈在鄉土上掘根——遠景版五版代序〉一文。這篇文章收入洪範版《嫁粧一牛車》一書，見註6。

化論述,「約等於從前的文學評論」,已「造成創作者構思時種種不必要的
壓力,使我們看到一些小說扭曲得像文字迷宮,像劣等的、乏味的社會
學、心理學解題。」[41]

　　文藝批評──文化論述也一樣──如果來勢洶洶,對文學創作活動的
傷害、董保中在《文學‧政治‧自由》一書[42]裡早有誠懇和耐心的分析。讀
王禎和小說,使我們覺得我們也許不必太過分憂慮那些咄咄逼人的文藝批
評家或文化論述家。不管他們如何努力造勢,只要沒有實際的政治迫害,
有志氣、有自信的文藝創作者應該像王禎和一樣,不會受到無謂的干擾。
有志氣、有自信的文藝創作者自己會在文化裡選擇吸取合適他身體氣質的
養料。文藝批評和文化論述只是文化的一小部分。如果它們形成壓力,惱
人思想情緒,就不理他們。受到干擾的創作活動只能產生次要的作品和作
家。理論家──中外都一樣,實在也不必太過自信。不論聲勢如何浩大,
理論家對實際小說創作活動究竟能產生多少的正面影響,實在是無法計
量,也可能是極小的。好的小說家會像王禎和一樣,寫自己最熟悉的事,
尋找真實的自己的聲音。惱人思緒的文藝批評家或文化論述家鑼鼓喧天,
就任由他們鑼鼓喧天。

　　我們在本文第七節曾指出王禎和在《電視‧電視》一書裡,關切到臺
灣地方藝術和閩南語的流失現象。事實上在同一本書裡,也藉由訪問對
象,關切到中國傳統藝術在臺灣的流失現象。在此之外,我們知道他對外
國電影藝術、英美文學,也有深入和廣泛的涉獵。他的小說藝術,實在是
建立在這種包容的文化經驗之上。

　　文化論述既然盛行,我們的文化論述家應該如何爲王禎和定位歸屬?
在王禎和的小說藝術裡,我們看見族群共處的包容、中國傳統文化與臺灣
地方語言的包容。這些都是相輔相成的集大成。文化論述家如果鼓吹族
群、語言、或是文化的相互排斥,在王禎和小說的面前,就該會不知所

---

[41]見陳義芝編《八十二年短篇小說選》(臺北:爾雅出版社,1994 年 3 月初版)。
[42]見董保中《文學‧政治‧自由》一書(臺北:爾雅出版社,1978 年 4 月初版)。

措、啞口無言。

我們願意說，王禎和與他同時代的在臺灣地區發表小說的優秀小說家，不僅是臺灣地區中華文化的驕傲，他們也是整個中華文化——跨越臺灣以外更廣更寬地區的中華文化的驕傲。

備註

本文在發表前，承鄭樹森先生過目指正，特此致謝。

——1995 年 3 月

（原登於臺北《幼獅文藝》，1995 年 10～11 月；原刊於香港《素葉文學》，1995 年 1 月）

——選自高全之《王禎和的小説世界》

臺北：三民書局，1997 年 2 月

母體的隱喻：離鄉或戀土？
重讀王禎和

◎呂文翠*

一、母體：那令人著迷又深感窒息的……

> 骨盆。地心引力的核心。無法改變的地表，堅固的支架，沉重與凝固之物。……軀幹，手臂，頸項，頭，臉，小腿，足部。生命力碎裂，韻律與面容（面具）。……母親，是意識的仳離，真正的肉體割裂。語言的分界：早已濫觴。……介於母親與嬰孩間，軀體的深淵自此敞開。何種連繫、中介存在我自身——我的身軀和這些內裡的接枝和皺摺之間——是那臍帶已被切斷，一個難以狎近的她者嗎？我的身體與……她。沒有連結。其中無物（Kristeva 1986：178）。[1]

自 1961 年〈鬼・北風・人〉在《現代文學》雜誌刊出以來，小說中的女性角色麗月：居住在街鎮市井的中年婦人，似乎自此成爲王禎和嗜好描畫的人物「原型」。往後，小說中女性角色儘管在不同的文本語境中有諸多變貌（如〈快樂的人〉、〈夏日〉、〈來春姨悲秋〉、〈嫁粧一牛車〉[2]），但大抵異

---

*發表文章時爲中央大學中國文學系助理教授，現爲中央大學中國文學系副教授。

[1]見 Kristeva, Julia. "Sabat mater" in The Kristeva Reader. Ed. Toril Moi. Oxford：Basil Blackwell, 1986. 此法文版發表於 1977 年，英譯則於 1986 年收入該書出版。

[2]最爲膾炙人口的名篇〈嫁粧一牛車〉中紅杏出牆的阿好輾轉於赤貧的生活，只能居住在墳場，小說家仍特別在文中寫出此地是「村莊鄰公墓的所在地」（74）：市鎮的「邊緣」（"borderline"）位置。見《嫁粧一牛車》（臺北：洪範書店，1993 年）。

構同質。這個情況在 1980 年出版的「王禎和自選集」——《香格里拉》中越加引人注目，集結在此的多篇小說〈三春記〉、〈伊會唸咒〉、〈素蘭要出嫁〉、〈寂寞紅〉、〈香格里拉〉幾乎皆以「女性視角」鋪陳、主導故事結構[3]，讀者甚至可以印象式地將這些女性群像歸納爲在「善母」（阿緞、辛嫂）、「惡母」（阿嬌、阿彩）兩極間投射出的婦人圖譜。可以說，「母親」形象的正體與變貌，躍升爲這部「自選集」的主旋律，在不同的敘述腔調中敷演各自不同的悲歡。

　　如果依此線索繼續追究縱向側面，我們也不難發現，1970 年代同樣以「臺灣鄉土文學」代表作家著稱的陳映真、黃春明，他們的小說中雖不乏以肉感女子豐滿的乳房或從良的妓女、含辛茹苦的母親做爲心靈原鄉及救贖的象徵（與王禎和氏筆下的阿緞、辛嫂若符合節），但一來不曾如王氏筆下頻繁地出現的多樣「街鎮惡母／惡女」群像，二來更沒有王禎和時時拿「性事」、「性徵」、「生理排泄物」或曖昧荒誕的性愛場面來型塑人物的「敘事」特徵。

　　法國文學批評家克莉絲蒂娃在 1977 年的〈聖母悲頌〉（Sabat Mater）一文中，從女性軀體與母性論述著眼，重新詮釋、翻轉西方神聖論述中的聖母形象與女體寓言，她提出基督教（尤其是東正教 Orthodox Church 的儀式）中聖母永眠與升天儀式，使得這個聖經中的「處女母親」豁免於時間與死亡，經由顯示這個「獨一無二的女人（A Unique Woman）」的圖像，進行對其他女性的否認：由是，這個被神聖化、毫無罪愆的聖母，獨立於女性，獨立於塵世的母親們，甚至獨立於人類，永眠與升天儀式的「死亡主題」，成功地將母親昇華神化。有趣的是，中文藝復興初期的聖像畫也有另一種形象再現，如 15 世紀初著名的義大利畫家 Piero della Francesca 的〈基督降生圖（Nativity）〉所繪（藏於倫敦，見圖一），畫裡的瑪莉亞合掌跪在赤裸的新生兒——耶穌基督——之前的謙遜形象，她的樣子比起先前提到

---

[3] 小說集中唯一看似例外〈寂寞紅〉以男主人公世昌爲敘述主軸，但妻子罔市與母親來春姨的婆媳鬥爭，以及強悍形象的妓女阿彩，實際上卻在情節結構中展現更關鍵的主導性。

的華麗崇高的形貌接近塵世多了，這使得聖母至上誇大的權柄成功地被抑
制下來。歸結來說，聖母形象可以說是神聖論述中人性普遍情感與獨特之
愛的槓桿支點（交會點）（Kriste va 1986：171）。

　　克莉絲蒂娃細緻進一步分析此神聖論述中包含著的內在矛盾：一方面
透過將聖母「去性化」為無邪的處子，僅僅對聖母瑪莉亞的耳朵、眼淚與
乳房命名：聖母唯一的性經驗在情慾化的聆聽中完成（神啓示她即將孕育
聖子；無垢受孕），奶與淚看似成為瑪莉亞擁有特權的符號，但聖母袒露乳
房──被嬰兒所吮含：象徵乳汁進入聖子的口腔──使情慾的顫動很快地
與聖母臉上眼淚的意象相連，成為沉默無言的表徵：無法詮解、沒有言語
訊息的「符號界（semiotics）」（Kriste va 1986：173-74），但反過來說，也
唯有透過這些身體器官與分泌物優美的呈現，「女性」才可以進入象徵秩
序──贏得神學家的崇高讚揚。也因此，這個看似沉默無言、去性化的女
性身體作為肉身與意義的容積，在此扮演重要角色：女體為「母系社會與
原初自戀的無意識需求之社會剩餘物」，此即為能指（signifier）運行的先
決條件，意味著意義、信息的傳達或結構的形成，當一個女人成為母親，
「一個微妙的摺痕將文化轉變成自然，言談（speaking）變成生物的
（biology）」。這呼應了克氏在她稍早（1974 年）出版的巨著《詩語言的革
命》中反覆提及的主要觀念，象徵界與符號界（the semiotic and the
symbolic）相互依存、合力構成「指涉」過程的樣式，說話的主體在這兩者
間折衝拉扯，終能「發言」。在這個過程中，母親的身體不僅同時擁有這個
吸納與摧毀的反向矛盾，也是所有發言的原初對象，占據著他性的空間
（the place of alterity）：「她飽滿豐盈的軀體，包容允諾所有需求，滿足全
部的自戀想像。換句話說，她就是那陽具」（Kriste va 1986：101）[4]。

　　透過母親，現代符碼無能馴服的原初自戀殘餘物得以顯現，主體的誕
生則在原初自戀的機制中形成。如 Martha Reineke 在"The Mother in

---

[4]見 Kristeva, Julia. "Sabat mater" in The Kristeva Reader. Ed. Toril Moi. Oxford：Basil Blackwell,
　1986.。

Mimesis"一文中指出克氏的理論核心：主體必經歷最初三位一體的結構——個人前歷史的父親與古老的母親，脆弱而不穩定的主體在兩極的磁場中擺盪——上演伊底帕斯的戲劇（Oedipal drama），此爲在空無（empthiness）之上模仿的演出（mimetic play），以藉此進入語言與社會（Reineke 73）。上述幾個重要論點更集中發展在克氏 1980 年《恐怖的力量》中探討的賤斥行爲（abjection）。她指出賤斥行爲的發生早在伊底帕斯三角型構之前，始於與母親／母體的分離，此「將形成的主體」（"subject in process"）必須推離自身——推離自身來自於母體的雜質——方能進入象徵秩序，主體才開始誕生，開始「說話」。主體的劇烈推離與拒斥，來自於自身的原初壓抑與賤斥。

> 卑賤體必然一方面緊鄰身體化症狀，另一方面卻又與昇華作用肩並肩。因為，症狀是一種言語，在宣告棄權的同時，卻說明著體內藏著一個無法同化的異鄉人，一個怪物，一個腫瘤，一種癌症（Kristeva 2003：15）。[5]

這種賤斥的活動，類似於佛洛伊德所討論的認同（identification）。在認同過程中，主體將對象的特質內化而植入自我，改變自我，驅逐自我的一部分，並在自我中設立一個替代性的對象。這種因認同內化而排除異質的過程，便是克氏探討的「賤斥」作用（劉紀蕙 xxv）。[6]更清楚的說，母親的驅體仲介著象徵律法與組織社會關係的原則，因此也必然是導向攻擊、摧毀與死亡的起點。此欲力愛恨並存的雙向動力會受到最爲原始的死亡欲力的主導：一方面，此欲力變成爲抗拒停滯的攻擊，但另一方面，此欲力亦構成了釋放動力的反覆。幻象於是透過說話主體的符號動力而滲入象徵

---

[5]Kristeva, Julia. *Powers of Horror：An Essay On Abjection*（1980）. Treon S. Poudiez. New York：Columbia UP. 1982.；法文本中譯參見克莉絲蒂娃著、彭仁郁譯，《恐懼的力量》（臺北：立緒文化出版公司，2003 年）。
[6]同前註。見劉紀蕙，〈導論〉：文化主體的賤斥。

界（symbolic），製造能指的斷裂。詩人建立文字中的客體，替代母親，將「母性空間」重新投資於象徵秩序中，從而踰越其規範與象徵法則（Kristeva 1986：114）。[7]

　　從克氏探討透過「母性論述」衝撞象徵界與符號的邊緣地帶，開始「發言／書寫」；愛恨交織地推離「母親」建立自我，暴力地驅逐雜質，甚至透過卑賤情境的恐懼想像——一方面透過性倒錯與亂倫想像的修辭衝動；另一方面又將母親形象昇華爲聖潔的象徵——的修辭衝動褻瀆神聖母體／鄉土傳統等等，都啓發我們從嶄新視角重讀王禎和。

　　王禎和初試啼聲的小說〈鬼・北風・人〉中，孀居的麗月與頹唐的弟弟貴福間對話互動與心理戲劇，以及戀姊情愫的曖昧場面，便隱隱有亂倫慾望助長聲勢，加深了麗月的魅惑與詭誕色彩。小說中貴福自幼喜歡把弄姊姊麗月的長髮，觀之不足，撫之摩之，甚至常「捏了一撮髮，塞進口裡咀嚼，過了一會兒才拿出來，放在鼻上嗅著，深深地。」[8]；年長後的貴福在外地流浪了十幾年仍「羅漢腳」光桿一個的他「很少想到關於女人這一方面的事情。只是每每他口裡提起或心上記上麗月時，心底就會湧現一股股隱隱約約，道不出名的快感」；不能再如幼時一般撫弄姊姊長髮的他，只能將麗月的短呢大衣「提上來死死地蒙住他的臉。他的鼻子拚命的嗅聞著如像發狂似地」，以尋求替代性的滿足。

　　也因此，當他無意撞見麗月與情夫在家中私會時，除了對姊姊「不三不四」的行爲憤懣難消，欲將她的姧夫置之死地之外，更地衍生一股獨占對方的情緒暴力，內心獨白「你不要再嫁，我也不娶女人，兩人在一道平平靜靜過完這一生這一世，不是頂快活的嗎？」就托出貴福的戀物——戀姊（母）的情結已變形爲亂倫想像，這正是小說文本中引動貴福頹廢自棄、鬼影幢幢的心理癥結。

---

[7] 見 Kristeva, Julia."Sabat mater"in The Kristeva Reader. Ed. Toril Moi. Oxford：Basil Blackwell, 1986.。
[8]《嫁粧一牛車》，頁 10。

　　繼續追索，我們發現王禎和對於「畸戀」或男女間「非婚」情愛關係有著異乎尋常的濃厚興趣，而這些故事的女主角，更一無例外都是三、四十開外的中年婦人（多數是寡母）。〈快樂的人〉中居住在市場尾端的含笑雖非娼女，卻「閱人無數」，充任一個又一個男人的「相好」來維持生計；〈來春姨悲秋〉中來春姨 30 歲上守寡，帶著三個小孩的她與中年喪偶、無兒無女的鄰居阿登叔同病相憐，廿幾年來儘管沒有正式名分，兩人情感已如親人般「無法分袂」。

　　這些敘事的元素，在〈嫁粧一牛車〉中更為集中，且屢屢透過與「性」相關的修辭或赤裸裸的性交場面呈現，如婦人阿好與姓簡的鹿港商人「野合」的畫面在鄉人的揶揄中是：

> 姓簡底衣販子和阿好凹凸上了啦！就有人遠視著他們倆在塋地附近，在人家養豬底地方底後邊，很不大好看起來。下雨時，滿天底水，滿地泥濘，據說她們倆照舊泥裡倒，泥裡起得很精湛哩！[9]

塋地、豬寮、雨天、泥地等等修辭，使得這場紅杏出牆的畸戀，非但毫無浪漫情愫可言，更充滿令人作噁的醜怪與惡臭的意象。除此之外，在小說中，萬發浸水的耳朵被婦科醫生「運用醫婦女那地方底方法大醫特醫起他的耳」導致八分聾；阿好的姦夫鹿港人姓「簡」，剛好與閩南話的「幹」字同音，不僅有濃烈的狐臭，還經常將手伸進腋窩搔癢「彷彿有癬租居他那裡」；開口閉口「幹」「伊娘」不離口的阿好「嘴巴有屎坑大」，到醫院應徵工作時響屁連天，遂「屁」丟了工作……等，均透過身體的器官缺陷、腥臊體味，將生理行為與不潔、污穢等意象連結來凸顯人物形象。就如前面提過的：飢餓、性交、排泄與墳場、屎坑、豬寮等等物事並置，王禎和幾乎將「身體」與「醜（丑）怪」、「污穢」甚至「獸化」的卑下心理感受等

---

[9] 同前註，頁 80。

同，呈現出小說家近乎偏執（obsession）的符號衝動。在在使得此小說中對道德命運的思索被刻意「卑賤化」的書寫旨趣所僭位，小說文體的賤斥（abject）修辭更與萬發的去勢象徵如影隨形，加倍托襯阿好身為惡女／惡母的威脅力道。

　　作為臺灣鄉土文學最經典小說之一的〈嫁粧一牛車〉，王禎和無疑創造、開啟了一種全新的「鄉土」敘事想像，非為尋根、亦寡鄉愁，既無黃春明小說中芬芳撲鼻的泥土味，也不見陳映真式的市鎮知識分子的頹廢感傷，乍看之下完全符合小說家所自白：冷靜地（盡量保持「不笑的狀態」[10]）「如實」記述童年耳聞的鄉野奇譚。[11]只是王氏小說獨樹一幟的「地下趣味」，[12]仍引我們進一步探問：在徹底挑戰了鄉土文學傳統習見的「原鄉失落」母題的單一邏輯後，小說家終其一生熱衷的語言結構／解構、文本指涉實驗的思維邏輯，卻毋寧更記載了創作主體備受「母體」威脅，在慘遭吞噬的恐懼以及暴力地拒斥推離間擺盪的痕跡：母親／鄉土的形象反覆成為慾望主體欲力投射的對象，化身為寫作歷程中源源不絕的符號（形式、修辭）衝動，有如切斷臍帶，嘔出雜質，在混沌中誕生表意符號的創造動力，唯有離開那既滋養又殘殺的文化母體，方能在危機中誕生含納複音結構的嶄新自我。

二、卑賤體：丑（醜）化小人物之必要

　　　卑賤，是（自我）通過死亡後的復生，是一種將死亡驅力轉化為生命奔騰、跨入新的意義尋索路徑（signifiance）的煉金術。……為卑賤體著迷

---

[10]劉依萍，〈戲謔、反諷下的溫柔敦厚〉，《文學家》第 1 期（1985 年 10 月）。

[11]王氏在《人生歌王》序言〈永恆的追尋〉中提到，〈嫁粧一牛車〉的創作動機是為記述童年聽到的村俚往事，這則聽到的故事中最有趣的部分是：村裡的人每次到那個——為免於挨餓而讓一個經濟能力較好的男子住進家裡「共妻」——的人家裡，碰到大人不在，只小孩在，他們就問：「喂，幹你母在哪？幹你母跑到哪裡去死？」這段對話幾乎如實地被置入王禎和的小說中。

[12]借自楊澤在 2005 年 7 月號的《誠品好讀》〈同樣是臺，不同時代——從地下的趣味、邊緣的奪權，到敢爆的主體〉中指出的王禎和小說趣味。

的作家，想像著它的邏輯，將自己投射其上、內化它，因而扭曲了語言
（不論是文體或內容）。但另一方面，如同卑賤感受同時身為卑賤體的法
官與同謀，文學也面臨著同樣的處境。因此，我們可以說，隨著此種文
學，我們跨越了純潔與污穢、禁令與罪孽、道德與不道德的分類系統
（Kristeva 2003：19-20）。[13]

　　不同於黃春明曾在「鄉土文學論戰」戰火方熾時（1978 年）剖白自己
是「剽竊」小人物心聲、自私自利的作家，[14]王禎和屢次談及他筆下的小人
物時，總強調對這些角色「嘲笑」的必要，如提到〈三春記〉時，他坦
承：

　　〈三春記〉中的區先生，我是在嘲笑他的。他也是我所熟悉的一個人
　　物，現在想到他仍覺得好笑。……這篇小說我本意是寫一個男子被一種
　　原始力量（我本來寫那女的是個山地人）所驅迫……寫過一半以後便感
　　到該加點笑料或什麼上去。[15]

同樣的，《文季》第一期所發表的〈望你早歸〉劇本，他也曾有如下按語：

　　整個戲越滑稽越好，千萬不能沾染任何感傷。[16]

以小說〈來春姨悲秋〉所改編的〈春姨〉劇本，其中添入張太太與阿里等
街坊女眷的角色。開幕第一場的說明中也有這麼一段話：

---

[13]同註 5。
[14]黃春明，〈一個作者的卑鄙心靈〉，見尉天驄主編《鄉土文學論集》（臺北：遠流出版公司，1978
　　年），頁 634～635。
[15]余素，〈文學對談〉（王禎和等人 1970 年於尉天驄家中座談），《大學雜誌》第 70 期（1973 年）。
[16]見《文季》雜誌第 1 期（1973 年 8 月），頁 169。

> 這場戲除了罔市外，其他的角色俱要處理得能有多突梯滑稽就多突梯滑
> 稽，無論如何給人一種虛假（fake）的感覺（張太太若能夠男扮女裝，恐
> 怕效果會更佳）。[17]
> 除了涉及人生觀的問題之外，還牽涉到了作者他所擅長表達的寫作方
> 式，對我來說以戲謔、嘲諷的方式較能表達我內在對他們的關注及同
> 情，如果我用其他方式，則會顯得十分吃力！[18]

從這些例子，我們已經可以看出創作主體強調在內容與形式上「丑化」之
必要，幾乎接近一種小說美學的宣告，這不禁使人深思：這些刻意被丑化
的鄉土人物、作品中幾近「刻意」挖苦的喜劇效果呈現，除了早已超越那
些（濫情）批評家泛泛封誥「悲天憫人」、「人道關懷」的光環，或回應了
從「顛覆瓦解」法理尺度、翻新創作內涵深廣度的角度為王氏小說笑謔
（／虐）傾向辯白的評論之外，[19]更值得探問的恐怕還是：為何小說家屢屢
自陳採取「戲謔、嘲諷」，甚至接近性的狎昵褻瀆之敘事腔調或文體，不僅
是他最擅長的表達方式，更表現了他的「人生觀」？

看來，王禎和似乎與克莉絲蒂娃所定義的「為卑賤體著迷的作家」若
符合節，從「新的意義尋索路徑（signifiance）的煉金術」來看，王氏小說
當得此讚。他在小說技巧上不斷要求的創新與突破：語言的實驗（蓄意鑄
造、刻意錘鍊的方言、文白的對照）、圖像的使用（空格、符號與人像嵌入
文本）、字體的變化（放大縮小、行列縮排）、劇本手法的挪用（對話、旁
白場景）與他對通俗歌曲的偏愛（以其命名小說、將歌譜置入敘述
中）……等等，皆呈顯了王禎和自覺地引入俗文化、影視手法來鍛鍊小說

---

[17]原刊於 1971 年 9 月的《幼獅文藝》。後收入王禎和《三春記》（臺北：晨鐘出版社，1975 年），頁
134。

[18]見劉依萍，〈戲謔、反諷下的溫柔敦厚〉，《文學家》第 1 期（1985 年 10 月）。

[19]如王德威，〈王禎和走錯了路嗎？——評王禎和的《玫瑰玫瑰我愛你》〉一文，就從王氏該小說誇
張有關身體的笑話而達成了突圍禮教藩籬、諷刺或挪揄正經八百的讀者之效果，反駁了龍應台對
王禎和該小說的嚴厲批判。見王德威，《閱讀當代小說》（臺北：遠流出版公司，1991 年），頁 21
～25。

文體的嚴肅態度。但恐怕這當中真正耐人尋味的，應是他的小說往往「跨越了純潔與污穢、禁令與罪孽、道德與不道德的分類系統」，引領讀者在這些人倫禮法或秩序的邊界上游走。

　　西方文學傳統中早對喜劇式的嘲弄有別於嚴肅的文學形式有深刻認識，如希臘哲人亞里斯多德在《詩學》中所言：喜劇是「城市不欣賞」的巡迴表演，「被放逐於城市之外」，一村又一村流浪。它的精神，偏向模擬「吾人之惡」：

> 關於喜劇，……係模擬惡於常人之人生。此間所謂「惡」，並非指任何一種的罪過，有其特殊意義，是為「可笑」。「可笑」為醜之一種；可以解釋為一種過失或殘陋，但對他人不產生痛苦。例如面具之能引起發笑，係由於某種醜或扭曲面不招致痛感者。[20]

「惡」，並非就人物倫理或道德之優劣標準加以劃分，而是人類基本性格中永久而普遍的「型」；亞氏把喜劇的笑與醜（ugly）相結合：「醜」則指「過失」（"defect"）或「殘陋」（"deformity"），為生理、心靈或性格上的醜。推而廣之，則一切不調和、不完全、不相稱的均應屬於「醜」之類。克莉絲蒂娃進一步指出，亞里斯多德定義此種不和諧的「笑」的文學模擬，為「模仿從熱忱到痛苦等各種形式的強烈情感，靈魂便得以同時臻至狂歡與純淨」，此「情感宣洩」與「性的論述」比鄰相偕，不僅無關乎知識，且是唯一可能的宣洩。此論述不言而喻；並且，藉由模仿話語，它在另一段音域上，傾訴著話語所未言者……（Kristeva 2003：35-36）。

　　王禎和藉由這些「滑稽」的小說中人，表現出行為話語的傖俗卑下、情感品格的粗鄙謬誤、認知的荒誕可笑，往往暴露／宣洩了欲望主體（作者、讀者與小說中人內在）壓抑之所在，代表了人類建立自我統一（自我

---

[20]見姚一葦譯註，《詩學箋註》（臺北：中華書局，1993年）。

認同）時，遭到理性判決、排除了的「異己」存在（「他人性」）。丑化的小人物，正是笑與醜的混和體，黑暗自我內在印記；透過這些小人物，王禎和意圖呈現正是自我的混亂、不和諧、無法掌握或「話語所未能言者」的「他人性」：

> 寫小說是創作，不是在畫肖像。……我寫人物的另一個原則是：不能妨礙劇情，要讓情節發展順利。比如說〈嫁粧一牛車〉，原來人物是四肢健全，耳聰目明。我覺得這樣一個相貌堂堂的人，喜感不夠，悲哀感不足，請他當主角，給人印象不會深刻，而且有礙情節的鋪張（人家不相信他會那樣），這就有如戲劇裡主角的型不對，無論怎樣認真演，觀眾總是不信服。於是我就……——讓主角耳聾，讓他的男性不及格一點。這還有個祕方，就是寫人物時，總讓他有缺點，有大家都不喜愛的缺點——比如身體臭，或者寡人有疾，或者斷袖癖。……有缺點的人，可信度高，說服力強，容易取信讀者。[21]
>
> 我很怕定型，叫人家一想到「王禎和」便以為一定是寫方言文學的，因此便想寫點新的東西……寫小說時，每一件事都是扯謊（喬埃斯說的），要教人相信需要一點技巧，但寫多了之後，總覺得令人煩膩……我看到費里尼的電影介紹，他們的作品就像夢幻，沒有東西在，且這般夢幻都有點怪怪誕誕，很 Fantastic 那樣，但我覺得把那種怪誕揭掉之後，便是一種很真實的東西，對人生的感覺、情操的最真實寫照。[22]

這兩段爲多篇小說中幾乎一無例外都從「性事」上丑化小人物的「模擬」美學之創作自白——「醜」的演繹與變形、「有缺點」或性無能的滑稽怪誕情境的鋪陳——可逕視爲王氏小說一以貫之的創作意圖，固然展露了小說家試圖貼近日常生活「內在真實」的努力，卻更貼近呈露欲望主體「理性

---

[21] 〈永恆的追尋〉一文，見《人生歌王》（臺北：聯合文學出版社，1990 年）。
[22] 同註 15。

自我」與「異己／他人」的辯證與對話。

我們不難看出，小人物作為一個意義載體，除了象徵了逐漸式微的鄉土傳統中卑弱無助之邊緣族群，更代表了慾望主體欲「逐之而後快」的無意識、雜念、怪誕、異端……等，如阿多諾與霍克海默（Theodor W. Adorno & Max Horkheimer）在《啓蒙辯證法》中所稱：無法壓抑抹除的「神話的非理性」之熔爐，[23]丑化的鄉村小人物正象徵著「自我」（／家園／鄉土）所無能掌控的「他人性」，每一個被嘲弄的小人物，也讓人照見了自我的局限、捉襟見肘的生命情境。

這類滑稽的小人物身上閃現的──平凡熟悉的日常生活中閃現的怪異或恐懼感──早在原版〈寂寞紅〉[24]與〈快樂的人〉已經可以見出端倪，王禎和更刻意讓這些小人物的形象特徵營造成「一切彷如在家」的情境。原版〈寂寞紅〉中的罔市形象呈現尤其記錄了王禎和偏愛丑化人物，在日常生活中嵌入荒誕之感的傾向。小說中罔市到打鐵店向先生世昌哭訴小叔貴福侵犯她的原委，世昌搶白了她幾句，禁不住委屈的她：

> 突然一股酸氣衝上額門，罔市再禁忍不住了，由著明晶晶的淚珠在臉上打墜咕嚕兒，滴落不完。鼻涕三番兩次流出鼻孔，統被她迅速抽回去，驀地她鼻內發癢，忍了一會實在熬不住，便一連氣打上好些個噴嚏。清稀稀的鼻涕衝出來，斜掛一邊頰上，她打火樣地趕忙去揩抹，就勢將鼻

---

[23] 該書籍分析荷馬史詩《奧德賽》指出：大自然實際上充滿了人類無法抗拒的原始暴力：展現在「死亡」之中。古代神話往往有宰殺祭物以祈求神的息怒之情節，這些祭物往往是奴隸。這正是「神話性的暴力」的證據：神話的世界並非天真未鑿，已然含藏著對抗自然求得自保而犧牲弱者的暴力，即儀式化的犧牲。在「文明」與「進步」理念的驅使下，人不單付出了否定、壓抑其自我本性的代價，文明因此成為「內化犧牲的歷史」：為了克制自己的慾望，必須要犧牲更多的自我。由於人的自然被否定了，因此，不僅控制外部自然的目的，甚且人類自身生存的目的，也都遭到了歪曲。見 Theodor W. Adorno & Max Horkheimer. *Dialectic of Enlightenment*. Trs. John Cumming. New York：Continuum, 1989. c1972. 譯文部分引自渠敬東、曹衛東中譯〈奧德修斯或神話與啓蒙〉（上海：上海人民出版社，2003 年），頁 52～54。相關分析詳見下一節。

[24] 該小說是王禎和早期作品中篇幅較長者，原先發表在 1963 年的《作品》雜誌，八年後（1971 年 1 月）小說家將內容作了大幅改動，重新發表在《文季雙月刊》中，改寫後的版本中，罔市形象的怪誕意味明顯地減弱。

內的涕水也撍個乾淨。鼻翅上底粉揭去了兩片，花花點點的雀斑，堂堂
明露出來。[25]

滑稽地抽泣的婦人，將原先可以招人（世昌）關懷的情緒一併打散，一開
始便暗示著罔市在世昌心中「柴扒」（黃臉婆）的弱勢地位；世昌心中記掛
阿彩，罔市的形象更爲丑怪：

> 她很胖，肚皮鼓圓的似孕婦，頭髮燙得其短，和她方大底臉離了譜，彷
> 佛男燙師一時糊塗把她底毛髮全燒光了，心一張皇，趕忙將自己的頭髮
> 連根帶皮拔下蓋住她光禿的頭頂，不然她三千青絲，何必如此彆扭？她
> 臉上倒無掛什麼皺紋，可臉皮直鬆懈要掉落，眼角也斜上來，看上去像
> 在哭又似乎在笑。[26]

中年婦女的男性特質，詭譎地呼之欲出。半夜世昌想起算命的卜他娶小的
卦辭，不能成眠，突然覷見罔市的睡相：

> 一大半頭髮壓在枕上，乍看起，彷彿她是個留平頭的男人。[27]

枕邊人化身爲平頭的男子，熟悉中的陌生感，將讀者帶進一個怪誕的情
境。明眼的讀者當可從王禎和的文學導師之一張愛玲的〈紅玫瑰與白玫
瑰〉中尋得線索：佟振保在巴黎首次嫖妓，完事後，他在鏡中看那妓女穿
衣服，衣服從頭上套下一半，堆在兩邊——

> 頭髮緊緊繃在衣裳裡面，單露出一張瘦長的臉，眼睛是藍的吧，但那藍

---

[25]見《作品》雜誌第 4 卷第 5 期（1963 年 5 月），頁 121。
[26]同前註，頁 128。
[27]見《作品》雜誌第 4 卷第 5 期，頁 129。

都藍到眼下的青暈裡去了，眼珠子本身變成了透明的玻璃球。那是森冷的，男人的臉，古代士兵的臉。振保的神經受了很大的震動。[28]

佟振保花錢買女人，卻作不了她的主，在他眼中，妓女的臉時幻他為冷酷的男性兵士，映現他脆弱無能的自我。就如秦世昌意念紛陳，在髮妻與引遏他情絲流連的妓女（阿彩）間，無法作主；故事中罔市形象的變化，恰好曲折地拼湊出世昌內在欲念的驛變與主體性的混亂不安。

除了罔市以外，這類肖似男人的中年婦女形容，也散見王禎和其他篇章。如前文所提及的〈春姨〉劇本，一改〈來春姨悲秋〉的哀傷悽涼調子，以喜劇的形式呈現，除了阿里是「嘴極闊，可以裂到兩邊」外；劇中那位嗜看「雲州大儒俠」、體重約有兩牛的張太太，作者特別強調她要「男扮女裝」。整齣戲以罔市和這兩位街坊女眷的對話為開場，交織出輕快逗趣的情境，同時凸顯出來春姨與罔市間婆媳權力傾軋的暴烈程度，在滑稽的氣氛中：家園中那無所不在、無法泯除的排除性暴力呼之欲出。

〈兩地相思〉中的阿免官，作者借她的視角向讀者細訴常安叔抗癌的經過，但小說中彷彿是「第三者聲音」的第二人稱敘述，更似舞臺劇演員面對觀眾般，以「你」稱呼讀者；她的形象是：「濃黑底眉一挑，右肩上那顆豆大的痣像球那樣跟著跳了跳。」敘述中更以旁白似的「（　　）」符號，讀者變身為參與阿免官「三姑六婆」般論長論短的街鄰：

（伊一張口笑，方方大大的臉龐越加方方大大了，不太像女士了，倒和已入中年的男子很接近，你覺得呢？）[29]

在阿免官眼中，常安叔為了讓記憶中珍愛的人永存不滅而努力求生的想望，正是她笑談謔戲的主要話題：

---

[28]見張愛玲，《回顧展：張愛玲短篇小說集之一》（臺北：皇冠出版社，1991年），頁55。
[29]見《聯合文學》第103期（1993年5月），頁12。

還有一句我姑丈愛問的就是：我可以活多久？我能活多長？這病一旦治好，我是不是可以活得很久很長壽？每回聽到他這般問，我差點莫笑出聲來。都七十這麼長歲數的人了，難不成還想活到百歲千歲，好作神仙！……

阿免底眼珠子大張了一下，眼角的魚尾紋像傘樣啟開來。兩隻眼睛就像一雙比目魚，鰜鰈相會，面對面，尾巴叉來撥動著水。當然伊左眉梢那顆紅痣又球跳了一大下，這是你很難不去注意到的。[30]

她一聽聞病中的常安囁嚅著：「為了妳阿姑，我希望活久一點，為了妳阿姑我要長壽！」——

伊連聲哈哈笑了起來，像鴨子在叫，軋軋軋，軋軋軋。肥手還拍著大腿，拍拍兩響，打死了兩隻蚊子！為了我阿姑他想活長壽！為了我阿姑希望活久一點？這話怎麼講？我阿姑都死了快兩年了！他活得長壽，對伊有什麼用？你說說看？對伊有什麼用？伊又軋軋笑一陣，方大的臉都笑得紋路畢集起來了。[31]

阿免官軋軋怪笑的形象，彷彿常安叔提前開啟死神的訕笑之匣。阿免官的聒噪與男性特質固然與常安叔的文弱溫和（理性的象徵）形成滑稽的逆差，但同時更隱喻了命運的殘酷不仁：常安叔內心無力抗衡的巨大恐懼——死神的鬼臉。接近凱澤爾（Wolfgang Johannes Kayser）討論文學藝術作品中「笑」的怪誕效果：

笑在怪誕的滑稽和諷刺的邊緣發生，這種苦澀的笑在轉變成怪誕的過程

---

[30]同前註，頁 20～21。
[31]見《聯合文學》第 103 期，頁 23。

中帶有嘲弄、挖苦，最後像魔鬼一樣醜惡的特徵。[32]

常安叔的貪生之念輾轉於病苦的折磨，卑弱得如風中之燭；在「笑」的挖苦之下，死亡的威脅如同使世界異化的黑暗勢力，也是主體性的終極斷裂——理性自我無能面對的局限——「他人性」的表徵。

三、笑聲與還鄉：鄉愁的辯證

　　當自我遭遇到不可違逆的冷酷的暴力，正如常安叔見證到死亡的迫近一般，「死亡」的主題成為王禎和未完成的遺作〈兩地相思〉文本中兩大部分交錯互映的輻輳結構；同樣地，阿免官與常安叔的正是作者刻意塑在悲／喜、自我／他性兩造擺盪的人物表徵。這使得阿免官這個角色，在這篇小說中呈現出值得探究的幾重意義：表面上小說家刻意凸顯她丑怪的特質，以譏諷的口吻俯視常安叔的貪生行徑，甚至不乏幾分幸災樂禍的冷酷不仁；但仔細分析，作為「無知無識」野性難馴的表徵，她恰巧對照出「字識一牛車」、「秀才郎」卻罹患痼疾的常安叔之陰柔頹弱，一方面藉由她粗鄙無文的形貌措辭，我們窺見了常安叔面對癌症——「他人性」之表徵——的恐慌與萎弱。另一方面，誠如前面提及的，「笑」其實是魔鬼般恐怖黑暗勢力的代表，也指涉著自我的晦暗混亂；但迴盪的笑聲挑戰著不可理解的凶險魔力，同時正是自我面對局限（他人性）的反省契機——透過「死亡」的啟示，體會到理性的局限，終能超越自我的虛無。由是，文本中滑稽怪誕的場面與敘事修辭，也暗示出一條逃避死亡牢籠（主體性的崩潰危機）的生路，就如承認自己「怕死」的常安叔在回憶玉蘭的柔情中獲得精神的救贖。

　　這與凱澤爾提及——怪誕的藝術作品往往「有一絲微笑略過場景或畫

---

[32]Kayeser, Wolfgang Johannes. *The grotesque in art and literature.* Trans. Ulrich Weisstein, New York：Columbia University Press, 1981, c1963；此譯文參考曾忠錄、鍾翔荔史譯的《美人與野獸——文學藝術中的怪誕》（臺北：久大出版社，1991 年），頁 225。

面」，有「諧謔言行的蛛絲馬跡存在」，但也同時蘊藏救贖的力量——不謀而合：

> 在那裡，也只在那裡，我們心中油然生起另一種情感。潛藏和埋伏在我
> 們的世界黑暗勢力使世界異化，給人們帶來絕望和恐怖。儘管如此，真
> 正的藝術描繪暗中產生了解放的效果。黑幕開啟了，凶惡的魔鬼暴露
> 了，不可理解的勢力受到了挑戰。（怪誕同時是）一種喚出並克服世界的
> 凶險方面的嘗試。[33]

阿多諾與霍克海默在〈奧德修斯或神話與啓蒙〉中，就深刻地指出「笑聲」與「還鄉」間的辯證關係，可以使我們近一步剖析王禎和早期作品所涵攝的核心命題：透過「笑聲」（丑化）與「命名」將小說中人從殘酷的命運中扭脫出來。

在《奧德賽》史詩的終章：泰瑞西阿預言，奧德修斯必須要在肩上扛一把槳繼續流浪，直到遇見將槳誤認爲篩米器的民族，使得海神波塞冬因爲人類的愚蠢而發笑；在海神寬恕的笑聲中，奧德修斯便可以從他的詛咒中逃脫出來，這正是史詩的結束。奧德修斯做了必要的補償性犧牲，就是將人類（包括自己）變得滑稽可笑，這個補救儀式的幽默，不是給人類笑的，而是讓憤怒的海神息怒，使奧德修斯可以結束流浪，返抵故鄉綺色佳。

史詩記載的這則神話中，海神波塞冬（Poseidon）固然代表大自然的原始暴力，將吞噬迷航的人類之恐怖力量，也象徵著慾望主體內在的混亂不安、理性自我必須將之統一的內在黑暗；史詩中奧德修斯博海神一粲的儀式，意味著承認黑暗暴力的存在（波塞冬的詛咒／內我的「他人性」），也是扭脫這股巨大勢力（自然暴力／黑暗自我）、自我維護的行爲表徵。阿多

---

[33]同前註，頁226。

諾與霍克海默並以一個格林童話爲例，說明「笑聲」與「黑暗自我」的密
切連繫：一個鄰居建議生了怪嬰的媽媽如何擺脫妖怪，就是把妖怪帶到廚
房去，在灶頭上用兩個蛋殼裝水燒，當然燒不成開水，妖怪看了就笑了，
只要妖怪一發笑，那麼它就可以被制服了。阿多諾與霍克海默綜合前面的
說法，指出：

> 雖然笑聲是代表自然力量的符號，是逃離盲目混沌的自然的記號，笑聲
> 也包含了另一種對立的元素──通過笑聲，黑暗自然可以反省到本身，
> 認知到它本身原就黑暗，因此樂於把自身交付給毀滅的力量。笑的雙重
> 性與命名的雙重性是一樣的，而名字也許無非便是「凝固的笑聲」，直到
> 現在人類的綽號還保有命名的原始意義，笑聲是主體性的罪惡感的記
> 號，在笑聲裡把法律（黑暗自我的法則）懸空的行動，同時也指出了一
> 條逃離被奴役之路途：笑聲預示了返回家鄉的允諾。[34]

返回「家鄉」正是認識到自我原本黑暗（理性自我極欲排除，卻無能抹滅
的「他人性」）之後的歸航；以〈兩地相思〉爲例，常安叔在治病過程中受
盡了郎中的欺騙與愚弄──正如奧德修斯的歷盡艱辛的海上流浪記，終得
在海神的寬恕笑聲中，逃離蠱惑，奴役的路途──阿免官滑稽怪誕的形
象，固然是內在於主體中罪惡（黑暗自我／癌症、惡性腫瘤）的表徵，但
在她的怪異笑聲中也隱藏了一條擺脫命運磨折的道途：在病痛中反照自我
的局限（死亡／黑暗自我）。因此，〈兩地相思〉的第二部分──常安叔在
病痛中回憶（玉蘭）的往日歲月──雖是他面臨死亡恐懼的精神救贖，但
同時也迸現出一股巨大的力道：有如奧德修斯迷航重返故鄉（定居的家
園）一般，原本驕矜自傲的欲望主體，在流浪中逐漸認識到多重自我，自

---

[34] 見 Theodor W. Adorno & Max Horkheimer. Dialectic of Enlightenment. Trs. John Cumming. New
York：Continuum, 1989. c1972. 譯文部分引自渠敬東，曹衛東中譯〈奧德修斯或神話與啓蒙〉（上
海：上海人民出版社，2003 年），頁 77～78。

我與他人（社群）的辯證——病痛挫折帶給常安叔的滄桑閱歷，恰好是對自身命運（自我的脆弱）的洞澈理解；因此，記憶中玉蘭的母性溫柔，並非空幻的心靈避難所，而是回歸家園（多重自我、自我與他人／社群形成的定居家園）、覓得心靈自由的象徵。

「命名」也呈現了上述的雙重性意義，阿多諾與霍克海默從阿多諾與霍克海默曾以《奧德賽》史詩的始章：奧德修斯欺騙獨眼巨人波呂斐摩斯（Polyphem）的情節爲例證，指出「名字」與「主體性的統一」的複雜辯證。

在史詩中，奧德修斯狡點的自稱爲「無人」（"Niemand"），以逃脫迫害。事實上：「奧德修斯這個主體否定了他自己可以成爲主體的統一性，通過模擬無定形者來維持生存」，[35]混淆了名字與事實，是在無可違逆的凶險中的權宜之計——自我維護。但他在確定自己瞞過巨人後，又回頭向巨人告知其真姓名。因爲在太古時候：

> 如果他曾經被喚為「無人」，就會產生真正成為「無人」的恐懼，如果他沒能借助含有魔力的字重新創造出自己的統一性，理性的統一的自我就會消失。[36]

稱自己爲「無人」的做法，代表主體否定了自己可以成爲主體的統一性，但這種自我否定其實也是自我維護，這與「笑聲」的義涵同樣具有雙重性；命名（稱自己爲「無人」）其實正承認了神話中的毀滅性力量（主體性的脆弱），但也宣告著逃脫（獲得自由）的可能。

王禎和顯然深得此中要旨，透過「笑聲」與「命名」，在他的作品中，造訪人性的黑暗冰山。讀者當記得，他的第一篇小說〈鬼・北風・人〉中——儒弱無能如「羅漢腳」般到處流浪的主角——名爲「貴福」；〈寂寞

---

[35]同前註英文本，頁58～59。
[36]同前註。

紅〉裡的「世昌」人到中年，事業不僅未見昌隆，且有倒店之虞；〈來春姨
悲秋〉中的「來春」姨更嘗盡人情冷暖，在寒風瑟瑟中悲歡風霜之年無伴
的悽惶；〈嫁粧一牛車〉裡的「萬發」半生霉運不斷，委實「發」財無望，
與隔壁間的「簡仔」（與臺語的「幹」同音）通姦的老婆名爲「阿好」。這
些人物的際遇與他們的名字兩相映照，不管是嘲弄、挖苦或是如鬼臉般的
捉弄人，都說明了「名字」彷彿烙印在主體性上凝固的笑聲，不僅見證了
「他人性」與「有限性」，更表露出慾望主體對自我之混亂不統一、脆弱與
局限之認知。

> 卑賤情境之主體是卓越的文化生產者，其症狀，乃是對言語的拒斥與重
> 建。……這個永遠在閃躲、逃離、繞道的非客體，唯有透過符號才可能
> 捕捉到它的身影（Kristeva 2003：59）。[37]

　　做爲一個畢生致力於「把正確的字放在正確的地方」[38]來創作文學的小
說家，王禎和小說中命名的講究，除了透露了小說家企圖以語言文字的密
度，賦予人物多重象徵意義之外，作爲記號的命名「丑化之必要」，也進一
步呈現了「笑聲」與「命名」的複雜辯證。
　　綜觀王禎和的作品，我們會發現他經常字斟句酌地增刪修改作品，不
管是挪用古典詩詞作爲標題的註文，在人物對話上加入方言、俗諺的原料
做文字實驗，或是刻意變形、蓄意錘鍊語言結構，捕捉人物內在現實的複
雜波動，這些造句鍛字的符號衝動，若以克莉絲蒂娃的說法來解讀，王禎
和在命名中涵藏反面諷刺、褻瀆性器官的符號，便儼有拒斥習成的文字符
號或文法秩序（象徵界），透過扭曲、變形、斷裂等手法重建王氏文字城堡
的巨大意圖。〈快樂的人〉這個短篇，便是總結他早年「文學教育」（臺大
外文系與中國古典文學素養）的較早嘗試。

---

[37]同註 5。
[38]見胡爲美，〈王禎和在鄉土掘根〉的訪談紀錄，《婦女雜誌》第 103 期（1977 年 4 月）。

　　從女主角「含笑」與隔壁間的暗娼「綠珠」（與西晉以豪奢聞名的首富石崇的寵姬同名）的名字開始，小說家可謂「步步為營」地以「文白對照」、岔出文本脈絡的「旁白」映襯手法勾繪這位專業情婦的一天。含笑的宅居「巍峙」菜市場後頭，終年喧囂雜沓沒一會安寧，但她的住處長天大夜地嚴嚴閉著，「四方街坊都奉它為廟，廁身中間的，就被慨然門為善男或香客了。」——廟的神聖性與菜市場的溷雜特質——薰猶共處，如同含笑絕非廟中供人膜拜的「聖女」神祇，但她卻得仰靠妍居男客的「香火錢」維持生計。在這小巷弄間穿梭的「善男」，含笑在回憶間歷歷數來：

> 避遠了窮人，已滿十霜，聞說他男人別有新愛，沒許久，也因熬不住窮，下堂求去了。這不過是輾轉得來的消息，她也只聽聽而已。拾稔裡，含笑和家人一面不會，一言不通（人生不相見，動如參與商？）她也很少惦念家人，有時大家夢裡碰見了，也有泣不成聲的感人畫面。十年來到底有過多少使君隨侍左右，他說不上（十年夢，屈指堪驚？）。印象深的倒有兩位：當年她旋軍北上，給人幫傭，有位作藥材的，很中意她……不上週年，這作藥材的遽然他離，不復倦歸。此後就很自然地一個一個地和眾香客廝守不斷。藏嬌她的都是些手上有點頭寸的商賈，而也都很能明哲保身地不敢貿然進出暗街。另一位是上個月才拆夥的四川人，……滿嘴的「格老子」、「錘子」，加上分飛不長，記憶還新，餘皆不復醒記了。現在這位姓劉的履新不久，將來也許會被她忘記？也許會幸運地教她眷念無數？記不記得，不妨礙什麼，她要沒打算寫部轟轟烈烈的回憶錄。[39]

其實含笑與她的隔鄰——「暗門子」娼妓綠珠——的生活實無二致，同操皮肉生涯。但在她看來卻涇渭判然：

---

[39]同註2，頁31。

　　　每回盥櫛，她總要這麼提醒自己：我只不過是男人們的伙計，嘍！這些
　　　男人，太太不肯依的，就拿來找我。我在意什麼，長短他們都養得起
　　　我，他們都還是有一塊的人，我在意什麼！長短我不是娼妓，要像那妖
　　　精當暗門子去，死了乾淨，免去羞辱爹娘！她頭向上一仰，太息一聲
　　　（感此傷妾心，坐愁紅顏老？）（按：字底橫線為筆者所加）[40]

在她鄙夷綠珠的同時，彷彿有一個敘述者（旁白）不斷以的古體詩句突兀
地嵌進（干擾？）她的獨白回憶中，這些聲音與含笑的口吻身分毫不相
稱。文體的逆差，拉鋸出這個短篇共容互斥的「發聲管道」：一方面，綠珠
的向洗衣阿波大肆炫耀她的戀情（大學生尋芳客向她求婚），含笑「旁觀」
者清——「忽然嗅感出綠珠日子過得多麼地不堪、多麼地卑委、多麼地齷
齪、多麼地昏昧……」——識破綠珠刻意膨脹實則脆弱的自我。另一方
面，敘述語言中的雜音（含笑不識得的文言成語、詩詞旁白），屢屢碰撞出
諧擬的效果，像一個冷嘲熱諷的旁觀者，揭露含笑長年如一的慣技——以
捏造的家信騙取情夫施捨錢財，供她賭錢、花費——

　　　含笑聞聽心惦意念的信究竟送來了，不意淚掉下了幾顆（忽傳劍外收薊
　　　北，初聞涕淚滿衣裳。）等阿婆將信送來，她已淚水披了一臉……。一
　　　俟阿婆離去，她立時將信團起，悶進掌裡，哭著趓回房去。哦！我比她
　　　好不了多少的，好不了多少的。我的天！我這十年的日子也一樣過的不
　　　堪，一樣的委縮啊！十年來我的青春白白浪費了！我的青春！我的青
　　　春！……，過了許久她才記起手底信，趕忙將信甩到牆根去不看一眼
　　　地，不念一句地。[41]

只因信中十年來「一字不易」的內容，預示著含笑未來無法「含笑」以對

---

[40]同前註，頁32。
[41]同前註，頁32。

的恐慌：年華老去，無所依傍的悽涼命運。這些逸出小說人物心理狀態的古體詩句（明顯屬於作者，而不容於小說世界的「語調」），正如掀開她內心猥瑣、不堪（黑暗自我）的昵笑之聲。故事結尾，含笑碰在牀底下，將已被揉皺的信找回：

> 她拉平了信，定眼看去，還過得去，心中輕活了許多。剛才要撕了它，不就完啦！她聳聳肩，揩著臉上底汗和災，蛛網和鹹草，笑將起來。[42]

這抹狠狠的笑紋，固然象徵含笑對殘酷命運的妥協，更觸及一個深沉的命題：徐娘半老的含笑洞穿人世機巧，渴望愛情與自由的希望早已乾涸，一如青春早成記憶中殘瘠的片影——王禎和準確地描繪了一個沒有生氣、日復一日的現實之框，「含笑的一日」，似乎意味著身陷生活泥沼的人們無能逃脫、無法「自由」的尋常日子。明顯的，無可奈何、困在生活牢籠的人世情境，無疑是王禎和最鍾心的題材：語言的特殊化加深譏諷了窘態畢露的心靈實象，同時也鋪陳出立體的人物心理，予其血肉之軀；含笑對綠珠的敵意，拐騙男人「香火錢」的技倆，在在指陳著人與人溝通的不可能（如文本刻意並列的：含笑、綠珠、洗衣阿婆的認知落差）。故事的尾句：信主的阿婆向（推託洗頭）無法上禮拜堂的綠珠安慰著——「姑娘，只要你有一顆心，主一樣會看護你的。」——虛妄、欺騙的言談與虔誠的祝福相互映照，滑稽的效果，恰正交織出連宗教也無由救贖的生命情境。故事的終結指出了超越人我的有限性，但正如前文提及的，醜化與怪誕是「一種喚出並克服世界的凶險方面的嘗試」，這個故事使讀者見證到「有限性」與「他人性」——自我主體的敗北與——在其中也蘊藏著自由的啟示。

---

[42] 同前註，頁 40。

四、複音邏輯——語調與修辭

　　語調的問題，是我寫作時常困擾我的問題，因為語調不對，就像歌星唱歌沒有套譜，荒腔走板，不堪入耳。記得我寫〈三春記〉時，寫了兩千多字，始終覺得不對勁，寫了又撕，撕了又寫，最後只好暫時停筆不寫。後來我讀了《醒世姻緣》，讀完後豁然開朗，發現〈三春記〉所需要的，就是像《醒世姻緣》那樣快節奏的俏皮語調。確定了這個語調，寫起來就順手多了。又像寫〈嫁粧一牛車〉時，已經寫了五千多字，我覺得還是沒有把我想營造的那種怪誕、荒謬、悲涼、好笑的意思表達出來。並且，這樣的意思必須讓讀者在閱讀時，一邊讀一邊慢慢思索、體會，於是我就試著把一些主詞、動詞、虛詞調換位置，把句子扭過來倒過去，七歪八扭的，我想要的語調終於出來了。常常，我在寫一篇小說時，為了找合適的語調找了好幾個月。[43]

　　語調，並不止於文字節奏、音響的捕捉，同時意味著王禎和對人性中諸般極限情境的探勘，「怪誕、荒謬、悲涼、好笑」的醜怪腔調，正是他探索「鄉音」的嘗試；〈嫁粧一牛車〉裡，居住在墳場邊「與鬼為伍」的幾個人物，便以這多聲複調的語言精工打造而出。

　　主角「臭耳郎」（八分聾）萬發的世界，幾乎接近默片電影；少了靈明耳竅的萬發，視覺與嗅覺格外敏感，因此這篇小說在文字上極力誇張眼、鼻的感觸，正符合了萬發的特殊視角。妻子阿好瘦得乾瘠，嘴大得像「屎哈坑」（糞坑），胸坎活似洗衣板，當她雙手插腰時，整個人如：

　　　算數裡底小括弧，括在弧內底只是乾瘦的 I 字，就沒有加快心跳底曲折數字。[44]

---

[43]見〈永恆的追尋〉，收入王禎和《人生歌王》序言（臺北：聯合文學出版社，1990 年）。
[44]同註 2，頁 75。

阿好的形貌，論者指出她是魯迅著名的「鄉土小說」〈故鄉〉中豆腐西施楊二嫂的後裔：[45]

> 一個凸顴骨，薄嘴唇，五十歲以下的女人站在我面前，兩手搭在髀間，
> 沒有繫裙，張著兩腳，正像一個畫圖儀器裡細腳伶仃的圓規。[46]

豆腐西施在貧苦生活中練就出精刮上算的世故老辣，一風聞「迅哥兒」要典賣舊宅、收拾行李，便日日報到，順手偷去魯家閒廢不用的家常物器。同樣的，〈嫁粧一牛車〉裡的阿好也是輾轉於赤貧的漩渦中，當隔壁屋搬進一個可以挽救他們一家生計的成衣商人「鹿港仔」時，阿好也是成天到隔壁探望，後來兩人的關係日益曖昧，演出人性底層「性」與「金錢」的暗渡陳倉。鹿港仔恰好姓簡，腋味羶濃，萬發初見他時：

> 姓簡底趨前，嘴巴一張一蓋地，像在嚼著東西，也或許是在說話著。姓
> 簡底鶴躍到跟前，腳不必落地的樣子。嗯技倆狐臭得異常，掩鼻怕失
> 禮，手又不住匯進肢窩深處，彷彿有癖租居他那裡，長年不付租，下手
> 撞趕吧！實也忍無可忍。[47]
> 觸到電的樣子，姓簡底身子猛驚一抽，手捷迅地深入肢窩裡，手髮給刮
> 爪得沙沙響，癢入骨裡去吧！嘴牽成斜線一槓。[48]

兩段文字淋漓盡致地將姓簡底極具侵略性的體味、搔癢勾勒而出，預告著萬發的男性雄風，將被這位「姦」他老婆的姓「簡」底，擊挫得潰如山

---

[45]白芝（Cyril Birch）就曾指出：「王禎和的作品在有些地方強烈的使人想起魯迅著作，最明顯的就是他對阿好的描寫……。她無疑是〈故鄉〉中『豆腐美女』的直接後裔。」見楊澤、童若雯譯，〈臺灣小說中的苦難意象〉，《中外文學》第 7 卷第 11 期（1979 年 4 月），頁 105～106。
[46]見魯迅，《吶喊》（臺北：風雲時代出版公司，1989 年），頁 83。
[47]同註 2，頁 77。
[48]同註 2，頁 77～78。

倒、萬萬不發。

時日一久，村裡的人漸漸流傳著鹿港仔與阿好「凹凸」上的流言，加上姓簡底賃屋將被收回，幾番「秤算」（雙方「利益輸送」）後逕搬入萬發家裡；村人沸騰著：「阿娘喂！萬發和姓簡底和阿好同鋪歇臥了啦！阿娘喂……」。

原本鹿港仔的寮居因為他遷入萬發家，後來住進一個賣醬菜的，成日曬蘿蔔、高麗菜，「引著蒼蠅移民到這地帶」，偶爾也往萬發這邊聊天：

> 他來時，總領隊過來一群紅蒼蠅，營營趕驅不開。蹲在地下說談時，他一縫睬地眼，老向寮內睬瞭著，想鼠探點什麼可以傳笑出去。一臉刁鑽刻薄底形樣，身上老有散不完底醬缸味，很酸人耳目底。來者不善，善者不來，萬發倚重著弱聽不甚打理他。他倒和姓簡底有說有談，或許氣味相投吧！[49]

兩個在萬發嗅覺中沆瀣一「氣」的人物，一方挾著經濟的優勢使他不得不隱忍綠雲罩頂的恥辱；一方則夷笑地向阿五（萬發之子）高聲探詢：「奸（幹）你母底上那裡去？」，尖銳地戳中萬發心中最不堪的痛點。賣醬菜底「統帥」的「一旅」髒蒼蠅，正生動地象徵著「進軍」萬發耳竅靈犀的流長蜚短；萬發彷彿化身為炎日下曝曬的醬菜，任眾蠅飽吮酸漬。

> 我寫完〈嫁粧一牛車〉後，看了好幾遍，每次都邊看邊掉淚，我覺得自己真不應該如此嘲笑一個這麼可憐的人。但是後來想想，當一個人窮過了一個程度之後，他的窮也就只變得好笑了。這樣想通之後，心才好過一些。[50]

---

[49]同註2，頁92。
[50]見胡為美，〈王禎和在鄉土掘根〉，《婦女雜誌》第103期（1977年4月）。

　　赤貧的處境逼現出欲望主體最深沉的恐懼——成為「非人」，被「異己」吞噬——這些人物上生理的丑怪荒誕，彷彿是刁難萬發的某種邪惡神祇，正意味著相對於「自我」之「他人性」——與萬發相對立的神祕勢力。萬發這樣的一個人物（以及他在這股勢力前的「和解」），因之具有廣大的普遍性，象徵著每一個在龐大不可抵抗的環境下，輾轉掙扎、終究敗北的現代心靈。王禎和的「嘲笑」，如上文所分析的：不僅是欲望主體將自我交付給（承認、「知解」）黑暗勢力的表示，同時更指出了逃脫命運殘酷的道途。

　　通篇以輕快語調寫成的〈三春記〉故事以「梅開三度」的阿嬌婚姻生活為主軸：區先生與阿嬌的結褵正代表「自我」與「他人」互為辯證的開端，阿嬌正如理性自我的「化外之民」——

> 阿嬌稍微過大底嘴，只要一啟，立刻有兩道液路沿著鼻翅向唇邊浩浩蕩蕩地八字下來，一路眯眯笑著，旁人眼裡，就是她在氣頭上，也彷彿是她在那裡風情萬種地笑嗅，頭還稍許偏著。這也許是命帶桃花的緣故。
> 阿源，她第一位先生，下葬那一時，粗麻頭下她搗著兩眼，郎一聲夫一聲叫號，而露在眾人眼裡的兩片嘴，卻笑得那般離海海。好奇心重的親戚，藉故走到她面前，一頭沒斤沒兩地慰安她，一頭用眼來無孔不入地審看，到底她是在哭還是哈哈笑？有一位姓梁的大姈子還說快找醫生，莫非阿嬌這孩子傷心過度，哭笑不分了？[51]

在「死亡」前，依舊笑意漫爛的寡婦，彷彿詭異地浮出人性黑暗深淵的一副鬼臉面具。

　　在〈嫁粧一牛車〉文中，我對赤貧者的嘲諷覺得太不應該了，每當我讀

---

[51] 見王禎和，《香格里拉》（臺北：洪範書店，1995年），頁2。

到（女主角）她吃蕃薯後去找工作，結果給『屁』丟了時，我會掉下淚
來，為什麼對窮人這麼生理上的不可免的排泄，還要開這麼大的玩笑？
但在〈三春記〉，我便不會有這麼難過的感覺，而且用了《醒世姻緣》中
的那種輕快的調子，不像在〈嫁粧一牛車〉那樣盡量保持不笑的態度。[52]

　　王禎和多次提及這兩個短篇，時時充滿著互為鏡照的意味；明顯可見
的，〈三春記〉正記載著王禎和創作意識轉變的痕跡。在這篇小說中，沒有
〈嫁粧一牛車〉的貧窮陰影，作者似乎不帶任何同情地百般掇弄「吃縣衙
飯」的區先生：他與阿嬌的洞房初夜，褲帶扣鬆不開，性急起來拚力一
扯——

　　喀啦一聲——彷彿是「看啊！」一叫，外褲連著內褲通通溜到腳跟去，
　　兩片青瘦底臀，坦白無私地向著天地，腰間還拴著那條底褲的白棉帶
　　子。[53]

雄風不振的區（屈）先生，彷彿受招降的敗兵「坦白從寬」。阿嬌目睹此
景，

　　好在多識廣見過男性，只咦了一聲，顏臉也不願紅地就走過去，幫區先
　　生脫下褲兒。然後撿起短褲，認真端詳，神色冷靜，似護士在檢查性病
　　患者的底褲的樣子。[54]

花燭夜的插曲，正預示出夫妻兩方勢力懸殊的對比，如同鏖戰經年的將
領，阿嬌一步步地達成操奪家中大權的目的。這個故事與〈嫁粧一牛車〉

[52]同註 19。
[53]同註 51，頁 13。
[54]同前註。

相仿，「一家之主」的全面挫敗與性（金錢）無能明白地互為指涉，曝現出「家庭劇」中冷酷的權力交鋒；萬發無告的處境固然象徵命運不仁，但最引人深思的莫過於，居住在「墳場」的一家人，使我們照見了最主要的基礎的社會單位：家庭（也是孕生「自我」的溫室）的潰解；人與人間的「關係連結」如此艱難不可得（維護自我完整性相對地不可能）──萬發的「妥協」正是建立在殘破的倫理關係（愛、親情、友誼）之上──隨時有傾塌，成為廢墟（墳場）的可能。

〈三春記〉看似輕盈，卻同樣繼承了上述的主題。此篇的情節更為單一而集中，場景與人物相當簡約，外在人事環境的波瀾影響減至最低（恰好與〈嫁粧一牛車〉形成對照）；一切不過閨房祕辛、家居瑣事，營造出彷彿只有阿嬌與區先生的兩人世界，四無掛搭。但也正因為如此，反而拉鋸出一齣精采的家庭心理劇。

阿嬌與區先生花燭初夜首度交鋒，第二天──

> 她臉上神情卻是靜得異樣，彷彿死了一般，只兩口大奶，沒有奶罩的約束，隨著步伐規律地左右打旋，從肩上垂掛下來一對裝備著電動馬達的磨子也似。倒是區先生一顏面底難為情，似乎初夜的犧牲，是他無所保留地奉獻出來。他走起路來，好似也有一點不類平常，帶著傷的樣子。
> 他確是負了傷底。他怎麼都不及想到自己會這樣底無用。溜去了許多刻寶貴的夜宵，區先生始終就不能理直氣壯起來。阿嬌又催得那麼狼虎，急得他想哭。平日練就的九九八十一兜，雞蛋碰石頭，全砸了。能想的方法都試了。依舊殘酷地風紋不動，後來阿嬌毅然決然掏出自己的一房大奶塞入區先生嘴裡，方方有一些許起家。剛要成就大事，就幹伊娘回軟了。快到天亮，區先生竟哭出來。阿嬌忙哄他睡覺，有事明日再會商吧！[55]

---

[55] 同前註，頁16。

提溜著兩隻大奶狼虎地「進攻」的女性，負傷委「屈」痛哭的男性，夫妻間的權力景觀從此底定。這夜後，兩人終日為無能茁壯的「男性」奔走尋訪；好容易探得一種美國壯陽藥：

> 淨過身，區先生對著錶，服下美國金丹，然後和阿嬌屏息靜等，眼珠盯著人家賀禮送來底新鐘，心唸口唸著一分一秒，彷彿實驗放射衛星的模樣。那一夜晚，衛星果然升空，入了軌道，壯麗而順當。
> 阿嬌樂得茁實得多麼呵！[56]

衛星射入天宇，但如同迴光返照，自那夜後，區先生卻從此一蹶不振：「日子一天一天數過，區先生還是英雄本色不來，而便祕卻是一天頑固一天」宣告了區先生家主權柄兵敗如山倒，完全反轉了常態的家庭結構。只是王禎和似乎無意在性別議題上兜轉，倒是集中火力揶揄公務人員區先生的陽萎與便祕，看得出王禎和已嘗試捨棄稍早的作品中——對人物互動、家庭關係、生計負擔等等——心理複雜網絡的鋪陳，旁枝冗節剔除之後，我們強烈的感受到：阿嬌正代表著區先生理性自我無法統馭的巨大勢力，自我與他人間無能跨越的障礙之神——魔鬼——「他人性」的具體象徵。

從〈快樂的人〉中雕琢語言、鋪排語境的斧鑿之痕，經過〈嫁粧一牛車〉的提煉，到了〈三春記〉幾乎已臻完熟；我們可以看出，王禎和在小說中刻意演的喜劇氣氛，不但不能泛泛以「損害感人力量」、「有失厚道」[57] 等評語概括，亦非從「用喜劇表現悲劇」[58] 的詮釋角度所能道盡；正如前文

---

[56] 同前註。

[57] 見鐘言新，〈訪問王拓〉，這篇訪談錄中王拓對王禎和在小說中時常嘲弄小人物，或過分誇張他們無知與愚昧的作風，不以為然，他希望王禎和趕快改變他對小人物的態度。這段話可以視為是類「溫情派」批評意見的代表。收入王拓，《街巷鼓聲》（臺北：遠景出版公司，1979 年），頁 218。

[58] 這類說法以姚一葦〈論王禎和的〈嫁粧一牛車〉〉一文為代表，他指出「王禎和讓我們看見一個最渺小、最被忽視的人物，讓我們看見一種最卑下的生活，讓我們看見人生和世界之中最不為人關心的小小的角落，讓我們看見一個人底生活中無可如何的悲劇」。原發表於《文學季刊》第 6 期（1968 年 2 月）。見張默、管管主編，《從流動出發》（臺北：普天出版社，1972 年），頁 173

所分析：這些丑化的人物、怪誕滑稽的語調，不只無情地揭露尷尬、醜態畢現的人生實象，更逼現了內在暗我的恐怖兇殘——主體追求自我統一時呈現的暴力本質。「笑聲」與「命名」正是對此黑暗暴力（命運中無告的處境）的承認，正如格林童話中被逗笑的怪嬰一般，那正是掙脫妖異糾纏、制服魔性的嘗試。

〈兩隻老虎〉，採用「街路人」的觀點，在「我們」的凝視下，「大不同」鞋行的老闆阿蕭形貌與行為的滑稽錯謬，不斷成了眾人取笑的目標。

阿蕭因為身量奇短，常被誤認為店中的夥計，他不甘如此給人貶低「身分」，便開始主動而熱烈地招呼客人：

> 我們看到他和東海站在門口爭著嚷「進來坐、進來坐」迎迓顧客。阿蕭從來就沒有這般底。他底嗓門像個十歲小孩的，一拚命喊，聽著就像女人尖叫。往往把客人驚嚇得拔腿就跑，還真以為碰上了開黑店的孫二娘。[59]

阿蕭的行止惹得眾人詫笑，當他把「溝仔尾」（妓女戶）的阿花召應回來日夜陪伴，更瞬間成了街頭巷尾的話題焦點，眾人爭睹兩人同處一室的親熱「舉」動，吩咐住在阿蕭隔房鞋店師傅輪流守夜，從牆縫覷看虛實。

> 面對面地……阿蕭底頭只到阿花聳起的人工胸，兩個坐得這麼貼近，從外面看進去，彷彿阿花正在深情萬斛地餵阿蕭吃奶。兩人的聲音壓的低低，低到沒聲沒息，像兩個相戀的啞巴靠著讀唇來談情說愛。[60]

隔日，經過「戰況轉播」，大伙失望之餘，轉而嘲笑阿蕭「莫囊葩」。

～174。
[59]同註 2，頁 186～187。
[60]同前註，頁 197。

阿蕭情急之下，辯言自患了淋病，怕傳染給阿花——

> 哼！背地裡東海（按：鞋行合夥人）就嘀咕，他會得那種病？要是他真
> 得了那種病那才叫皇天不長眼睛。他有資格生淋病？八輩子輪不到他！
> 看來生淋病和聯考中狀元一樣是不簡單的事了！[61]

街上人家如「看客」一般，將阿蕭的性事大加議論，得淋病在此居然與中
狀元一樣，成為男性主體強勢的表徵！整個故事在誇張渲染的笑謔氣氛
中，層層揭露阿蕭因為「愛面子」（導因自卑心理的「自我維護」），而更加
窘態畢露的薄弱自我，有如臺諺中「四兩人要做半斤事」的妄念，使他的
自我意識越發高漲，甚至無視於鞋店面臨發不出師傅薪餉、勢將倒店的困
境，於普渡的拜拜宴席上向不識他的客人吹捧名存實亡的頭銜（空洞的自
我）：

> 敝姓王，三橫一豎王。請。
> 阿蕭當然站起來，杯子舉到頭頂。本人姓蕭，大不同老闆
> ……（中略）
> 你們剛才說的那位沒款沒樣的矮東西就是他？就是他？
> 客人的詢問一下，阿蕭底手早已指向東海。
> 這位是本人請的夥計。
> 看店送的夥計。
> 好像喝了三瓶高粱，東海臉紅到脖子那裡。
> 阿蕭又手指著正在抽煙的張李兩師傅。
> 他們是本人雇來的作鞋工人。
> 豁瑯一聲，李師傅站了起來，拿香煙底手劃過八仙桌差一點就要燃著阿

---

[61] 同前註，頁200。

蕭底髮。[62]

字行的刻意縮排，固然從高矮排序模擬出「臉鼻子以下都給高大的八仙桌遮掩掉」的阿蕭的侏儒外貌，卻更進一步指陳著阿蕭內在卑矮的主體終究無法與他人平身齊頭的殘酷事實，貶低店中夥伴的行為，正呈現了岌岌可危的自我危機；故事的末尾，鞋店赤字攤現、外務員逼債之下，阿蕭終於精神失常——白天黑夜賴在牀上，唱著「兩隻老虎，兩隻老虎，跑得慢，一隻沒有雞葩，一隻沒有囊葩，不奇怪，不奇怪！」——調侃男女生殖器將童謠變形的怪誕調子，悠悠低吟著阿蕭主體認同的全面潰敗。

　　過程的街路人，同時也是將阿蕭「看殺」的「看客」（如魯迅筆下的阿Q在臨刑前已被眾看客看殺）；阿蕭「作一個體面的人」的渴念，正是為了召喚睞睞眾目的凝視，在他人的視線中收集自我虛妄的投影；王禎和透過一群無名亦無所不在的路人之眼，記錄了這一則街中傳奇，不僅將鄉鎮商鋪「看熱鬧」、「看笑話」的街談巷議——社群關係中的語言暴力——鮮活顯影，更在眾人的謔笑戲嘲聲中，剝開阿蕭無能直面、反遭吞噬的黑暗自我。王禎和修改此小說的結尾，讓它更接近「民間傳說」[63]所透露的意圖，猶進一步指出：街路看客、讀者與作者皆可互為指涉，在笑聲迴盪之際，一同見證了小人物的悲慘結局——「他人性」——犧牲與死亡——自我的局限斷裂的象徵，同時也在死亡（「民間傳說」所積澱的經驗智慧）中，窺見人我溝通的永恆可能。因此，故事中「四兩人要做半斤事」的諺語就不單是一句以諧人式的規勸，更是窺見主體局限／死亡後的殷殷忠告，允諾了在自我與他人所構成的社群關係中「自由」的可能。[64]

---

[62]同前註，頁 207。

[63]見《嫁粧一牛車》〈後記〉中王禎和所言，（臺北：遠景出版社，1975 年），頁 273。

[64]誠如班雅明（Walter Benjamin）在〈說故事的人〉一文中借評論俄國作家 Nicolas Leskov 所指出的：成語（忠告、民間諺語）與民間故事所傳承的經驗（故事教訓）間的密切關係。如同民間俗語諺語正記載著土地傳統（民間文化）的深厚智慧，死亡的啟示，正是經驗得以傳承下去的背書，也意味著人我間溝通的永恆可能，允諾了自我在社群中如魚得水自由。參見林志明譯，《說故事的人》（臺北：臺灣攝影，1998 年），頁 38～48。

以上的分析，都讓我們清楚了解，王禎和作品中丑化、滑稽怪誕的小人物，正是主體意識亟欲排除的「他人」的表徵，他們的遭遇，往往不斷地揭露出人性中內在暗我的混亂與脆弱，代表著理性自我無法剷除的「異己」；這些小人物的遭遇——犧牲、死亡、輾轉於命運的苦難中——更是我們在小說中首次遭遇的他人的「他人性」（有限性）。王禎和特殊的喜劇筆法，固然深刻地挖掘「內在真實」的幽深黑暗，但更值得深究的是，怪誕滑稽的人物群像與故事情節，正體現著承認黑暗自我、面對自我局限的醒覺（反省）契機，一如阿多諾與霍克海默所指出的，笑聲一方面是主體性罪惡的印記，但同時也是回返家鄉的承諾。此乃社群意識凝聚——家園中構建關係倫理——的基礎，「定居的家園」乃是透過見證過死亡的社群倫理（溝通／自由）來維繫。

五、索多瑪的罪惡——痛詆城市文明：小說家的「愁」與「仇」

從創作歷程看來，〈小林來臺北〉（1973 年刊出）不僅是王禎和筆下的小人物遠離鄉村進入城市的第一篇小說，更是戰後臺灣文學首次觸及城鄉流動與貧富差距命題的小說，堪稱為 1980 年代臺灣都市文學的「先聲」，王禎和對新興城市文明的批判從此開端。七年後，王禎和雖在癌症的威脅中，依然在養病期間著手長篇小說《美人圖》，1981 年出版的這部小說分為一二兩章，可視為小林故事的「長篇」版，呂正惠遂以「小林三部曲」[65]稱之，譽其為與陳映真、黃春明聯手出擊的一系列描繪「殖民經濟」的小說中，最有價值的篇章。這樣的讚詞其實延續新詩論戰與鄉土文學論戰稍歇之後，「鄉土文學」終能在文學典律的流變中占據上風之論點，與另一類貶斥小林故事是「文學義和團」[66]的說法，看似壁壘分明，實則展現了本質上不無相異的意識形態。

---

[65] 呂正惠，〈荒謬的滑稽戲——王禎和的人生圖像〉，原發表於《文星》雜誌第 109 期（1978 年 7 月），後收入呂正惠《小說與社會》（臺北：聯經出版公司，1992 年），頁 88。

[66] 見尉天驄，〈消費文明下的屈辱和憤怒——談王禎和〈小林來臺北〉〉，文中提及該小說曾被譏為「文學上的義和團」，尉對此說法提出嚴正駁斥（《聯合文學》第 74 期，1990 年 12 月）。

　　仔細分析這些儼然對峙的評論意見，其實也與小林故事（1986 年《人生歌王》亦可視爲另一部同質異構的「小林」故事：主角恰巧名爲林小田）中涇渭分明的道德景觀相互應和。透過憨直純樸的小林之眼，我們望見了資本主義消費文明與城市裡人性的醜惡景觀；分據一端的批評家自然也各取所需，鄉土文作與城市文明成了斷然無法彌合的二元對立世界。在這個意義下，小林，固然代表了消費社會中受屈辱、受迫的邊緣族群，卻更揭示了一則承續過往經驗的鄉土文化在現代化過程中勢必走向斷裂死亡的寓言。

　　也因此，王禎和小說中的臺北有如舊約聖經中的索多瑪城般人慾橫流（特別是崇美媚日的醜態），小說家對城市文明的不平之鳴，密集地呈現在醜化、鄙化的人物「命名」。除了與小林境遇相仿的張總務、小郭、小鄺以外，航空公司男女職員的洋名，皆成了深含貶意的醜陋記號：爛屍（Nancy）、倒垃圾（Dorothy）、垃圾桶（Rocky 董）、倒過來拉屎（douglas）、瘟生（Vincent）、性病王（C. P. 王）……等等，其中所蘊含權力／道德互爲指涉的人性化約，不言可喻。小說家在《美人圖》中對於「流鼻涕（U. P. T.）航空公司」的生態圈幾乎是採取扒糞式地「現形記」筆法，女職員幾乎成了頭髮、指甲、乳房的附形者，終日追求自以爲時髦的美式生活：不帶乳罩、刮腋毛、吃甜甜圈、性交氾濫、生美國卑鄙（baby）……等。[67]我們看見悍然對比的小說世界，使得王禎和早期作品中將人事怪誕丑化的戲謔幽默，至此已成爲人我社群間激烈的排除性暴力的符徵——窮追猛打的尖刻挖苦——彷彿火山爆發般，透露了王禎和壓抑經年的譴責情緒。王禎和筆下的新文明之神，冷酷地掌握著經濟帝國的強勢權柄，將母性／鄉土傳統（舊社群）摧殘殆盡。充斥著媚外、買辦惡習的航空公司，正是殖民文化的洋奴幫兇。無能面對冷漠的城市文明神祇，小林只能在心中忿忿怒吼「幹你娘！」：作者／敘述者二而爲一的這聲唾罵，

---

[67]根據此小說改編而成的電影，宣傳海報上如牛肉場般的誇張圖像適足以凸顯該小說內在的譴責意識（見圖二）。

讓我們聽見了王禎和的復仇之聲。

> 我在臺北生活很久了,都市生活給了很多想法和感觸,我是寫小說的人,寫出我對臺北的看法,應是很自然的。
>
> 《美人圖》的女人比以前寫的形象立體一點,色彩豐富一點,實在是因為題材的需要,另外也為了烘托主題。我以前在航空公司上班,現在對辦公室那些女職員的回憶也僅止於這些——形象和色彩——,其他都沒有印象了。[68]

王禎和受訪時對城市文化／臺北的不以為然與隱隱的敵視,在他的《美人圖》中畢露無遺,航空公司宛如王禎和心中都會世相的縮影,圖中的美人——女職員——盡皆成了「物化」的形貌(「只有頭髮、指甲、乳房才會有她們的存在」),象徵著「唯利是圖沒有人性的人」[69]:這類清教徒式的強烈判定,正是自短篇〈小林來臺北〉中開端,逐漸森然完構、壁壘分明的道德城堡。

我們發現,王禎和前期作品中挖掘主體意識中「理性自我」亟欲規範「異己」、排除「他人」,卻反過來賠上自我,成為結構性暴力下犧牲者的細膩辯證,至此已成為簡化的二元對立世界,王禎和展現了知識分子以道德理性全面否決人性病根(黑暗自我的表徵)的強悍態度。阿多諾與霍克海默在《啟蒙辯證法》中分析「回歸」與「復仇」的啟蒙理性運作,恰可契入了解王禎和此番曲折的心路歷程。

若以「主體性的歷史」[70]來詮解《奧德賽》這部史詩,那麼奧德修斯的海上迷航,就象徵著男性欲望主體的封閉系統遭受到嚴重的挑戰,奧德修斯流浪的目的,其實是為了回歸——回歸自我、自然的欲望本能——回歸

---

[68]見林清玄,〈戲肉與戲骨頭——訪王禎和談他的《美人圖》〉,原刊於《中國時報》「人間副刊」,1981年2月10日,後收入《美人圖》附錄(臺北:洪範書店,1982年),頁201。
[69]同前註,頁203。見《美人圖》附錄:杜亨翰〈談《美人圖》〉一文中引述王禎和所言。
[70]同註23,頁78。

一個理想的人性家園。只是在艱險的旅途中，主體爲了免於大自然黑暗勢力的吞噬，不得不分裂爲二：一部分是用「理性的狡獪」（"the cunning of Reason"）來支配自然界的恐怖力量，發展爲人詛騙神：透過儀式性的犧牲與祭典求得神的寬囿，此即啓蒙理性的發軔，亦爲西方現代文明中個人主義的源頭；另一部分則是「責備」自己內在充滿了因外界刺激而忐忑不安的衝突力量，這種不安焦慮，使人不能平靜的面對事態的激烈撞擊，因此，否定、壓抑自我本性的念頭也相應而生，但也因此使得意欲支配自然界的目標，變得益發迷惑不清，故文明的進程實則爲「犧牲內化」的歷史，爲了克制自己的內在慾望，必須要犧牲更多的自我。[71]

就像奧德修斯返歸睽違多年、已無人認出他的家鄉綺色佳後，發現不忠的女僕與求婚者（向等待奧德修斯回鄉的王后帕妮洛普求婚）嘻笑鬼混，他的心激憤不已，但卻不斷地壓抑內在的衝動，提醒自己：「我的心，你忍耐吧！獨眼巨人肆無忌憚的吞吃你勇敢的夥伴時，你還忍受過更難的事，當時你也忍受下去了……」；但即使他心中自我責備與放棄復仇的念頭（非理性的力）占了上風，他的心「還在猛烈的跳動」，但「他的軀體違背他的意志在活動」，[72]此時的奧德修斯把犧牲集中到自己身上，壓抑自己直到他被奶媽認出，成爲一個眾人景仰的受難英雄，鞏固他島王的權威地位後，才以自身的權杖問吊處決女僕。於是，我們清楚看出，原來被他隱忍壓抑的復仇之念（神話性的暴力衝動），搖身一變成了合理客觀的法律規範。阿多諾與霍克海默便犀利指出：

> 原來，奧德修斯的延遲與忍耐，並不是要放棄復仇，而是要更徹底的復仇……；雖然這自然的衝動被掩蓋在一種似乎是全然的否認裡（放棄復仇），最後的目標還是要讓自然的衝動發洩出來，控制外在自然。當「掩蓋」被轉移到主體時，它失去了神話性的內容（報復的內容），這種控

---

[71]同前註，頁51。
[72]同前註，頁81。中譯本〈奧德修斯或神話及啓蒙〉一文註釋6。

制、「主宰化」（"subjection"）的過程，變成了客觀化的過程（客觀的自
給自足），與人類其他特定的欲求比起來，更變成了普遍的法律。

也因此，原來是個人特殊的目標、欲求，透過客觀化、主宰化變成了道
理準則——法律便是最具體的呈現。正義即是被壓抑、延遲的報復；法
律的耐心建築在一個外在於自我的基礎——由於思念家鄉（文明、法律
與定居的歷史意味著自我認同，自我意識的建立）——自我因此獲得了
人性自信的特徵。但在發達的資產階級社會中，隨著復仇思想的消失，
思念家鄉之情也遭到了禁忌，然而，正是這種思鄉之情把復仇變得尊
貴，在兩者都消失後，復仇便達到了最高的形式——也就是自我對自我
的報復。[73]

奧德修斯回歸的鄉土，實際上是奠基於合法「社群規範」的定居家園，法
律——理性的客觀化實踐——依舊不脫人我間排除性暴力的模式；揭開思
鄉的迷思，自我意識的徹底建立正展現了「自我對自我的報復」。

王禎和晚期作品所展露的複雜理性運作，恰好反映了上述的「復仇」
與「思鄉」心理間的辯證結構，在他的小說世界中，彷彿城市生活只呈現
善惡截然、充滿排他性的人我衝突，唯有小林（與其同路人）方具備鄉土
／傳統／母性文化的淳厚真樸；小林系列故事正透露出王禎和為家園（象
徵著自我同一、主體意識的建立）之淪喪所吶喊的譴責之聲。

王禎和早期作品所展現對人性家園的否定性觀照，早有脈絡可尋地記
載著壓抑冷卻的憤怒印記；1970 年代後半葉的社會文化背景，[74]直接地成
為激化其作品氛圍的導火線：〈小林來臺北〉正展現了王禎和的高昂情緒，

---

[73]同前註，該文註釋 13。

[74]1971 年旅美留學生發起的「保釣運動」；同年 4 月，美國與中國大陸進行「乒乓外交」；6 月美國
將釣魚臺列嶼主權交予日本；7 月季辛吉訪北京；10 月我國退出聯合國。1972 年美國總統尼克
森訪問大陸；9 月日本與中國建交，隨後我國與日本斷交。1972～1973 年在第一次石油危機，臺
灣加工出口經濟的持續成長，於此劃上休止符。這一連串的事件，不僅在政治上使臺灣喪失了在
國際社群中的立足之地，經濟層面上危機重重，同樣直接地衝擊了臺灣的文化圈。

鄉土／文明自此對立二分、無法彌合。1974 年短篇〈伊會唸咒〉之後，陸
續發表的〈素蘭要出嫁〉、〈香格里拉〉雖再度回到熟悉的花蓮風土——以
勾繪濃郁的母性傳統爲作品主要脈絡——但已明顯地繼承小林故事中的排
除性結構——小說中的「善母」不是受到鄰里的排擠惡譴，[75]便是家中遭遇
接二連三的噩運[76]——這樣的轉折恰恰透露了王禎和極端焦慮、徘徊尋索的
回歸渴望。1981 年的《美人圖》，我們看見王禎和長久隱忍的復仇之念，
以「謔而謔」式漫畫般，誇張扭曲的人物劣根性；小說中象徵著弱小民族
的小林，明顯地成爲小說家心中強悍理性的「正義」化身。

　　1984 年的《玫瑰玫瑰我愛你》直接以諧名影射諷刺「美國美國我愛
你」的洋奴嘴臉，這個故事的開場固然仍以王氏作品中熟悉的場景——花
蓮市鎮——爲中心，但此中勾繪的人世景觀，卻名存實亡地遠離王禎和前
期作品的底蘊：

> 花蓮市中美戲院在中華路的中段，拐過戲院往下步行個三兩百公尺，你
> 就會絕對又必然地踏進綠燈戶的所在區。惲醫師他老媽的得恩堂就薰貓
> 同器地在這兒設置。教堂底門便是在深夜也開放著，很給在此區犯淫的
> 人們一個悔罪的方便。所以便有多底人狠是喜歡一而再再而三地來這
> 裡。可不是，既有偷犯淫戒的險趣，又有得重生的喜悅，何樂而不爲？[77]

　　這個教堂不僅置身暗巷淫窟，「往前走個十來步就可以走到設在戶外的
廁所」：

> 是舊式茅坑型，蹲在上面，臭氣蠻衝鼻的；低頭一看，還可以分明見到
> 滿坑的糞和蠕動不停的白色蛆。[78]

---

[75] 如〈伊會唸咒〉、〈香格里拉〉。
[76] 如〈素蘭要出嫁〉。
[77] 見王禎和，《玫瑰玫瑰我愛你》（臺北：遠景出版社，1985 年），頁 1。
[78] 同前註，頁 2。

神聖虔敬的宗教聖堂與賣淫戶、茅廁比鄰相偕的修辭指涉，與其說是
小說家一直以來擅長經營的文字反差策略，但在此文本中，王禎和毋寧是
著意勾繪一個神魔同昌共榮，甚至「魔高一丈」的人間世相：脫褲議員、
斷袖癖醫生、訓練土妓女的英文老師、綠燈戶的龜公鴇母（四大經
理）……，小林系列故事中淳樸的「小林」式人物，至此已銷聲匿跡。我
們看見王禎和心中鄉土文化的最後堡壘已然陸沉：

> 一、二十年來我就一直想寫這小說。記得越南美軍第一次搭軍艦到花蓮
> 度假，全花蓮市都忙碌起來，有的準備歡迎，有的忙著要賺美金，報紙
> 更用頭條新聞、花邊消息報導美軍來臨。全市五色繽紛，喜氣洋洋，最
> 後讓花蓮人大開眼界的就是有座酒吧出現。……酒吧是竹子搭成的，在
> 裡面做買賣的吧女「色膽包天」，看得我們這些土花蓮人都傻眼，還有她
> 們坐在三輪車裡的那種「今日看我」的冶蕩，以及美國軍人、憲兵在酒
> 吧裡走來走去的神氣，給我很深的印象。從那時起，我就想把這小城一
> 大事寫出來……[79]

從此小說的「本事」中明顯可見，這個長篇小說中的花蓮鄉鎮，正象
徵著遭受經濟帝國殖民文化全面滲透剝削的鄉土傳統。全市動員迎接美軍
度假的譁然喧囂，即為這部作品集中描繪的鮮熾圖像，扭曲誇張、醜化、
鄙俗化的人物，特意地雜糅（雜交）臺、國、英、日語的獨創文字，構建
了一個群妖亂舞的小說世界——那正是王禎和為滅的鄉土傳統淒厲怒嚎的
產物：

> 從美軍來，酒吧設立，這其中便產生了值得思考的許多社會問題。……
> 工商業社會帶來的「唯利是圖」、「大利滅親」。[80]

---

[79]見丘彥明，〈把歡笑灑滿人間——訪小說家王禎和〉，《聯合報》「聯合副刊」，1984 年 2 月 19 日。
[80]同前註。

　　這段表白讓我們窺出，寫作此部長篇小說，對王禎和而言，不啻為反擊「大義滅親」扭道德觀的文化復仇之舉，排他性的道德理性化為作品中堅壁清野的強烈譴責。因此，小說中堆砌鋪排的「限制級笑話」、荒謬的性事描繪、生理器官的滑稽扭曲，非但沒有達到王禎和預期「讓人間多一些笑聲」的效應，反而不斷地曝顯著作者心中歷歷分明的嚴屬判準（小說中黑白二分的律法準繩）。

　　值得一提的是，《玫瑰玫瑰我愛你》一出版，當時雖然不至於到「眾口交謗」的地步，[81]但確實有「毀多於譽」的傾向。如今我們重新歸納這些評論，會發現貶之者有云：該小說再現的世間亂象「缺乏道德意識的平衡」，比「最粗俗的自然主義作品」還不如，[82]或曰小說家的謔笑譏嘲「太超常理」、「過分離譜」、以「猥穢」語調刻畫人體功能器官，雖衍生這部「粗製濫造的臺語鬧劇」[83]；為之平反者除了抬出古希臘與文藝復興以降的西方諷刺文學傳統為王氏加持外，更強調小說家用心良苦地透過荒唐滑稽的性事笑謔來暴露「『人』『我』間共有的弱點與缺憾」，解構法理道德。[84]

　　但筆者以為，此小說之病非在「是一部失敗的諷刺性喜劇」，就像它的好處與伊拉斯摩斯（Erasmus）與拉伯雷（Rabelais）的巨著[85]相比不免顯得「小巫見大巫」一樣，與其著眼於估量此小說在「謔」與「虐」之間分寸的拿捏是否得宜，不如自王氏小說家脈絡分明的創作歷程來推敲。

　　這部長篇同樣呈現了王禎和晚期長篇作品的一貫特色：時空極度壓縮、場景簡約、集中敷演人物心理的驛變流動，文字語言的靈活運用，撐構出完足的故事情節。明顯地，作者以高度的文學形式理性建立的小說世界已森然矗立。

---

[81]見註 18，王德威文，見 22。

[82]見呂正惠 89。

[83]見龍應台，〈王禎和走錯了路——評《玫瑰玫瑰我愛你》〉，此文原載於《中央日報》，1984 年 10 月 25 日，後收入《龍應台評小說》（臺北：爾雅出版社，1990 年），頁 77～82。

[84]同註 18，頁 24。

[85]分別指前者的《愚神頌》與後者的《巨人傳》，參見朱元鴻，〈拉伯雷與我們的世界〉，《文化研究月報》第 42 期（2004 年 9 月）。

　　但王禎和在這個小說世界中呈現的「鬧劇」傾向，一方面並不接近「寓莊於諧的喜劇傳統」——讀者自其中鏡照自身、憐憫小說中人——的諷刺小說格局；[86]另一方面，若從中西笑鬧文學傳統優游禮法、顛覆既成價值系統來解讀這部小說，則不免對王禎和在小說裡化約人性、誅伐小說中的人間群妖——服膺一個更為嚴整、更具潔癖的道德尺規，實則與非理性的暴力接壤——未及細究。我們清楚看出，小說家清堅絕決、嚴苛駕馭的道德理性，至此徹底左右了虛構文本中的人物群像，使幽默的狎戲變調為喧騰叫囂的復仇獰笑。

　　正如奧德修斯返鄉後，以島王的權杖問吊背叛的女僕，王禎和在小說中精心圍砌的理性城堡，正以高度膨脹的道德律則，實施暴烈的排除性暴力，小說中「魑魅魍魎」的人物造像，正是遭王禎和凌厲筆刀處決問斬的囚徒。阿多諾與霍克海默所指出的思鄉懷緒，便是在復仇的心理脈絡中淪為迷思：王禎和晚期作品內蘊的鄉愁情結、幾乎接近非理性運作的文字復仇舉動，亦應作如是觀。

　　誠如阿多諾與霍克海默曾探掘深析：當控制異己、主宰他人的意識欲求，成為客觀化的普遍準則之後，犧牲暴力的合法化，便成為梳理文明層級制的箇中機制，付出的代價是將犧牲不斷內化、喪失本能本我，衍生「自我對自我的報復」，陷入永劫回歸的封閉循環。一旦蹈入此種「自虐虐人」的暴力輪迴，主體便失去了照見他人的局限性，並從中領悟自我內在暗我（他性）的任何可能。在這樣的否定性與復仇傾向交織作用下，清楚可見：王禎和其作品中封閉嚴整的小說城堡看似喧嘩熱鬧，卻懸空於定居的家園，架離滿了死亡經驗——從中得出「愛」與「自由」啓示——的鄉土基石，實則為一座冷漠荒涼的人間廢墟。我們似也依稀望見，一個不斷從家園／鄉土自我放逐的心靈圖像，如魅影般自其中悠悠浮現。

---

[86]見姚一葦，〈我讀《玫瑰玫瑰我愛你》〉，《聯合月刊》第 35 期（1984 年 6 月）。

結論

2005 年的今秋，正值王禎和逝世 15 週年。回首來時路，臺灣的社會文化歷經新詩、鄉土文學論戰、黨外運動，解嚴時期後省籍結構的鬆動，本土化浪潮，後現代、後殖民觀點的衝擊，乃至跨國資本主義下急速全球化的歷程，人們急於應付當前「動盪」時局的當兒，恐怕沒有多餘心思來回顧近三十年前曾在臺灣社會與文化界激發廣泛討論或反思的重要公案：1977 年的「鄉土文學」論戰。更遑論進一步追問彼時那些熾熱的文化議題，如何延燒為 1990 年代中另一種不斷拔高聲調、高舉被鄉土印記封誥過的「臺灣文學」大纛，卻反而陷入「造神」的「本土運動」？

尤其，王禎和晚期小說看似多元地呈現城市生活剖面的小說（《美人圖》、〈老鼠捧茶請人客〉、《人生歌王》等），已隱隱透出因失落的鄉土傳統而哀輓痛悼，進而拔尖為憤怒譴責的書寫徵象，一方面說明了王禎和進退維谷地朝都市文學跨出的徬徨步伐，一方面也為經過鄉土文學論戰與都市文學風潮洗禮的 1990 年代本土論述，埋下矛盾共生的變數。就像王禎和未完成的遺作〈兩地相思〉中時空交錯的「兩地」，不僅代表故事主角常安叔個人生命史的過去與現在（包含無限開放的未來），亦象徵了王禎和心靈底蘊的兩造辯證，同時更預言了 1990 年代以降本土論述內含的兩刃之劍：戀想母性的溫柔，將之神聖化，也等於將往昔記憶、土地感情揉塑凝置為僵化圖像；當它成為小說中生病的主角（疾病主體）無能面對死亡（絕對的他者）恐懼的唯一救贖，做為文化根源象徵的母性傳統更會朝象徵系統（符合理性與邏輯中心的父系律則）靠攏，逐漸殭硬、喪失內在動能。

因此我們看見極力敷演、捕捉小說人物意識亂流的〈老鼠捧茶請人客〉、《人生歌王》，皆為摒去情節，營造一個全面以理性駕馭的、封閉的「小說世界」，正呈現出小說家朝知識分子批判理性的顛簸腳蹤。就像文本中的母親形象（母性傳統）終將是絕望的救贖，一旦這泡沫般的假象橫遭戳破時，創作主體不免走向將人物極端物化、異化的道途；但冷酷的道德

理性固然在小說的城堡中獲得勝利，卻反過來證明了慾望主體意識深海壓抑不了的欲望：回歸與母親羊水融合無間的胚孕時光，弔詭地揭顯了現代自我擺蕩在放逐與鄉愁間的心靈創傷。

當我們看見了小說家在照見了人我間社群關係局限性之後，選擇與鄉土傳統漸行漸遠的身姿，似也看出 1990 年代以降，臺灣社會與文化界頻繁出現的泛政治修辭——標榜自身或質問他人「在地」血統純不純粹、誰最「本土」——背後充滿「鄉愁」情結之文化癥狀。如果它仍舊是不同政治黨派操弄族群對立與統獨之爭以奪得權柄最快速有效的手段，在「臺灣意識」幾乎不證自明、卻仍要透過「臺客」的「在地」自我表述／時尚展演免於被「全球化」浪潮席捲之下淹沒的當下時空，王禎和做為一個「本土運動」的缺席之「在場者」，其人其文向我們揭露了封閉的鄉土意識形態及戰後臺灣「現代性」文化心理特徵含藏的排他暴力，卻依然彌足珍貴地予人啟示。

——選自《在地與遷移・第三屆花蓮文學研討會論文集》
花蓮：花蓮縣文化局，2006 年 5 月

滑稽與諷刺
鄉土小說的道德兩難（節錄）

◎周芬伶*

王禎和小說的嘲諷技巧與語言劇場

　　王禎和前期小說以鄉土為背景，如《嫁粧一牛車》、《香格里拉》、《美人圖》，後期小說如《玫瑰玫瑰我愛你》、《人生歌王》皆以都市為背景。然出生於花蓮的作者，對於小說語言與方言相當敏感。如〈嫁粧一牛車〉使用的文字反諷如雙關語：萬發與慢發；阿好與不好；簡仔的閩南語發音如幹。萬發並未全聾卻裝聾作啞，牛車為萬發的經濟命脈，卻等於是賣老婆的嫁粧。作者在語言上糅合臺語、國語和文言語法，形成新鮮刺激的語言諷刺技巧，在樸素的鄉土寫實筆法中賦予豐富的層次。前半的情節令人想到呂赫若的〈牛車〉，後半的發展如神經喜劇，悲感與喜感交加，笑中有淚，誠屬諷刺文學之上品，上承日治時代的寫實主義傳統，下啓後鄉土實驗精神。

　　諷刺手法的層次有三：第一是嘲諷（satire），它著重的是動作的滑稽與誇張，如《儒林外史》中，范進中舉的突梯可笑表現；第二是譏刺（sarcasm），它著重的是情境的對比與調侃，如萬發之事事不順遂對比簡仔之事事如意；以及阿好之左右逢源；第三是反諷（irony），講究文字之正反相激，是在語言上進行嘲諷。高妙的諷刺小說多屬第二、三種，如莎士比亞的劇本及伏爾泰的小說。

　　語言的嘲諷雖較為高妙，然喜中有悲，這在王禎和前期小說糅合得極好，後期小說追求喜感，與生活化的語言，這使得他的小說偏向一端，文

*發表文章時為東海大學中國文學系副教授，現為東海大學中國文學系教授。

學性也被沖淡一些。這篇態感人了

他的文學倒是從極嚴肅的立場出發，其源流與元素極為複雜，除了現代主義的代表性作家的詹姆士、喬哀斯、福克納等人，還有瑞典導演英瑪‧柏格曼、蘇俄的索忍尼辛、美國田納西‧威廉斯和佛蘭諾‧奧康諾，他十分喜愛老舍的小說、曹禺的劇本，又沉醉於杜甫詩、《紅樓夢》、《醒世姻緣》等中國古典舊文學，他更喜歡電影，尤其小津安二郎，充滿倫理意義的家庭故事，淡而遠的「物之哀」。

他追隨亨利‧詹姆斯（Henry James, 1843～1916）在 1934 年出版的《小說的藝術》一書中所說的：「小說是文學形式中至為獨立不羈、富有彈性而奇異的一種。」在《嫁粧一牛車》的開頭還引了一句詹姆斯的名言：「生命裡總也有甚至修伯特都會無聲以對底時候……」這似乎是他寫作生命的一則寓言，描寫無聲世界的雜音，他創造了另一個有聲世界。在有聲與無聲之間找到獨立不羈，富於彈性的地帶，並創造一獨特的聲音劇場。

他對於小說語言的專注，使他的小說語言成為獨白與語文的實驗場，如〈香格里拉〉摹擬寡母望子成龍的村言村言；〈老鼠捧茶請人客〉更摹擬老祖母亡靈的自白；最後未完的遺著《兩地相思》摹擬癌症病人的廈門口語，數十年的語言實驗，人物的輪廓漸漸模糊，只剩下聲音，諷刺的是他中年因病聽障，也許在無聲的世界，他更要結結實實綁住聲音：

> 武了幾個晚上，皇天莫負苦心人，終於——終於抓到一隻又老又瘦又——哈哈！又是青盲的！哈哈哈！松年果然莫路篩（福州話：沒用），鬥不贏太空飛鼠！他又是頓腳又是又是拳頭打自己，鬥不贏，就是鬥不贏，哈哈，光生氣有腳爪。

——《兩地相思》，頁 22

他想捕捉廈門人奇特的風俗與口語，在他的創作札記中，記載廈門的風俗與方言，如「即椎——是誰。即椎來啦？（誰來啦？），打（拍）加撈——

落下……」等等，可見他專注於特殊口語的捕捉。為了加強聽覺效果，他還會在小說本文中或小說之後，附加故事生活背景裡提到的歌譜歌詞，例如：〈香格里拉〉、〈老鼠捧茶請人客〉、〈玫瑰玫瑰我愛你〉都是以歌名作為小說的題目，在這些小說裡都有歌詞或歌譜；在《美人圖》裡鐵公公要大家在朝會時勤練美國國歌，王禎和除了描寫在會議室裡充滿黑人女高音的歌聲外，還將美國歌的歌譜附在文字的旁邊，就像廣播劇場一般；而《人生歌王》是描述歌手林小田的故事，更是為了配合情節的需要，搭配林小田正在唱歌時的情境，文中出現許多歌詞與歌譜。

小說語言有書面語言、寫作語言、口頭語言三種，其中口頭語言除了倚賴的是作家的語言天賦，更重要的是收集的功夫，絕非僥倖得來，小說中的對話可以說是獨立的語言藝術，話劇的劇本即是完全由對話構成。然對話非會話也非廢話，好的對話能表現人物個性，推進情節、製造衝突、埋設伏筆，王禎和可說是鄉土小說家中最注重口語與對話的。他的語言反諷技巧，最常使用的是「一語雙關」，如長篇小說《美人圖》反映了1950、1960 年代臺灣社會崇拜美國人，他說：「『美人』指的是一些嚮往美國，自認是高等華人的人；另一方面，『美人』是醜的反諷，指一些唯利的、沒有人性的人。」王禎和毫不掩飾地寫出他對這個惡勢力群體的道德譴責，在《美人圖》裡他把茱麗洪就要在美國剖腹生產的嬰兒，由英文字嬰兒翻譯成「卑鄙」，卑鄙的不是嬰兒，而是移民美國的思考價值。

誇大與對比也是他常使用的技巧，如〈嫁粧一牛車〉中萬發與姓簡的對比，一瘦小一高大，一窮一富，形容詞也極誇大「瘦沒四兩重，嘴巴有屎哈坑大，呵！胸坎一塊洗衣板的」；在《兩地相思》中「兩隻腳就像番仔火枝（火柴棒）」、「可是他脖子上那粒東西依然那麼大，而且越來越大大得像美國五爪蘋果啦！」在這裡常安叔的古雅與阿冕的搞笑輕浮也形成強烈對比。

王禎和的小說受電影的影響頗深，作品中常存在一鏡頭，遠景、中景、特寫交替始用，讓我們更能進入人物的內心，細節與小道具的處理都

深具用心，如〈香格里拉〉中描寫寡母阿緞對兒子小全的深情，其中小全
的細部，吃苦茶油炒飯一段：

> 小全只好苦瓜起臉來又塞一口到嘴裡，連嚼都不嚼地圇圇吞棗下去，而
> 後要把喉頭裡舌尖上的煤油味刷洗乾淨似地，急勺一口味噌湯咕嚕一口
> 氣喝下去，嘴裡直『難吃得要命』地嚷著。

——《香格里拉》，頁 183

這是特寫鏡頭，吃完飯阿緞幫兒子整理書包一段是全景（中景），兒子出門
去是遠景：

> 他拔開門栓，剛拉開一扇門，迎面就飛來了一片亮。外面的陽光已經很
> 大了。正要提腳出門，他母親在背後喊住他。趕忙止步，轉身看去，他
> 母親已經站在眼前來，通身都迎著光亮。

——頁 193

　　鏡頭的移動十分緩慢，光小全出門赴考這一段就用了十幾頁，這是小
津安二郎式的長鏡頭與空境頭，場景也常拘限於一個屋子（家），表現一個
屋簷下，緊張的人際關係，倫理的意圖明顯，這跟小津都很相似；另外他
把對話特別區隔出來，以劇本臺詞的形式出現，也形成他的特色之一；當
然他更喜歡附加背景配樂與主題曲，如阿緞在馬路奔走一直出現〈香格里
拉〉這首歌，剛開始是片段的，最後則是整段的「這美麗的香格里拉，這
可愛的香格里拉，我深深的愛上了它，我愛上了它……。」就像片尾曲一
樣。出書時附上整首歌的簡譜與完整歌詞。莫怪李歐梵說它是「一首小調
譜成的文學新曲」[1]。

---

[1] 李歐梵，〈一支小調譜成的文學新曲——評王禎和的《香格里拉》〉，《香格里拉》附錄（臺北：洪
範書店，1980 年），頁 215～230。

　　王禎和特別心儀小津「技法非常平實，全片只用『切』來轉變場景，沒有『溶』，或『淡出』、『淡入』的手法，更別說其他鏡頭的花招。在影片裡，日本戰後中下階層人物的心態，他們的渴慕與失望，他們的歡欣與悲涼……都以極細緻溫馨、悲天憫人的寫實風格抒寫出來」，小津關心新舊時代家庭與倫理崩毀，故事取材都在家庭之間，小空間壓縮而出的人際關係，尤其是小細節與小道具的處理都要做到百分之百真實與精確，光幾句口白就要演員重複演練到傳神為止，這些都深切影響王禎和的小說，正如他所說：「七八年來，每當我提筆寫小說，心中就油然浮起小津氏的一部電影來。我知道自己仍離那樣的藝術境界既遙遠且遠；但我會永遠地追求下去。」

　　不同的是，小津的電影非常注重「留白」，靜止的畫面相當多，因而顯出「禪」境，且他常把「人之哀」提升至「物之哀」，也就是表達宇宙萬物為芻狗的意境，因此在人無可奈何之際，鏡頭拉到戶外的景物或小道具上，而顯現空鏡／空境；王禎和的小說人物、對話、動作填得滿滿的，少有留白，回味的滋味也少一些。影像與文字畢竟不同，前者是具象且影音俱現，後者是抽象符號，一件事幾個鏡頭就交代清楚，文字卻要費十倍力氣才能表現，因此重點應有所不同。文字利於作內心世界與形而上的討論，王禎和過往注重視聽效果，而少了一些內在呈現，與心理層次表現，這只能說人各有所偏。

道德與死亡焦慮

　　王禎和小說存在的道德焦慮是：家庭倫常關係的混亂，及社會價值觀念的顛倒，他對倫理的關注給予讀者高度緊張、令人無法喘息的壓迫感隨著情節逐漸加深。他善於描寫那些活在堅實的倫常關係裡的角色：父親的角色通常疲憊不堪，如〈素蘭要出嫁〉的辛先生；《美人圖》在車站等小林送錢的父親、帶孩子看病的張總務。母親的角色通常堅強負責：如〈素蘭要出嫁〉的辛嫂；〈伊會唸咒〉、〈香格里拉〉的阿緞。兄弟姊妹間則相互扶

持：如〈素蘭要出嫁〉的志鵬、素芳、志海；〈伊會唸咒〉、〈香格里拉〉中幫助阿緞的弟弟；〈永遠不再〉水雲對阿兄尊敬愛護。

　　他對人物的道德處境極為敏感，常把他們放置在良心的天平上起起落落，他說：「我寫人物並沒有刻意去褒貶他們，每個人都有對的地方，但也有不對的地方。我覺得我們現代人，大部分都是中間人，我就想寫這樣有對也有錯，對對錯錯，錯錯對對的中間人。」[2]這些中間人寫得最鮮活的還是具有明顯性格或心靈凹陷的人物如〈嫁粧一牛車〉中的萬發；〈來春姨悲秋〉中的來春姨；〈小林來臺北〉、《美人圖》中的小林，使得王禎和的小說在「性格悲劇」與「心靈悲劇」中打轉，晚期的小說更進入人物的潛意識與記憶，探討年老與死亡心靈。

　　他對死亡的終極關懷，是把人對世間的責任感延續到死後，肉體會死，責任不死，如〈老鼠捧茶請人客〉描寫祖母變鬼也在照顧擔憂孫兒的故事，它的倫常關係更是根深柢固，至死未休。大抵倫常關係堅實造就令人安心的宇宙，讀來格外心酸與溫馨。這篇典型的公寓型故事，描寫一位祖母與兒子媳婦同住，白天幫忙照顧幼小的孫子，祖孫感情深厚。祖母死後，變成了鬼魂，對兒子一家人尤其是孫子無法割捨，還停留在孫子的身邊照顧他，即使作鬼也要盡祖母的責任：「等阿嬤見過閻王，有了法力，阿嬤會常常回來看你，回來教你唸歌，回來變把戲給你看，回來帶你出去吃蚵仔麵線……。」

　　來自花蓮的作者，在繁華的都市與電視圈工作生活，他對工商社會的人際之間的疏離特別敏感，尤其是社會變遷與道德淪喪的問題，在這點上他比黃春明態度更激烈，如《玫瑰玫瑰我愛你》、《美人圖》抨擊美軍來臺，酒吧紛紛設立，除了色情，也衍生許多毒品、性病和混血兒的社會問題，以美國為主的西方文化，隨著政治和經濟的強勢入侵，引起強烈的文化衝突、造成社會倫理敗壞和民族自尊喪失，唯利是圖的主人產生惡俗價

[2] 丘彥明，〈把歡笑灑滿人間——訪小說家王禎和〉，《玫瑰玫瑰我愛你》附錄（臺北：洪範書店，1994年），頁258。

值觀，這些是他作品關懷的焦點。在荒誕、訕笑的故事之中，王禎和企圖諷刺的是一個笑貧不笑娼的社會，以及「美軍就是美金」、「有了美金就有一切」的畸形價值觀。在故事裡，受過高等教育的知識分子利慾薰心，整個社會呈現出急功近利、盲目拜金崇洋、倫常不存、道德滅絕的現象；如王禎和說：「像董斯文這種知識分子有時候『憑知識自以為是，講出的話、所做的事，往往有錯而不自知，有時甚至錯得離譜，在社會上產生誤導的情況』。」在資本主義社會腐化的知識分子最為他厭惡，然而這篇小說裡的抨擊的對象並不限於知識分子，還包括了醫生、牧師、律師、議員以及妓院老闆。王禎和藉這些故事，喚醒人們對道德與良知的不安。在他嘲弄的背後是人類的廣大關懷，作家希望我們所生存的社會有所改變，他嚮往的社會是父慈子孝，家庭和樂的社會，小說筆調帶有濃厚的懷舊氣息，感念古老的美好人情。

　　然而早期高妙的反諷技巧，越到晚期變成尖銳的譏刺，筆調越來越凌厲。一直到發現自己罹患絕症，他的文風轉為悲涼溫厚。

　　王禎和 39 歲得鼻咽癌，51 歲因「心臟衰竭」而過世，前後至少 11 年的時間，與病魔纏鬥，令他想到許多關於生死的問題，這段期間的眾多創作中除了〈兩地相思〉外，也有《美人圖》與〈老鼠捧茶請人客〉兩篇談到死亡的問題，他並不想被死亡困住，並尋求超脫，「記憶」與「愛」似乎是強而有力的抗衡。他的生命意志堅強，一面臨癌症這個死亡威脅時，他並沒有停止工作、就此封筆，反而，他很希望能夠留下些什麼永恆之類似物，他還有豐富的思維和如泉湧般的靈感，他想要去塑造一個奇特的人物，奇特的小說，那就是他的遺作《兩地相思》。

　　早在《玫瑰玫瑰我愛你》發表以後的一個訪問中，他就提到另一個小說的構想，也與死亡有關係。他說：「我現在想寫一篇小說，一個什麼都沒有的老人拚命要活下去的故事。為什麼他要活下去，因為他活著，他過世的親人便活在他的心裡，便也跟他一樣活在世上，若他死了，這些人便也跟著死了，所以他要拚命求長生不死。這是一個好笑又辛酸的故事，我希

望能寫出來與各位讀者女士先生共享。」這就是他的遺作《兩地相思》，常安叔是那位一心求生的老人，縱使他的親人已經過世，孤單的他也不想看破一切而任由生命枯萎，他拚命的尋求治癌的藥物，他不能死，一旦死了，他心裡的記憶也就跟著死了。這也許是王禎和對死亡的另一種看法，假如肉體死後沒有靈魂這一回事，人死後就什麼都沒有了，那麼當然要拚命的活下去，因為無法割捨的人、事、物實在太多了，特別是那些保存在自己內心深處的珍貴回憶，陪著他在夜深人靜時細細咀嚼回味的過去。我們可以看見他對生命意義的另一種看法：生命逝去，這個生命所攜帶的記憶也一起逝去。所以常安叔在眾人不解的情況下拚命求活，而年輕人的眼中看到的只是他的妻子已經過世這麼久了，他到底為了什麼要繼續活下去。

從他的未完的章節大綱可約略看出，常安叔越接近死亡，記憶越回到年輕精采的時刻：

> 常安叔愈祈禱奇蹟，病況愈嚴重，一天他竟連聲音也微弱下去，耳朵要靠近他的嘴邊，才聽得見他在講什麼。寫他的失望，寫他的恐懼！在這麼嚴重的，他愈想起玉蘭官——伊在屋頂修房子，伊抱病重的兒子求醫，他和伊擺地攤，他和伊一起買菜，他要建房子要留後門，他要一口皮箱，好在伊先生回來，他可從後門溜走！伊來旅社見他，甚至伊的身體，那柔滑的肌膚——以及有一次，也因無聊，二人互捏的有趣情事——還有他太太挺著肚子的形象！二人共吃土蟳凍……。[3]

回憶是老人的唯一救贖，在死亡之前回憶生命最幸福的一刻，那是小說的高潮，也是生命的最高潮。作者通過小說人物的回憶，重新肯定愛與希望的價值。鄉土作家喜愛的倫理題材、家庭瑣事，在夫妻與親子之間的

---

[3] 王禎和，《兩地相思》第九章大要（臺北：聯合文學出版社，1998 年），頁 147。據鄭樹森研判此書接近完稿，也是作者很費心思的一部作品。

無窮愛意，說明鄉土小說的小愛中有大愛在其中，那即是對「人」的價值
的肯定，也是「人」的文學。

——選自周芬伶《聖與魔——臺灣戰後小說的心靈圖像（1945～2006）》
臺北：印刻出版公司，2007 年 3 月

「發現臺灣」
建構臺灣後殖民論述

◎邱貴芬[*]

　　本文嘗試以後殖民論述觀點看待臺灣文學，首先強調，臺灣過去幾百年的歷史、文化、演進，主要基於外來殖民勢力與本土被殖民者之間文化和語言衝突、交流的互動模式。臺灣文學流變過程中，文學典律的形成與重建和臺灣的被殖民經驗有密切關係，從抗日文學、反共抗俄文學、現代文學、鄉土文學到目前臺灣的種種文學活動，臺灣文學的流變處處顯示政治氣候對臺灣文學生態的影響。論臺灣文學不可忽視文學體制與權力政治投資之間的密切關係，討論臺灣社會的權力投資形態不可將之自臺灣的被殖民經驗抽離。

　　本文以後殖民論述抵中心（de-centering）觀點出發，一方面抵制殖民文化透過強勢政治運作，在臺灣建立的文學典律，另一方面亦拒絕激進倡導抵殖民（decolonization）文化運動者所提倡的「回歸殖民前文化語言」的論調。如果臺灣的歷史是一部被殖民史，臺灣文化自古以來便呈「跨文化」的雜燴特性，在不同文化對立、妥協、再生的歷史過程中演進。一個「純」鄉土、「純」臺灣本土的文化、語言從來不曾存在過。本文以此論點為理論基礎，首先討論後殖民時代有關臺灣文學典律瓦解與重建的問題，隨後討論王禎和《玫瑰玫瑰我愛你》如何呈現後殖民文學精神。小說透過語言運作，一方面凸顯臺灣被殖民經驗所塑成的臺灣語言，另一方面以種種「抵中心」語言姿態批判、顛覆殖民者文化本位的思考模式。

發表文章時為中興大學外文系副教授，現為中興大學臺灣文學與跨國文化研究所特聘教授兼人文與社會科學研究中心主任。

從殖民到後殖民論述

後殖民時臺灣文學典律的瓦解與重建

「發現臺灣」似乎是 1992 年臺灣政治文化的一個熱門話題。《天下雜誌》1991 年歲末的一本專刊以「發現臺灣」為標題。既謂「發現」，顯然臺灣過去一直處於被遺忘的狀態。臺灣的過去被遺忘。李鴻禧為自立報系出版的《臺灣經驗四十年系列叢書》所寫的序裡，慨嘆老一輩的臺灣人對日本歷史略知一二，新生代對中國歷史所知甚詳，唯獨臺灣歷史是這個社會被遺忘（被壓抑）的群體記憶。臺灣原本有史，只是幾百年來的被殖民經驗迫使它的歷史回憶被壓抑放逐。在解嚴之前，「臺灣」兩個字是禁忌符號。不管在日據時代或政府遷臺後的數十年間，尋根溯史的工作動輒得咎（彭瑞金，1991：28～69；葉石濤，1990：13），臺灣的歷史遂有失落之虞。一直要等到最近行政院蒐集並公布二二八史料，臺灣塵封的過去才有再被發現，被合法納入官方論述的跡象。

「無史」、「歷史消跡」是所有被殖民社會的共同經驗。最近一篇討論英人「發現」新大陸殖民論述問題的文章裡，作者辯證，英人「發現新大陸」，事實上，「發現」只是個藉論述行為產生於文字的動作。在英國人「發現」「新」大陸之前，「新」大陸早已不新，早已存在，早已擁有自己的人民及歷史文化。但是，在英人「發現新大陸」的這個歷史時刻裡，「新」大陸也同時發現它頓時化為一張白紙，它原有的歷史、文化從此消跡，從此印在這張紙上的將是殖民者所記載的歷史於大陸「人文薈萃中心」的正統文學相比。

後殖民論述 re-placing language 的動作因而重新定位語言，破除「國語是正確中文」的迷思。流行於臺灣的「國語」事實上已結合了臺灣經驗，背負了臺灣被殖民歷史，是臺灣的語文，和世人所稱正統中文頗有差距。中文的權威性既被瓦解，以往中文本位政策所造成的語言階級制度裡被壓抑貶低的語言自然亦得解放。replacing language 的另一意義為語言更替。

在摒棄「國語為臺灣正統語言」的同時，我們亦須思考取代「國語」的臺灣語言為何。不少後殖民論述者認為，後殖民社會「抵殖民化」運動並非回歸殖民前文化。以臺灣為例，如果臺灣的歷史是一部被殖民史，則臺灣文化一向是文化雜燴，「跨文化」是臺灣文化的特性，「跨語言」是臺灣語言的特質。在破除殖民本位迷思的同時，我們亦須反省「回歸殖民前淨土淨語」的迷思。一個「純」鄉土、「純」臺灣本土的文化、語言事實上從未存在過。所謂「殖民前」的臺灣語言早已是多種文化語言的混合。G. C. Spivak（1990：39）論文化再現問題，認為所謂的「印度特質」（"India-ness"）並非一個既存的實質，而是代表一個政治立場。同樣的，所謂的「臺灣本質」所指亦只是抵制中國語文本位主義的一個立場，「臺灣本質」事實上等於臺灣被殖民經驗裡所有不同文化異質（difference）的全部。臺灣語不是俗稱臺語的「福佬話」，企圖以福佬話取代「國語」的權威正統性，無異複製另一版本的殖民壓迫。此一問題，李喬（1992）和彭瑞金（1992）在最近一期的《臺語文摘》已詳加闡述，此處不贅。

Bill Ashcroft（1989：36）等人談論後殖民社會，認為「後殖民社會是個從文化對立轉為以平等地位對待並接受彼此文化差異的世界。文學理論家和文化歷史學者逐漸意識到，建設和穩定後殖民世界的基礎在於『跨文化性』；對跨文化性的共識可能終止人類被『純種』迷思所惑所造成的互相鬥爭歷史」。臺灣從殖民進入後殖民時代，必須達成「臺灣文化即是跨文化」的共識。有此共識，則臺灣語是糅合了中文、福佬話、日語、英語、客家語及其他所有流行於臺灣社會的語文，而臺灣文學如葉石濤定義，是「不受膚色和語言等的束縛……是以『臺灣為中心』寫出來的作品。」

1992 年馬森論臺灣文學，強調作家創作的自由和政治超然的態度。但是，論述本身是個社會活動，不可避免採取立場。Macdonell（1987：47）便認為「論述不是作者個人透過語言表達自我的行動。只有在（意識形態）對立衝突的關係中，文字的意義方能產生，論述方能完成」。Spivak（1990：72）亦認為所謂「中立的對話」（"neutral dialogue"）是不可能產

生的狀況，作家的活動必然在意識形態架構裡方得產生。誠然，文學不必也不該淪爲政治附庸，但否認文學活動必然隱含作者意識形態立場的問題，徒陷入新批評的美學迷思。後殖民論述以抵殖民出發，本身即是個政治行爲。以後殖民論述觀點討論臺灣文學，是對臺灣典律問題的反省，在此反省過程中，迴避政治問題，否認政治因素與臺灣典律運作的關係，毋寧是自欺欺人的作法。

《玫瑰玫瑰我愛你》和臺灣後殖民文學

底下，我將以王禎和《玫瑰玫瑰我愛你》爲例，看看後殖民論述理論如何實際運用於文學作品閱讀。我將著重這部作品的幾個層面，討論此小說展現的後殖民文學色彩。《玫瑰》自 1984 年出版以來，毀譽參半，龍應台（1985）和王德威（1988）可謂評者兩極反應的代表。龍應台的批評固然暴露了寫實本位傳統批評的局限，王德威所謂《玫瑰》意求「渾然忘我」的笑鬧境界的論調亦未免簡化了此部小說複雜微妙的意識形態布局。在迴避本書的政治問題之時，王德威亦將一本嚴肅思考臺灣文化傳統問題的文學論述化約爲「博君一笑」的笑話而已。以後殖民論述觀點閱讀《玫瑰》，我們將發現本書不僅意在「把歡樂撒滿人間」（王德威，1988：240），更在笑鬧聲中從事臺灣文化歷史傳統的批判。

1. 小說論述的「抵殖民化」傾向

這部小說的時空背景是數十年前的花蓮。擁有高等學歷，外文系畢業的英文老師董斯文受花蓮地方權勢人物之託，開設一班以當地妓女爲訓練對象的吧女速成班，準備迎接從越南來臺度假的美國越戰大兵，進行一宗以性易金的國民外交。從後殖民論述觀點而言，小說劇情以嬉笑怒罵的方式演出幾百年來臺灣被殖民史裡外銷主導的商品貿易經濟模式。自鄭芝龍以降，統治臺灣者往往採殖民經濟政策，外銷臺灣本土資源（林鐘雄，1987）。《玫瑰》所敘述的妓女美軍間的國際貿易正諧擬了（parody）臺灣被殖民歷史裡的基本經濟模式。小說裡，本土資源是花蓮妓女，妓女被當

作臺灣商品推銷給美軍。事實上，吧女訓練班的全套課程設計（包括英語、國際禮儀、美國文化簡介、中國文明概論、生理衛生、法律課、基督教祈禱方法等等）完全本於商品行銷的包裝設計概念。龜公大鼻獅轉述董斯文的話給他姘婦聽時，「妓女等於商品」的概念表露無遺：

> 他講什麼？他講做生意最重要的一個原則就是要先確確實實了解我們要
> 推銷的是什麼樣的商品。了解了以後，便要了解我們商品的銷售對
> 象……你聽莫，他的意思是：先要決定你的商品要賣給誰。這樣講，懂
> 了吧！講了一大篇產銷理論……他講，現在我問各位一個問題。我們要
> 推銷的商品是什麼？是吧女？對不對？——吧女是人怎麼是商品？你問
> 得好，但是這是那斯文老師講的呀！

——頁 169

Montrose（1991）指出，殖民論述常以性別區分為架構。具侵略性的殖民者被比為男性，被殖民者被區分為女性。往往土地被女性化，征服一塊土地和征服女人在殖民論述裡經常具有類似的象徵意義。從鄉土論戰開始，即有人提出「反美帝、反經濟殖民」的理論。小說裡以妓女為商品換取美金外資的經濟活動可視為臺灣淪為美國次殖民地的表徵。在殖民論述裡，被殖民的一方，不論男女，都被女性化。吧女訓練班主任董斯文考慮周詳，為了應付美國大兵可能的需求，除了準備一群如花似玉的年輕妓女，還想預備幾位年輕男性和年紀稍長的女人。為了實現這個構想，龜公老鴇競相提供親人，甚至連自己的兒子姘婦都列上名單。小說暗示，臺灣既是美國的次殖民地，臺灣人面對美國大兵時，不管男人女人，妓女非妓女，都扮演被嫖的女性角色。就小說情節而言，《玫瑰》挖苦臺灣人被殖民的奴性。在此範圍裡，美國扮演殖民角色，但是在其他層面上，扮演臺灣殖民者的不僅是美國人。小說借此隱指臺灣在歷史上輪遭蹂躪的被殖民模式。這點我在下一段討論小說語言時，將加以闡述。

2.「抵中心」的小說語言

《玫瑰》最引人注（側）目之處，不在情節，而在小說奇特的語言。夾雜大眾日常生活低俗語言的小說文字凸顯了這部小說「抵中心」的傾向，是巴赫汀（Bakhtin）在 *Rabelais and His World* 裡所說的以「鬧熱滾滾」的大眾喧譁笑聲抵制、瓦解官方設定的論述階級。此外，這部小說堪稱巴赫汀所謂「眾多語言的交響曲」（1981：259-422）。小說語言包羅萬象，敘述者的語言以中文為主，兼雜臺語製造戲劇效果。除此之外，並時常將當時的語言和臺灣數十年後的語言對照並列，藉以凸顯臺灣的歷史演進。例如：

> 你們的生活可以期許改善啊！（那時還沒有人說過「生活的品質」的話，不然董斯文一定會多加這麼一句的：啊啊！你們的生活品質隨之可以絕對地提高起來啊！）
>
> ——頁65

又如：

> 「可是不穿衣服不是不好看嗎？」（這時節，「形象」一詞尚未流行。要不然他一定會這麼說：「可是這樣一來，不是醜化了我的形象嗎？」）
>
> ——頁37

除了敘述者此類極富時間感的敘述語言之外，小說語言還包括了董斯文英語化的國語（如：「多麼胡說」，「我很高興你跟我同意」，「這是我的認為」等等），以及其他應劇情需要出現的日語、英語、臺灣化日語、臺灣國語、福佬話、客語等。王禎和在一場訪問裡曾提及，他之所以在這部小說裡製造如此語言雜燴，主要想忠實呈現小說世界的時代語言。從後殖民論述的觀點，我們可以說這部小說的語言事實上是臺灣幾百年來被殖民歷史

的縮影，融合了臺灣的過去、現在、未來，以不同語言的混合代表臺灣被殖民史所熔鑄而成的跨文化特質。這套雜燴語言不僅道出臺灣歷史的演進，更反映了臺灣歷史裡，多種文化交錯、衝突、混合，一再蛻變重生的文化模式。

另一方面，這套雜燴式的小說語言亦可視為一種政治姿態。多種語言交織成的小說語言無形中打破了政府遷臺以後以中文為本位的語言階級制。原本在那個階級制裡強被壓抑的各階層人民生活語言因而得以解放，眾聲喧譁，形成「抵中心」的鮮活畫面。前文提及，在「國語本位論」主宰文學管道的情況下，臺灣具有濃厚歷史意味、多音化的語文一直處於被壓抑的狀態，在《玫瑰》裡，這種帶有強烈臺灣特色的語言再度成為文學語言，戲劇性地凸顯臺灣被殖民經驗裡語言之間的張力和其中隱含的文化差異。《玫瑰》裡語言雜燴的功能因而不僅在傳神刻畫小說人物。這組語言由代表不同意識形態的語言構成，其中每一種語言，每一個字都具有巴赫汀所謂的「潛在對話性質」("internal dialogism")。王德威（1988：249）論《玫瑰》，雖一再引用巴赫汀的理論，讚賞《玫瑰》「甘居異端」的想像力，卻始終忽略（迴避？）本書語言的政治意義。臺灣批評家面對此部政治企圖如此明顯的作品時，對其政治層面的異常沉默，著實令人玩味。Ashcroft（1989）等人引用 Todorov 的論點，認為言論（包括文學）管道控制所造成的強制沉默是所有被殖民社會的共有經驗。《玫瑰》借語言雜燴突破「國語本位政策」規畫的單一官方論述方式，解放了被壓抑、被歧視的臺灣多音語言，其中的政治意義值得再三推敲。

3. 以諧擬為底的敘述架構

《玫瑰》除了語言特質，敘述架構亦異於一般小說。本書開場描述吧女速成班開訓典禮開始時的情形，一直寫到典禮結束。小說敘述和吧女速成班的開訓典禮共始終，其間只涵蓋了四小時，但敘述當中夾雜許多倒敘，回述速成班從構想到開班的過程。

開訓典禮假花蓮一座教堂舉行，教堂名為「得恩堂」。典禮開始，牧師

娘以一首聖歌掀開序幕：「來信耶穌，來信耶穌……」（頁 213）。隨後，眾人禱告：「我們在天上的父，願人都尊您的名為聖！」「願您的國降臨！」（頁 213）。基督教來自西方，西洋宗教侵入花蓮妓女的世界有如美軍挾帶雄厚財力登陸花蓮一樣。期待美軍到來的妓女在「得恩堂」裡祈禱，願上帝的國降臨，形成一幅滑稽的諧擬場面。

禱詞進行同時，吧女速成班主任董斯文正絞盡腦汁，思索他的吧女該用哪一首歌來歡迎美軍。典禮結束之前，他靈機一動，想到「玫瑰玫瑰我愛你」。蕭錦綿（1984）指出，這首歌原是二次世界大戰末期風行中國的歌曲，後來轉譯成英文，傳入美國。把這首深具國際文化交流意味的歌曲曲名定為小說書名，一方面呼應董斯文所說「我們這是在替國家辦外交咧！務必拿我們最好的去款待人家」（頁 104）；另一方面，更諷刺地點出這宗「國際貿易」的污染本質。小說裡明示暗喻，女人即是鮮花。董老師再三強調，精心挑選的妓女「除了年紀要像花，面貌要像花，而身子也要像花，像玉蘭花那款乾乾淨淨，不可以有一點髒」（頁 84）。玫瑰在書裡因此象徵如花似玉的臺灣女人。除此之外，玫瑰另有所指。書中妓女雖然熱中這筆國際交易，卻也擔心，她們除了美金之外還會附帶賺進美軍從越南帶來的超級梅毒——別號「西貢玫瑰」。為妓女講授衛生課程的惲醫師再三警告：「西貢玫瑰。西貢玫瑰。這名字實在取得好。大家都曉得玫瑰是很美麗的花，但你要小心，玫瑰是有刺的。各位，請千萬小心，這種西貢玫瑰，這種最毒的西貢玫瑰，你們千萬不可以去摘哦！千萬不可以去愛哦——」（頁 257～289）。玫瑰有刺傷人，而刺的英文 prick 正巧隱喻男人的性器！《玫瑰》描寫一宗玫瑰對玫瑰的國際交易，間接諷刺臺灣長久被殖民歷史培育出來的臺灣人急功近利，不作長久打算的心態。小說諷刺臺灣人甘為美國次殖民地的奴性和種種醜態，但這種被殖民心態其實根於臺灣悠久的被殖民史。

小說結尾是個五彩繽紛的高潮。董斯文眼前出現一個異象：「50 名他一手精心調製出來如包裝講究的日本商品的 Bar-girls 穿著顏彩繽紛、珠光

四射的旗袍，穿著色澤綺麗原始味濃的山地服飾，每一個 Darling Bar-girl 都頭簪一朵盛開的鮮玫瑰，胸別一株嬌麗的紅玫瑰，整整齊齊排成三行隊伍站在碼頭上……」（頁 264）。在百人樂隊響亮的伴奏下，吧女們齊聲歡唱「玫瑰玫瑰我愛你」，歡迎來自越南，可能懷有「西貢玫瑰」的美軍。小說敘述裡，「玫瑰玫瑰我愛你」的歌詞和教堂裡莊嚴禱告詞交織進行。小說在此聲色俱全的戲劇高潮戛然而止。吧女速成班的開訓典禮轉化爲一場宗教儀式，吧女們隱含性喻的歌詞諧擬教堂裡的禱告。不論歌詞或禱告詞都表達了一種渴望，美軍的到來和上帝國度的降臨混爲一體，臺灣人民面向西方，唱出他們渴望「得恩」的祈求。

典禮開始時，牧師娘吟唱「來信耶穌」。在基督教信仰裡，耶穌是上帝和人之間的媒介。信耶穌者有福了。小說裡，擔任耶穌角色，進行穿針引線工作，精心設計這宗國際貿易的正是董斯文。董老師把吧女帶入具有文化交流功能的禮拜堂，在引介西方上帝的同時也引介美軍，使吧女同時認識上帝和美軍，她們的禱告也同時對上帝和美軍發出。小說結構暗示，董老師教導吧女英文，正如耶穌傳播福音，把上帝的話語傳遞給世間子民。耶穌董斯文立志把臺灣妓女送進福樂天國，脫離貧窮苦難：

……最叫斯文想不到的是：搬進飯店才不到幾個小時，他竟猛然記起大學上「西洋文學概論」時教授講到《聖經》那一段耶穌治療痲瘋病人的奇蹟：耶穌往耶路撒冷去，經過撒瑪利亞和加利利。進入一個村子，有十個長大痲瘋的迎面而來，遠遠站著，高聲說：耶穌！夫子！可憐我們罷！耶穌看見，就對他們說：你們把身體給祭司察看。他們去的時候就潔淨了！記得這麼樣清晰！彷彿他曾親眼見過，親耳聽到。還有讓他想不到的是：記起這段故事後，他就緊接著目睹到一個異象——4、50 位四大公司的小姐，迎面而來，遠遠站著，高聲說：老師，可憐我們罷！然後他真地開口說：啊啊！我非常十分可憐你們啊！所以我要盡我所能救贖你們啊！潔淨你們啊！傾囊相授要成功地把你們訓練成最具水準的吧

女啊！每一位的你們都要用功努力，以期獲致最大的成就，職是之故，啊啊！你們的主人地位可以獲得昇高啊！你們的生活可以期許改善啊……

——頁 64～65

值得注意的是，處處流露媚外心態的董斯文雖是作家嘲弄挖苦的對象，但這個角色亦有他曖昧的意義。在小說裡，董斯文推動了整個小說世界，活絡了局促一隅的花蓮，似乎象徵文化更新綿綿不絕的一股活力。

董斯文曖昧複雜的角色帶出了殖民地被迫文化交流所產生的複雜議題：一方面，殖民壓迫對本土文化的戕傷固然必須正視檢討，但這過程所產生的一些多元文化正負面課題也值得細膩探討。如何進入這些複雜的議題，多層次地反覆辯證臺灣文學在多方殖民勢力衝擊下所形成的多元面貌和生態，正是有志於以後殖民理論角度切入臺灣文學論述者可努力耕耘的方向。

——1992 年於「比較文學會議」論文發表，選自元尊版《仲介臺灣・女人：後殖民女性觀點的臺灣閱讀》，此為 2003 年修改版本。

參考資料

・王禎和，《玫瑰玫瑰我愛你》（臺北：遠景出版社，1984 年）。

・王德威，〈玫瑰，玫瑰，我怎麼愛你？一種讀法的介紹〉，收於《眾聲喧嘩：三〇年與八〇年代的中國小說》（臺北：遠流出版公司，1988 年），頁 251～256。

——，〈現代中國小說研究在西方〉，《聯合文學》第 87 期（1992 年），頁 8～16。

・李喬，〈寬廣的語言大道：對臺灣語文的思考〉，《臺灣文摘》革新 1 號（1992 年），頁 14～16。

・李鴻禧，〈臺灣經驗四十年叢書序——人類寶貴的臺灣戰後歷史經驗〉，收於《臺灣經濟發展四十年》及《臺灣新文學運動四十年》文前。

・林鐘雄，《臺灣經濟發展四十年》，自立晚報臺灣經驗四十年叢書（1987 年）。

・彭瑞金,《臺灣新文學運動四十年》,自立晚報臺灣經驗四十年叢書(1991 年)。

――,〈請勿點燃語言的炸彈〉,《臺灣文摘》革新 1 號(1992 年),頁 17～18。

・葉石濤,〈臺灣鄉土文學史導論〉,收於胡民祥所編《臺灣文學入門文選》(臺北:前衛出版社,1989 年),頁 21～43。

――,《臺灣文學的悲情》(高雄:派色文化出版社,1990 年)。

・尉天驄,《鄉土文學討論集》(臺北:遠景出版社,1978 年)。

・龍應台,〈王禎和走錯了路――評《玫瑰玫瑰我愛你》〉(臺北:爾雅出版社,1985 年),頁 77～82。

・蕭錦綿,〈滑稽多刺的玫瑰――細讀王禎和新作《玫瑰玫瑰我愛你》〉,收於王禎和《玫瑰玫瑰我愛你》文後(1984 年),頁 279～295。

――,《天下雜誌》,〈發現臺灣專刊〉,1991 年 11 月號。

・馬森,〈「臺灣文學」的中國結與臺灣結:以小說為例〉,《聯合文學》第 8 卷第 5 期(1992 年),頁 172～193。

・Altieri, Charles. 1984. "An Idea and Ideal of a Literary Canon." Canons. Ed. Robert von Hallberg. Chicago:U of Chicago p.41-64.

・Ashcroft, Bill. Gareth Griffiths, Helen Tiffin. 1989. *The Empire Writes Back: Theory and Practice in Post-colonial Literatures*. London and New York: Routledge.

・Bakhtin, M. M. *The Dialogic Imagination*. 1981. Trans. Caryl Emerson and Michael Holquist. Austin: U of Texas P.

――. 1984. *Rabelais and His World*. Trans. Helene Iswolosky. Bloomington:Indiana UP.

・Gates, Henry Louis, Jr. 1988. "On The Rhetoric of Racism in the Profession." *Literature, Language, and Politics*. Ed. Betty Jean Craige. Athens and London:U of Georgia p.20-26.

・Guillory, John. 1990. "Canon." *Critical Terms for Literary Study*. Ed. Frank Lentricchia and Thomas McLaughlin. Chicago and London:U of Chicago p.233-249.

・Hutcheon, Linda. 1988. *A Poetics of Postmodernism: History, Theory, Fiction*. New York and London:Routledge.

――. 1989. The Politics of Postmodernism. London and New York:Routledge.

- Kermode, Frank. 1983. "Institutional Control of Interpretati on." *The Art of Telling*. Cambridge：Harvard UP. p.168-84.

- Kolodny, Annette. 1985. "A Map for Rereading：Gender and the Interpretation of Literary Texts." *The New Feminist Criticism*. Ed. Elaine Showalter. New York：Pantheon Books. 46-62.

- Krupat, Arnold. 1984. "Native American Literature and the Canon." *Canons*. p309-336.

——. 1989. *The Voice in the Margin： American Literature and the Canon*. Berkeley：U of California P.

- Macdonell, Diane. 1987. *Theories of Discourse： An Introduction*. London：Basil Black well.

- Montrose, Louis. 1991."The Work of Gender in the Discourse of Discovery."Representations 33 (Winter)：1-41.

- Said, Edward W. 1979. *Orientalism*. 1978. New York：Vintage Books, 1979.

——. 1985."An Ideology of Difference."*"Race"*, *Writing, and Difference*. Ed. Henry Louis Gates, Jr. Chicago： U of Chicago p.34-56.

——.1989."Representing the Colonized：Anthropology's Interlocutors."*Critical Inquiry* 15： p.205-225.

- Saldivar, Ramon. 1990. *Chicano Narrative： The Dialectics of Difference*. Madison： U of Wisconsin P.

- Schweickart, Patrocinio P. 1989."Reading Ourselves：Toward a Feminist Theory of Reading."*Speaking of Gender*. Ed. Elaine Showalter. New York and London：Routledge. p.17-44.

- Showalter, Elaine. 1977. *A Literature of Their Own： British Women Novelists from Bronte to Lessing*. New Jersey：Princeton UP.

- Spivak, Gayatri Chakaravorty. 1990. *The Post-colonial Critic： Interviews, Strategies, Dialogues*. Ed. Sarah Harasym. New York and London：Routledge.

- Zentella, Ana Celis. 1988."Language Politics in the U. S. A.：The English-Only

Movement.”*Literature, Language, and Politics*. p.39-53.

──選自《中華現代文學大系（貳）‧臺灣一九八九─二〇〇三評論卷（二）》

臺北：九歌出版社，2003 年 10 月

男性凝視，影像戲仿

臺灣「文學電影」的神女敘事與性別符碼（1980s）

◎黃儀冠*

一、前言

　　臺灣 1980 年代的文學逐漸與資本社會裡的商品消費關係密切，由於文化工業的運作與大量複製的手法，再加上流行體系與消費規律的交互作用，促使文學加速商品化的現象。文學商品化簡言之就是文學成為資本家牟利的工具，作品存在的意義是以交換價值而非美學價值來衡量。文化產品逐漸如同工業產品一般，必須不斷地被產出，交換為資本家積累財富。1980 年代臺灣邁入學者所謂消費社會的階段，在學界的論述裡開始產生一些分析概念：商品化，商品美學，並且不時地交叉穿插著文化批評的論述，此時「文學商品化」的現象亦為當時知識分子所關注，並引發諸種不同的論點及觀察。若從表象而言，文學商品化所指涉的是：文學文本在市場機制下，注重包裝，行銷，內容也傾向於通俗化及普及化。而在 1980 年代電影文化場域，出現許多由鄉土派或現代派小說作品改編成電影的創作影片，文學與影視媒體的合作，亦回應臺灣進入消費社會階段，小說經由影像的詮釋與再現，配合強勢的行銷與卡司的魅力，使小說文字重新被包裝成新穎而通俗的文化產品，在 1980 年代這個「文學電影」的現象令我們

不禁思索：是哪些小說家的作品被拍成了電影？在當時的文化場域裡是否有哪些迎合觀眾的題材？小說與電影之間分屬不同的符號體系，在轉換框架時會產生什麼問題？為了符合影像的產銷體制，又會將小說的敘事做怎樣的挪置與轉化？另外，影像發明之初，觀眾的觀影心理一直就是想要到劇院觀看新奇事物，而影像也以一種提供觀看的奇觀（spectacle），以及滿足觀眾窺探心理的功能存在，因此觀看的行為往往能帶來驚奇與樂趣，電影理論學者 Laura Mulvey 說明觀看者透過凝視的行為，使得觀看主體得到一種掌控被注視的客體的快感。而這個主動的觀看者常常是以男性凝視（male gaze）的觀點，在影片中的女性「被影像中的男性角色觀看」或者「被慣以男性視角的觀眾觀看」，在男性凝視下的女性形象，往往成為父權所建構的影像，因此在影像中的女性再現，不時將之物化，就是在影像中成為被偷窺的客體，所以，在商業電影中的女性形象總是成為「他者」（"the others"）並塑造為依附／服膺男性權力的弱勢角色。[1]並且，電影也常藉由鏡頭、剪接、語言、表演，以及敘事結構等父權所建構的電影語言操弄女性情慾的展現。在臺灣 1980 文學電影中，我們如何詮解男性的觀看，男性的凝視（male gaze）？面對影像所複合的多重語言符號，我們如何理解它的製碼（encoding）與解碼（decoding）過程？Laura Mulvey 啟發我們對電影文本的性別符碼義涵的深究與延伸，在 1980 年代臺灣的文學電影亦是以商品賣座及吸引消費者為主要訴求，此電影文本在資本主義及父權意識形態建構下，對小說書寫進行了如何的改編與互文？小說的女性形象與女性在螢幕上所展現的性別符碼兩者間的關係，以及背後所牽涉的歷史脈絡、文化場域及觀眾心理，都是筆者想探索的課題。在本文裡筆者試圖將黃春明、王禎和、以及白先勇的小說被改編成電影做為例子，並集中在神女敘事[2]來做初步的探討。

---

[1]Laura Mulvey（1990）"Visual Pleasure And Narration Cinema."In Patricia Erens.（Ed.）*Issues in Feminist Film Criticism.* Bloomington and Indianapolis： Indiana University Press. pp.29-31.

[2]本文以神女敘事做為探討主題，《神女》是一部 1934 年阮玲玉所主演的影片，內容敘述一個母親迫於生活淪為妓女，她唯一的希望是要送自己的孩子上學，培養他成為一個有出息的人才。本文

二、文本越界

　　1902 年電影發展初期，法國電影導演喬治・梅禮葉（Georges Melies）所拍攝的《月球之旅》即是改編自儒勒・佛爾諾及 H.G.威爾斯的小說《從地球到月球》，開創了虛構戲情片的敘事話語，也開展科幻電影的類型，故文學與電影自始即有密切的關係。文學與電影這兩個藝術媒介之間的深度對話從未間斷過，如艾森斯坦便認為狄更斯的特寫描述法，對葛里菲斯（Griffith）的蒙太奇手法，有直接的影響，可見新興的電影時常向古老的文學汲取靈感，及敘事手法上的奧援。法國電影史學者薩杜爾曾說：「當電影開始描寫心理、複雜的情節或一些來自歷史和戲劇中的題材時，它還不知道怎樣敘述故事。」又說「為了把那些比光顧市集木棚的觀眾更有錢的人吸引到電影院裡來，電影就必須在戲劇和文學方面去尋找高尚的題材。」[3]影像的發明，帶給觀眾視覺上窺奇的樂趣，此種觀看慾望來自於鏡頭呈現出一個真實的世界，同時也把平日所無法觀看或其他文化異質的事物帶到觀眾眼前，拓展觀眾的視野。[4]此外，視覺的刺激往往還要伴隨角色的扮演、聲音對白的鋪陳、情節線索的發展，營構出一個既虛構又真實的敘事世界，操弄著觀眾情感的涉入，因此，文學文本成為電影豐蘊的素材養料，而電影所具有的大眾傳播特質，又使得原本被區隔為菁英文化的文學文本迅速散播到庶民階層，電影文本遂跨越菁英與庶民的階級區隔，也雜揉小眾精緻文化與大眾狂歡戲仿的趣味。

　　電影語彙符碼是鏡頭、剪接、場面調度及攝影機運動，比起文學的基本表現媒介——文字，有更複雜而多元的符號指涉系統，因此，從文學文本到電影文本，我們需要一個中界的符號系統做為接引，並跨越兩個藝術

所想要探討的女性主要是風塵女子，包括：妓女、酒家女、舞女等等。故以影史上有關聯的《神女》，將此類敘事稱之為「神女敘事」。
[3]薩杜爾，《世界電影史》（北京：中國電影出版社，1982 年版），頁 73。
[4]MMc Quire Scott. *Visions of Modernity： Representation, Memory, Time and Space in the Age of the Camera.* Sage Publications, 1998. pp.11-43.

媒介的領域，此中界的文類，即為改編的文本。改編的文本即可視之為文
學作品的次文本及電影的前文本，故改編文本所扮演的角色及引發的功
能，遂成為一個饒富興味的問題。因為文學的文字與電影的光影聲色分屬
不同的符號系統，在文字語言與影像語言接合與建構的互動過程中，電影
如何將文字所營造的抽象意象，轉換為銀幕空間中具體的視覺影像；如何
從文字敘事轉換到攝影機運動，以此鋪展其情節；以及如何藉由影像傳達
文字所構築的文學性（如隱喻、主題、哲思等）都是文學作品改編成電影
時需要思索的課題。

　　電影中的改編牽涉到對其他藝術符號系統的轉化、挪置及對話關係，
臺灣電影自臺語片時期（1955～1972 年）就以改編文學作品及本土的歌仔
戲碼做為拍攝素材的重要來源，甚至將外國文學予以本土脈胳化，展現出
臺灣生猛活潑文化想像。[5]而在主導文化的官方機構，根據曾西霸〈淺談小
說改編電影〉論及 1950 年代中央電影公司曾改編孟瑤的《家在臺北》，徐
薏蘭的《葡萄成熟時》與林海音的《薇薇的日記》。[6]1960 年代中期電影
《婉君表妹》之後，瓊瑤電影開始蔚為臺灣電影史上文學作品改編成電影
的第一波高峰，1960 年代結束前便有 22 部瓊瑤電影推出。瓊瑤的愛情王
國一直延續到 1980 年代，並轉戰電視媒體，成為臺灣愛情文藝片與言情小
說的鮮明圖騰。另外古龍武俠小說則是在 1970 年代也掀起改編電影的熱
潮，成為電影市場上與瓊瑤電影互別苗頭的另一種類型。在 1980 年代之
前，曾有幾部在臺灣影史上可謂經典的改編作品，如《破曉時分》（朱西甯
原著，宋存壽導演）、《冬暖》（羅蘭原著，李翰祥導演）、《母親三十歲》
（根據於梨華小說《海天一淚》後改名《母與子》，宋存壽導演）。1980 年

---

[5]關於臺灣臺語片的文化論述請參閱：黃仁著《悲情臺語片》（1994 年），本書所論及臺語片類型：
「臺語片中的文學作品」、「取材社會新聞的刑案片」、「戲曲電影篇」、「民間故事篇」等都涉及互
文參照的符號系統及文化再現的問題，可惜論者並未從這方面加以闡發，而較重著於資料的分類
工作。直到廖金鳳所著《消逝的影像——臺語片的電影再現與文化認同》（2001 年）才以文化符
碼及再現體系做為論述的焦點，對於本土電影文化的符碼化及知識體系做論述上的辯證。
[6]參考曾西霸，〈淺談小說改編電影〉，《電影欣賞》第 90 期（1997 年 1 月），頁 90～103。《家在臺
北》改編自孟瑤小說《飛燕來去》，《葡萄成熟時》改編自徐薏蘭的《河上的月光》。

代初期由中央電影公司引領一批新電影導演，從事影像創作，大量改編臺灣小說，試圖恢復電影做為記錄土地、歷史與人類生活情感的藝術媒介的尊嚴。當時的新銳作家及知名作家如：朱天文、廖輝英、七等生、王禎和、李昂、黃春明、白先勇、蕭颯、蕭麗紅、楊青矗等風格流派各異的小說家，其作品被陸續改編成電影。形成臺灣文學改編成電影的第二波高峰，為國片帶來蓬勃的生機與更大的發展空間。

　　1980 年代的改編電影自選定文學作品到拍攝過程往往引發媒體及社會大眾的關注，享有盛名的作家如：白先勇的《玉卿嫂》在改編的過程中，引發許多文學文本與電影影像互動與轉化上的爭議，包括作者白先勇及導演張毅等人的改編版本就多達四個版本，這其中所牽涉的課題不僅是個人的美學品味，更涉及接受美學所談的讀者詮釋、想像；以及不同的藝術符碼之間的轉換框架。[7]在進入電影與文學轉換的文本脈絡及象徵符碼的討論之前，我們不妨先來回溯一下，改編電影的意義及改編的論述是建構在怎樣的藝術批評及文化形構之下，電影評論者及作家又是基於什麼批評的態度及創作原則來檢視電影改編的版本？電影評論者往往是根據小說的版本去評判電影是否忠實於原著，對於忠實於原著的電影則給予高度評價，反之則厲聲批評。Lester Asheim 認為電影改編自文學之主要動機在於文學本身之通行有助於電影票房，同時，文學內容價值有助於電影拍攝出來的成績，亦有助於其獲獎。[8]臺灣的評論者則以電影為主體，而戲稱文學沾了電影的光，使小說更加暢銷，如聞天祥指出：1980 年代文學改編電影的熱潮促使許多在 1970 年代早享文名的大作家，增添更多年輕讀者，使這些小說作家的文學光環徵加耀眼。[9]而盧非易亦指出臺灣文學讀者市場與電影觀眾

---

[7]請參見白先勇，〈《玉卿嫂》改編電影劇本的歷程與構思〉、謝家孝，〈苦命玉卿嫂「難產」十四年〉，《玉卿嫂》（臺北：遠景出版公司，1985 年）。遠景出版公司曾在 1980 年代策劃「文學與電影」系統，將原著小說與改編後的電影劇本併在一起，並加上劇照及電影拍攝過程的內幕報導，對文學作品改編拍成電影所涉及的諸多問題，留下珍貴的紀錄。

[8]參見 Lster Asheim, *From Book to Film Ph. D. dissertation,* University of Chicago, 1949.

[9]聞天祥，〈臺灣新電影的文學因緣〉，收錄於《臺灣新電影二十年》（臺北：臺北金馬影展執行委員會，2002 年），頁 67。

市場懸殊，臺灣較難存在所謂以文學作品之讀者來支持電影的說法，反而是文學藉重電影宣傳，促進兩者的行銷。然而在 1980 年代改編文學的電影風潮中，我們經常見到男性經典大師的身影，諸如黃春明、王禎和、白先勇等，這些小說之所以被改編成電影，因為作者業已經典化的文學地位，故電影改編乃借重於經典大師的文學知名度與讀者支持率，但改編大師作品所牽出的課題相當複雜而有趣，如：作品的典範及內涵意蘊透過影像化的再創作之後，是否失去原汁原味？大師們對於自己作品經由影像再詮釋，甚至只取材其敘事框架而予以戲仿[10]的電影，又有何觀感？作家對於自己的創作是否具有權威的解釋權？對於想要改編電影的導演們，該如何面對大師的「詮釋」及「建言」？在改編過程中，這些大師們認真地參與電影製作，為之改編小說成電影劇本，甚至行使影片審核、情節橋段的否決與選角的權力，究竟文學家介入電影創作的權力有多大？而在電影的創作及產銷過程，小說原作者該在文化工業裡哪個位置及位階？這些問題都是環繞著臺灣文學改編成電影饒有興味的課題。

三、誤讀？戲仿？——小說敘事與影像再現

　　1980 年代臺灣電影還處在藝術與商業之間孰輕孰重，混沌不明的爭辯裡，在中影所策劃的《光陰的故事》及《兒子的大玩偶》兩部影片獲得票房的成功之後，臺灣電影受到新生代導演推動的影響，逐漸建構起臺灣本土藝術電影的系譜，即以作者電影為主導的新電影。電影自發明時刻起，一直有些創作者努力想讓電影擺脫通俗文化的層次，而朝向高雅藝術的文化層次，因此學者藉由電影文本的形式特徵區隔為「藝術電影」與「類型電影」（"genre"），David Bordwell 在其著作《電影敘事》（*Narration in the Fiction Film*）區分出古典電影敘事與藝術電影敘事對於「再現真實」有不同的美學策略，古典電影敘事奠基於通俗小說等文類，將真實統一於事件

---

[10] 「戲仿」（"parody"）一詞是指戲謔或滑稽的模仿，在互文性理論中相當重要一種文學手法。在此處除了借用戲謔的原義之外，並試圖挪置其語義，兼指電影對於文學作品影戲的改編及仿非。

的敘事裡，個人身分具有清楚的一致性。「藝術電影」的敘事法則常受到現代主義文學影響，對所謂連貫一統的「真實再現」多所質疑，故其敘事世界法則未必清晰，強調角色個人心理狀況與社會之間疏離迷惘的情境。藝術電影的敘事特徵，主要偏離古典的敘事模式，透過前衛的美學觀再現所謂的「現實」。從歷史脈絡而言，德國新電影及法國新浪潮之後，具高度個人特色的導演，以「作者電影」為名開始崛起，其美學策略常從文學與劇場文本中的現代主義借光，另外，藝術電影的源起也常與各國民族電影工作者試圖建立本土電影美學，以抵制好萊塢電影工業的侵襲有關。[11]故類型、敘事結構與符號語意不但反應主題與內容的特色，在更細部的層次上分析文本的組織方式及其美學形構，也影響閱聽人的認知及詮釋。

　　臺灣受到歐美電影藝術思潮的影響，無論在創作方向上或評論標準上皆引用早期法國新浪潮對電影作者（auteur）風格的強調與重視[12]，所謂電影上的作者論：「在一組電影作品中，一位導演必須不斷重複的風格。這種風格猶如他的『簽名』一樣。」而此種「作者」往往是局限在男性作者：「藝術……應該只是一個單獨的（男）（man）人的宣言與視野。他便是創作中的藝術家。」[13]（perkins 1990：57）1980 年代臺灣新電影所展開的作者系譜裡，主要想把電影擺脫商業的庸俗化，而提升到藝術層級，所以電影雖然是個在商業產銷過程中的文化商品，卻經由新一派影評人的論述與評鑑，將新電影想像並建構為一個電影運動，藉此和他們稱道並推廣的國外電影運動及作者論進行接軌與想像上的連結，以確立新電影的作者系譜。這一批影評人多以「知識分子」自居，和藝文界關聯較為密切，並且

---

[11]Bordwell David, *Narration in the Fiction Film*, London： Methuen, 1985. pp228-229.
[12]在歐美電影評論界曾經盛極一時，自 1950 年代而降的「作者論」，基本上關心的，也經常只是男性作者。Alexandre Astuc（1948 年）用筆來譬喻攝影機，倡導電影導演脫離技術的宰制，達到一種「我手寫我心」的境地。他的呼籲鼓舞起一批正開始替《電影筆記》（Cathiers du Cinema）寫影評的年輕人，也執起攝影機，拍起電來，於是掀起所謂「法國新浪潮」。而圍繞這批新浪潮導演而衍生，與他們共同成長的一種電影評論方法，史無前例地以一個人，一個叫做「作者」（"Auteur"）的人為中心。（游靜，2003 年）
[13]Alezandre Astruc（1948）"The birth of a new avant-gared： la camera-stylo". *Ecran Francais* 144. Reprinted in *The New Wave*. Trans. Peter Graham. London： Secker and Warburg/ BFI, 1968.

慣以「知識分子」的立場介入／針砭／引介國外「藝術電影」，並以電影專
業的術語評析臺灣本土影片，透過他們的評鑑及影評，使電影做為導演個
人表述的載體，形成新電影的作者論。但此種重藝術輕商業的作法漸漸引
發臺灣兩派不同意見的爭議[14]，對於商業電影／藝術電影的二分法，最常見
的意識形態是藉由電影導演來策略性地標示出藝術／商業的「差異」，商業
電影就是因襲好萊塢的模式，追求利潤；藝術電影則追隨世界電影美學思
潮及重要的導演風格，追求創意；商業電影就是標準化的商品，藝術電影
則是個人原創性的表徵等。但是作者的位置在哪裡？福柯（1977 年）認為
所謂「作者」，是一名論述的開創者（initiator of discourses）。在他的文章
〈什麼是作者〉提到：「作者」這種論述要透過什麼方式才可存在？它從哪
裡來；如何流傳；誰控制它？可能的主體被既定在怎麼樣的位置？是怎樣
的人才可滿足到做為主體的多元功能？[15]因此，作者的地位是如何形成的？
作者藝術聲望是如何形構而成的？作者被視為一個藝術家，其間乃經過一
連串論述或評鑑機制的背書，或是經過不同意見，不同社群及文化場域間
的象徵權力的鬥爭，才能夠成形，故作者的聲譽並非僅來自他的創作，而
是整個藝術文化場域的集體活動，藉由文化場域裡各個角色之行動來參與
這個藝術聲望的打造過程。

　　新電影運動在推展之初一直與藝文界互動頻繁，由於影評人一直想要
論辯的論述即「電影做為一門藝術」（"film as an art"）及「電影做為一種文
化」（"film as a culture"），故他們積極與藝文界人士結盟或爭取奧援，再加
上當時臺灣社會對電影這門領域的認知仍然歸屬娛樂產品（film as

---

[14]主要以建構臺灣新電影論述，以及非難新電影疏離美學的兩大影評社群為主，依據齊隆壬對於影
評的分類，可以將臺灣影評的詮釋類型大略分為兩個社群：「作者電影」影評，以及「觀眾電
影」影評，觀眾電影影評立足於一般觀眾口味來評論，以一種大眾消費指南的形式呈現；至於作
者電影影評路線以西方電影研究的專業，分析導演風格與技法，試圖建構臺灣藝術電影的典範。
此兩大不同的影評社群形構了臺灣影像文本的詮釋系譜。（齊隆壬，《電影沉思集——風潮結構與
批評》，臺北：圓神出版社，1987 年）

[15]Michel Foucault,'What is an Author?'*Language, Counter-Memory, Practice： Selected Essays and
Interviews by Michel Foucault.* Trans. Donald F. bouchard and Sherry Simon. Cornell： Cornell
University Press, 1977.

commodity），在文化位階（hierarchy）裡屬於通俗低層的商品，故對「電影」當時未完全獲得藝術正當性的形式而言，藉由其他已被大眾所認可之藝術領域的重要作者（文學、劇場、舞蹈等）接軌及推薦，或者參與，自然對於強化其論述之正當性頗有助益。[16]當導演做為一位「作者」時，而電影創作作為文化藝術的表徵時，文學與電影的對話逐朝向典範小說文本的詮釋及改編，新電影改編文學作品或與小說家合作之例，可以放在作者論中，作者成為一種「品牌」，而改編小說名家的作品，也產生一種小說家為這部電影背書或者提升其藝術層次的作用。

在 1970 年代臺灣文學界正經歷一場鄉土文學論戰，影響所及遍及各藝文領域，在這場論戰裡隱然形成鄉土派與現代派兩大陣營，鄉土派一貫抨擊現代主義文學的晦澀，頹廢和玩弄形式。認為西化的作家們在模仿西方現代主義作品時僅在表層結構上下功夫。一旦鄉土文學的典範被樹立，對文壇新進來說，具有符號功能的鄉土作品表層結構（如方言的運用）也立即成為現成的仿效對象。於是在 1970 年代末，1980 年代初兩大報的文學獎出現許多仿效鄉土的小說，鄉土小說風潮在 1970 年代末大量出現，隱然形成師法黃春明的小人物敘事模式，或者王禎和的嘲諷語態等等鄉土寫實的筆調。[17]新電影開始之初，《兒子的大玩偶》的成功經驗，促使許多導演及片商願意投資文學改編的電影，再加上受到這股鄉土敘事風潮的推動，遂有多部鄉土小說被改編，究竟電影作者與文學作者之間的互動與影響為何呢？布魯姆（Harold Bloom）在《詩歌與壓抑》（*Poetry & Repression*）一書中，徹底地推毀了那種新批評所主張的自足、自主文本的理念，他說任

---

[16]例如小野在談論《光陰的故事》時便說：「我認為文化界的人，應該要用對待『雲門舞集』、『蘭陵劇坊』、『雅音小集』的態度來看我們這部電影……」。小野，《一個運動的開始》（臺北：時報文化出版公司，1986 年），頁 106。新電影裡《兒子的大玩偶》上片宣傳時，更特別強調要以類似藝術季活動方式宣傳，招待藝文界人士觀賞（陳蓓芝，《八十年代臺灣新電影現象之社會歷史分析》，1991 年）首映會時有數百位作家前來參加。（小野，1986 年，頁 116）
[17]關於兩大報文學獎的詳細論述可參見莊宜文碩士論文，《《中國時報》與《聯合報》小說獎研究》。對於文學作品與傳播媒體之間的關係，可參見林淇瀁，《書寫與拼圖＿臺灣文學傳播現象研究》。

何一首詩歌都是一首互指詩（interpoem），並且對每一首詩歌的任何解讀都是一種互指性解讀（inter-reading）。[18]電影作者在 1980 年代拍攝 1960 或 1970 年代的小說，面對人文知識分子對於鄉土所建構的文學符碼，不論通過具體的作品，或是 1970 年代鄉土文學論戰所構的抽象符碼，電影導演、電影劇作家都經歷某種「啓發」過程，電影與小說之間也形成互涉的文本關係。在《影響的焦慮》（*The anxiety of influence*）一書中，布魯姆具體研究了英美浪漫主義詩歌史上一些強勁有力度的詩人接受前輩詩人影響的事實，他分析認爲，這種影響不僅僅是或說根本就不是對前輩詩人的承繼和吸收，而主要是在對前人進行誤讀、修正和改造。在《誤讀圖示》中，他進一步發展了「影響即誤讀」的理論。他認爲回覆作者原意的閱讀實際上是不可能的，或者說，閱讀實際上總是一種誤讀。故他以爲影響「不是指從較早的詩人到較晚近的詩人的想像和思想的傳遞承續」，相反，「影響意味著，壓根兒不存在本文，而只存在本文之間的關係，這些關係則取決於一種批評行爲，即取決於誤讀與誤解———一位詩人對另一位詩人所做的批評、誤讀和誤解。」[19]不存在任何原初的、其他文本由以派生的原文，一切文本都處在相互影響、交叉、重疊和轉換之中，所以不存在原文，只存在互文性。把互文性觀點用到他的影響誤讀理論，他認爲，影響就意味著互文性，意味著詩人之間的相互閱讀、誤讀、修正、改造關係。詩人之間是互爲主體互爲歷史的。

　　布盧姆的誤讀理論強調影響過程的誤讀、批評、糾正和重寫，打破了傳統「影響即是模仿、繼承、接受、吸收」的理論格局。本文所要探討的是黃春明，王禎和，白先勇的小說改編電影文本，假設我們將文學作者與電影導演皆當作強而有力的詩人，這兩位詩人之間，並不只是存在著前行代對後代的影響與啓發，更值得探究的是電影導演如何重新汲取小說的養

---

[18]Harold Bloom, *Poetry and Repression： Revisionism from Black to Stevens*, New Haven： Yale Uinversity Press, 1976, p2

[19]Harold Bloom，《比較文學影響論：誤讀圖示》，朱立元、陳克明譯（臺北：駱駝出版社，1922 年），頁 3。

料，然後重新詮釋，重新創作出影像作品，電影導演對這三位小說家的文本如何重寫，又是如何誤讀？這三位小說家崛起於 1960 年代，在現代主義的洗禮及鄉土文學的浸潤之後，在 1980 年代他們的藝術聲譽已漸漸成形，成爲知識分子所熟知的文學名家，其作品在社會上可謂引起廣大的回響，而他們所創作的文本也形成典律化的地位。此三位創作者在 1970 年代鄉土文學論戰之後，分別被學院的閱讀社群（interpretation community）、文學批評的機制及文學雜誌社團，貼上現代派及鄉土派的標籤，在 1980 年代，有五部電影改編自黃春明小說，四部電影改編自白先勇小說，三部電影改編自王禎和小說，屬於政教機構的金馬獎執委會於 1993 年在回顧臺灣電影，並擇選臺灣電影作品中的代表作時，亦將文學改編成電影的類型區分爲現代派及鄉土派[20]，可知鄉土文學論戰的廣泛影響，以及文學的分析術語和工具被挪用在電影文本的解析上文學所帶給電影「影響的焦慮」不僅於此，在這本《臺灣電影精選》裡，可見其政教機構積極介入臺灣電影經典化的工程，並試圖以新電影導演作者的風格建構臺灣電影的典律（canon）。雖然電影改編文學的風潮極盛，但只有黃春明的《兒子大玩偶》及《看海的日子》、白先勇的《玉卿嫂》所改編的電影被納入臺灣的經典電影，至於王禎和的電影由張美君所拍攝，導演並非劃屬於新電影的範疇，故不列入，然而在當時被影評人認爲是商業炒作的文學電影，遭受商業庸俗化所扭曲的改編，卻在 2000 年《作家身影·臺灣篇》成爲史料影像的方式進入文學家傳記的論述中，電影改編小說的片段再度成爲詮釋作家作品的視角，並且再度被典律化。[21]新電影與文學作品的「結合」，是文化工業裡結構性的連結，新電影的重要劇本創作者皆爲濡染於 1970 年代鄉土文學的運動中，其創作無法離開鄉土文學的召喚，吳念真也曾仿鄉土敘事筆法，從事鄉土

---

[20]關於臺灣電影對於文學改編可參見區桂芝執行編輯，蔡康永、韓良憶主筆，〈臺灣電影與文學〉，《臺灣電影精選》（臺北：萬象出版社，1993 年），頁 2～12。

[21]關於影像與文學史典律的相關論述可見邱貴芬，〈文學影像與歷史——從作家紀錄片談新世紀史學方法研究空間的開展〉，《中外文學》第 31 卷第 6 期（2002 年 11 月），頁 187～209。

小說創作，並曾獲致文學獎。[22]1977 年以降臺灣文化從觀照鄉土出發，以臺灣為創作主體及發聲主體，雖然當時所指涉的鄉土定義模糊，但它為日後臺灣的主體性提供理論的基礎及論述的框架。在這樣的意義上，1980 年代重新詮釋改編黃春明的小說，成為這一代電影創作者整理過往臺灣經驗，並進而創發新臺灣主體的重要文化資產。吳念真在中影公司工作時，所提出的第一個企畫案就是改編黃春明的小說為電影，他也曾在許多公開場合表示對黃春明小說的傾慕。[23]隨著吳念真所改編的《兒子的大玩偶》在票房上獲得肯定，將鄉土小說影像化的改編模式蔚然成風，黃春明、王禎和、楊青矗及七等生等作品都曾被改編搬上螢幕，連帶地被歸於現代派的白先勇及 1980 年代新崛起的女性寫手得獎作品亦紛紛躍上影像媒體，一時之間，「電影最重要的卡司，似乎成了小說家的名字」。焦雄屏曾歸納出新電影小說改編風潮的原因：

（一）原創編劇，新導演及部分編劇年紀都輕，人生經歷也撐不了過多製片的索求。選取現成小說的結構及劇情，是方便且素質高的做法。

（二）新電影工作人員大都對鄉土小說及張愛玲，白先勇小說有相當多認同感，閱讀經驗是其成長不可缺的一部分，這也與一般新知識分子觀眾的心理契合。如白先勇小說迷人語言及緊密意象，或鄉土小說對低下階層的憐憫心懷，都是新一代電影工作者樂於認同的。

（三）大量小說家投入電影改編或編劇行業。最明顯的，莫過於朱天文、朱天心姐妹之於侯孝賢與陳坤厚（《小畢的故事》、《冬冬的假期》、《風櫃來的人》），蕭颯之於張毅，以及黃春明自己投入改編《看海的日子》的工作，甚至吳念真，小野和丁亞民的任編劇兼企劃，都使小說素材易搬上銀幕。[24]

---

[22]吳念真，〈看戲去囉〉曾獲民國 66 年聯合報小說獎第三名，〈白雞記〉曾獲民國 67 年聯合報小說獎佳作。

[23]筆者是根據公視新電影 20 周年播放「兒子大玩偶之前，小野對吳念真的訪問內容。

[24]焦雄屏編著，《臺灣新電影》（臺北：時報文化出版公司，1988 年），頁 336。

　　除了在文化產業結構性上缺乏編劇人才之外，其餘皆與新電影創作者所形構的知識分子鄉土觀與文學理念有密切關係，而小說家面對影像媒體亦發生強烈的興趣，黃春明曾親自擔任編劇，將自己的小說《看海的日子》改編，此時我們不禁要探問，專業的編導人才來做改編工作與小說家來親自操刀有何不同？小說家的親自操刀究竟是更能貼近原作的精神，並適度地轉換跨媒介的框架？或者因為要「忠實」自己的作品，而不忍刪節割愛，反而無法轉換成電影語言的敘事？或者小說家的參與形成影片催生的「導師」，頻頻造成導演在詮釋時無法拋卻的「影響焦慮」？影評人黃建業曾針對吳念真的改編《兒子的大玩偶》及黃春明的自己改編《看海的日子》作過一番針砭及比較：

> 《兒子的大玩偶》三段體的成功，主要並不在黃春明小說的素材，反而是借著這三個素材所表現出來的敘事手段和映像結構風格。相反來看，由黃春明自己編劇，王童導演的《看海的日子》反而被生硬的倒敘弄得極度拘謹，角色不是扁平化便缺乏性格，若不是王童對角色不慍不火的同情和那份兢兢業業、規規矩矩的作風，《看海的日子》將比現在的版本更乏善可陳，較之由別人改編的《兒子的大玩偶》三段電影版，黃春明顯然對自己的小說缺乏電影的想像力。[25]

　　雖然有影評人嚴厲的批評，但《看海的日子》保有小說作品的意蘊，轉換成通俗劇的影像形式也頗能引起觀眾共鳴，甚至引起現實社會裡娼妓的觀影風潮及自醒自覺。黃春明身兼原著作者及編劇身分，面對外界的批評，他認為自己將電影中人物的對白生動地呈現，更覺得電影被觀眾廣為接受是電影社會功能的具體表現，而對自己編劇的能力質疑也做辯駁。[26]王

---

[25]黃建業，〈一九八三年臺灣電影回顧〉，《電影雙週刊》第 154 期（1985 年 1 月）。又載於焦雄屏編，《臺灣新電影》，頁 57。

[26]〈黃春明．吳念真．朱天文訪談錄〉：雖然是第一次寫劇情片，不過一來是自己的作品；二來過去他曾經拍過紀錄片，編導都一手抓，即使兩種影片性質不同，對他仍然相當有幫助，至少不會

禎和也曾改編過自己的作品《嫁妝一牛車》、《玫瑰玫瑰我愛你》及《美人圖》，但這幾部電影由於導演張美君的影像失焦，無法將王禎和原著中嘲謔又帶著悲喜的小人物做適切的轉換，而使《嫁妝一牛車》變成一種「貧窮的奇觀」，而《美人圖》的抵殖民意涵卻被挪置為俗俚荒唐與賣弄情色的笑鬧片。王禎和認為電影戲劇影響他的創作甚深，執筆寫小說時，他能捉住最具戲味的地方下筆；撰寫影評時，不斷思考創作問題。他在臺灣新電影初出茅廬時，即有自覺地將自己的小說改寫成劇本，並積極參與電影改編的工作，但他認為國片礙於環境長久以來的種種積弊，使得改編之後的電影往往著眼於行銷與票房，原著的情節、語境被大肆地刪節扭曲與變形，如《嫁妝一牛車》受限於片長 100 分鐘的規定裁掉四分之一，因而無法完整表達原作意念；《美人圖》因商業操作的媚俗，影片敘事小林受環境影響而被污染同化，由純樸的年輕人變成臺北舞男，而喪失原作批判的意旨，王禎和為之氣結不已，直嘆遇人不淑。[27]

　　1980 年代許多電影導演運用小說改編做為影象的素材，亦有新電影的新生代導演張毅因為改編白先勇的作品，由於改編原著的堅持與白先勇產生歧異，使得張毅變成曝光率相當高的年輕導演，在 1980 年代初只要改編白先勇的作品便自然引起媒體注意及報導。白先勇的作品〈金大班的最後一夜〉則是由編劇者改編，但是白先勇則積極參與全片的攝製，提供相當多的意見，諸如對於情節的鋪陳、男女主角選角等等，在拍攝當中金大班的牀戲就成為此片爭議的焦點，謝家孝記錄當時的情況道：「文學作品搬上銀幕又涉及是否也有被認為藉機賣弄色情的問題，藝術與色情的分野，是屬於慣見的老爭論，寫《金大班》一片攝製內幕，也就從這熱門的電檢問題談起。當我們最初改編劇本時，就為編劇小組所共認的在『金大班』這

毫無經驗、手足無措……他覺得《看》片在對白上很生活化，是國片少見的，也是他編劇時特別注意的地方，而且《看》片的觀眾層面相當廣，表示大多數的人都能看得懂，並且能夠接受。《臺灣新電影》，頁 255。
[27]請參考劉玟伶，《王禎和作品論：小說、劇本與影評》（新竹：清華大學中文所碩士論文，1998年），頁 183。

個主角人物身上，有兩個重要的男人，也就是女主角金兆麗自己所說的：
她一生只為兩個男人流過淚，而流淚都是在性愛過程之後，以電影的慣用
詞來說，那就是『牀戲』。」[28]雖然電影影片想要藉由文學名家的聲望提升
其藝術的正當性，電影導演也想要在影片創作上達到藝術性的要求，成為
一位「電影作者」，但是在改編過程中，仍然將女體的展露視為影片的重要
情節以及改編的重點，而《金大班的最後一夜》，也就成為通俗劇裡「金大
班生命中的三個男人」，以及其中情慾的糾葛。

　　另外，當時除了藝術對色情的爭端外，電檢的尺度與標準亦是爭議的
重點，謝家孝認為：「牀戲」的重點，大家知道十分緊要，不僅關係到電
檢，影片藝術與色情的分野，評論與賣座，都息息相關，而且「金大班」
片中有兩場牀戲，與初戀情人月如的一場是純情的美，與船員秦雄一場是
肉慾的掙扎，是一種奉獻式的告別。在劇本文字上沒有多少形容詞可以著
墨，主要就得看導演怎麼運鏡處理，演員怎麼表演，如何能讓觀眾感動，
有美感的反應，而不會被批評為粗俗下流。（頁 91）當時的電影界也就在
藝術、文學、情色、票房之間互相的協商與糾纏，拍攝完成後白先勇和白
景瑞導演曾為了金大班的牀戲而有所爭執，白先勇認為金大班與歐陽龍的
牀戲拍得不夠美，應予刪除。白導演早已憋了很久的情緒爆炸開了，他叫
起來，「好像人人都成了電影專家，那要我導演做什麼？哪個鏡頭該剪都要
你們來指點，等於我改你的文章任意的隨我高興，我看不順眼就刪去！不
管你整個文氣通不通，你高不高興？太過分了嘛！」（頁 108）白先勇與白
景瑞，一位是文學界久享盛名的文學名家，一位是電影界攝製過多部佳作
的名導演，當大師遇到大師時，在文字與影像的轉換框架裡，導演的詮釋
權與作家的詮釋權都在爭取自主的發言空間，形成彼此交鋒越界的爭端，
最後是在送審時，兩位大師又聯手出擊，在電檢委員要重審剪除牀戲時，
導演白景瑞與原著白先勇，均表示要申訴要爭取，後來電檢處仍然稍作修

---

[28]謝家孝，〈「金大班的最後一夜攝製內幕」〉，《金大班的最後一夜》（臺北：遠景出版公司，1985
年），頁90。

剪，但鑑於白景瑞與白先勇兩位創作者的藝術聲望，遂維持大致的影像原貌。現在我們看到金大班與歐陽龍的「牀戲」並不放在整個電影的敘事架構裡，而是金大班在舞廳度過最後一夜之後，在片尾主題曲的旋律中，將以往的片段剪輯，然後出現金大班第一次的真心愛戀，與月如（歐陽龍飾）的一段情，牀戲部分以白色薄紗營造浪漫純情的氛圍，緩慢的運鏡也醞釀刻骨銘心的時刻，兩三個鏡頭都是以金大班女主角的臉部做為特寫，男主角月如的鏡頭則著墨較少，可知兩位大師最後在互爭詮釋權，協商，還有電檢制度下，影像呈現出純潔浪漫的文藝愛情戲碼。

　　1980 年代臺灣電影對於導演作者與電影作者之間的合作與爭執，呈現出相當多議題的交集與糾葛，1970 年代的鄉土論戰所開展的鄉土派與現代派的語彙符碼，以及文學界所積累的藝術聲望與名家作者地位，一再地被電影工作者所吸納及轉化，使電影能夠在影像創作及影像批評獲得某種加冕，以及藝文界的奧援與背書，逐漸樹立電影影像藝術性的正當位置。但是在小說改編電影的實際創作上，往往很難擺脫商業運作的機制，在影像世界裡，編劇／劇本雖為製片的重要一環，但其市場價值抵不過將影像具體化的明星（男女主角），故為了展露男女主角影像上的魅力，在改編上不免有影像的戲仿與誤讀的種種情狀，再加上女性身體表演所揭露出的文化訊息，使得文字裡所描繪的千迴百轉的情慾轉化成影像上視覺的愉悅，或者使影像只聚集在「牀戲」的情節上，1980 年代矛盾又掙扎的商業電影與藝術電影之爭，以及電影導演與原著者之間的互動，使我們窺視小說改編電影所牽連的機制，電影工業與文化價值的協商，以及原著作者與電影作者如何在商業機制、藝術性、情色窺伺等價值觀下，折衝與協商，努力爭取發言的空間。

四、神女敘事與性別符碼

　　1975 年蘿拉・莫薇（Laura Mulvey）發表〈視覺快感與敘事電影〉，她指出好萊塢電影中的觀看快感是男性的專利，通過對觀看行為裡性別角色

的位置，進入好萊塢電影的敘事模式，將其父權的話語做全面拆解及抵抗式閱讀。她將傳統好萊塢電影視爲一種父權秩序的無意識符碼結構，由此，她對電影中的男性，女性各自的位置做了劃分，對於觀看者及如何觀看做了描述。她認爲「在一個由性別不平衡所安排的世界中，看的快感分裂爲主動的／男性和被動的／女性。男人的眼光起著決定性的作用，他把他的幻想投射到照此風格化的女人形體上。女人在她們傳統裸露角色中被人看和展示，她們的外貌被編碼成強烈的視覺和色情感染力，從而能夠把她們說成是具有被看性的內涵……她承受視線，她迎合男性的欲望，指稱他的欲望。」（1975：231）好萊塢資產階級的電影文化透過一種壓制、剝削女性的父權主導與控制，並引導著敘事進行及視覺的愉悅感。在此種電影話語中男性的慾望及其實踐，是敘事線的動力，男性角色及男性觀眾的觀看期待視野，就完全控制電影的敘事與想像，女性只能做爲一種客體存在，無法成爲創造意義的主體，在社會儀式實踐之中，她被交換而無法左右交換行爲。而這樣的女性影像是連結著商業機制的運作以及滿足觀眾窺奇式的觀影心理，觀眾期待透過影片滿足觀看的慾望，看什麼呢？最大的樂趣當然是平常看不到的東西；社會或道德所禁忌，不准觀看的東西，或是因種種文化，地理，認知局限而「看不到」的東西。異國風情或是他人私密的情慾世界當然激發觀看的慾望。女性主義者在檢視文化中的性別結構時，注意到影像在幕前扮演著建構社會價值觀的角色，而幕後又受制於各種權力與宰制性意識形態。1980 年代臺灣的電影影像裡女性主體與性別符碼究竟呈現何種面貌？影像文本借重小說文本時，對當時臺灣的文化場域及家國敘事之間如何詮釋？我們可以從這三位小說家（黃春明、白先勇、王禎和）的作品被改編成電影的文本裡，觀察到只要文本裡涉及風塵女子、酒家女、妓女等敘事文本往往成爲片商所熱中拍攝的題材，除了焦雄屏所提到的一窩蜂地將改編小說搬上電影螢幕，只是造成浮濫的改編文

本，只是將文學作品庸俗化之外[29]，能否再從神女的敘事文本裡再探小說與影像的關係，以及其中所涉及的性別符碼。故筆者透過以下三部小說改編為電影的文本《看海的日子》、《金大班的最後一夜》、《玫瑰玫瑰我愛你》，做初步的探討。

（一）《看海的日子》

　　〈看海的日子〉的女主角白梅八歲時被生母賣給人家當養女，而於 14 歲稚齡又被養母賣入娼寮，從此身陷火坑十數載，一次偶然的機會裡，她在火車上遇見過去同在妓院的朋友，這位朋友從良後，產下一個男嬰，並享受著為人母的喜悅與滿足。此事帶給白梅相當大的感觸，決心也要擁有自己的孩子。因此，在返回娼寮後，白梅找上一位上門嫖妓的討海人阿榮讓自己懷孕，並在有身孕後隨即返回故鄉山裡頭的一座小村落待產。最後，經歷險些難產的分娩過程，白梅生下一個兒子，並抱著兒子走到海邊看海。小說文本經由原作者黃春明的改編，所以影片的敘事結構與小說相差無幾，而在片頭幾個在海洋豐收漁獲的鏡頭，呼應著小說文本以「魚群來了」的段落開始，刻畫著海洋的意象，以象徵的手法描述海洋賦予土地源源不絕的生命力。這是「四月到五月鰹魚成群隨暖流湧到」的季節。各地的漁船都聚集在南方澳漁港，「準備撈取在潮頭跳躍的財富」，而海水吸取溫熱的陽光，「釀造出鹽的一種特殊醉人的香味」「飄舞在人們的鼻息間。」[30]在這段描述中，海洋所象徵的熱情，活潑，生命力，源源不絕資源的感覺完全表露無遺。接下來，黃春明描寫到許多漁船進港，熙攘往來的人潮埋首在繁忙的漁撈作業當中的情景。一大堆漁船，漁火成一路縱隊，整齊地駛入港內，而隨即也傳來魚群湧入的訊息。影像上則以烈日晴陽，蔚藍的大海，以及一船豐富的漁獲正在粗礪的大漁網裡，傾洩而下，視覺上那龐大豐蘊的漁獲及海洋的意象象徵一連串孕育過程的開始。而這些漁

---

[29]焦雄屏，〈在室男——文學作品的庸俗化〉，《臺灣新電影》（臺北：時報文化出版公司，1988
　年），頁 342。
[30]黃春明，《看海的日子》（臺北：皇冠出版社，2000 年），頁 10。

船帶來阿榮，達成白梅爲人母的願望。

　　當我們以性別符碼及身體政治（the body politics）來重探《看海的日子》（王童，1983 年）時，可以發覺鄉土文化形構裡，相當重要的「偉大的母親形象」，經由女主角白梅再現，白梅由一個妓女升級到一個母親，這個過程裡亦呈現出臺灣斯土「集體受苦形象」，此種集體受苦的象徵符號透過一個女性的身體充分地傳達出來，在其他的新電影中的女性，我們也可以看到女性做爲受苦受難的主角[31]，或者一個悲情事件的旁觀見證者，此種敘事視角在見證受虐與自身被虐的反覆辯證裡，閱聽人遂連結自身的遭遇與臺灣的苦難，而沉浸於集體受苦的悲情中，而女性受難圖象，遂轉喻爲臺灣人集體受難的象徵。這部小說以往的論者常以母性的光輝來讚揚其結局，並盛讚主角白梅身分的正確性，捨娼妓身分而以一位偉大的母親自許，展露人性與道德的美善。然而女性主義論者則批評白梅依然受控於父權網絡裡，藉由一個兒子來抬升自己的身分地位，與昔時三從四德的傳統父權思想暗合，白梅終究無法獨立自主，依舊被父權所壓迫。女性主義批評亦指出男性作者以女性受壓迫成爲書寫或影像敘事的象徵符碼，主要是女性與性被視爲轉喻封建思想與父權獨裁的有效論述工具，放在臺灣遭受殖民的論述裡，女性形象往往只是抵殖民論述裡待解放的「他者」，其性別位階並無瓦解，雖然文本透顯女性受壓迫的苦難，卻無質疑或動搖兩性在權力架構中的傳統位置，只是借喻著女性身體來傾訴鄉土的苦難。白梅一開始的形象是低俗的妓女，回顧自己誤入風塵的往事，彷若是枝可憐的雨夜花，她在當妓女時身體飽受污衊，影片中粗鄙的男性嫖客與白梅在相交時，色調晦澀陰暗，男性在上位，並憤怒的摑掌白梅，象徵踩躪著白梅的身體與自尊；而與阿榮的交媾裡，則是在晨曦時刻，象徵黑暗將過去，黎明將起，白梅俯身在阿榮身上，充滿歡愉，在上位者的白梅則象徵掌握自

---

[31]齊隆壬認爲新電影片竹女性在父權制度下，爲求獨立自主的天空，必須付出慘痛的代價，因此其女性形象，呈現出集體受苦的形象。請參考齊隆壬著，《電影沉思錄》（臺北：圓神出版社，1987年），頁 59～62。

主的命運。之後白梅以一身全白的衣服出現,表徵她生命的重要轉折點,雖然身體遭受苦痛摧殘,但心靈仍是純潔而有尊嚴的,她獨自離開娼寮,踏上回鄉的歸途,此時白梅的形象驟然改變,回歸可親可愛的鄉土之後,她就洗盡鉛華,依靠勞動的雙手踏實過日子,並盡心幫助鄉人,成為渾身沾滿泥土,飽受日曬風霜的樸實村婦,以映襯昔時營生的裝扮是庸脂俗粉,神女的生涯是緣於養父母的狠心變賣,那種皮肉生涯不值眷顧。

　　影片前半段鋪陳白梅一直為本身不幸的遭遇暗自神傷。但是,一趟返鄉參加養父忌日的旅程卻成為她生命的轉捩點。在上火車後不久,她就遇見一位過去的嫖客。對方一眼認出她來,並且用十分猥褻的字眼調戲她,白梅深感無比屈辱。而從良的朋友鶯鶯抱著自己的孩子所流露出幸福,滿足的神情進一步促使她決定懷孕生子,重拾新生。生產後,白梅帶著孩子到南方澳看海。在火車上,有人看見她抱著嬰兒,立刻起身讓座,並親切地扶持她,與先前遭受屈辱的情景有天壤之別。從象徵的層次而言,這兩個影像片段所型塑的白梅形象正是在男性的凝視下,好女人／壞女人的刻板性別符碼,妓女＝壞女人＝受人鄙視＝庸脂俗粉;母親＝好女人＝受人敬重＝雖蓬首垢面但有內在美(品德)。影片高潮在於白梅難產,十多分鐘在闡述母親生產的痛苦與偉大,鏡頭不斷 zoom in 在白梅的充滿汗水的臉部表情,以及醫生凝重的表情,白梅母親焦慮的祈求要給白梅一個兒子的交錯片段中展開,「他(醫生)內心欽佩這位產婦,從頭至尾都是那麼聽話,那麼認真,每一陣的催陣都將痛苦化成力量在那裡掙扎。」(頁 70)在此片段裡,不論影像上或文字裡,女性身體都成為一個「場域」,成為一個意義銘刻的「空間」,女人在鄉土與家國建裡承擔著家族血緣的孕育,文化傳承(如母語,傳統飲食文化),家國的象徵,做為男人保家衛國的理由,以及直接參與土地的戰鬥,換句話說,女性的身體承載種族與家國對維持自身疆域與傳衍孕育的渴望,女人的身體遂成為家國與鄉土孕育的符碼,故女性做為鄉土的具體肉身,是家國話語所慾的對象。白梅的極為痛苦而艱辛的生產過程,借喻臺灣鄉土雖遭受無情摧折與蹂躪,但其母性的

光彩與生產勞動的汗珠，值得我們予鄉土更深的敬重與愛意，母親／母土
遂形成鄉土論述重要互喻符碼。

　　殖民論述裡經常將土地女性化，在性別權力結構的隱喻裡，具侵略性
的殖民者被比附為男性，被殖民者被區分為女性，征服一塊土地和征服女
人在殖民論述裡經常具有同構的象徵意義。[32]事實上在鄉土論述裡往往也隱
含性別架構，經濟繁榮的市鎮代表著經濟殖民的雄性，不斷侵略剝削鄉下
人的生存空間，而鄉土及生活於其間的小人物遂成為沉默受壓制的陰性。
影片中白梅回鄉之後，是一個獨立自主，意志力堅韌的女性，代表土地與
母親的形象。國家話語也藉由一位象徵好母親的女人予以承載，白梅回到
故鄉村落待產前，政府決定收回原本當地用於種植蕃薯的林地；村民正為
日後沒有土地耕種，無以維生，陷入一片愁緒中。未料，白梅歸來不久，
報紙突然又報導政府改變主意，打算將林地放領。於是，大家議論紛紛，
都認為是白梅所帶回的好運。此外，當季村裡的蕃薯收成特別豐碩。白梅
教導村民如何販售蕃薯以提高效率和利潤，帶動山村環境轉變，生活改
善，白梅與土地的意象緊密結合在一起。在〈看海的日子〉裡以一件賣蕃
薯的事件來隱喻鄉村小人物不懂市場經濟運作的原理，雖然田產豐收卻只
能賤價賣出，在此商品經濟／純樸鄉土又形成二元對立的結構，但透過白
梅的居中調解，使得農民得以運作商品經濟的知識，讓農產賣得好價錢。
白梅由苦命的養女、悲情的妓女，到純樸的村婦，最後成為偉大的母親，
經由實踐母職的道路，一步步在性別位階裡向上爬升，在影片結尾白梅時
常在火車月臺徘徊，坐在火車上，經過山洞時一明一暗的燈光，暗喻著她
起伏不定的心情，是否要為這孩子尋找生父呢？影片結束在白梅抱著孩
子，坐在車窗內望向明媚湛藍的大海，呼應著小說文本：「不，我不相信我
這樣的母親，這孩子將來就沒有希望。……太平洋的波瀾，浮耀著嚴冬柔
軟的陽光，火車平穩而規律的輕著奔向漁港。」（頁 78）影片喻示著母親

---

[32]邱貴芬在《仲介臺灣‧女人：後殖民女性觀點的臺灣閱讀》（臺北：元尊文化公司，1997 年）曾
　將此種觀點剖析地十分精闢。

／鄉土雖帶著昨日悲情的記憶，但仍鼓足勇氣向未來奔馳。

（二）《金大班的最後一夜》

　　白先勇的〈金大班的最後一夜〉，文本以舞女金兆麗為主要人物，昔日的她在上海，是風靡十里洋場，年輕貌美，豔若桃花的紅牌舞女，現在則是臺北鬧區西門町夜巴黎舞廳的資深臺柱，年屆 40 的她，雖徐娘半老，卻風韻猶存，面面俱到的交際手腕，使她成為舞廳中一干姐妹淘的大姊頭，身邊總是圍繞著一群群逐歡的男客。在風塵中打滾 20 年，經歷過許多刻骨銘心，風風雨雨的事情，金大班心生倦意，決定放棄愛情，放棄真正的男人，只要找個可以讓她安享後半輩子的人就好了。明天她就要嫁給陳榮發老頭當姨太太，今天晚上是她在舞廳伴舞的最後一夜，這一夜環顧四周，還是和往常一樣，喧吵的嘻笑聲，熱鬧的樂隊聲不絕於耳，原本愉快的心情，卻被不識相的童得懷和朱鳳打亂了，冰封的前塵往事，一時之間像泉水一般地湧出來。而神情貌似當年的月如的那個會臉紅的年輕人之突然出現在舞池，更是勾起金大班對月如的無限懷念，被金大班刻意埋葬了近二十年的「情」，也開玩笑似地，一下子又活了起來，塞滿金大班整個心房。

　　電影的題材鎖定在金大班在舞池的最後一夜，20 年前的初戀與船副秦雄的一段情，以及在舞廳裡世故而幹練的手段，影片的色調分為三種，現在的時刻是黯淡的黑色，金兆麗所穿也是一襲黑紗旗袍，當年遇見月如時，是她畢生的第一次真誠的愛戀，色調是以白色為主，金兆麗幾場出場的戲全穿上全白的旗袍，而失去月如重回到上海百樂門的那段歲月則以一場熱鬧的群舞，以及紅豔色調的舞廳布景及戲服來強調金兆麗當年的風華與十里洋場的炫目耀眼。以此來呼應白先勇以今昔對比來象徵墮落／美好，負／正價值判斷裡的雙重視角，金兆麗有兩次的凝視著鏡中的自己，回憶起當時美好的戀情，一次是與月如的初戀，另一次是中年之後遇到的船副秦雄。初戀的情景藉由溶接鏡頭，將現在的金大班拉到上海，在一個風和日麗的湖畔巧遇月如，與月如第一次共舞，共築溫馨的小巢，以及兩個人身世家世的懸殊，因而被迫分離，最後被狠心的母親及哥哥逼迫吞下

墮胎藥，這一幕幕的往事如潮，「不過那時她還年輕，一樣也有許多傻念
頭。她要替她那個學生愛人生一個兒子，一輩子守住那個小孽障，哪怕街
頭討飯也是心甘情願的。難道賣腰的就不是人嗎？那顆心一樣也是肉做的
呢。何況又是很標緻的大學生？像朱鳳這種剛下海的雛兒，有幾個守得住
的？」回首自己的前塵往事，體會著朱鳳的心情，在小說敘事裡，金兆麗
以一種相當滄桑又世故的語調述說前塵往事，在回憶與現實裡不斷地時空
交錯，象徵著現實的墮落、衰老、腐朽，對照的是記憶的美好、青春與聖
潔。歐陽子著名的評論〈白先勇的小說世界〉：

> 《臺北人》一書中只有兩個主角，一個是「過去」，一個是「現在」。籠
> 統而言，《臺北人》中之「過去」代表青春，純潔，敏銳，秩序，傳統，
> 精神，靈魂，成功，榮耀，希望，美理想與生命。而「現在」，代表年
> 衰，腐朽，麻木，混亂，西化，物質，色慾，肉體，失敗，猥瑣，絕
> 望，醜，現實與死亡。[33]

《臺北人》中今昔對比來講述原鄉所代表的美好已不能再回去，此群
異鄉遊子彷若被永遠地放逐，卻又必須面對現實當下的醜惡不堪，雖然是
種二元元素的對立，但既然美好的過去不可再得，在敘事時間上就展現一
種回溯反覆耽溺的狀態，此種狀態與女性的時間有著相同構造，Kristeva
（1981 年）認為女性的時間是「沉溺，歇斯底里」的，與空間不可分割，
亦不一定受語言，動作，連串線性演變的事件而主宰。Modleski（1984
年）把 Kristeva 這觀念再推進一步，指出在「女性電影」中有種不一樣的
時間經驗，不一定比屬於男性的時間更沉溺或歇斯底里。Modleski 分析美
國通俗劇中的女性，認為她們與敘事法中推進劇情發展的時間呈現出一種

---

[33]歐陽子，〈白先勇的小說世界——「臺北人」之主題探討〉，《臺北人》（臺北：爾雅出版社，1983
年），頁 5～6。

不一樣的關係，這關係往往受女性的慾望與回憶主導。[34]這分析也可借來閱讀金大班影片裡女性情感敘事裡現實／回憶交錯，影像上不斷以回溯倒敘手法（flash-back）來做敘事線的抒展。以往金兆麗也曾想要掌握一次純潔的愛情，為她所愛的男人生孩子，然而一切還是回歸到現實，小說敘事裡以一種直接描述金兆麗的心情，回首當年的青春單純，在影像上則是增添許多細節來鋪陳初戀的情懷，完整地交代兩人如何邂逅，月如的第一次來到舞廳，以及夜夜痴心等候，兩人共築愛巢，月如父親的出現阻斷他們的愛情，還有如何失去腹中的胎兒。處處流露出溫情浪漫的通俗劇模式。

　　回到現實處理夜巴黎舞廳的事件，調解舞女與客人的糾紛，以及舞女們之間的爭執之後，第二次跌入回憶是敘述她與秦雄的關係，在小說敘事裡以一種成熟世故的口吻敘說著她對秦雄的感情與想法，以及一個 40 歲的女人內心情欲，她能要什麼？想要什麼？以往在百樂門的姐妹們一個個想盡辦法抱個老金龜婿，當起良家婦女或當起老闆娘了，當時她還頗為不屑道，對那些姊妹淘誇下海口：「我才沒有你們那樣餓嫁，個個去捧棺材板。」但是當年那個急急嫁給老頭的姐妹們，現在可是個綢緞莊的老闆娘，對著金兆麗挖苦道：「玉觀音，你這位觀音大士還在苦海裡普渡眾生嗎？她還能說什麼？只得牙癢癢的讓那個刁婦把便宜撈了回去。多走了二十年的遠路，如此下場，也就算不得什麼轟烈了。」（頁 73）此時她才體認到千年老金龜的好處，面對秦雄，她的身體青春不再，禁不住年輕男子的折騰，而秦雄對她依戀母親般的感情，她有點鄙棄道：「他到底要什麼？要個媽嗎？」再加上秦雄還要她再等個五年才肯上岸落地生根，對她而言，40 歲的女人可等不得，金兆麗思忖道：

　　這次她下嫁陳榮發，秦雄那兒她信也沒去一封。秦雄不能怨她絕情，她
　　還能像那些女人那樣等掉了魂去嗎？四十歲的女人不能等。四十歲的女

---

[34]Tania"Time and Desire in the Woman's Film". *Cinema Journal* 23.3 Spring.

> 人沒有工夫談戀愛。四十歲的女人——連真正的男人都可以不要了。那
> 麼，四十歲的女人到底要什麼呢？
> 金大班把一截香煙屁股按熄在煙缸裡，思索了片刻，突然她抬起頭來，
> 對著鏡子歹惡的笑了起來。她要一個像任黛黛那樣的綢緞莊，當然要比
> 她那個大一倍，就開在她富春樓的正對面，先把價錢殺成八成，讓那個
> 貧嘴薄舌的刁婦也嚐嚐厲害，知道我玉觀音金兆麗不是隨便招惹得的。
>
> ——頁 76

　　小說敘事裡所型塑的金兆麗是經歷過風浪之後，老於世故，精於算計，還要在晚年掌權謀利，與昔日的姐妹一較高下，與秦雄的感情小說的敘事聲音是帶著幾分鄙薄又尖刻，對於秦雄那份單純癡心的感情不再傾心。但是在影像上，金兆麗則變成一位溫柔善良，有如慈母般的情人，對於秦雄則是情深義重，影像上有幾段敘說她與秦雄的感情，一段是她為秦雄擦背，流露出母愛，另一段則是兩人相處的最後一夜，她流下傷心的眼淚，還將秦雄的存摺交還，依依不捨地離開，最後還插入一個片段：當她離開秦雄之後，她走在街道上，突然有一群天真可愛的孩童嬉鬧走過，金兆麗凝視著兒童，暗示著離開秦雄尚有一個重要原因，她仍想要在生理年齡尚可時，懷一個孩子，晉升成為一個真正的母親；相對於影片現實裡所穿插的舞廳衝突事件，一位太太到舞廳找先生，舞女小姐成為外遇對象，成為男性情慾的引誘者，也成為社會道德所不容的「壞女人」，母親／第三者（舞女）這兩個對立的女性位置，就是好女人／壞女人的判別，也形成男性凝視下的良家婦女／邪惡浪女的兩個女人形象。在「正常」的家庭關係，由於男性一定是親屬結構的中心（男性是父系家庭的必然成員），而女人則具有結構上的曖昧位置（女性的身分附屬於男性），遂造成女人與女人之間為了爭奪男性同盟而彼此競爭，因此影像上所呈現出來的女性，往往是男性凝視（male gaze）下的產物，女性被性別符碼化，不是好女人形象，塑造成賢妻良母，就是成為男性外遇對象，或者是男性情慾投射的對

象，女性形象也因而成了情感引誘者。在社會結構下，女性被賦予情感勞動的任務，不論是在家庭裡還是在其他領域，女性均扮演提供情感撫慰的角色，類似於母姐形象的照顧者，而壓制女性內心真實的聲音與慾望，形成好女人／壞女人的刻板符碼。

在小說敘事裡，金兆麗的女性主體性，身體的感受以及內心的慾望，是立基於現實受盡滄桑，世故而圓熟，但影片通俗化傾向則合理化金兆麗的種種言行，呈現出一個女人喜愛照顧男人，永遠是需要孩子才能獲得滿足，在男性觀點的凝視下，塑造出一個有情有義的「好」女人符碼形象。

（三）《玫瑰玫瑰我愛你》

這部小說的時空背景是以美軍將來臺駐防的花蓮，當地的議員與公娼館的負責人合作想開設一間服務美軍的酒吧，一位外文系畢業的英文老師董斯文受到這些地方權勢人士的請託，遂負責起培養當地妓女成為一流的吧女，以吧女速成班的培養方式讓她們在短期內學會許多課程，成為最佳的性商品，以迎接來臺的美國越戰大兵，進行一宗以性商品交換美金的國際貿易。邱貴芬認為從後殖民論述觀點而言，小說劇情以嬉笑怒罵的方式演出幾百年來臺灣被殖民史裡外銷主導的商品貿易經濟模式，統治者採殖民經濟政策，外銷臺灣本土資源，獲取利益，此小說文本所敘述的以吧女賺取美金正諧擬（parody）臺灣被殖民歷史裡的基本經濟模式，而花蓮妓女正欲推銷給美軍的本土資源。殖民論述常以性別做為隱喻符碼，具侵略者的殖民者被男性化，而被殖民者往往被女性化，再加上土地也經常帶有陰性化的特質，征服土地和征服女人在殖民論述裡成為互喻的象徵意義，故小說裡以妓女為商品換取美金外資可視為臺灣淪為美國次殖民地的表徵。邱貴芬並進一步以《玫瑰》裡語言中的混雜與諧謔的特質做深入的剖析，以挖掘小說文本抵殖民化、抵中心的批判內涵。[35]在小說文本當中，王禎和大量使用了基督宗教的語彙做為嘲諷與自嘲的語言工具，並藉著各種

---

[35]邱貴芬，《仲介臺灣‧女人：後殖民女性觀點的臺灣閱讀》（臺北：元尊文化公司，1997 年），頁164～165。

不同意象呈現文學的本土性與基督宗教的普世性之間嚴重的隔膜，嘲諷基督宗教覆蓋著偽善的面紗與被視為「外侮」的帝國主義者沆瀣一氣，並以極挖苦、詼諧與荒誕不經的書寫策略，誇張第三世界因貧困與拜金而扭曲的人性及分裂的靈魂，由於作者對臺灣方言及西方語彙關係的熟悉，故而能靈活運用諧音及雙關語極盡其顛倒眾生的語言魅力，使讀者似乎能在其所塑造的寡廉鮮恥的人物角色（包括社會中的知識分子醫師、教師、牧師）及對白中，玩味著文本裡批判與逆反的精神。筆者想更進一步結合語言特質與性別權力、女性身體符碼化的問題。

董斯文、議員、律師、醫生這四位知識分子可謂是介於西方文化與本土文化的中介者，小說的敘事架構裡除了混雜的語言特質之外，從後殖民論述觀之，董斯文的種種行徑不斷在進行自我的西化，與對待自己同胞自我的東方化。西化的自我改造過程，以及自我東方化乃指涉異化（alienation）的心理——亦即自我的歷史，社會定位不清，潛能發展受挫的狀態。在外來殖民霸權的歷史，文化，經濟的強力侵襲下，被殖民者往往會萌生自卑情結和自我認同意識扭曲。黑人社會運動者法農（Franz Fanon）曾就心理分析和馬克思理論的觀點探索殖民主義與異化之間的關係。他指出，殖民霸權的入侵都會帶給殖民地傳統體系的崩潰，迫使殖民地整體社會，經濟結構順應其剝削體系。如此，被殖民者自然就會有異化的心理。被殖民者遭受殖民統治者強勢的歷史，文化壓制後，往往會喪失其自我意識，傾向於認同某種僵化的種族典型（racial stereotype）或固定的觀念，致使產生各種挫折和複雜情結。異化具有智性和經濟兩個層面的意義。經濟層面的異化指被殖民者在生產，經濟活動中，不斷遭殖民統治者剝削，而與生產過程異化的現象。智性層面的異化使被殖民者無法就自己與殖民者的階級差異來透析自身經濟窘境的根本因素。兩種異化現象交織的結果使被殖民者更無力發展自我意識。因此，法農呼籲：為了革除異化狀態，被殖民者必須認清，異化並非個人問題。異化主要是被殖民者將一

個「歷史和經濟決定論的『自卑情結』予以內化所致」。[36]董斯文所象徵的西化文化的崇洋者及翻譯中介角色，即是一個自我東方化、自我矮化及西化的思想模式，在敘事架構裡，許多訓練吧女的構思與計畫都是董斯文所一手擘劃，他想像著美軍需要什麼服務，對西方文化進行各方面的想像，歸納出的種種訓練重點如下：美語、生理衛生、法律常識、國際禮儀、基督教祈禱方法等等，這群妓女如果學會這套知識，就能從妓女升級為吧女，服務的對象由本土男人升級為外國男人，賺的錢由臺幣升格為美金，自然她們的人格彷彿也跟著昇華，得以在教堂裡得到神（白人）的恩寵，她們也就得到救贖了。這一套套以模仿西方價值觀，以西方文化為中心的知識系譜，架構於東方／西方二元論述的權力結構上，薩伊德認為「東方主義」是西方用以對東方做想像的建構的話語，它把東方構建為西方的「他者」，而二元對位模式的優勢者是「西方」、「歐美」、「白人」、「文明的」，而在西方為中心的想像建構裡，東方常被負面地符碼化、陰性化，與「沉默的」、「感官的」、「非理性的」、「落後的」等符碼連結在一起。[37]董斯文吧女速成班計畫裡，藉西方觀點進行自我東方化，將花蓮／妓女／貧困落後連結在一起，等待白人的救贖與恩惠，而他自己則扮演著先知、傳教士或牧師的傳道者角色，可憐貧困的本土女性需藉由他傳達白人的福音。

後殖民的論述裡，指涉一種對西方中心大敘述的解構，從文化、知識的形成、學術的體制化等的分析從根刨起西方中心意識與殖民話語，巴峇（Homi Bhabha）所發展出來的解構殖民策略，將後殖民論述推向更為細緻而複雜，他認為殖民與被殖民的關係不是二元對立敘述可以簡單概括，他認為跳脫西方／東方或第一世界／第三世界的對立思考模式，對於二種異質文化的接觸、對抗與轉化，他提出「hybridity」（混雜）、「mimicry」（番

---

[36]Frantz Fanon *Black Skin White Masks*. Trans. C. L. Markmann,（London： MacGibbon & Kee, 1986），p223, 228. Zahar, Renate. *Frantz Fanon： Conlonialism and Alienation*. Wilfred Tarns. F. Feuser.（New York： Monthly Review, 1974），p28.
[37]薩伊德，《東方主義》（臺北：立緒文化公司，1999 年）。

易）等觀念[38]，「本土身分」或「本土文化」並不是可以清楚劃清界限，身分認同與自我的認同是各種話語爭戰的場域，在主宰文化與從屬文化接觸時，兩者之間所產生的碰撞與落差，是一個不斷否定與認同，不斷折衝與協商的過程，在此當中權力也重新位移與建構。在兩種文化的折衝協商過程中，經常透過的手段是「番易」（"mimicry"），「mimicry」的起始是「模仿」，原本是殖民者引導殖民地人民仿效他們的文化形式與價值體系，進而達到鞏固統治的目的，但結果卻是殖民地人民在「番易」的過程中挪用、再創造、再融鑄成自己的文化，因此巴峇說「番易」是一種「雙重發聲、雙重語意的符碼。」[39]「番易」過來的文化價值體系雖然是來自宗主國，但已不是「原件」。不論在影像中或是在小說文本裡，董斯文在訓練吧女的過程，將整套資本主義商品化企業經營的理念傳達給龜公、老鴇們，又將西方的法律、生理衛生、國際禮儀等等西化知識傳達給妓女們，在傳輸的過程裡，董斯文轉述給龜公大鼻獅，再由大鼻獅再轉述給他的姘婦阿恨聽，這形成一種等級制的知識、文化、性別位階，西化的男性知識分子／本土的男性掌權者／本土的女性，不論是西化男性或本土男性聚攏著，竊竊私語著如何將臺灣妓女打造成一流的吧女，威權的男性與無聲的女性發聲位置的落差，傳述溝通過程中所夾雜著對女體聲色的笑謔，與將女體物化、商品化的手段，正指外來文化（西化男性）對待臺灣本土（鄉下妓女）在性別及文化位階上的雙重壓迫。而小說敘事在董斯文的西方想像裡漫游，做為外來語文與本土語文的跨文化翻譯者，大鼻獅則有模有樣地模仿、吸收、胡吞強灌下西方文化，並將西化觀點不斷「番易」、不斷轉述，在此過程裡外來觀點與本土觀點糾纏，傳述過程不斷融匯、滲透本土觀及本土語文，而將西方觀點諧謔化。大鼻獅轉述董斯文的想法時，往往以他本土的知識內涵、理解能力，以及觀點來重新「番易」給阿恨聽，如："Nation to

---

[38] 此處的詞語參照廖炳惠的翻譯，見〈後殖民研究的問題與前景：幾個亞太地區的啟示〉，收錄於簡瑛瑛主編，《認同、差異、主體性：從女性主義到後殖民文化想像》（臺北：立緒文化公司，1997 年），頁 111～152。

[39] Homi Bhabha, *The Location of Culture*（New York and London： Routledge, 1994），p86.

Nation, People to People"，他就番易成「內心對內心，屁股對屁股」；「ㄅㄆㄇ」他就番易成「捕破網」等等，造成諧謔仿、趣味橫生的敘事文本。

　　在電影文本的轉化過程中，型塑了地方議員及董斯文偽善的形象，在通俗劇挪置小說文本的轉換裡，免不了將女性身體置在男性凝視下，做情色商品化的展示，有一段是大鼻獅凝視阿恨，阿恨則展露萬種風情，成為男性凝視下情慾的引誘者，以滿足男性觀眾對吧女情色想像。另外，董斯文所列舉的選吧女的標準，在小說文本是以大鼻獅口述方式呈現，但在影像上則轉化為一具具女體被公開展演，挑選的過程，包括年紀、身高、乳房大小、是否會「捕破網」（ㄅㄆㄇ），在聲色流露的選吧女程序中，電影鏡頭也以一種窺奇的目光凝視女性的身體，影片片段裡還安排一位小男生躲在一旁偷窺這個選秀的過程，暗喻女性的物化與商品化已成為父權制度下的迷思，男性則自小就浸淫於此文化氛圍及意識形態裡。一具具女人的身體對父權秩序而言，是一個異己，更是個潛在威脅，所以在父權的象徵秩序裡，必須將女性的身體淨化，拘禁，以避免女體成為病源傳染者，故在將女體物化、商品化的過程裡，董斯文強調衛生、乾淨、保存良好，強制每位妓女做性病檢查、在美軍臨幸之前不准接客、還必須集中管理確保產品（妓女）品質。將殖民者的文化橫移到殖民地是確保在上位者（殖民者）權威形式的必要手段，那麼在「模仿」與「番易」中「原件失真」甚至失落的事實，說明殖民威權的不可動搖只是一則神話，在上位者（殖民者）與殖民地文化轉化、吸納與番易的過程裡，抗拒已經潛伏。影片中當大鼻獅問妓女們是否會「捕破網」（ㄅㄆㄇ）時，許多妓女是真的了解什麼是「捕破網」（ㄅㄆㄇ）？是受過一些教育的。當董斯文要妓女們一週不接客，這些女性則以要養家活口紛紛拒絕合作，差點產生暴動，董斯文只好又將企業與人權那套西方觀點搬出來，要大鼻獅等負責人拿補貼金給每位妓女。當議員在教堂講臺上準備為吧女速成班開訓大典致詞時，卻遭到妓女們要求裸身展示，表演當時他競選時的拿手絕活，社會上原本妓女的身體被觀看被污辱，但這時卻翻轉過來，男性的威權人士被要求兌現競選承

諾，造成議員十分尷尬的場面。這些情節的鋪設看似扭曲形象的影像語彙展現，正可突顯出雙重的意義；第一意義為策略性地接受父權給予的女性形象，也就是將父權體系認為女性的缺陷處，予以過分的誇大，渲染，誇張地強調男性、女性刻板的影像，再將之翻轉；第二重意義就是在過分誇張的強調中，將父權二元對立推至極限後，所產生的效果是暴露父權體制二元的荒謬性。

董斯文在教堂講臺上教導英文時，挑了一位妓女上臺演示他的英文教學速成法，這位妓女緊張得不得了，不論董斯文怎麼教導，她總是羞澀不已，聲音一直斷斷續續，彷彿是口吃式的鸚鵡學舌，無法成句，最後在眾人目光及壓迫下，這位妓女把「My name is Patricia」唸成是「罵你即是打你去死」（臺語），董斯文開心極了，認為這是自己英語教學速成法的神奇效果，形成戲謔橫生的狀態。這位在文化位階、性別位階上處在底層的妓女，對英語的「番易」，造成對第一世界文本的顛覆，此種語言上的「番易」，將殖民者的正統語文再以改造，並且「本土化」、「地方化」，透過此種不斷學舌或者番易的策略來對抗父權的複製，經由多元異聲，多焦點，藉著不斷學舌、不斷重複、不斷地戲擬，使正統的強大論述產生變異，對父權的文本產生挪揄式的諷刺，此種抵抗策略乃是使弱勢的女性他者，從父權的支配論述中由被剝削者的地位平反過來，而非只是使弱勢的他者再度化約並消融在強勢的父權建構中。雖然在王禎和的改編下，電影許多場景努力想再現小說文本，但小說文本運用多元而異質的語言聚焦於被殖民的他者，運用不同的「番易」再「番易」的文化挪用，產生多音複調的雜燴語言，以解構外來文化單一的文化觀、價值觀，此種複雜的觀點，展現在影像上卻很難達到在笑謔中譏刺的目的，由於通俗及笑謔的情節，容易使影片敘事流於諧謔與戲仿，只達到笑鬧的「笑果」，卻很難達致批判的層次，而女體的色慾化與物化的展示，又形成剝削女體的橋段。影片最後與小說結局不同，小說結局是在董斯文的想像中，歡唱著「玫瑰玫瑰我愛你」的妓女們，個個打扮得花枝招展快樂地迎接美軍，但在影片中則是眾

多妓女身穿旗袍及山地服飾，正在港口等待美軍時，董斯文卻拿到一封電報：美軍轉移高雄，不到花蓮了！幾位耗盡家財作吧女投資的龜公龜母頓時感到晴天霹靂，個個憤怒地走了，留下眾多妓女將董斯文像英雄般高高舉起，表達對他的栽培歌功頌德。這樣的結局使王禎和小說文本裡想嘲諷文化中介者、翻譯者，及想揭露知識分子僞善面目的譏刺，無法透顯出來，反而又刻板化女性是弱勢者，女性需要一位男性的正義使者來爲她們爭取權益，真正的邪惡者是那些老鴇龜公，知識分子又滑溜地逃脫社會責任，而影像上的妓女們依然成爲第三世界婦女奇觀化、東方化的客體。

五、結論

　　本文試圖以黃春明、白先勇、王禎和三位小說家作品所改編的電影文本來探討臺灣 1980 年代小說文本與電影文本之間的互文越界，電影想要藉由文學名家的藝術聲譽來建構自己主體的藝術性及正當性，勢必要受到文學家詮釋的影響，以及文壇文藝論戰所建構起的評價機制，但電影文本又必須兼顧到商業機制，因此，電影改編不免要對小說文本進行創造性的轉化與誤讀，此牽涉到文學與電影在藝術與商業情色之間的折衝協商，同時也牽涉到女性身體與男性視角之間的爭戰。本文所舉的三部神女敘事的電影文本對於女性身體的呈現，仍依據男性情慾及視覺愉悅來定義，削減了女性對於自己身體的體驗，經驗與認知，壓抑女性情慾在社會上有正面肯定的再現形象。影像上情慾場景的生發與流動，女性情慾的展現往往被設計爲男性情感的引誘者，成爲被動客體化的展現，或者女性身體與鄉土文化成爲互喻的表徵，正當的女性情慾則要依附在家國話語上，慾望成爲一個偉大的母親，如此女性的身體，女性的慾望才能獲得正當性及發言權。小說改編成電影在 1980 年代的文化場域所牽扯出的議題十分有趣，亦十分複雜，小說文本如何被電影文脈加註之後，形構成新的文本，銘刻當時臺灣的女性形象與鄉土認同，皆是將來可再繼續努力探究與討論的課題。

——選自《臺灣文學學報》第 5 期，2004 年 6 月

翻譯與地方文學生產
以王禎和小說《玫瑰玫瑰我愛你》爲例

◎李育霖*

文化翻譯的界限

　　本文主要以小說家王禎和著名小說《玫瑰玫瑰我愛你》爲例，探討臺灣在 1960 年代對於西方現代文學主義的挪用，並進一步檢視翻譯於在地文學生產中所扮演的角色及其操作情形。在 1960 年代臺灣與西方接觸的特定時空背景下，翻譯有語言及文化上的雙重義涵。首先，臺灣現代主義文學被視爲是西方現代主義文學的翻譯與模仿，包括技法、形式、主題與風格等，而其文化上的義涵將進一步延伸至有關「現代性」的探討。另外，在語言翻譯的層次上，王禎和的中文書寫中經常出現外文詞彙（主要包括英文及日文等）。但王禎和的翻譯似乎不僅止於英文與中文、日文與中文、或英文與日文之間，事實上還包括了中文古文、現代文之間，甚至臺灣各種地方詞彙間（包括閩南語、客家話、廣東話、甚至地方原住民語言）。王禎和的作品呈現多種異質語言間的高度轉換。從這一點看，他的作品可以被視爲翻譯文本，而作者本質上更是一個翻譯者，跨越在多重語言及文化領域之間。王禎和作品醒目的語言及文化特殊性早已引起眾多批評家注意。邱貴芬指出，王禎和作品中的這種「雜燴性」（"hybridity"）的或「眾聲喧嘩」（"heteroglossia"）般的書寫，實際上反應了臺灣複雜的歷史經驗，在地文化與外來文化互相連結、衝突、交流、與結合的過程（182）。由於作品

*發表文章時爲成功大學臺灣文學系助理教授，現爲中興大學臺灣文學與跨國文化研究所副教授。

中大量地融入了地方語彙，王禎和也被鄉土論者認為是一個鄉土作家，同時也被認為是一個帶有本土意識的臺灣本土作家。另外，張誦聖則特別強調王禎和的現代主義的脈絡，指出王禎和的敘述手法與技巧與西方現代主義的作家間的密切相關性（Chang 168）。王禎和作家生涯始於 1960 年代，也是現代主義在臺灣發軔的年代，其主要小說《玫瑰玫瑰我愛你》（1984年）也被認為是臺灣最主要的現代主義作品之一，包括王文興的《背海的人》（1981 年），白先勇的《孽子》（1983 年），李昂的《殺夫》（1983年），還有李永平的《吉嶺春秋》（1986 年）（Chang 80）。

　　有關臺灣現代主義的系譜，一般認為肇始於 1960 年代《現代文學》雜誌的發行。這雜誌主要是由一群就讀臺灣大學外文系的學生，包括王文興、白先勇、歐陽子、陳若曦等人在夏濟安老師的指導之下發行的一個文學雜誌。[1]雜誌除了發表一些學生的創作之外，更重要的是，這部作品出版了許多現代主義大師介紹及翻譯作品。[2]張誦聖認為臺灣現代主義的興起對於當地的作家不管在形式及主題上都有相當大的影響（Chang 38）。這些年輕的作家受到西方現代主義大師在語言及風格上的啟蒙，在其書寫創作中，開始尋找新的文學形式與表現手法。他們主要參照西方包括佛洛依德心理學以及存在主義的哲學等論述，探索及表達人性更深層的部分。這些臺灣現代主義作家有時也玩弄一些非傳統的語言手法以及形象來表達一些人類相同的主題，包括心理的困擾、生存的苦惱、及性方面的慾望、挫折、及幻滅。總的來說，這些西方的現代主義文學及藝術一方面給予這些臺灣年輕的藝術家對於當時嚴格的文化政策一個另類的啟蒙，另一方面，

[1]現代文學雜誌主要是受臺大外文系夏濟安教授的啟發，它的編輯以及作者包括王文興、白先勇、歐陽子以及陳若曦，這些人都是夏濟安教授的學生，也通常被認為是臺灣的現代主義者。
[2]這些西方現代主義大師包括卡夫卡（Franz Kafka）、湯瑪斯曼（Thomas Mann）、喬伊斯（James Joyce）、勞倫斯（D. H. Lawrence）、吳爾芙（Virginia Wooolf）、波特（Katherine Anne Porter）、費茲傑羅（F. Scott Fitzgerald）、沙特（Jean-Paul Sartre）、歐尼爾（Eugene O'Neill）、福克納（William Faulkner）、史塔貝克（John Steinbeck）、葉慈（W. B. Yeats）、皮爾斯（St. John Perse）等（Chang 4）。如李歐梵所說，在所有西方現代主義大師裡面，喬伊斯似乎得到最特別的注意，他的小說《都柏林人》（*Dubliners*）也是最先被翻譯成中文的一本小說（Lee 14）。

它細緻的文學技巧以及現代哲學的思維也給這些年輕臺灣作家提供一個相當有力的工具表達人類內在深層的一些複雜的感情以及藝術家自我。

但這些年輕作家對於個人私密、內在心理空間的執著，以及對於西方異國情調的追逐經常被批評爲缺乏社會及政治的意識或責任，且他們對西方現代主義的熱情擁抱也通常被其批評者（特別是本土派或鄉土文學派論者）譏諷爲西方文化的附庸。但在各式各樣不同的指控中，最主要的批評是它缺乏一種像「其西方模範下隱藏的活潑的現代主義精神」（Chang 5），因此，「創作變成比較只是形式而非內容，比較是風格或技巧的展延而不是更深刻哲學內涵的一種信條」（Lee 20）。在這一視角下，所謂臺灣現代主義所衍生的問題包括：1.所謂隱藏在現代主義下的現代精神又是什麼？2.是不是這樣現代主義的狀態是現代主義興起的一個必要的條件？以及 3.像臺灣在 1960 年代一個半農業社會可不可能維繫這樣一個文學現代主義的興起？

在最近的一篇文章中，邱貴芬將這些問題導向關於臺灣「現代性」的討論。[3]她指出，如果按照哈維（David Harvey）的看法，現代性是「相應於現代環境下的複雜的社會狀況，它的特徵是斷裂、改變、失序以及碎片」（10-12），按此定義，在 1960 年代街道上還偶有牛車漫步的臺北城，能否提供這樣一個足以啓發年輕藝術家表達這樣一個現代性情感的環境？這一點當然相當可疑，但不可否認的是，這一「現代性」定義與看法，主要是依據西方或者是歐洲中心主義觀點出發，因此經常與西方觀念的工業化跟都市化連結在一起。邱貴芬引述金恩（Anthony King）對當前文化現代性的「全球」（"global"）觀點，認爲要了解當前的文化現代性，必須要從一個全球的現代性觀念來理解，取代歐洲中心主義及西方中心主義的現代性定義（King 119；引自 Chiu 56）。關於臺灣的現代性問題，批評家們所見略同。譬如廖炳惠也提出來我們必須要用各種不同的現代性來理解臺灣社

---

[3]邱貴芬在論文"Treacherous Translation"中對臺灣現代性其及其「落後時間」（"Time lag"）架構等問題有深入討論（Chiu 47-69）。

會、政治、經濟、文化等不同面向，包括一現代性，另類現代性，多重現代性以及壓抑的現代性等來了解臺灣現代性之中的複雜性（75-92）。但換個角度看，正是基於現代性不同的定義，以及時間上東方「落後」於西方的現代性理解，臺灣現代性才展現了它固有的特殊性，而這一特殊性正好可以透過文學作品的「雜燴性」展現出來。

　　文化翻譯的概念為臺灣對西方現代主義文學的挪用提供了相當豐富的視角。這些問題包括翻譯中「本源」的問題，不同語言間「對等物」（"equivalent"）是否存在的問題，翻譯過程「自由」與「信實」的問題，翻譯過程中意義的滑動與重組，翻譯做為文化理解的方式，乃至翻譯兩方不均衡權力所衍生的政治等。值得注意的是，在跨文字的翻譯研究中，劉禾提出一種關於「可能性變向」的研究，擱置翻譯中的「本源」或「信實」等問題，並在不同語言間「假設性對等」的原則下，轉而強調跨語言實踐中，「對等物」從一個語言到另外一個語言遷徙的過程，用她的話來說，即「生成的方式」（"manner of becoming"）（Liu 16）。劉禾的「翻譯研究」概念不再強調翻譯的權威性或忠實性，而是變異與生成的可能性。因此，對她而言，跨語言及跨文化研究的主要興趣變成是新的語彙、意義、觀念、概念、表達方式，如何在語言領域中跨越語言的疆界，然後在另一個語言當中居住下來的過程，以及透過此過程，在特定語言領域當中形成傳達、操作、佈置以及支配的方式。換句話說，從跨文字與跨文化的角度來看，翻譯的研究變成是一個「可能性變向」的研究，或者用劉禾的話說，「是關於語彙、觀念、範疇以及話語關係的一種動態歷史的研究」（20）。

　　從文化翻譯的角度，一個經常被提出的問題是：臺灣「翻譯」的現代主義或「翻譯的現代性」是不是只是西方原文「卑躬屈膝」或「粗劣」的翻譯例證罷了？已有許多批評家指出，不管是在文學的成就或者是在所謂西方現代性狀況下的現代精神，臺灣的現代主義事實上只是西方現代主義的一個劣質的摹品或翻譯罷了（Chiu 52）。我們記起義大利的警語

「Tradutore, traditor」的英文翻譯「The translator is a betrayer」（翻譯者即背叛者）（Jakobson 118）。這句話似乎標示了理想翻譯的不可能，但更重要的是，它還標示著一種翻譯上的「背叛」。似乎從一開始，內在於語言中的多樣性，以及不同語言間的差異與不可相容性已經預示了任何完整或良善翻譯的不可能性。也是在同一層面上，邱貴芬指出臺灣對西方現代主義的「雙重背叛」（"double betrayal"）：除了對西方現代主義挪用的背叛外，臺灣現代主義還背叛了中國五四以來「西化」論述傳統。邱貴芬的意思是，五四傳統以來西化運動的敘述傳統裡，任何改革的敘述都包括了社會以及政治的關懷，但這一傳統在臺灣的當代現代主義作品裡卻付之闕如。從這個角度看，臺灣的現代主義者擁抱西方現代主義因此被視爲是從五四以來將中國五四傳統翻譯到臺灣脈絡裡面一個失敗的翻譯樣板（Chiu 15-52）。[4]

　　但無論如何，王禎和做爲一個現代主義作家，他的作品裡面充滿了對於當代臺灣社會及庶民生活的關懷，在某種程度上似乎回應了五四以來的傳統。然而，王禎和的背叛更強烈地展現在另一層面上——即語言層面。他在文章中試圖加入各種不同的語言，因而背離了傳統的中文書寫。由此觀之，王禎和的實驗作品體現了更深層的雙重背叛：首先是對西方現代主義翻譯上的背叛，而其翻譯反過來背叛了傳統的中文敘述。而這一雙重背叛更將王禎和的寫作導向一個未知的領域。翻譯上的背叛似乎是無可避免的，但是王禎和作品裡面表現出來的雙重背叛也指引我們將研究導向另一方向，即在新的語言領域中，追循外國語彙如何遷徙、漫遊，以及在新的語境中居住、生成、變化。劉禾說，「我們應該去探索新的這種舊辭新解，在中文裡面旅行以及居住的這些實際的路徑」（32）。儘管本文關懷的重點與論證的目的都與劉禾提出的翻譯架構的設定不同，但劉禾關於翻譯的跨文化視野將我們的注意力轉移到那些不同語言的舊詞或新語，如何在王禎和作品裡面透過翻譯旅行、遷徙以及居住的諸多路徑。

---

[4]當然也有別的批評家持不同看法，認爲臺灣現代主義作家用不同的方式在不同的層面上，表達他們對社會及政治的關懷。

王禎和書寫中的「翻譯」

　　王禎和特殊而成功的多語言操作已經成為他作品中的一個標誌。例如王德威指出，王禎和作品《玫瑰玫瑰我愛你》「創造了一個話語的騷音，不僅嘲弄了臺灣形形色色的文化，同時也強調了作者對於權威小說所依賴的單音系統的一種反叛」（Wang D. 53；引自 Wang C. xiii）。同樣的，張誦聖在討論王禎和語言技巧以及敘述手法時，將王禎和的作品《嫁妝一牛車》（1967 年）與魯迅的《阿 Q 正傳》（1921 年）、《孔乙己》（1919 年）以及吳組湘的《官官的補品》（1934 年或 1935 年）等作品相提並論（70-71）。張誦聖讚美王禎和是一個多語喧嘩的巨匠，認為他「對於語言的藝術性操作建構了一個社會以及意識形態的基調，並組成故事主題面向的一部分」（71）。對於現代主義的批評家來說，王禎和對於語言多層的高度藝術操作創造了滑稽的、諷刺的以及詼諧的效果令人印象深刻。但是在本土論者的眼中，這些語言不同的階層反應的是社會不同層次的語言及生活，忠實反映了地方生活上的語言學圖景。後式批評家認為王禎和語言中多聲喧嘩的操作，生動地表現了支配文化與被支配文化之間的階級及權力關係，而另一方面，後現代主義者則試圖在王禎和高度的語言混雜以及雜燴的風格中尋找任何文化上融合的訊息與可能性。但從翻譯的角度，我們最感興趣的是這些翻譯的語彙旅行的路徑。在翻譯的旅行中，這些翻譯（誤譯或未譯）的語彙反過來在翻譯的書寫中展現為「不可譯的」或「殘餘的」。

　　在論文〈書寫翻譯：印度英文小說的奇異現象〉（"Writing Translation: The Strange Case of the Indian English Novel"）中，普拉薩（G. J. V. Prasad）談論後殖民翻譯時宣稱，「不只是印度裔的英國作家而是所有印度英文作家都是翻譯的，的所有書寫基本上是一種翻譯行為」（41）。筆者認為這一現象也可延伸適用於所有臺灣作家，特別是使用非母語的臺灣作家，包括中文、日文以及英文。而王禎和的書寫本身就是一個在翻譯中書寫的例子。王禎和本身也是雙語或多語作家，做為臺灣本地作家，受中文教育，

在大學念的是外文系及外國文學，在一個臺灣、中國、西方（美國）及日本文化混雜的社會中成長。如此多樣的生長環境當中，展現在書寫中則成為臺灣話、中文、日文、英文等多語的特異組合。

　　更重要的是，王禎和的書寫本身所展現的就是翻譯的行為與過程。在創作中，作者將異種語言結合，並且將語彙、意義以及表達從一個語言轉移到另外一個語言。[5]如一般所熟悉的，雅克慎（Roman Jakobson）將翻譯分成三個種類：1.語言的內部翻譯（Intralingual translation）或改寫（rewording），指用同一種語言之其他符號來解釋一語言符號；2.文字間的翻譯（Interlingual translation）或適當翻譯（translation proper），指用另外一種語言來詮釋另外一個語言的文字符號；3.符號間的翻譯（Intersemiotic translation）或轉換（transmutation），主要指用非語言的符號系統來解釋語言符號（114）。這三種不同的翻譯形式在王禎和的作品中都可找到。首先，關於語言的內部翻譯或改寫，主要用於語詞的注解（如「阿凸仔（俗稱美國人）」〔36〕，「上臺唱正音（平劇）」〔77〕）。有時為了幫助讀者能夠了解嵌鑲在小說中語言的扭曲與轉折，王禎和經常在書寫中插入括弧及說明，甚至在括弧中預示語言將產生的變化，用以指出「譯文」跟原文之間細微的差別（如「at least 有 75 名黑摸（Homo）（也是幾年以後，玻璃、玻璃圈……才叫開來）」〔136〕）。其次，不同語言間的翻譯當然是王禎和作品中主要操弄的遊戲之一，也是造成詼諧效果的要素。這些語言間的翻譯主要包括從地方語言到中文（如「巴吉魯」（大概是源自山地話）〔15〕；「年歲有澀澀（ㄒㄧㄚˋㄒㄧㄚˋ，與臺音「四四」同）」〔22〕；「青盲牛（文盲）」〔24〕；「七阿圭（妓女）」〔90〕），從日文到中文或臺灣話（如「阿尼基（日音。老兄，老大之意）」〔20〕；「案內（侍候）」〔91〕），或者從英文

---

[5]有趣的是王禎和本身也試著將他自己的作品翻譯成英文。譬如，他自己與 Jon Jackson 將其著名作品《嫁妝一牛車》共同翻譯成英文。參閱 *Chinese Stories from Taiwan, 1960-1970*, ed. Joseph S. M. Lau（New York: Columbia UP, 1976）pp.75-99。但將整部作品從一個語言翻譯至另外一個語言並不是這篇文章所要討論的主題，在這裡，翻譯主要被看作是外國語彙被傳移到另外一個語言的過程，因此是一個特定的書寫樣態或書寫模式。

到中文或臺灣話等（「Everything too late（一切太遲）」〔143〕；「Penelope
（騙你老母）」〔231〕）。最後，大量的字彙（包括原文及翻譯）用特別的符
號標示出來，譬如外交字母、大寫、粗體字、注音符號等。另外，作者也
試著用特殊的符號（如粗體字，抖動的字體，或其他）標示某種視覺及聽
覺的效果，甚至手勢，這些都展現了作者將非文字符號轉譯成語言符號的
努力。[6]

　　從一般翻譯的角度看，王禎和以及其作品中的主角大部分都是「差
勁」的翻譯者或「不稱職」的翻譯者，因為大量的外來語不是沒有被翻譯
便是被誤譯，但這一現象卻正好構成了王禎和作品「雜燴」或「眾聲喧
嘩」的特殊風格。不可否認地，王禎和異種語言的操作創造了滑稽、諷
刺、及詼諧等效果；同時也有許多評論家指出，如此語言操作自有其政
治、經濟、社會、文化、甚至國家的隱喻。但在這裡我們特別感興趣的，
並不在於判斷特定外國語彙翻譯的良善與否，或是評估翻譯作為敘述策略
所可能創造的敘述價值，也不在於探究不同的語彙及語言中所隱含的社會
權力階層或結構關係，或像後殖民主義者一樣，檢視殖民書寫中的符碼轉
換書寫策略，或在插入文本未譯的語詞中搜尋差異文化的銘記。[7]

　　無可否認地，這些都是王禎和小說中可能展現的特質。但從翻譯的角
度，王禎和似乎走得更遠。在大部分的場合中，王禎和嘗試的，並非尋找
適當的字句或詞語以提供「良善」翻譯，相反的，卻是在不同的語言系統
中操弄翻譯的可譯與不可譯性。語詞或字句透過翻譯操作，便不再屬於原
文或譯文任何一方的語言指意系統，而在翻譯的過程中轉化為另一種
「新」的語言；語言學元素（聲音、符號、語意等）在「新」的語言學領
域中流動，雖然表面上仍帶著其滋生而來的舊語言印記，卻在新的自由國
度中尋找重組的原則，形成新的意義。如「不然就要糟糕一碼事／一馬死

---

[6]關於王禎和的語言藝術，論者已多有評論，此處僅就翻譯的角度舉隅說明。請參蕭錦綿，263-
78。

[7]如 Bill Ashcroft, Gareth Griffiths, and Helen Tiffin 在 *The Empire Writes Back*（《逆寫帝國》）中所闡
述的後殖民寫作的文本策略一般。特別是第二章。

（います）」（98, 190）一例中，由日文「翻譯」而來的「一碼事」或「一馬死」與日文います（動詞連用形字尾）意義上並無相關，但作者取其音「翻譯」，遂形成「調侃說笑之句」（98）。作者的翻譯操作策略是取其音而去其義，於是聲音仍暗示其日文「原文」，但譯成「一碼事」或「一馬死」後，日文います在「譯文」中早已拋棄其日文含意。但從另一角度看，「一碼事」或「一馬死」等詞雖仍保有其日文原文的「聲音」，卻在「譯文」中構成新的意義指涉，也因此造成「調侃說笑」之意，博君一笑。同時，這新的語句譯文的介入也已支離破碎，不再是「常規」的中文敘述。在其他許多例句中，如「搞得阿本仔一口一聲姨太姨太（日音；痛唷）」（139），「內心對內心，屁股對屁股」（"Nation to Nation, People to People"）（68），「罵你即是打你去死呀」（"My name is Patricia"）（236）等，雖然語言系統間的遷徙轉化各有不同（日文到國臺語，英文到中文，英文到臺語），但實有異曲同工之妙。

　　但這裡所說的，並非原文的「含義」在譯文中重組或改變，而是透過翻譯或尋找「對等物」的過程，作者夾帶著不同語言的異質符號通過這些錯綜的語言學通道，同時也畫出了一個語言學的地圖（map）或圖表（diagram）。上述最後一例中，主角董斯文教導吧女如何唸出"My name is Patricia"一段生動幽默地展演了此尋找「對等物」的過程。翻譯者尾隨「聲音」前進。好聽，但「難唸難唸，舌頭都要打四個結」的洋名"Patricia"必須找到一個相對應的發音，讓不懂洋文的吧女可以說得上口。"My name is Patricia"的英文發音從主角董斯文（譯者，及英文老師）及吧女們的口中一步一步跨越語言界線，包括「ー」,「ㄇㄚー」,「ㄇㄚ，ㄇㄚ，ㄇㄚㄋㄧー」,「邁，邁」,「ㄇㄚーㄇㄚ」,「ㄇㄞ丶ㄇㄞ丶」,「血」,「ㄇㄚーㄋㄧーㄇㄚーㄋㄧー」,「罵你罵你（罵，臺音如ㄇㄚ）」,「罵你，罵你—罵你　即是—」,「罵你　即　罵你　即是—」,「罵你　即　罵你　即　是—」,「罵　你　即　即是—」,「罵　你　你　即　是　打（臺音如ㄅㄚ丶）—」,「罵—」,「ー」,「罵　你　即　是　打（ㄅㄚ丶）—」,「罵　你

即是　是　打你去死呀！」，「罵　你　即　是　打你去死呀！」（231-
37）。從最初的「─」開始到完全答對的「罵　你　即　是　打你去死
呀！」為止，作者花了極長的篇幅展演此一翻譯的過程。此一過程顯得窒
礙難行，吧女們瞠目結舌，支吾其言，但譯者董斯文卻不斷地在吧女們的
咕噥低語與原文來往返復間找到了暫行的譯詞，讓「翻譯」得以繼續下
去。在這一段漫長的行進間（作者一點也不讓讀者覺得路途遙遠），我們目
睹語言脫離原文的語言系統（本例中主要是聲音的），跨越語言界線，在語
言的疆界間徘徊行走，在不同語言系統中駐足、短暫停留、然後又朝向不
同的語言系統，最後定居下來，等待下一波的遷徙。這些聲音符號的組合
看起來似乎是隨機的，而非出自於原先的安排，同樣的，意義或其衍生的
「笑果」也似乎是附加的，而不能被看作是原文含意的重組。因此，王禎
和展示的是翻譯窒礙難行的過程，語言學元素在翻譯中遷徙的路徑，一個
錯綜的語言學通道、地圖、及圖表。這些隨機發現的路徑軌跡並非遵行意
義的信條而來，相反的，在這些行進的軌跡中我們才發現附加的意義及其
文化義涵。

　　值得注意的是，作者在書寫中（包括以上舉出的例證）經常將同一或
異種的語言並列、排比、或對照（包括注音符號或其他符號標記）。這些並
列或排比讓我們得以窺見語言學上的差異，翻譯的不可譯性，以及文本翻
譯操作上的權力政治等。但此一安排的效用顯然不僅止於此。這些並置的
異種語言間的沉默隙縫更是祕密的根源，也是語言戲耍及一切意義的來
源。在原文與譯文接觸的剎那，多種異質的語言學元素從各自原本的語言
系統中脫離，在此聚合、連結、變形、轉化，因此，多歧的語言學通道軌
跡便在語言並置的空白空間中顯露出來。簡言之，翻譯形構了多種語言間
一幅語言學網絡或通道的可能；或者說，翻譯創造了一個書寫的閾境空間
（liminal space）。在此空間中，作者不斷地操弄不同語言間翻譯的可譯性
與不可譯性。原文與譯文，可譯的與不可譯的，彼此相互平行、排列、類
比、或對照。在文句中，這些類比及對照通常表現為雙關語、俏皮話、胡

亂拼湊的外國話、及語詞的滑稽誤用；在文字符號上則以大寫或粗體字或括弧或注音符號標示出來。由此觀之，王禎和在其一連串有意識的翻譯書寫操作中，向讀者展示了語言間的不可通約性（incommensurability），而此一不可通約性更迫使讀者面對語言不可化約的多重性（multiplicity）以及譯者本身分裂及遊移性格。

翻譯渡越主體及其書寫樣態

　　為了進一步了解這些外來語如何在語言的領域當中移動、旅行、遷徙及居住的路徑，以及翻譯者在書寫過程中參與介入書寫閾境空間，我們稍微離題討論一下酒井直樹（Naoki Sakai）在《翻譯與主體性》（*Translation and Subjectivity*）一書中關於翻譯以及翻譯主體的討論。酒井將翻譯者放在原來的演說者與說話者之間，說明翻譯者實際上占據了一個「極端曖昧與不穩定的位置」（11）。當翻譯者傾聽或者閱讀原來說話者所說的話或書寫時，翻譯者的確是一個聽者或讀者，但卻又非原先預定的聽者或讀者，原先預定的聽者或讀者總是位在翻譯表述中的某個地方。從這一點看來，翻譯者同時是、也不是聽者或讀者。同樣地，在翻譯的表述中，翻譯者的角色也面臨相同的斷裂，同時既是、也非假定的發話者（Sakai 11-12）。正是由於這樣的定位（positionality），翻譯者總是說著一個「分叉的語言」（"forked tongue"），且其表述總是以一種「學舌」（"mimicry"）的方式出現（sakai 12）。根據酒井的看法，翻譯者本身不穩定與曖昧的定位，正好反映了翻譯者內在的分裂與多重的主體。也正因為翻譯者這樣一個特殊的位置，翻譯者必須面對本質上「混雜」及「多語」的聽者及讀者，更重要的是，在這一定位上，「多重語言互相交織」（9）。更確切的說，翻譯者面對的不只是多重的語言，且是語言的多重性。酒井因此將此種在翻譯中這種搖擺於不確定性的翻譯主體稱為「渡越主體」（"a subject in transit"）（13）。

　　酒井進一步提醒我們，作為重複的翻譯，經常被其「表象」

（"representation"）所取代，後者的論述經常指向一個「集體性的建構」譬如國家或民族的主體性（14）。這一情形特別是在單一語言的言說當中，在此類言說中，翻譯者不管在翻譯表述或語言社群中，都把自己的角色假想成說話者與受話者之間的仲裁者。酒井特別指出，這一轉換將兩種特定的（語言）單位中「**重複的差異**」（"difference in repetition"）轉換成「**差異的類別**」（"species difference〔diaphora〕"），並因而建構一個「假定的國家語言的單位」（15）。因此，這種「原來的差異或者不可通約性，在不同的語言當中及在語言（Language）的一般性的連續性中，被銘刻成一種特定的通約性或是觀念的差異」（15）。[8]也正是在翻譯的表象當中，語言的單位才被表現成相同的或對照的，也因此得以銘刻語言以及文化的差異，進一步地建構了民族或國家的認同結構。但酒井也指出，要將翻譯從其表象中解脫出來，或將原有的差異與不可通約性從確定的差異中解脫出來，其可能方法便是回到翻譯本身。因此，他提醒我們注意那些在翻譯過程當中「不可譯的」（"the untranslatable"）（14）。

　　酒井的洞見讓我們重新反省王禎和的書寫本身，暫且將語言的權力位階標識及文化差異銘刻等問題擱置。其次，酒井更導引我們進入一個翻譯書寫本體論上的問題，即翻譯者在翻譯中所占據的閾境空間，以及翻譯書寫過程中所刻畫的多重性。如前所述，王禎和的書寫本身便是一個「翻譯」行為，他的作品說著多重不同的語言。在其翻譯書寫中，作者不斷操弄翻譯的不可譯性，不僅摹寫了多種語言，也同時反映了單一語言的多重性。更重要的是，在其操弄翻譯的過程中，作者／翻譯者展演了本身不穩定及曖昧的定位。正因為如此，使得支配語言與從屬語言之間的權力位階

---

[8]根據康德的圖示認知模式，酒井進一步論證，翻譯被了解成不同特定語言之間的交流是一種歷史構成（historical construct），特別是對日本語言的慾望，在翻譯中透過圖示的認知模式被引發出來。他並認為翻譯的特定表象讓民族或是國家語言的單位形成成為可能。例如，日文的產生正好是因為日本的知識分子開始去確定日本書寫文字與中文文字之間不同的時候才被圖示化地建構出來（15-16）。在《翻譯與主體性》第二章，酒井大幅討論日本思想，並探究「日本」透過圖示認知模式形成的過程。

產生不穩定，並引發某種程度的不均衡。在作品中，作者（以及作品中的翻譯者角色）通常遊移在說話者、受話者、及仲裁者之間。因此《玫瑰玫瑰我愛你》這本小說本身並不是由一個文字所完成的，而是展現出「從一個語言到另外一個語言的通道」。[9]這些在不同文字間透過翻譯操作所產生的通道創造了一個通道的網絡或歧路圖。在眾通道中，渡越的書寫主體帶著符號遷徙漫遊，作者／翻譯者也因此占據了一個空白自由的領域，一個在語言單位及文化領域中的閾境空間。這是一個門檻，在此一曖昧模糊的閾界中，作者／翻譯者擺盪在熟悉與不熟悉、內部與外部、支配與附隨的、主要與次要的、以及真實與潛在的之間。

　　在此，筆者要特別強調的是，翻譯的最終目的並不是強調其「忠實性」或是「資訊的溝通」。[10]在《玫瑰玫瑰我愛你》這本小說中，主要的主角董斯文[11]顯然不是一個「良善」的翻譯者，特別是他刻意卻巧妙地「誤譯」許多語彙、意義、觀念、及概念。換句話說，王禎和的書寫並非試圖提供一個可信賴、或完整的翻譯，相反的卻傳達翻譯的不可能性，以及那些不可能被翻譯的。原文以及譯文、可翻譯的與不可翻譯的彼此平行、類比、相關、對照，在雙關語、雜亂外國話、或滑稽誤用中展演，或在文章中以大寫、粗體字、括弧說明、標點符號、或其特別的符號標示出來。由此觀之，王禎和的翻譯從來不是將一個語言翻譯到另外一個語言，而是在多種語言當中穿梭的一個歧路圖。換言之，作者透過翻譯，帶著符號在多重語言的路徑上遷徙穿梭。更重要的是，這些不可翻譯的或者翻譯的剩餘不斷地提醒我們一個持續的移動，不是從一個語言到另一個語言，而是在

---

[9]這句話取自酒井對於韓裔美國女作家車學敬（Theresa Hyung Cha）的作品《聽寫》（*Dictee*）一書的描述（Sakai 26），筆者認爲這段描述也相當適合王禎和特異的書寫。

[10]班雅明說，「如果翻譯的終極本質僅僅是掙扎著向原作看齊，那麼就根本不可能有甚麼譯作」（Benjamin 73; 67）。酒井也說，「翻譯的目的並不是一種訊息的溝通」（Sakai 5）。

[11]主角董斯文帶有明顯諷刺意味的命名已經預示了此一背叛。很明顯地，主角的矮胖身體背叛了他的名字「斯文」一詞所隱含的斯文外表或斯文體態。但如《玫瑰玫瑰我愛你》的英文翻譯者葛浩文（Howard Goldblatt）所指出的，董斯文作爲一個諷刺的標的跟啓動者，顯然跟西方許多文學作品裡面的角色相提並論，例如 Joseph Heller 的 Milo Minderbinder, Hasek 的「好兵」Svejk 及 Rabelais 的 Panurge 等（viii）。

同一語言中從標準到變異之間的移動。

遊牧主義及其變向

　　此一標準到變異間的語言學移動，德勒茲與瓜達里（Gilles Deleuze and Felix Guattari）也許會將之稱為「遊牧主義」（"nomadism"），但對他們來說，更重要的是這些變異項的移動標示出一條「逃逸路線」（"line of flight"），從特定的符號體制當中逃逸出來一條絕對的「去領域化」（"deterritorialization"）路線。簡言之，逃逸路線便是語言學上虛擬的連續變異項移動的軌跡，而這些正是「少數文學」（"minor literature"）生產的主要元素。少數文學是德勒茲與瓜達里在卡夫卡冷酷、被動、簡約的風格中所衍生出來的概念。德勒茲與瓜達里說，少數文學是語言「高度去領域化」作用（*Kafka* 16）。博格（Ronald Bogue）告訴我們，要創造少數文學，「是使語言振動、引發不平衡，在內在於語言本身內部文法、句法、或語意層面上，引發並啟動連續變異路線」（*Deleuze on Literature* 102）。德勒茲與瓜達里也說，生產少數文學是「將主要語言的少數使用」；換句話說，要「變成外國人（un etranger）」，且「是在自己語言中〔變成外國人〕，不只說著與自己母語不同的語言，而是在單一或相同的語言中，說著雙重語言或多重語言，但不需要方言或者土話」（*A Thousand Plateaus* 98）。

　　更有趣的是，韋努蒂（Lawrence Venuti）將少數文學的概念跟翻譯連接起來。他認為在翻譯中，將這些「少數」的變異項（J. Lecercle 稱之為「剩餘」〔"remainder"〕〔182; qtd. in Venuti 10〕）釋出，將會顛覆標準語言當中的形式與規範。韋努蒂相信，「將這些主要語言轉換成連續的變異，迫使它成為少數，使它非法化，使它脫離疆域，使它疏離，這些將強化文本的『根本異質性』（"radical heterogeneity"）」，也因此造就一種少數文學（Venuti 10）。[12]

---

[12]Venuti 在《翻譯的醜聞》（*The Scandals of Translation*）第一章，把義大利作家 I. U. Tarchetti 的作品翻成英文的方案稱為「少數企劃」（"minoritizing project"）。除此之外 Michael Cronin 也指出走

　　德勒茲與瓜達里的少數文學概念（將少數文學生產視爲語言高度去領域化作用）以及韋努蒂在翻譯領域中對少數文學的挪用（翻譯迫使譯文形成根本的異質性）爲王禎和的翻譯書寫提供了一個相當有趣的視角。王禎和語言的雜燴風格向我們展示了一種使語言結舌或躓踣的方式，一個少數文學生產的範例。我們憶起吧女們學習洋名的過程，語言不斷地脫離原有的疆界，不斷地停滯、失效、跌倒、轉彎、迂迴、及走走停停。[13]在王禎和的翻譯書寫中，渡越的書寫主體在單一語言中變成雙語，多語；另一方面，這些語言的變異項或翻譯的「剩餘」，在書寫中被釋放出來（標示爲不可譯的），不斷地從標準的語言規則當中逃離出來，形成一個持續變異的虛擬面向；在此同時，一個另類的語言學規範等著成形，「實際化」（"actualization"）。由此觀之，在翻譯書寫過程中，作者／譯者帶著符號在這些主要與次要語言之間的路徑中穿梭、逃跑、渡越、遷徙、或居住。

　　《玫瑰玫瑰我愛你》一書經常被視爲後殖民小說，體現了臺灣的後殖民精神，而其「雜燴」的語言風格，「一方面凸顯臺灣被殖民經驗所塑成的臺灣語言，另一方面以種種『抵中心』的語言姿態批判、顛覆殖民者文化本位的思考模式」（邱貴芬　170）。這一視角提醒了我們語言所代表的意識型態、社會體制、及其銘刻的文化差異。從這一角度看，《玫瑰玫瑰我愛你》有了根本的政治性，用邱貴芬的話說，「這套雜燴式的小說語言亦可視爲一種政治姿態」（182）。因此，王禎和多語交織的小說語言以革命性的角色與姿態出現，「無形中打破了政府遷臺以後以國語爲本位語言階級制」（182）。這一觀點多少回應了德勒茲與瓜達里所稱的「少數文學」特徵——立即的「政治性」與「集體性」（*Kafka* 16）。從這一個觀點來看，王禎和

　　後殖民對於主要語言後殖民挪用也是一種類似的「少數企劃」，他說，「這一個移動可以被理論化成一種主要語言的少數化，透過多語使用，這種少數化可以當成是翻譯當中活動的基礎，它肯定透過少數化的翻譯可以強調一種認同」（154）。

[13]王禎和在《人生歌王》代序中提到自己在創作時如何營造「語調」的問題：「於是我就試著把一些主詞、動詞、虛詞掉換位置，把句子扭過來倒過去，七歪扭八的，我想要的語調終於出來了」（vii）。

的「語言實驗」[14]是對社會的實驗，也是在歷史或「時間」中的實驗。邱貴芬說：「這套雜燴語言不僅道出臺灣歷史的演進，更反映臺灣歷史裡，多種文化交錯、衝突、混合、一再蛻變重生的文化模式」（182）。從少數文學的角度看，王禎和的「語言實驗」在語言的內部操作引發語言的不均衡，將語言學的元素推到極端，使其爆裂，使其渡越，並脫離原有的語言指涉領域。脫離疆域的符號學元素或符號流量在異種文字的疆域間穿梭渡越遷徙，或在新闢的領域中漫遊聚集重組。而作家在脫離疆域與重納疆域，抹去與重寫的過程當中，追索逃逸路線，並在語言疆界領域的崩解與重組中，創造新的社會的習俗、風格、體制、與關係。因此，在書寫中，作家展示一場新的社會秩序重整的無限可能性，同時也預見了潛在未來人民（people-to-come）的出場。

必須附帶一提的是，少數文學指稱的基本上是一書寫方式，一種語言的操作方式（Bogue,"Minor Writing and Minor Literature"115）。[15]而本文將王禎和的寫作視爲少數文學的案例，旨在提出在地文學一個新的理解方式，並指出王禎和書寫中特殊的語言操作方式，而此一方式正是透過翻譯的操作而得以體現出來。再者，如果少數文學指稱的是一語言的獨特操作與書寫方式，那麼更值得我們注意的是，在多數語言的「少數」運用中，其主要目的並不是區分主要語言與次要語言，而是規劃主要語言的少數「變向」（"becoming"）（Deleuze and Guattari, *A Thousand Plateaus* 104）。因此，將王禎和的翻譯書寫理解成一種「少數文學」，並非試圖以少數語言取代多數語言，也非要去顛覆多數語言與少數語言間權力位階，而是標示出這些由翻譯剩餘所引發的逃逸路線，以及翻譯行爲所產生的書寫閾境空

---

[14]王禎和在《人生歌王》代序中提到：「個人非常喜歡在文字語言上做實驗。做實驗……目的是在找一種真實的聲音」（vi）。

[15]博格提醒我們，少數文學並非指稱一特定的文學——包括少數族裔文學（literature of minority）、次要文學（literature of secondary authors）、小眾文學（small nations）、前衛文學（literature of avant-garde）——雖然這些文學類別的特徵多有重疊之處（Bogue,"Minor Writing and Minor Literature"115）。

間。由此觀之，王禎和翻譯書寫的雙重背叛反而指出了一條正面的逃逸路
線，使得翻譯主體得以尋找一個另類的符號體制。從這個角度來看，翻譯
指涉了一個閾境的書寫空間，在之中，渡越的書寫主體得以銘刻自身的主
體歷史，而在王禎和的例子中，翻譯成為一個書寫的重要樣態，啟發並造
就了在地文學的創造與蛻變。

參考資料

· Ashcroft, Bill, Gareth Griffiths, and Helen Tiffin. *The Empire Writes Back*. London:
Routledge, 1989.

· Benjamin, Walter. "The Task of the Translator." *Illuminations*. Trans. Harry Zohn. New
York: Schocken, 1968. 69-82.

· Bogue, Rronald. "Minor Writing and Minor Literature." *Symploke* 5.1-2 (1997):99-118.

——.*Deleuze on Literature*. New York: Routledge. 2003.

· Chang, Sung-sheng. *Modernism and the Nativist Rsistance: Contemporary Chinese Fiction
from Taiwan*. Durham: Duke UP, 1993.

· Chiu, Kuei-fe."Treacherous Translation: Taiwanese Tactics of Intervention in Transnational
Cultural Flows."*Concentric* 31.1（Jan. 2005）: 47-69.

· Cronin, Michael. *Translation and Globalization*. London: Routledge, 2003.

· Deleuze, Gilles, and Felix Guattari. *Kafka: Toward a Minor Literature*. Minneapolis: U of
Minnesota P, 1986.

——.*A Thousand Plateaus: Capitalism and Schizophrenia*. Trans. Brian Massumi.
Minneapolis: U of Minnesota P, 1987.

· Goldblatt, Howard. Translator's Preface. *Rose, Rose, I Love You*. By Wang chen-Ho. Trans.
Howard Goldblatt. New York: Columbia UP, 1998. i-x.

· Harvey, David. *The Condition of Postmodernity: An Enquiry into the Origins of Cultural
Change*. Cambridge, MA: Blackwell, 1990.

· Jakobson, Roman. "On Linguistic Aspects of Translation." *The Translation Studies Reader*.

Ed. Lawrence Venuti. New York: Routledge, 2000. 113-18.

• King, Anthony D."The Times and spaces of Modernity（Or Who Needs Postmodernism?）."*Global Modernities*. Ed. Mike Featherstone, Scott Lash, and Roland Robertson. London: Sage, 195. 108-39.

• Lecercle, J. J. *The Violence of Language.* London: Routledge, 1990.

• Lee, Leo Ou-fan. "Modernism and Romanticism in Taiwan Literature." *Chinese Fiction from Taiwan: Critical Perspectives.* Ed. Jeannette L. Faurot. Bloomington: Indiana UP, 1980. 6-30.

• Liu, Lydia H.〔劉禾〕. *Translingual Practice: Literature, National Culture, and Translated Modernity—China*, 1900-1937. Stanford: Stanford UP, 1995.

• Prasad, G. J. V. "Writing Translation: The Strange Case of the Indian English Novel." *Post-Colonial Translation: Theory and Practice*. Ed. Susan Bassnett and Harish Trivedi. London: Routledge, 1999. 41-57.

• Sakai, Naoki. *Translation and Subjectivity: On "Japan" and Cultural Nationalism.* Foreword by Meaghan Morris. Minneapolis: U of Minnesota P, 1997.

• Venuti, Lawrece. *The Scandals of Translation: Toward an Ethics of Difference*. London: Routledge, 1998.

• Wang, Chen-Ho. *Rose, Rose, I Love You*. Trans. Howard Goldblatt. New York: Columbia UP, 1998.

• Wang, David. "Radical Laughter in Lao She and His Taiwan Successors." *Worlds Apart: Recent Chinese Writing and Its Audiences*. Ed. Howard Goldblatt. Armonk, NY: M. E. Sharpe, 1990. 44-63.

• 王禎和,《玫瑰玫瑰我愛你》（臺北：洪範書店，1994 年）。

——《人生歌王》（臺北：聯合文學出版社，1990 年）。

• 邱貴芬,〈發現臺灣——建構臺灣後殖民論述〉,《後殖民理論與文化認同》,張京媛編（臺北：麥田出版公司，1995 年）。169-91。

• 廖炳惠,〈臺灣文學中的四種現代性〉,《中外文學》第 30 卷第 6 期（2001 年 11

月）：75-92。

‧蕭錦綿，〈滑稽多刺的玫瑰〉，王禎和，《玫瑰玫瑰我愛你》263-78。

──選自《中外文學》，第 35 卷第 4 期，2006 年 9 月

王禎和走錯了路嗎？

評王禎和的《玫瑰玫瑰我愛你》

◎王德威[*]

　　拜讀龍應台教授評王禎和近作《玫瑰玫瑰我愛你》一文後（見《龍應台評小說》，圓神出版社），筆者有數點感想在此提出，以就教於龍教授。龍教授指出《玫》書最成功之處是語言的運用，這確是不爭之實。但龍教授以為，作為一諷刺性喜劇而言，該書卻屬失敗之作：不僅結構平淡，而且笑話誇大，尤其一些幾近色情的描寫，實在有傷大雅。龍教授的批評言之成理，也可能代表多數人的心聲。筆者覺得像王禎和這樣已享盛名的作家，只要安於一般批評界的讚美，再多寫出幾本〈嫁粧一牛車〉式的小說，應不是難事。但他卻抱著「視罵如歸」的勇氣，寫出一本眾口交「謗」的作品，其間原因是出於他江郎才盡亦或別有用心，實在值得我們思量。其次，從文學史流變的觀點來看，我們把這樣的書應放在什麼樣的位置，也是筆者所關心的問題。

　　首先筆者想要指出，對《玫瑰玫瑰我愛你》這類小說我們無法用普通「教化性喜劇」（"normative comedy"）的尺度來衡量，而欣賞的重點也可能不在像蕭錦綿女士所稱的結構緊湊，時空經濟等方面。誠如龍教授指出，該書其實體制散漫、平淡無奇。然而王禎和寫作的方向，正是要打破傳統小說的格式，揶揄讀者的閱讀成規，庶幾達到他所謂「前無古人」的效果。職是，他小說的故事驚世駭俗，極盡荒唐突兀之能事；他的人物趨向平面卡通化而非生活化；他的敘述華洋夾雜，矛盾百出；而他標示的小

[*] 發表文章時為臺灣大學外國語文學系副教授，現為哈佛大學東亞語言文明系 Edward C. Henderson 講座教授。

說「意義」更是曖昧游移，難求定論。我們如果用傳統諷刺文學的眼光來看此書，勢必要將「諷刺」二字的定義重加釐清，因為《玫》書有太多的線索是在「諷刺」那些專事正經八百的寫作或找尋諷刺意義的作者與讀者。王禎和自己說得好，他的書是部「限級」的笑話小說，目的只要「讓人間多一點笑聲」而已，明乎此，我們又何必苛求小說中的大道理呢？

　　但問題是王禎和的小說是否真的沒有傳統可資依循，他的笑話是否真的能引起共鳴呢？在西方文學傳統中，早自希臘時代即有曼尼匹安式的諷刺文體，以極誇張繁瑣的方式來針砭時事、議論人物。作者行有餘力，更創造一系列的典型角色嘲弄社會群相；但此類文體最大的特色，則在堆砌排比，炫耀作者自成一格的社會知識。此外自文藝復興以降，大家如伊拉斯摩斯（Erasmus）、拉伯雷（Rabelais）等人更以極其荒唐滑稽的笑謔享譽於世。他們的作品固不乏諷刺之意，但道學式的諷刺卻早已包攝溶入作者對人生百態的好奇，以及其自身天馬行空般的想像力中了。在小說方面，塞凡提斯的《唐吉訶德》，史登（Sterne）的「崔思全·仙第」均是早期的佳例，嬉笑怒罵、顛倒真假、無所不為。迄至 20 世紀，這類文學更是蔚然成風，儼然為現代小說的重鎮。與此一傳統相比，《玫》書所經營的笑話與諷謔，反有小巫見大巫之感呢。

　　其次，這類作品所預期的閱讀效果也不同於一般文學。正如《玫》書給我們的感覺一樣，多半讀者可能會認為各種喧鬧笑謔太俚俗、太露骨，不但不使人感到好笑，反而讓我們忸怩不安。但王禎和所經營的寫作「笑」果，一方面似在故意挖苦讀者左支右絀的窘態，一方面又似在挑逗讀者暫時放下禮教約束，以遊戲放任的心情，進入小說的幻想世界笑鬧一番。這樣「諷戲」讀者的寫作方式，是《玫》書與同類小說最具魅力的地方，但其易受人詬病之處，也可想而知。此無他，許多人念茲在茲的法理尺度均在笑鬧中面臨土崩瓦解的威脅。但最重要的是，藉著嘲笑「人」「我」之間共有的弱點與缺憾，王禎和暴露了人生複雜曖昧的一面，實難用法理道德來解釋。唯有我們讀者持著見怪不怪的態度，以尷尬或甚而忘

我的笑聲才能包容涵蓋一切。準此，《玫》書不但不矯情，反而是〈嫁粧一牛車〉中人道精神更上層樓的表現。

《玫》書有關身體器官的笑話，是龍教授最不以爲然的一點。但由上所述，我們乃知道這種近乎下流的笑話實是攻擊矯揉造作的禮教最有利的武器。我們的身體生理器官原無可恥之處，但曾幾何時卻成了羞恥或猥褻的象徵，以及禮教鬥爭的戰場。筆者以爲王禎和煞有介事的誇張有關身體的笑話，不但不涉醜化髒化之嫌，反而就是要貫徹龍教授「光明正大」的態度來就「事」論「事」。或者有人會認爲此與春宮作品已相去不遠，但讀過《玫》書應可察覺，王禎和的嘲弄筆觸已經可能是色情的題材作了大翻轉；儘管葷笑話排山倒海而來，我們所驚詫的不是王禎和色膽包天，而是他匪夷所思的想像力。在這一方面他的師承在西方是喬叟（Chaucer）、薄伽丘（Boccaccio）、拉伯雷（Rabelais），在中國則是據說寫了《肉蒲團》的李漁。

文學創作的方法原就是五花八門，而我們批評的依據也是見仁見智，與時推移，兩者都談不上絕對的對與錯。本文無意唐突龍教授的高見，亦不擬挾西洋文學以自重，或鼓吹似《玫》書般的創作。但筆者以爲面臨現代西方文學目不暇給的發展，我們在提升國內小說的深度與廣度時，不但要有勇於突破以往寫實小說窠臼的作者，也需要一群兼容並蓄，心胸開闊的讀者，王禎和這題新路會不會是條「不歸路」，如今談來言之尚早，但他敢於冒險的勇氣，仍然值得我們重視。

——選自蔡孟樺編《在字句裡呼吸》
臺北：時報文化出版公司，2006 年 9 月

王禎和的〈老鼠捧茶請人客〉

綜合國、臺、日語的靈魂告白

◎張素貞*

　　王禎和（1940～1990）的短篇小說〈老鼠捧茶請人客〉，民國 72 年 4 月刊載於《文季》第 1 期，同年 9 月 7 日至 9 日又在《世界日報》連載。這篇小說後來收入作者《人生歌王》小說集中，民國 76 年 4 月由聯合文學出版社出版。它是王禎和最後一篇短篇小說作品，不僅具備了王禎和小說的許多特質，而且還有很多值得一談的文學技巧。王禎和其實相當醉心於戲劇的創作，中篇小說〈人生歌王〉在民國 75 年寫成之前，他是先完成電影劇本，再寫成小說的；他去世之後，親友為他整理的《大車拚》也是兩篇劇本的集子，王禎和其實頗具戲劇才華。如果〈老鼠捧茶請人客〉能做合適的配音與旁白，演出的戲劇效果應該是很不錯的。

　　根據王禎和的說法，這篇小說是從一個真實的意外事件得到靈感而編寫出來的。在〈永恆的追尋〉這篇文章中，王禎和談到一個現實中的個案如何激起他的寫作興趣，以及他是如何想到要採取鬼魂來敘說故事。在目前的大都會中，許多小家庭都是夫妻倆工作，有年長的父母住在一起的，往往就兼任了白天護幼、育幼的職責。是這樣典型的狀況：老太太在老伴過世之後，從鄉下到大都市來跟著兒子、媳婦過日子，白天兒子媳婦上班，她便陪著可愛的孫子，做飯、煮菜，教孫子唱日本歌，帶孫子去吃路邊攤。這一天，她突然倒地死去，小孫子嚇呆了，渾身發顫，坐在牀上，尿濕了。一直到傍晚媳婦回來，經過溫柔的安撫，小孫子才哇地一聲大

---

*發表文章時為臺灣師範大學國文學系教授，現已退休。

哭，哭出聲來。由這個真實的素材，王禎和構思，採取了那位老太太的靈
魂的敘述觀點。想來王禎和是大動了小說家的悲憫之心，設身處地想想，
這樣一個愛孫心切的老奶奶，驟然撒手人寰，死而有知的話，是如何不忍
心看到小孫兒那樣受到過分驚嚇？採取她的視點，讓鬼魂說話，未嘗不可
以！只要合情合理就行！王禎和非常重視敘述觀點的運用，他佩服亨利‧
詹姆斯的理論，相信敘述觀點的採行成功與否，關係一篇小說的成敗，而
他個人的小說也一直是非常著重敘述觀點的選擇。有名的〈嫁粧一牛車〉
成功地採取小說關鍵人物──主角萬發的有限敘述觀點；筆者認為〈老鼠
捧茶請人客〉選擇了老奶奶的敘述觀點，正是小說最好的處理手法。至於
以鬼魂來敘述故事，並非怪力亂神，事實上，透過作者的觀照，小說的敘
述角度，不僅自然合理，而且它適度地反映了轉型社會的許多問題，它非
但不是怪力亂神，應該說它具備了相當程度的寫實。再說，以超現實的手
法來表達某種文學主題，古今中外不乏先例，〈碾玉觀音〉裡的璩秀秀、
《聊齋》故事中的諸多善「鬼」，不是挺討人喜愛的嗎？何況王禎和塑造的
老奶奶鬼魂是那麼充滿現實性、那樣溫馨感人呢？

　　小說的題目〈老鼠捧茶請人客〉，乍看有些令人糊塗，因為它並非童話
故事；而這個篇名也並未能涵蓋整個故事的主題。小說題目原來具有多種
不同的處理方式，並不見得可以探尋出一種一成不變的公式來。在這篇小
說中，「老鼠捧茶請人客」是一句老奶奶常教導小孫子唱的日本歌謠，是一
句遷就日本歌謠的譜子、以臺語改造過的日本歌謠。王禎和的小說一直在
做語言實驗，他有意融合國語、臺語、日語（某些篇目如〈小林在臺北〉
等，還有英語），用來刻畫小說人物特有的特質。譬如〈老鼠捧茶請人客〉
中的老奶奶，她生長的環境，從日據時代到光復，從鄉村到都市，她熟悉
的語言是臺語（閩南語）、半吊子的日本話，偶爾一句客家話。要描敘這樣
的人物，尤其選擇了她的敘述觀點，王禎和認為有必要保留她的說話語
調，於是便採取了國語、臺語、日語混合的表達方式，甚至還在一個不很
重要的場合中夾雜了一句客家話。小說中引敘了那首日本歌謠，為了清晰

表達音樂感，還列出了簡譜。歌詞是這樣的：

　　黑茶茶，滋奶茶
　　老鼠捧茶請人客

作者在「茶」字下頭標了音ㄅ一せ。筆者的理解：首句寫出的是趣味性的諧音字，很接近日本歌謠的原音，大意是「手牽著手」；後頭一句可能原詞的變化大些，臺灣人一下子學不來，便用臺灣語彙扣緊一個「茶」，捏出一句詼諧而又諧音的歌詞來，純粹是無中生有，倒也頭頭是道。歌謠唱起來，第一句的音調很接近：ㄛˇㄅㄝˇㄅㄝ，ㄗㄋㄞˇㄅㄝ。而「客」字閩南話的發音接近ㄅㄝˋ，和「茶」字押韻（ㄅㄝ，不應是ㄅ一せ）。

　　老奶奶在日據時代學會了這麼兩句半調子而又頗有意味的日本歌謠，當她和小孫子獨處的時候，高興起來，便領著小孫子哼唱，祖孫倆其樂融融。小說用了它做題目，使小說具備了相當的音樂性。老奶奶不斷嘗試各種手法引起孫子注意，為要消解小孫子的驚嚇過度，終究用了一起唱這首歌謠的辦法。小說中，不但刊出了樂譜，也把歌詞重複刊出三次，選擇這個題目，既能點出老奶奶的時代環境，也渲染了人類喜好音樂的歡樂本質，以及音樂在老少皆宜的幅度上頗有值得提倡的價值，甚至從此我們看到了臺灣同胞如何善於因應環境。

　　〈老鼠捧茶請人客〉，十足閩南語的語法，「人客」是「客人」的意思，剛好跟國語造詞相反；猶如「手腳」、「熱鬧」，閩南話作「腳手」、「鬧熱」一樣，各有不同的語言系統。這篇小說採用老太太的敘述語調，一切的情節全都經由初死的鬼魂獨白展現，她的所見、所思、所感，逐步透露了作者所要呈現的題旨。從這篇小說，我們看到了社會變遷的縮影。老太太在老伴死了以後，只有兩條路，一個是去美國，跟著移民美國的大兒子住在異國；一個是跟著二兒子住在大都市。她考慮大兒子 20 年不在一起，早就生疏了；而二兒子這邊，媳婦愛乾淨得過分，她擔心自己會惹人嫌，

「怎麼辦才好？」她是遭遇過困難的。戰爭末期，美軍轟炸臺灣轟炸得厲害，她才生了老大，人們都往鄉下疏散，而丈夫卻在遠地工作，這怎麼辦才好？當初老伴被醫生宣布沒救了，自己的反應是：「怎麼辦才好？」此刻小孫子被自己的突然猝死嚇傻了，兒子媳婦還得一大段時間才會回來，這可怎麼辦？從她的各種努力中，又讓我們看到一些問題。市區中的公寓房子，住戶們彼此不相聞問，她在這兒住了好幾年了，還搞不清楚一樓的人家姓什麼？公寓的房子空間有限，怎麼也比不上鄉間紅磚厝住得舒服。除了懷念鄉間的空曠自在，她也喜歡吃一些鄉土風味的東西：譬如「土豆糖」（花生糖）、蚵仔煎等。只不過這兩樣東西在媳婦「衛生」考慮的觀點上被禁止了，她便偷藏、偷吃了。看到晴朗的好天氣，她想應該曬曬被子；發現自己死了，遺憾之一是：再也不能每年過年回老家去看那滿山的橘子，「成千累萬的，一顆一顆金球也似的！」為了親情，為了和兒媳、孫子住在一起，老人是如何割捨自己的最愛，默默隱藏起懷舊的情懷！

從老奶奶的告白中，她對孫兒的深情憐惜隨處流露。她陪著孫兒做各種遊戲，或是賣豆腐，或是當馬讓孫子騎。她為孫子織毛線衣，噓寒問暖，逗孫子的時候是「輕棉棉地擰了一擰孫子圓嘟嘟的臉」。起初還不知道自己死了才嚇壞孩子，不停地探問：是不是裡不舒服？摸摸額頭看看是不是發燒了？她還懷疑孫子是想訛詐她把藏好的土豆糖拿出來吃。當她發現自己死了的時候，她想到該把屍骸挪到自己房間去，免得再嚇壞孫子；她想拿花生糖給孫子壓壓驚，她嘗試撥電話給媳婦，嘗試向樓下過路的婦人求救，嘗試領著孫子唱那半條綜雜臺語、日語的日本歌謠，嘗試趴下來讓孫子當馬騎。可是人鬼殊途，一切努力都用不上勁。她使不出力量，孫子聽不到她的聲音，看不到她的動作，她只能著急地等待媳婦歸來。

小說也技巧地探討了都市小家庭中婆媳相處的問題。兩代不同環境背景的婦女，共同住一個屋簷下，基本的觀念相異，溝通不良的話，常會造成家庭問題。為了花生糖、蚵仔煎不衛生，要求老人家別帶孫子吃，媳婦是交由兒子出面的，依老太太的理解，仍有些不舒坦，「兒子怕老婆」。老

太太「洗淨的碗盤，媳婦還得用熱開水洗一道才放心」，她擔心媳婦瞧不起自己。這是新興的小家庭，媳婦當家的態勢。由於小說採取老太太的有限單一觀點，適度地發揮懸疑的效果，讀者受到觀點的限制，直覺地會覺得這婆婆在家庭中是居於被壓制的地位，而以為她的老輩種種習性確實受到重大的考驗，同時也為這個純良的鄉村老婦即將面臨的婆媳糾紛感到憂心。然而作者的巧意安排，卻突破了這種既有的順理成章的猜測。她好不容易一分一秒挨到媳婦歸來，媳婦一見到倒地不起的婆婆，驚叫一聲「阿母」，把皮包摔在地上，就做起人工呼吸來，最後甚至口對口做急救，一心要救回婆婆的性命。這老太太感動之極，一直以為媳婦是嫌自己骯髒的，跟那麼愛乾淨的媳婦住在一起，一向是那樣戰戰兢兢的啊！此刻她才知道原來媳婦這麼看重自己！也許是中國人吝於表達情感的通病吧，兒子傳話，雖然避免了婆媳的直接衝突，無可置疑地，多少還是傷了老人的自尊，由此可見雙向溝通確實很重要。

換一個角度，老人一發現自己已經死去，除了感嘆許多有趣的事無法再做之外，她的反應是：這樣的猝死，沒有連累到兒子和媳婦，「至感安慰」。向來身體健康，連小毛病也沒有，兒子也關心老人的身體，曾經因為母親頭痛而勸著去醫院做過檢查；她一直怕自己和老伴一樣，在最後階段要人伺候，她擔心兒子媳婦應付不了，尤其媳婦那麼愛乾淨！這下子可以放心了。然而讀者不免要想：老人的委婉的心願，兒媳何嘗了解？老人為何會突然倒地死去？跟她那一次的頭痛是否有關？醫院的檢查真的百密一疏嗎？作者完全避開這些問題，只是經營一個純良的老太太猝死之後，徘徊流連的種種，從中勾繪了祖孫三代的倫理親情。沒有嚴重的大衝突，沒有反面的惡人，沒有什麼了不得的高潮迭起，但是清波盪漾，展現了平凡小家庭的溫馨畫面。由平淡中呈顯眾生百態，王禎和在〈老鼠捧茶請人客〉中，再度表露了他個人刻畫小人物鮮活形象的長才。

這篇小說還具備了王禎和小說的另一特質，作者的詼諧、活潑筆調是刻畫人物成功的重大因素，而融合各種語言的實驗，又是小說的特色。小

說中對小孫子的俏皮比喻,讓老奶奶窩心的種種可愛言行,大致反映了現代幼童的早熟、乖巧,整體說來,倒是平泛常見,未必有某些特性存在,所以,在這方面的表現,實在遠不如語言實驗來得重要,來得凸出。作者的小說語言實驗,著力在如何實際模仿鄉土人物的說話語調。這篇小說用一般家庭叫喚小男孩為「弟弟」的方式,把它做為專有名詞使用。「艱苦」指身體不舒服,「細漢囝仔」指小孩子;另外「白雪雪」、「白筍筍」、「白漆漆」、「白支支」代表不同程度的臉色蒼白,確有些閩南語法獨特的修辭效果。至於像「查某官」意指「女士」,則有小說人物特定的時代背景,從人物用詞反映時代的作用來看,王禎和的語言實驗倒也頗有意義。

——選自張素貞《現代小說啟事》

臺北:爾雅出版社,2001 年 8 月

多元聲音並存的世界
王禎和《嫁粧一牛車》中的複調性

◎盛鎧*

在一切生物中只有人類才會笑。

——亞里士多德・《生物篇》

資本主義很像牽線撮合的蘇格拉底在雅典集市廣場上那樣，把不同的人們、不同的思想拉扯到一起。

——巴赫金・《杜思妥也夫斯基詩學的問題》

I・〈快樂的人〉當中古雅語言與現實生活的對比

　　在臺灣文學史中，王禎和的位置似乎有些特別：一方面或許由於他畢業自臺大外文系，並且首篇發表的小說〈鬼・北風・人〉（1961 年）是刊載於《現代文學》的緣故，故常被視爲現代主義作家中的一員，但又因爲他的小說中的「鄉土色彩」，而被定位作現代文學中最具鄉土性的作家；另一方面，因爲幾乎他的每一篇小說都以市井小民的生活題材，且許多知名的作品（如〈嫁粧一牛車〉）最初都在《文學季刊》等與鄉土運動有著密切聯繫的文學期刊上發表，因而常被當作所謂鄉土文學陣營的一分子，但這些作品的形式風格又常溢出寫實文學的常規，所以他亦常被當作是鄉土文學中最偏向現代主義的作家。然而，不論將他看成是最鄉土的現代文學作

---

*聯合大學臺灣語文與傳播學系助理教授。

家，或最現代的鄉土文學作家，似乎都有過於簡化之嫌，且未能深刻發掘
其作品風格的特殊價值之所在。

　　之所以如此，很大一部分的原因可能要歸因於王禎和小說裡的語言運
用與他所採行的敘述方式。在他的作品中，不僅對白裡常會出現一些臺語
的詞彙，甚至在敘事的部分亦有意揉雜著傳統的書面語和現實的口語，顯
得在語言上十分參差混雜。對於這種文本中的多元語言現象，一般的解釋
大約是這樣：其一認為這乃是基於現實主義的要求，為了要寫實呈現小人
物的實際生活，因而必須盡力在語言上摹仿再現他們的生活言語；其二則
將其視為出於嘲諷的目的，認為這是作者為嘲弄他筆下人物而刻意經營的
表現，甚至認定作者這種作法是為了「阻礙」讀者同情這些人物[1]；其三則
將之視作一種純粹文體的問題，認為作者之所以寫出這類特殊的語句，其
主要目的是在於營造個人的特色，引人注意。大致說來，以上這三種看
法，固然不能說是完全錯誤的解讀，但卻各有所偏，而且仍都停留在比較
狹隘的寫實技法的範疇之中，將之視為一種純粹寫作技巧層面的問題，甚
或用過於道德化的主觀態度來評斷文學作品，而忽略了作者的美學思考及
其創意所在。

　　固然就寫實摹仿的角度而言，王禎和小說裡人物的對話的確很鮮明地
刻畫了日常語言的活潑表現，但是他的藝術成就絕不僅在於會話寫作的生
動而已。儘管這種作品文本中的多樣語言是混揉風貌的呈現，就已是小說
藝術的重大突破。因為不同的語言、不同風格的文體和語體正代表著不同
思維的世界觀，而一篇文本若匯聚了各式多元的語言於其中，則或可視為
相異世界的接觸乃至衝突。王禎和作品的特殊之處就在於不僅讓口操不同
語言、來自不同階層背景的人，以他們自然的面貌和聲音出現，更在於他
亦敏感地注意到現實社會中這種多重世界的疊合構造，並以獨特的**複調小
說**形式予以呈現。所謂「複調」，不只意味著文本裡的各式語言如同複調音

---

[1] 見呂正惠，《小說與社會》（臺北：聯經出版社，1988年），頁81。

樂中多重聲部的交疊，也表示他的小說是以獨特的藝術手法展現這種多語的複雜現象，而不是不加反思地模仿生活語言，只予以拼湊呈示而已。為更進一步說明王禎和小說的這種特殊複調詩學表現，我想以他早期的一篇小說〈快樂的人〉（1964 年）為例加以分析討論，隨後再探究〈嫁粧一牛車〉當中的敘事問題。

在王禎和早期的小說作品中，〈快樂的人〉一向沒有得到評論者或研究者太大的注意，似乎在〈鬼‧北風‧人〉（1961 年）與〈嫁粧一牛車〉（1967 年）之間，唯一值得一提的作品就只有〈來春姨悲秋〉（1966 年）而已。但是，若忽略這篇作品，那麼我們對王禎和創作歷程的發展之認識，將會有很大的疏漏和缺憾。當我們粗略閱讀這篇小說之時，或許會以為這只是一篇不太成熟的作品：人物形象並不太凸出，情節亦無甚特色，故事本身也不太吸引；唯一較特別的地方就在於其中經常插入許多古典詩詞（甚至直接用括號插入），因而產生有些滑稽、戲謔的諧趣效果。例如以下這段：

> 拾稔裡，含笑和家人一面不會，一言不通（人生不相見，動如參與商？）。她很少惦思家人，有時夢裡大家碰見了，也稀有泣不成聲的感人場面。十年裡到底有過多少使君隨侍左右，她說不上（十年夢，屈指堪驚？）。……她頭向上一仰，太息一聲（感此傷妾心，坐愁紅顏老？）。[2]

就插入了三次。此外，別處如：「含笑聽聞心惦意念的信究竟送來了，不意淚掉下了幾顆（忽傳劍外收薊北，初聞涕淚滿衣裳？）。」[3]亦是一例。甚至，他在敘事中也頻繁「引用」傳統文體的修辭，如這段當中的「使君隨侍左右」或「太息」等等。

這篇小說的主人公含笑是個離婚後離開家人獨自生活的女子，在結束

[2]王禎和，《嫁粧一牛車》（臺北：遠景出版社，1979 年），頁 31～32。
[3]同前註，頁 41。

婚姻後的十年間，她曾陸續與幾名男子同居過（包括已婚男子）。她雖不是
「名門貴婦」，但也稱不上是淪落風塵的青樓「奇女子」，因此傳統文學中
描寫女性心境的豔情詞之類的駢麗文體或感時憂國的詩詞套用在她的身
上，不免使人有格格不入，甚至滑稽突梯之感。或許有人會以爲這不過是
作者爲了要嘲弄這名卑微的主人公而有意製造的效果，或將之視爲一種文
字遊戲而已，但是，如果以爲王禎和創作的目的真的只是單純在追求「好
笑」的效果而已，未免錯失這篇小說的更深刻的文學趣味。

　　固然，王禎和這裡所引用的詩句，如「人生不相見，動如參與商」或
「忽傳劍外收薊北，初聞涕淚滿衣裳」等，大多是我們耳熟能詳的，因此
當這類所謂的「名言佳句」被刻意地挪用在尋常的生活情境中之時，不免
被「**貶低化**」，成爲，被用爛的 cliche（套語、陳腔濫調）。這當然也是一種
幽默的**戲仿**（parody）喜劇效果。但是，從另一方面來說，這種將高雅的
古典語言貶低化的作法，也包含有兩層意義：

　　**第一、諷刺一般動輒引用名人佳言的學校作文式的文章作法，並揭示
現代生活中的多語併陳現象：**在王禎和的另一篇小說〈素蘭小姐要出嫁─
─終身大事〉中，曾出現這樣的段落：一個綽號書呆子的重考大學的學生
對他朋友說：「拿破崙說：不要強人所難！」之後緊接著作者立刻補充說：
「拿破崙說過這句話嗎？您說呢！」[4]正諷刺了傳統作文教學要求學生勤於
記誦名人語錄，在文章裡多加引用的訓練作法。在從小到大的求學過程
中，我們大家大概都寫過那種通篇引用　國父說、　蔣公說、華盛頓說、
蘇格拉底說、孔曰孟云之類偉人名言的八股作文。這種學校教育所肯定的
制式作文，事實上反而把引言從原先的語境脈絡中給脫離出來，這些來自
古今中外的片段語句之間自然也無法進行呼應對話，再加上生硬加入的政
治教條語句[5]，全文因而不免顯得宛如各類破碎零散語言的總匯雜陳。王禎

---

[4]見王禎和，《人生歌王》（臺北：聯合文學出版社，1987年），頁33。
[5]例如有時分明寫的是抒情文，但結尾也要扯上「想到大陸苦難的同胞，所以我們要反攻大陸」云
　云。這種情形雖然現在不復得見，但應是許多人共同的回憶。

和此處應該無意直接針對這種失敗的語言教育，批評其背後的政治意識形態，但他的小說的確把這種我們並不陌生的多樣語言交錯的文化現象，以藝術化的處理方式給捕捉呈現出來。即使這裡用括號插入古典詩詞的作法，似乎顯得過於突兀，不像後來的作品那般純熟合宜，但正因此篇小說當中不同語言間的對比較爲明顯凸出，我們反而更易見出其基本創作構思之端倪。所以說如要研究王禎和小說的語言特色，或是其創作風格的發展，絕不能忽視這篇看似並不成熟的作品。

第二、嘲諷附庸風雅的言情小說的僵化文體，並凸顯傳統的文學語言已不適用於描寫現代的生活情境：如前所述，〈快樂的人〉之中的含笑並不是個如同傳統詩詞所歌詠的對象，因而將那些充滿哀宛或感懷之情的詩文典故套用在她身上，或用以描寫其心境，自然顯得不甚妥適；連帶地，以充滿文學陳規套語的言情小說筆調來敘說這名吸著涼煙的現代女子的生活和生平也不太適用。因此，這種慣常使用的文學語言與現代人生活之間的對比便被凸顯出來。不過，在這篇小說中，王禎和基本上只有做到將落入俗套的文學語言，及其和現代生活的脫節給揭示出來。此時，他還未鍛造出一種適合於描寫現代社會裡的小人物的文學語言。但是，他的這種自覺意識和對於生活語言的豐富性和多元性的敏感認識，隨即成爲他後來進一步創作發揮的重要起點。

除了以上兩點，這篇〈快樂的人〉裡的語言風格及敘事方式還有一些值得我們注意的地方：首先，這裡所出現的語言不是只有傳統的古雅詩詞與現實的粗鄙口白而已，其中亦有各式的生活語言，如嵌入文本當中的家書[6]和來自西方的宗教語言（如其中一個洗衣阿婆常說：「主的恩寵」、「神的恩典」、「神愛世人」等基督教的語彙），因而顯得多樣雜陳，不是只有新

---

[6]這封家書裡頭的文字亦是應用文套語與文法不通的口語交雜，如「母親大人膝下」之後又寫著「祖母的病有比較重。藥錢很貴。無錢醫生不肯注射。……家裡大小都平安。你放心可以。」此外，值得留意的是，這種在小說中嵌入一份文件、書信或一小段樂譜的情形，在後來王禎和的小說中亦經常出現，例如〈兩隻老虎〉裡的報刊啓事、〈老鼠捧茶請人客〉和〈人生歌王〉裡的歌譜等等。這亦是一種拼貼文本式的複調呈現方式。

舊或文白語言的對比而已。一方面，這除了顯示王禎和的創作根源還是在於摹仿論的美學，即試圖以文學再現現實生活的語言現象（那封家書即可視為對一般教育程度不高的人的書寫風格之模仿）；另一方面，由此我們亦可看到王禎和寫作的動機並不是站在維護傳統的立場，譏評現代人文化的低落或道德的淪喪，但也不是完全否定傳統的修辭與文化，認為新的現代事物就絕對是好的。對他來說，所謂的文化衝擊和語言的變貌並不能簡單地看作新舊交替或所謂「西風東漸」的更迭現象，因為在我們實際生活中所接觸到的文化和使用的語言，毋寧是十分複雜且多樣的。只不過以他對文字語言的敏感度，使他無法接受那些早已落入俗套而僵化的文化修辭或「莊嚴」的語言。如果說王禎和的小說真的有意在嘲諷什麼，那也是指向語言的陳規窠臼和文化的封閉性，而不是那些在生活中無所適從的小人物。

　　也正因為如此，寫作〈快樂的人〉之時的王禎和已無法全盤認同傳統寫實文學的既有規範，因而嘗試開發新的敘事手法，打破形式化的現實主義的再現幻象，刻意凸出敘事者的聲音（有的論者認為這是受到中國章回小說的「說書人」手法之影響；但此說多半未注意到王禎和自覺的美學思考，及其意圖追求的效果），使小說文本更為生動而具有開放性的特色。雖然這個決裂還不太徹底，通篇小說的主調基本上仍傾向於傳統的修辭風格[7]，未完全跳脫寫實小說的範疇格局。不過，文中插入古典詩詞的實驗性作法，就已經打破了慣常全知敘事觀點的模式，因為括號中的文字其實亦可視為作者故意加入小說文本裡的「後設文本」（"metatext"），即作者（在此亦等於是敘事者）對於小說描寫之情境或人物說的話所施加的評論。當然，如前所言，這裡也有刻意凸顯傳統文學語言與現代生活的不協調之用意存在。像那句接在「她頭向上一仰，太息一聲」之後緊接著插入的「（感此傷妾心，坐愁紅顏老？）」，就彷彿是作者以調皮的態度問讀者說：含笑

---

[7]例如小說一開頭這段：「一舌的陽光，伸自天窗，啜吻她底臉。眼簾雙頰起陣溫癢，她緊忙掣被往頭上蒙去，計量再睡……」（頁 27）就還是屬於陳套的抒情筆調。

這個離過婚與男人同居的現代中年女子，到底可不可以比作古書的「感此傷妾心，坐愁紅顏老」裡頭那個感傷的「妾」呢？或者我們也可以把這句話想像成一名嚴苛好諷刺的讀者所寫下的眉批，像是對作者的質問：你到底會不會寫小說啊？淨用一些司空見慣的陳腔濫調，難不成你想把你筆下的這個粗鄙的含笑包裝成古雅詩詞裡所歌詠的貴婦人嗎？若此，這些插入的後設文本，則又像是作者以虛擬讀者的客觀角度所寫下的評語。然而，不管是作者對讀者說的話也好，讀者對作者說的話也好，這種文本的內在對話性亦使作品具有反思性的空間，讓人能保有適當的客觀閱讀距離，不會把小說直接當成現實，並且注意到語言方面的問題。

甚至，括弧中的文字不一定都引用自古典詩詞，有時直接就是作者對於小說中人物的調侃，例如當那個篤信基督教的洗衣阿婆說道：「只要她有一顆信心，她的靈魂終久（終究？）會得救的。只要她靈魂得救，她就可以被主選作他的子民。」作者即刻補上這麼一句帶有諷刺性的話：「（難得她這般熟極而流。）」[8]有的論者因而認爲這是王禎和對他筆下人物的嘲諷，但是，即令這是一種嘲笑，卻至少把作者的聲音給直接傳達出來，突破了寫實文學既定的界限。而且，當作者（敘事者）有了一個具體的聲音（然而又不是小說裡的一個人物、行動者）之時，這些人物也就有了「生命」：他們既然能夠接受作者的調侃，也就表示他們是和作者處於平等的地位，而不只是一個「被造物」而已。當作者嘲諷他們、貶低他們的時候，也等於是反向地抬舉了他們，凸出了他們所說的語言的獨立性和文化上的代表性意義。與此同時，小說文本因而亦能兼容來自各種不同世界的語言的聲音，成爲一篇「**複調**」的文本。而且，作者的聲音儘管特別明顯且依然具有主導性的重要地位，但並不因此成爲統合控制一切的主宰者。因此，在王禎和的小說裡，語言的多元現象和複調的表現手法是有著內在的相互聯繫性的：若無複調的小說形式，多語的呈現不免流於浮泛，未見深

---

[8]同註2，頁35～36。

刻意義；若無各種語言的衝擊對比，複調的風格則可能淪爲純粹的形式實驗或文字遊戲，而顯得機智有餘、深度不足。唯有兩者的結合，才有可能兼具現實性與藝術性，並引發讀者的思索。雖然這篇〈快樂的人〉尚未完全發揮複調小說的詩學特質，但至少開創並預示了進一步發展的可能。

Ⅱ・狂歡節裡的多樣聲音：〈嫁粧一牛車〉中的怪誕現實主義

就表面來看，〈嫁粧一牛車〉似乎不像〈快樂的人〉那般呈顯出豐富多樣的語言，以及由各種語言之間的對比而產生出特別的效果。但是在敘事上，〈嫁粧一牛車〉不僅更爲成熟，在文辭句法和遣詞造句上，王禎和也找到了自己獨特的聲音。而且，在〈嫁粧一牛車〉之中，王禎和更結合運用了一種我們或可稱爲「怪誕現實主義」（"grotesque realism"）的風格，讓人物的造型更爲凸出，且使小說的複調特色得到更進一步的發揮。試觀小說開場部分，主人公萬發在料理店獨自飲食喝酒時，旁人譏嘲他這一場面的誇張描繪，以及敘事上的特殊風格：

> 兩張桌子隔遠的地方，有四、五個村人在那裡打桌圍，么天喝地地猜著拳。其中一個人斜視萬發。不知他張口說了什麼，其餘底人立時不叫拳了，軍訓動作那樣子齊一地掉頭注目禮著萬發，臉上神采都鄙夷得很過底，便沒有那一味軍訓嚴穆。又有一個開口說話，講畢大笑得整個人要折成兩段。染患了怪異底傳染病一般，其他的人跟著也哄笑得脫了人形。一位看起來很像頭比他鼓飽了氣的胸還大的，霍然手一伸警示大家聲小點，眼睛緊張地瞟到萬發這邊來。首先睞眼萬發底直腰上來，一隻手摀自己的耳，誇張地歪嘴巴，歪得邪而狠。
> 「是個臭耳郎咧！不怕他。他要能聽見，也許就不會有這種事啦！」
> 一個字一響銅囉，轟進萬發森森門禁的耳裡去，餘音嫋長得何等哪！剛出獄那幾天裡，他會猝然紅通整臉，遇著有人指笑他。現在他的臉赭都不赭一會底，對這些人的狎笑，很受之無愧的模樣。

這些是非他底，將頭各就各位了後，仍復窮兇極惡地飲喝起來。[9]

　　首先，我們注意到這裡對於那些「是非」萬發底人物的形容方式，完全是出於一種怪誕式的風格，例如說他們笑得要「折成兩段」且「哄笑得脫了人形」，或者長得「頭比鼓飽了氣的胸還大」的怪模樣。但是，這並非作者刻意要醜化他們，為可憐的萬發「抱不平」，因為萬發這個「臭耳郎」在作者的筆下也同樣遭到譏嘲（但沒有被完全否定），且沒有被「英雄化」。在這一整個段落裡，人物的形象和場景描寫的氣氛是戲謔且帶有怪誕的色彩。不過，這又不同於卡夫卡小說裡的那種怪誕，因為這邊並沒有象徵寓言的暗示，而且一點也不陰森或帶有所謂存在的焦慮感。其次，在敘述上所使用的語言，抑且是一種文白夾雜、不太合乎一般文法常規的特殊語法，這更加強了非寫實的怪誕氛圍。對此，王禎和自己解釋說：

　　小說的媒體就是文字。最能表現作者風格的也是文字。因此個人非常喜歡在文字語言上做實驗。做實驗，不是為了標新立異，是為了這樣那樣把方言、文言、國語羼雜一起來寫，把成語這樣那樣顛倒運用，是不是更能具體形容我要形容的？更符合我所要表達的嘲弄諷刺？把主詞擺在後面，懸宕性和緊張性，是不是比正常的句子高一點？……
　　我這麼變來變去，目的是在找一種真實的聲音，來呈現故事。我非常不喜歡約定俗成的文字，總認為它像目前國語電影的配音。每部電影男女主角的聲音，都一樣。請問你們能認出林青霞、秦祥林或許冠文、鄭少秋的聲音嗎？你能嗎？一定不能。他們的聲音都是由別人配的，甚至由一個人配好幾個人的聲音。
　　因此看他們的電影總覺得假，因為我們聽不到他們真實的聲音。……
　　尋找真實的聲音來呈現故事，一直是我努力的目標。……

[9]同註 2，頁 73。

——見王禎和《人生歌王》之序文[10]

　　在〈嫁粧一牛車〉裡，我們的確能聽到「真實的聲音」——而且，是「**多種**」真實的聲音：因爲這裡既有小說家摹擬現實人物口語的各種真實聲音（因而不是一些文謅謅不合人物身分的對白），也有符合小說的詩學風格所應有的「真實聲音」（因而不是「約定俗成」的陳規套語）。連帶地，如果我們仔細聆聽的話，小說裡敘事者的聲音也不是只有一種：有時候他好像站在萬發這邊，用萬發的角度在看周圍的世界，因而那些嘲笑他的傢伙看起來便有些扭曲，甚至「脫了人形」；有時，敘事者又好像跟著旁人一起笑弄萬發，將萬發形容得極爲卑瑣不堪；甚或有時敘事者又彷彿被作者「降格」成一個帶有偏見、話又說得不太好的說書人角色。但無論如何，他絕不會消失不見，或者化身成全知觀點的抽象敘事者，改採「客觀」——從而失卻語言表達的特色，落入一般小說的窠臼俗套——的方式敘述故事的進展。縱然這個敘事者始終是「隱形」的（因爲他並不是故事裡的一個人物），但我們卻可聽到他的聲音不斷出現，即使他經常改變語調，以戲劇化的誇張風格在說話。

　　而且，這裡要再強調一次，這個敘事者並非特定的說書人，或者是個實在的陳述故事的人。如果是這樣的話，那麼通篇小說的語調便有了王禎和所不想要的一致性，小說的趣味性便要降低許多。對王禎和來說，真實的聲音不是只有一種，唯有多種聲音的聚合才是真正的「真實的聲音」，就像電影角色的聲音不應被制式化的平板配音所取代一樣，只有不同人、不同表情的聲音才會有真實感。甚至就像我們在日常生活中面對不同人的時候，說話的語調自然跟著不一樣，說故事的方式和聲音也不應該維持單一的固定語調，才能使文本擺脫掉那種「假假的」感覺。文學理論家巴赫金（M. M. Bakhtin）曾謂：「意識根本上是複數的：說『一個』意識是

---

[10]同註4，序文頁6～7。

contradictio in adjecto（形容語的矛盾）。」[11]在這個意義上，我們同樣可以說：「聲音根本上是複數的；說『一個』聲音是形容語的矛盾。」

因此，在〈嫁粧一牛車〉裡敘事者其實並不太像是個說故事的人（故不能比作說書人），反倒像是個引出不同聲音的促成者、媒介者。如果說，傳統小說裡以不帶任何社會階級色彩的「正確」文法的語言（但其實多半是上層社會所認可的標準語，或是陳規套語的文學雅文）在說話的全知觀點敘事者，像是超越文本之外，凌駕在眾人之上的上帝，那麼在王禎和小說裡的敘事者則彷彿和其他人物同樣平起平坐，只是顯得「較不安分」，經常穿梭於眾人之間插科打諢，一下逗弄這個人、一下譏嘲那個人。我們甚至因此可以把〈嫁粧一牛車〉想像成一齣在狂歡的嘉年華會上演出的喜劇：萬發當然是首要的丑角，其他人物也大半以可笑的打扮粉墨登場，至於敘事者則可能忽而是報幕人、忽而又混在群眾場面裡擔當跑龍套的角色，有時又可能站在舞臺的邊緣或站在臺下對某個角色指指點點，逗引觀眾大笑；甚至觀眾自己也可能和臺上進行直接的互動。而且，除了演員的裝扮和動作常使人發噱外，演出時所不時出現對於高尚得文謅謅的語言和嚴肅的儀式的戲仿，也常讓觀眾捧腹大笑。這種獨特文學諧趣正類似於巴赫金所謂小說中的狂歡化表現[12]。王德威即認為王禎和「挪揄讀者閱讀成規」之作法「似在挑逗讀者暫時放下禮教束縛，以**遊戲**放任的心情，進入小說的幻想世界笑鬧一番」。[13]

從某方面來說，王禎和的每篇小說幾乎都或多或少沾染著狂歡節式的色彩，或者用比較精確一點的文學術語來說，都帶有梅尼普體的笑鬧風格，尤其和拉伯雷（Francois Rabelais）的小說《巨人傳》更有許多相似可類比之處。[14]例如《嫁粧一牛車》裡說到萬發曾因耳朵發炎，找了一位學婦

---

[11]參見巴赫金，《巴赫金全集‧第五卷》（錢中文主編，石家庄：河北教育出版社，1998 年），頁39。

[12]同前註，頁 160 以下各頁及書中各處。

[13]見王德威，《從劉鶚到王禎和》（臺北：時報文化出版公司，1986 年），頁 229。

[14]王德威曾很正確地指出了王禎和的小說和梅尼普體的相似關係，以及其中拉伯雷式的狂歡節特

科的大夫「運用醫婦女那地方底方法大醫特醫起他的耳，算技術有一點底，只把他治得八分聾而已」[15]，這段誇張戲謔的情節便不由得使人聯想起《巨人傳》第一部第六章當中，主人公高康大由他母親的耳朵裡生出來的故事：兩者都是耳朵與「婦女那地方」的器官易位之奇想（這也是怪誕現實主義上下顛倒換位的典型手法）。當然，這絕不是說王禎和有意襲用拉伯雷的情節或小說技巧（雖然王禎和在求學過程有可能讀過《巨人傳》的選文，但我想應該並沒有受到直接的影響），而是說於拉伯雷手上臻於成熟的「怪誕現實主義」[16]這股小說體裁的潛流在王禎和的筆下得到應和，並且和臺灣獨有的文化特質相結合，而有如此之表現。

　　除了上引的開場部分之外，〈嫁粧一牛車〉當中將人物形象怪誕化的誇張表現幾乎不勝枚舉，例如姓簡的身上的狐臭味、阿好的醜陋、賣醬菜者走到哪裡都「率領著」一群蚊蠅等等，可以說每個登場的角色都很「怪誕」。尤其是萬發這個主人公，儘管原是來自王禎和從前聽過的故事，不過在創作改編之後，其形象更被賦予怪誕化的特殊色彩。如王禎和自述所言：「原來人物是四肢健全，耳聰目明。我覺得這樣一個相貌堂堂的人，喜感不夠，悲哀感不足，請他當男主角，給人印象不會深刻，而且有礙情節的鋪張。……於是我就讓主角耳聾，讓他的男性不及格一點。」[17]便顯示出他對於小說人物形象的藝術構思，即認為唯有怪誕化之後才適合當這個需

質。他應該是臺灣文學研究的領域裡，第一個借用巴赫金的論點來討論王禎和的人，雖然他只是簡單地提一下巴赫金的理論重點。而且他亦很具說服性地反駁了龍應台的「衛道色彩」及其偏狹的寫實小說批評模式，為王禎和的小說藝術作辯護（見前註所引書，頁 75、頁 162～164、頁 228～229 等）。只是王德威在行文中，似乎有點引人誤解地以為梅尼普諷刺體（Menlippean satire）這個文學術語是出於文學批評家弗萊（Northrop Frye）的著作（頁 68）；事實上，儘管這種文學類型常為一般文學史忽視，但這個術語卻不是由現代人所創。關於梅尼普體的風格特質和衍化，巴赫金即有概覽性的介紹和申論（見註 11 所引書，頁 148 以下各項）。
[15]同註 2，頁 74。
[16]關於拉伯雷的「怪誕現實主義」，參見巴赫金的經典研究《拉伯雷的創作與中世紀和文藝復興時期的民間文化》，收於《巴赫金全集·第六卷》（錢中文主編，石家庄：河北教育出版社，1998年），尤見頁 23 以下各頁的概說，以及書中各處的申論。此外，有關怪誕風格在文學和藝術上的表現，亦見凱澤爾，《美人和野獸——文學藝術中的怪誕》（曾忠祿、鍾祥荔譯，臺北：久大文化公司，1991 年）的討論。巴赫金雖然批評該書是帶著浪漫主義以降的觀點去看待中世紀及文藝復興的怪誕風格，但他仍相當肯定此書對於怪誕研究的先驅貢獻。
[17]同註 4，序文頁 3。

兼具喜感與悲哀感的男主角。

　　此外，〈嫁粧一牛車〉當中的怪誕現實主義，其實遠不只於人物形象和戲謔情節而已，其中的怪誕性還表現在將許多崇高的事物貶低、降格化的處理，以及對於肉體性與物質性因素的強調。其實上引萬發在飲食店裡的那段場面，就已經既有肉體與物質因素的表現（如對於人體特質的誇張描寫），又包含有貶低化手法之運用：例如其中以軍訓動作來比擬那群長得怪模怪樣的人的舉動，便同時把軍事化的制式動作的肅穆性和那些村民給貶低化（後面將萬發、其妻阿好和姓簡的三人晚上的閒聊比作「團契」，亦有貶低化的意味）。甚至，這個吃飯喝酒的場面本身就是一種貶低化的場景：這裡既不是智者的會飲，也不是英雄們的慶功宴，更不是幽雅恬靜適合說情話的咖啡廳。而且，如果說作者有意藉由主人公被村人嘲笑，以引出他默許妻子與人通姦而換得牛車維持生計的故事，那麼，他大可將此段開場安排成萬發拖著姓簡的給他買的新牛車，在路上遇到村民（或一群孩子）而遭譏嘲；這反而比較「自然」（若以傳統的寫實技巧來看）。可見，王禎和之所以選擇在飲食的場合開場，乃是有意塑造一種很世俗——世俗到貶低任何嚴肅的精神意義——的怪誕氛圍讓人物登場，並且又很適合他的敘事方式。

　　但是，這絕不是說〈嫁粧一牛車〉裡的怪誕現實主義只有肉體性的一面，或者是將一切價值都貶低化的虛無主義。絕不是這樣。儘管巴赫金曾謂：「怪誕現實主義的主要特點是降格（貶低化），亦即把一切高級的、精神性的、理想的和抽象的東西轉移到整個不可分割的物質——肉體層面、大地和身體的層面。」[18]但他也同時強調，怪誕現實主義的貶低化作用，其實亦包含一種自然界當中不斷地生成變化的宇宙觀：

　　　　貶低化為新的誕生掘開肉體的墓穴。因此它不僅具有毀滅、否定的意

---

[18] 見註 16 所引巴赫金書，頁 24。

義,也具有肯定的、再生的意義:它是**正反同體**的〔雙重性〕,它同時既否定又肯定。這不單純是打落在地,拋下無底深淵,絕對消滅,不,這是打入生產下部,進入孕育和誕生新生命的最底層,萬物都是從那裡繁茂生長的;怪誕現實主義別無其他下部,下部就是生育萬物的大地,就是人體的腹腔,下部始終是生命的**起點**。[19]

也就是說,不論是怪誕現實主義或是與之相聯繫的狂歡節表現,即使在諷刺的貶低作用下仍然具有正面的積極意義,不是只有否定性一面的義涵(近代的諷刺小說或所謂的譴責小說就常如此)。更重要的是,作為一種現實主義的怪誕現實主義的積極性和現實性,正在於指出現實此刻一切事物的變化性,即現代性所包含的生成變化。巴赫金就曾指出,在狂歡節的形象體系裡的(尤其是拉伯雷的)否定法,

> 不是抽象和絕對的否定,不是從其餘世界斷然分離出來的否定現象。否定法產生不出這種分離。它保護著形成否定和從否定一極向肯定一極運動中的若干現象。它與之打交道的不是抽象概念(要知道,這不是邏輯否定),就其實質說,它描述的是世界的變相,世界的面貌變化,從老到新,從過去向未來的轉變。這是一個度過死亡階段而走向新生的世界。這一點是有些人所不能理解的,那些人在類似形象中看到的是完全確定下來的,被嚴格劃分出來的許多現代性現象所進行的赤裸裸的,純否定意義的諷刺。如果說這些形象指向整個現代性,指向現時本身,它們把這個現在作為過去誕生未來的過程,或者作為過去孕育著死亡來描寫,那麼這說法就比較正確(儘管還不完全準確)。[20]

---

[19] 見前註,頁 26。另參佟景韓編譯,《巴赫金文論選》(北京:中國社會科學出版社,1996 年),頁 120。按,著重標示為原文所有。
[20] 見註 16 所引巴赫金書,頁 479。

巴赫金之所以仍有若干保留地說「還不完全準確」，是因爲在狂歡化的怪誕世界裡的現代性，不只同時具有走向消亡的否定與獲得重生的肯定之雙重性，而且還綜合了多重世界的聲音於其中。就此而言，狂歡節的世界不是一元的世界，而是由多元世界的死亡與新生相互交疊所構成的（因而不是**單調**的重複循環），就像現實世界中有許多生命消逝的同時，也有許多生命誕生一樣。由此，複調的文學文本也才是立體的，且各「調」之間亦有所呼應與對話，而不僅是一些不會重合的平行線在平面上的偶然湊合而已。這正是複調詩學的深刻性、現實性與現代性所在。

III・時間的空間化：複調小說詩學的現代性

雖然在表面上看來，王禎和小說中的舊事物或代表舊世界的語言，就像是現代世界裡早已失去生命的「標本」，顯得與周遭的生活世界格格不入，因而或徒具形式，或成爲用來嘲諷人物的工具，就像〈快樂的人〉當中刻意插入的古典詩詞那樣。但是，即便是「標本」，在王禎和的運用之下，亦有別出心裁之效。至少在此之前，還未有過作家以如此之方式揭示傳統高雅的語言和現實平凡生活之落差。這也顯示了王禎和的現實主義態度，即透過有意爲之的文體混用的創作手法，摹仿再現社會生活的實際面貌。只是對王禎和來說，既然現實是複雜且多變的，那麼文學表現的方式也不應拘於一格，而須力求突破。

從某方面來說，王禎和的現實主義恰與李喬的現實主義形成對比：如果說在李喬的筆下，眼前現實的現代性是由歷史所造就的結果，那麼他的透視眼光便是由當代的社會問題切入，搜尋過往存留於現在之「重要而生動的痕跡」，從而思索歷史對現代的影響，並以所謂「將空間時間化」的創作方式揭露現代性當中的歷史因素[21]；而在王禎和筆下則以相對的「將時間

---

[21]參見盛鎧，〈讓未來通過過去來到現在：李喬《荒村》中的歷史及其現實意義〉，收於《故鄉與他鄉：第四屆苗栗縣文學研討會論文集》（黃惠禎、盛鎧編，苗栗：苗栗縣文化局，2006 年），頁 183～202。

空間化」的複調詩學，把源於各歷史時期以及來自不同世界的語言聲音，「壓縮」併陳於一個共時的空間當中，以顯示這些聲音的異質性並彰顯現代性內部的複雜多元結構和不斷更迭的變動性。當然，這不是說王禎和不重視歷史的作用，或說「空間的時間化」和「時間的空間化」是絕對對立的兩種詩學類型。甚至就兩者同樣都把現代性視作變動不居的，意圖更貼近現實來觀察我們的生活世界這點而言，兩者可說是殊途同歸的。但是，兩者觀察世界的方式與思維的進路的確有所不同（儘管我們並不排除兩者融合的可能）：「空間的時間化」重視的是現代性的形成過程與社會矛盾的演變；「時間的空間化」則意味著將現代性的一切問題當作同時共存和相互作用的事物思考。[22]

在〈玫瑰玫瑰我愛你〉（1984 年）這部小說裡，王禎和對於多種語言的混雜現象的探索與表現，更見廣度與深度：其中不只有臺語、國語、英語、臺語化的日語，還有醫學術語、下層社會的俚語、特種營業使用的暗語黑話等等。在敘事形式上除有一般的寫實敘述外，還有誇張模仿的文類戲仿和現代主義的意識流手法等多種多樣的風格。此外，其中一節以意識流方式描寫主人公董斯文一邊洗澡一邊認真地想著，是否要在他負責主持的吧女英語訓練班的「開訓典禮」上，掛出國父遺像（原文還像我們以前學校作文那樣，特別空上一格）和唱國歌，以示典禮之隆重，更將對於形式化的政治語言和僵化儀式的譏嘲，發揮得極為徹底，逗人發笑。[23]這裡完全具有巴赫金所謂狂歡節式的廣場語言的詼諧特色。

因此，在王禎和的小說中，所有來自歷史傳統的事物首先都被看作**空間**上異質物，在小說文本裡被當作一種和周遭世界有所區隔的聲調，如〈快樂的人〉裡用括弧置入的古典詩詞那樣，不僅與上下文相區別且特意凸出其間之對比落差，以顯示這些語句在文本中的異質性（而非其歷史

---

[22] 關於「空間的時間化」與「時間的空間化」兩種小說詩學的對比討論，以及「時空體」（"chronotope"）的概念，參見巴赫金的〈小說的時間形式和時空體形式〉一文，收於《巴赫金全集·第三卷》（錢中文主編，石家庄：河北教育出版社，1998 年），頁 274～460。

[23] 見王禎和，《玫瑰玫瑰我愛你》（臺北：洪範書店，1994 年），頁 195～197。

性）。而在〈嫁粧一牛車〉當中，則更徹底地引入複調小說思維，以這種「將時間空間化」的藝術邏輯展現各種人際關係與社會問題。再加上怪誕現實主義式的表現方式，亦便小說文本的複調空間彷若成爲某種狂歡節的舞臺空間，從而暫且將歷史問題與時間性的思維向度給「懸置」起來（只是懸置，而非完全排除），讓讀者能更專注於體會社會的共時橫剖面當中，各種語言、文化和生活形態的差異，以及彼此間的對比。

　　甚至，我們在〈嫁粧一牛車〉裡頭人物的生活空間上的安排，即可以看出此種「時間的空間化」之空間地形學的樣貌：如萬發這個主人公並不是生活在村莊的聚落內，而是居住在村落的邊緣，即村子外靠近墳墓邊（這也可見出怪誕現實主義的生死鄰近性的典型表現特質）的破房子裡。而除了打零工之外，萬發比較常做的工作是替人拉牛車搬運物品，故也沒有固定的工作場域，因而更是個社會中的游離者，沒有特定的職業身分，和村民們恰成空間上和類型上的對比。至於姓簡的亦是個居無定所的成衣販售商，在各城鎮與村落間往返做生意。如果以社會歷史發展的角度來看，這正顯示了現代經濟變動影響下對傳統生活的初步滲透和改變，因而其實亦可以用「較嚴肅」的視角探討舊式道德倫理價值觀如何受到外來物質文明之「誘惑」和侵奪而瓦解的過程（即一般鄉土文學所慣於採用之以城鄉對比，顯示歷史之變遷的表現方式）。但是，這種單一線性化的理解社會的方式，王禎和始終不曾表示過興趣，因爲在他看來社會的內部本來就有各式各樣的聲音，儘管有的可能將要死滅、有的雖然新穎卻不見得維持長久。所以，在複調小說之中，不同歷史階段與不同文化根源的事物都首先化作不同聲部的聲調，而在文本空間中相遇、交織並對話，從而由此反思性的藝術化處理方式中，間接呈現現代性的歷史因素。

　　如果說在〈嫁粧一牛車〉當中，關於社會現代性的歷史問題尚未得到進一步的展現與探索，〈小林來臺北〉（1973 年）則開始有更清楚的顯現。這篇小說的故事是以航空公司的辦公室爲主要背景，主人公小林則是來自鄉下的跑腿小職員。在其中我們不僅可以看到各式人物登場，還能聽到辦

公職員中英文夾雜的「現代」話語，甚至包括「中文化」的英語名詞，如
T. P. 顧被喚作「踢屁股」、Douglas 被取諧音為「倒過來拉屎」（這又是很
典型的上下易位並予貶低化的怪誕風格）。以外來的人名稱呼本地的同事，
或許也算是一種文化融合的現象，而王禎和以戲謔的方式加以「中文化」，
更凸顯這些「洋名」的文化異質性。因此在這表面的笑鬧之下，其實亦有
生活世界中多元文化的複調性表現。

此外，以國際航空公司為小說背景，除了源自王禎和個人之親身生活
體驗（他曾於國泰航空上過班），也是因為航空運輸業正具體代表著現代世
界各地之間的頻繁交流，以及各文明的揉雜交融的重要紐結。而且，若我
們更深入地思考這種文化交流互動的現代性現象背後的推動力，便不能不
考慮到社會經濟的因素，即資本主義對改變世界面貌的廣泛作用。事實
上，當巴赫金在討論杜思妥也夫斯基小說的複調詩學時，即曾指出這種文
學形式和資本主義打破世界各地固有文明的界線，把各種文化匯聚交融的
影響力之間的關聯。因此，巴赫金以贊同的態度轉述了一位文學批評家的
看法，認為杜思妥也夫斯基的複調小說正貼切地表現了資本主義這種無遠
弗屆的力量：

> 考斯斷言，杜思妥也夫斯基的世界，是資本主義精神最純粹最真實的表
> 現。在杜思妥也夫斯基作品中相遇而合流的那些各自不同的世界，各自
> 不同的方面（社會的、文化的、思想的），從前都是自足的，本能地劃界
> 自守，雖單獨存在即穩固存在，能為人理解。那時沒有現實的物質條件
> 使它們能認真地相互接近，相互滲透。資本主義卻消除了這些世界的隔
> 絕狀態，使這些社會領域失去了閉鎖性，破壞了它們內在的思想上的自
> 足。資本主義有把一切劃一的傾向，除了無產者和資本家的分野，不准
> 再有任何別的區分；於是，資本主義把這些不同的世界聚攏來，結合到
> 正逐漸形成的自身的**矛盾統一體**中。這些世界尚未失掉世世代代形成的
> 各自獨特的面貌，可是已經無法自滿自足了。它們之間曾是視而不見的

共處，在意識型態上是心安理得而又十分自信的相互輕視。這一切已經結束。它們的相互矛盾和相互聯繫，如今被揭示得十分明顯。……正是這個逐漸形成的世界的精神，在杜思妥也夫斯基的創作中得到了最充分的表現。[24]

同樣地，王禎和小說的複調特質亦充分表現了此處所言之「資本主義的精神」，展現出 1970 年代臺灣中西文化並存、高雅文體與粗俗口語交錯的現象，而且也像巴赫金所強調的，是用「藝術的語言表現」，即以「一種特殊小說體裁的語言表達」，而非簡單的摹擬寫實再現[25]。換言之，複調小說裡的語言不只作為某種異文化的代表而映現於文本之中，語言本身亦是一種認識世界、揭露現實的工具。在王禎和小說中，這種以語言（小說語言）表現語言（作為文化表徵與載體的語言）的詩學表現，不僅在於以複調的方式呈示各式原先獨立自存的語言世界，更在於結合運用怪誕現實主義的藝術手法，以反思的態度揭示現代性自身的「矛盾統一體」。

例如，〈小林來臺北〉當中航空公司職員 Douglas 被作者（敘事者）以中文諧音喚為「倒過來拉屎」，除了呈現當時某些白領階層工作者好以英文名字彼此稱謂的現象，並間接顯示外來文化對日常生活之影響以外，這裡王禎和也把某種具有高尚、先進文化象徵的語言（英文）給貶低化，以親暱、狎弄的態度將外來語「降格」，甚至與粗鄙的事物相連結來開玩笑從而消除掉文化等級之距離，使源自外來文化的事物一方面既保持其異質性、一方面又被削弱精神性的價值（即其作為高等進步文明之表徵），讓我們能以不同的方式體會不同語言、不同文化之間的異質性，以及現實生活世界本身所具有的混雜矛盾性。事實上，若以傳統漢文化的觀點來看，個人名姓是很重要的象徵，人際間的稱謂更有一定的倫理階序規範，形成一套相沿成習之彼此相稱呼的方式。然而，在外來文化的影響下，我們不再用親

---

[24]見註 11，頁 23～24。
[25]見註 4，頁 25。

族式的稱謂來稱呼別人（如喚人爲叔伯姨嬸），而往往逕以先生或小姐相稱，或像王禎和小說中的職員那樣乾脆改用外文名。這亦可說是資本主義「把一切劃一的傾向」的結果，從而逐漸消弭了傳統文化的倫理等級意識。不過，即使如此，這仍是部分社會階層的流行現象，而非全面性的社會普遍情形，甚至也由此形成某種社會等級的區分，如雜工小林對比於其他正式職員與主管。王禎和筆下的怪誕與狂歡化的手法，則把這種等級區別完全取消。從某方面來說，他甚至把資本主義漠視原有文化差別的齊一化傾向給推向極端，讓不同文化、不同歷史階段、不同等級的事物都在同一文本空間中以複調的方式出現（在《玫瑰玫瑰我愛你》裡更臻於極致），從而使人注意到其中多樣的共時差異。

　　不過，我們不能因此認爲王禎和的複調詩學的表現目的，僅止於「客觀地」刻畫出一幅雜多併陳的鑲嵌式圖像，或記錄下多種聲音齊發並現的文化現象，抑或是只爲求表面的喜劇效果，譏嘲那些守舊或盲目追求新潮事物的人物。他自己便曾說過：「我的嘲諷並不是冷酷的。」[26]表示他的創作動機不是只想做一個純粹旁觀的紀錄者，或表現得像個不涉世事、對一切事物都無所謂的犬儒主義者。偶爾他甚至會耐不住性子，讓自己的聲音直接出現在小說文本中，如〈小林來臺北〉最後結尾時的那句話：「幹你娘！小林心中忽然大聲叫，你們這款人！你們這款人！」[27]便可視作王禎和自己藉小林之口所發出對那些不顧別人死活，只想追求己身利益的「那款人」的咒罵。但是，這種義憤並非王禎和小說的價值所在，甚至破壞了他自己的完整的藝術構思（不過這種情形極少出現）。而且，從複調的觀點來看，這類「譴責」的聲音也只是小說文本中眾多的聲音之一，本質上並不比其他聲音更「高」或更「正確」；至多這裡只顯出某種衝突性而已。

　　反而，他的小說所激發出的讀者的笑聲卻具有真正的價值：唯有自然的發笑——當然，這不是對小人物的惡意「冷酷」的嘲笑——才能夠使我

---

[26]見王禎和，《美人圖》（臺北：洪範書店，1991 年），頁 201。
[27]見註 2，頁 248。

們清醒地認識到生活世界中的矛盾，從而用更反思的態度面對現實。因為笑聲不僅揭露了嚴肅崇高事物的表裡不一，而且還「拉低」了那些因時間或空間的距離而使我們產生陌生的恐懼感或神聖性的事物，讓我們可以用親暱的態度去接觸它們，不被它們所壓制，從而開創出「新生」的未來。[28]

　　就此而言，王禎和的多數作品應當亦能算是一種獨特的成長小說（教育小說），因為他的小說確實能引導我們重新號認識世界、聆聽其中多樣的聲音而不心懷畏懼，並體會語言世界的複調豐富性及其中包含的智慧。也正是在類似的意義上，巴赫金認為拉伯雷的《巨人傳》（它也是一般文學史所公認之教育小說的一種典型）當中的「狎昵——廣場式的狂歡化姿態似乎在為新的勇敢而清醒的人類的嚴肅性清除地面和準備土壤」，並「培養著人們對世界新的科學的認識」：

> 當世界**由於恐懼和敬仰而與人疏遠**的時候，當它充斥著等級原則的時候，它不可能成為自由、**成熟和物質地**認識的客體。……〔《巨人傳》〕為之提供範例的，對世界狎昵——廣場式的把握，破壞和消除了一切由恐懼和敬仰形成的距離和禁忌，使世界更貼近人，貼近人的肉體，使任何物品都能從各個側面觸動和撫摸，能深入內部，能上下翻轉，使人同隨便什麼崇高和神聖的其他現象都能進行類比，分析，掂量，衡量，比試，而且所有這一切都是在物質感覺經驗的同一層面上進行的。
>
> 這就是文藝復興時代**民間詼諧文化和新的經驗科學**有機結合的原因。它們也在作家兼學者的拉伯雷的全部活動中結合了起來。[29]

---

[28] 相較於王禎和的小說常以「貶低化」的方式，嘲笑嚴肅可怖的事物，揭示其物質性的一面，使人獲得新認識而有所成長，另一位臺灣作家七等生的《大榕樹》（1976 年）則是以較嚴肅的方式，透過類似自傳式的書寫，傳達人應從自我認識中獲得成長力量的寓意題旨。不過，《大榕樹》中其實亦有近似於怪誕現實主義之處：例如在黑夜裡使主人公畏懼的陰森怪誕的巨大陰影，一旦在白天顯出其物質性後，不過是棵極普通甚至還被剷倒的榕樹。換言之，這棵大榕樹亦等於被「降格」化，而使此篇小說產生某種程度的狂歡化效應。再者，敘事者多重自我的變化與內在對話，亦使小說文本具有類似複調性的風格。而且，這些表現亦包含有將崇高嚴肅之物親暱化（如克服對大榕樹的恐懼和對那「大人的世界」的逐漸熟悉），而使人得到成長的心理意義。

[29] 見註 16 所引巴赫金書，頁 442。

　　在王禎和的筆下，人物形象的怪誕化、不同語言的交雜以及他對傳統敘事語言的破壞與重組而鑄造的獨特文體，亦同樣能使我們重新仔細「掂量」那些被「**翻轉**」過的語言和意象，使我們重新認識我們生活的現代世界。因此，對他而言，來自鄉土民間卻不被傳統文學體裁和標準「官話」所接納的方言，亦不只是複調小說裡頭的一種聲音，或作為文字實驗的工具而已，而且是能夠汲取來促發文本產生新的變相的一項重要因素。[30]並且，吸收使用來自民間的那種混雜各式語言的生活口語和日常的詼諧幽默感，以之來「破壞和消除一切由恐懼和敬仰形成的距離和禁忌」，勢必更具效果。由此，我們或許應該說，王禎和不只是臺灣最有鄉土性的鄉土文學作家，與此同時也是現代主義作家中最具現代性的一位。而且，他還是個能使我們發笑的現實主義作家。

——選自盛鎧編《多元共生：第五屆苗栗縣文學研討會論文集》
苗栗：苗栗縣政府國際文化觀光局，2007 年 12 月

---

[30]王禎和曾說當他動筆寫《嫁粧一牛車》之時，「也發現民間語言的生動活潑，民間語言想像力的豐富，組合力的精妙，大大令我驚奇感動。」（見註 4，序文頁 1）是以，自《快樂的人》之後，王禎和幾乎每部發表的小說（和劇本）都有臺語的詞彙，甚至在敘述的部分都偶或摻入臺語式的語法或文句，使其文體更具獨特的活潑感與生動性。

輯五◎
研究評論資料目錄

作家生平、作品評論專書與學位論文

專書

1. 高全之　　王禎和的小說世界　臺北　三民書局　1997 年 2 月　183 頁

本書研析王禎和小說的方法是先立總論，建立鳥瞰式的整體性觀察，再選單篇小說細論，或擇專題綜合討論，以補總論之不足。全書收錄：〈王禎和的小說藝術〉、〈癡情與貪生——讀王禎和遺作《兩地相思》〉、〈道德詭辯的營建及其超越——〈嫁粧一牛車〉的另一種讀法〉、〈〈寂寞紅〉的非常體制及其詮釋〉、〈平等與同情——王禎和／黃春明小說的娼妓態度〉、〈王禎和小說大陸蒙難記——從《臺港小說鑑賞辭典》說起〉、〈王禎和小說的母親形象〉、〈恨鐵不成鋼——王禎和小說的民主焦灼〉、〈曹操敗走華容道——〈伊會唸咒〉修訂與結構之研討〉、〈芻狗蒼生——王禎和如何寫生命卑微〉、〈知命者不立乎巖牆之下——王禎和小說的人生命運看法〉、〈張愛玲與王禎和〉共 12 篇。正文後附錄〈有關王禎和批評及訪問目錄索引〉。

學位論文

2. 蔡碧華　　從社會語言學觀點剖析王禎和的小說《玫瑰玫瑰我愛你》　輔仁大學語言學研究所　碩士論文　許洪坤教授指導　1987 年　121 頁

本論文從社會語言學的觀點，分析王禎和的小說《玫瑰玫瑰我愛你》。依據小說所述情節，歸納出五種範圍：教堂、學校、工作、政府和家庭。並且略述各範圍內應有的活動及說話方式，藉此比對小說內容及分析作者的寫作是否尊循社會常規，並論其寫作目的和提出可能的理由說明之。全文共 6 章：1.Introduction；2.Literature Review；3.Historical Background of Wan's novle Rose,Rose I Love You；4.Theoretical Framework；5.Sociolinguistic analysis of Rose,Rose I Love You；6.Conclusion。

3. 李宜靜　　王禎和小說研究　東吳大學中國文學系　碩士論文　李瑞騰教授指導　1994 年 6 月　200 頁

本論文先從寫作背景的分析探討對於王禎和小說題材和風格的影響，並從版本的修訂觀察作者用字的謹慎和蛻變的軌跡，以及語言、語法、章法的角度，析論「王禎和式文體」的特色。其次，探討王禎和將人物丑角化、誇張化與他的先天傾向和創作理念之關係，並就作品的主題意識分為前後兩期，且以時代與意圖作為分類的主要依據。全文共 8 章：1.緒論；2.寫作背景；3.版本修訂：文體特色（上）——語言；4.文體特色（中）——語法；5.文體特色（下）——章法；6.人物造型；7.主題

意識；8 結論。

4. 劉玟伶　　王禎和作品論：小說、劇本與影評　清華大學中國文學系　碩士論文　陳萬益教授指導　1997 年 6 月　262 頁

本論文由王禎和的小說創作原點進入，分別探討前後期小說的主題傾向及特殊技法，之後探討劇本創作及其它作品，並述及其嚴謹的創作態度及個人特殊的多元才具與質性。全文共 7 章：1.王禎和小說創作原點——〈真相〉、〈鬼・北風・人〉；2.王禎和前期小說主題傾向——生命之探索；3.王禎和後期小說主題傾向——社會的批判；4.王禎和小說的特殊技法——小說影視化；5.王禎和的劇本——同名改編劇本、創作劇本；6.王禎和的其它作品——訪問錄、翻譯傳記、影評；7.餘論。正文後附錄「王禎和研究資料」。

5. 呂文翠　　狎昵故鄉——王禎和小說研究　淡江大學中國文學系　碩士論文　楊澤教授指導　1998 年 1 月　170 頁

本論文透過王禎和及其作品對個人一家庭一國家的思索、對小人物與邊緣族群的描繪，重新反省鄉土文學帶給九〇年代讀者的啓發——沈思「鄉土」與自我／他人，自我／社群的密切關係。全文共 7 章：1.緒論；2.鄉音初彈？——現代性與五〇年代臺灣文藝圈；3.尋找鄉音——王禎和的意義；4.花蓮花蓮：充滿否定性的市井家園；5.懷鄉的儀式組曲？；6.丑化之必要——醜怪的鄉野調式；7.結語。

6. 王儷蓉　　臺灣鄉土小說翻譯——論黃春明與王禎和作品之可譯性及其英譯之等效問題（Translating Taiwan Nativist Fiction: On Translatability and Equivalence in the Translated Works of Huang Chun-ming and Wang Chen-ho）　臺灣師範大學國文學系在職進修碩士班　碩士論文　楊昌年教授指導　2004 年 6 月　123 頁

本論文以尤金・奈達（Eugene A. Nida）的翻譯等效論（形式等效、功能等效）爲基礎，以黃春明、王禎和鄉土小說英譯本爲例，探討臺灣文學英譯的等效問題，以及譯者翻譯本土文化時所採行之策略與技巧，並評估各類譯文所傾向之等效類型。同時，針對臺灣語言複雜多元的特色，本文亦論及本土文化之可譯性，並檢視不同譯者的處理方式與優缺點。全文共 4 章：1.Introduction；2.Equivalence and Translatability of Culture；3.Equivalence／Translatability；4.Conclusion。

7. 李俐瑩　　臺灣寫實小說中的風塵書寫——以王禎和、黃春明爲例　臺灣師範大學國文學系在職進修碩士班　碩士論文　楊昌年教授指導　2004

年 6 月　162 頁

本論文分析王禎和及黃春明小說中的「風塵」身分，依照個別作家的書寫風格、寫作技巧、書寫藝術及人性自覺予以探究，藉此析論寫實小說如何呈現人性關懷面。文前有緒論，正文共 6 章：1.寫實小說的意涵；2.作家論；3.王禎和書寫風塵；4.黃春明書寫風塵；5.寫實中風塵殘酷與低沉層悲愴的異同；6.結論。

8. 林增益　　王禎和小說創作風格析論　南華大學文學研究所　碩士論文　陳明柔教授指導　2004 年 6 月　216 頁

本論文透過形式與內容的研究探討，確立王禎和小說創作的風格。全文共 6 章：1.一個作家的形成──時代、環境、人民、個性；2.影響王禎和創作的因素探源；3.王禎和小說的人生意識與人道關懷；4.王禎和小說的鄉土意識與社會關懷；5.王禎和小說的藝術手法；6.結論：人間文學鬥士。

9. Shen Ruey-Shing　　臺灣現代小說中之後殖民論述──以陳映真與王禎和爲研究主體　東海大學中國文學系　碩士論文　李金星教授指導　2005 年 6 月　92 頁

本論文主要研究後殖民論述在陳映真與王禎和的小說作品中運用的狀況。全文共 8 章：1.緒論；2.跨世紀的風風雨雨──簡論理論基礎與背景層面；3.且把他鄉作故鄉──論文本政治中的國家認同與族群自覺；4.逐流而不相屬──經濟奇蹟下的表相與實質；5.魅惑的工具──論文本中的語言意義及性別表徵；6.我思故我在──論文本中之階級意識；7.強者爲王──霸權的建立與東方主義的凝塑；8.結論。

10. 陳宜伶　　王禎和小說人物形象析論　屏東教育大學中國語文學系　碩士論文　劉明宗教授指導　2006 年 6 月　251 頁

本論文旨在探討王禎和筆下的人物形象，並藉由整理與分析的工作，對小說人物有一全面的分析論述，從而歸納出王禎和小說人物形象的特色。全文共 7 章：1.緒論；2.王禎和創作歷程與影響創作因素；3.王禎和小說中的女性形象；4.王禎和小說中的男性形象；5.王禎和小說人物形象塑造的意涵；6.王禎和小說人物形象塑造的藝術手法；7.結論。

11. 張紹英　　獨特的世界，獨特的呈現　河北大學中國現當代文學系　碩士論文　田建民教授指導　2006 年 6 月　48 頁

本論文梳理了王禎和的小說創作歷程，將其從 20 世紀 60 年代初至 80 年代末的全部小說創作，分爲前後兩個時期進行研究，並總結王禎和小說的獨特藝術特色，客

觀地揭示王禎和小說創作的真實面貌。全文共 4 章：1.引言；2.前期小說研究；3.後期小說研究；4.結語。

12. **翁淑慧** 依違在「現代」與「傳統」之間：臺灣六〇年代本省籍現代派小說家的「鄉土」想像 清華大學中國文學系 碩士論文 呂正惠，李貞慧教授指導 2007年4月 145頁

本論文討論陳若曦、七等生、王禎和、陳映真、黃春明、施叔青、李昂七位本省籍作家的小說文本。從「城鄉交流」、「傳統信念與現代理性、自由觀」以及「新舊世代的婚戀性愛」這三大主題架構出「傳統」與「現代」的轇轕，藉由細緻的文本分析閱讀出不同作家對「鄉土」的不同態度。藉由七位作家的「鄉土想像」，看見第三世界國家與知識分子，在「傳統」的生活情境中追求「現代化」，而產生出來的「過渡性」與「交混」（hybridity）狀態。全文共 5 章：1.緒論；2.城鄉交流與衝突；3.傳統信念與現代理性、自由觀的交鋒；4.變形扭曲與騷動不安的青春夢；5.結論。

13. **張麗娟** 從食色書寫到追尋救贖──王禎和小說研究 中興大學中國文學系 碩士論文 林淑貞教授指導 2007年6月 155頁

本論從「神話─原型」批評方法詮釋王禎和小說，以文本細讀為先備，藉著作品內容分析，耙梳分析環扣的情節，尋繹小說中豐富的文學原型，發現王禎和從早期創作關注食（生存）、色（繁衍）的物質感官層面，回溯的人類基源狀態；直至後期創作轉而向精神性靈層面探索，書寫在時空變遷時的追尋國族意識與回歸母性救贖，表現人類超越的生命意識，返源自然節律的永恆「死→生」循環迴圈；並以此觀點詮釋他的文學版圖，構築解讀王禎和小說框架。全文共 6 章：1.緒論；2.弱肉強食的天擇；3.情慾狂歡的繁衍；4.時空變易的失魂；5.心靈黑洞的救贖；6.結論。

14. **謝淑娟** 王禎和《玫瑰玫瑰我愛你》語言風格研究 中山大學中國文學系 碩士論文 蔡美智教授指導 2007年9月 106頁

本論文採語言風格學的研究方式，分析《玫瑰玫瑰我愛你》的非標準語詞彙。其挑出書中的臺灣閩南語詞彙，加以標音、分析其結構並試著與華語做對應；次則探討用字與構詞特點；再則就非華語、臺閩語的特殊詞彙，分別探討方言詞、外來詞及作者自創詞彙與表意符號；最後就書中的句法特點，據所蒐集的語料，探討其臺灣閩南語特殊句構及作者所使用的特殊句式。本論文分 6 章：1.緒論；2.《玫瑰玫瑰我愛你》臺灣閩南語詞彙；3.《玫瑰玫瑰我愛你》臺灣閩南語詞彙風格；4.《玫瑰玫瑰我愛你》特殊詞彙風格；5.《玫瑰玫瑰我愛你》句式風格；6.結語。

15. 游涵宇　　王禎和小說語言研究　新竹教育大學臺灣語言與語文教育研究所

　　碩士論文　范文芳教授指導　2008 年 6 月　120 頁

　　本論文在詞彙、句法、語用方面作細部的歸納分析，重新發現沒被研究過的王禎和小說語言的特色。全文共 5 章：1.緒論；2.探索王禎和；3.語言分析；4.王禎和小說語言的面貌與風格；5.結論。

16. 李南衡　　臺灣小說中ê外來語演變──以賴和及王禎和ê作品作例　臺灣師範

　　大學臺灣文化及語言文學研究所　碩士論文　鄭良偉教授指導

　　2008 年 8 月　143 頁

　　本論文以日治時期 1930 年代的賴和及中國國民黨政府統治時期 1980 年代的王禎和為例，探討臺灣小說外來語的演變，同時剖析兩個不同時代殖民者所施行的「國語政策」對臺灣外來語的影響。全文共 6 章：1.緒論；2.外來語ê定義及類別；3.賴和作品中ê外來語；4.王禎和作品中ê外來語；5.殖民政府ê語言政策對臺灣外來語ê影響；6.結論。

17. 鄧倩如　　雙面翻譯──論《玫瑰玫瑰我愛你》的跨文化與跨語際交換　臺灣

　　大學臺灣文學研究所　碩士論文　柯慶明教授指導　2009 年 6 月

　　132 頁

　　本論文從文化翻譯的角度思考王禎和的小說《玫瑰玫瑰我愛你》，探討這部小說在歷經翻譯、與英譯者葛浩文的再翻譯範疇變動後的語意歧生等可能，以及在這一來一往之間，由「語言翻譯」所衍生出的文化翻譯、與翻譯的現代性等問題。全文共 5 章：1.緒論；2.跨文化翻譯；3.翻譯的現代性──王禎和的《玫瑰玫瑰我愛你》；4.隱匿與不見──葛浩文的 Rose，Rose，ILoveYou；5.結論。

18. 蔡易伶　　從後現代思想看王禎和小說《玫瑰玫瑰我愛你》的「翻譯」問題

　　輔仁大學翻譯學研究所　李奭學教授指導　2009 年 7 月　73 頁

　　本論文聚焦《玫瑰玫瑰我愛你》小說中各式翻譯現象，並嘗試在鄉土文學與現代主義文學讀法之外另闢蹊徑，分別從後殖民、後結構與符號學的角度觀看上述現象、分析現象背後的問題及其意義。全文共 5 章：1.導論；2.《玫瑰玫瑰我愛你》之為後殖民文學：國語、臺語的翻譯問題；3.《玫瑰玫瑰我愛你》的後結構讀法：國語、外國語的翻譯問題；4.《玫瑰玫瑰我愛你》的符號學意義：符號、文字的翻譯問題；5.結論。

19. 陳怡臻　笑的力量──論王禎和《美人圖》與《玫瑰玫瑰我愛你》中的鬧劇
書寫　靜宜大學中國文學系　碩士論文　陳建忠教授指導　2009 年
8 月　156 頁

本論文以王禎和的《美人圖》、《玫瑰玫瑰我愛你》為主要探究文本，突顯王禎和
如何以小說技巧引起讀者的「笑聲」，分就情節、人物、小說語言三方面討論；同
時推敲王禎和在兩部作品背後的隱匿話語，傳達作家宣告的不僅止於引人發笑，而
是更需要關注的嚴肅課題。全文共 5 章：1.緒論；2.重返文學史：臺灣喜劇小說傳
統與王禎和；3.笑的型態：《美人圖》與《玫瑰玫瑰我愛你》的鬧劇形式；4.玫瑰
有刺：《美人圖》與《玫瑰玫瑰我愛你》的思想意涵；5.結論：笑聲過後。正文後
附錄〈王禎和生平・作品年表〉、〈王禎和生平・作品評論資料彙編〉。

20. 吳秀英　王禎和小說中的老人書寫　中興大學臺灣文學研究所　碩士論文
朱惠足教授指導　2010 年 1 月　73 頁

本論文旨在透過小說的內容與形式的分析研究，探討王禎和筆下的老人書寫，從而
歸納出老人形象的特色、意涵，以及王禎和的創作意圖。全文共 5 章：1.緒論；2.
寫作背景；3.經濟困頓的老人：〈來春姨悲秋〉與〈那一年冬天〉；4.死亡疾病籠
罩的老人：〈老鼠捧茶請人客〉與《兩地相思》；5.結論。

21. 陳盈如　王禎和《玫瑰玫瑰我愛你》中的多音交響　中正大學比較文學所
碩士論文　陳樹信教授指導　2010 年 1 月　117 頁

本論文以王禎和《玫瑰玫瑰我愛你》為主要研究主軸，將透過角色們所使用的語言
解碼被壓抑的歷史，進一步揭示臺灣社會實為多元文化社會的真面目。全文共 4
章：1. An Introduction to the Author；2.Historical background of Rose, Rose, I Love
You；3.Bureaucratic Capitalism；4.Imagined Hualien。

22. 林家鵬　從主題、形式與風格看王禎和與小津安二郎創作美學之異同　成功
大學臺灣文學系　碩士論文　應鳳凰教授指導　2010 年 6 月　95
頁

本論文以王禎和與小津安二郎現存的作品為研究對象，從創作背景出發，針對主
題、風格與美學意識析論二者表現之異同，並藉此闡釋小津安二郎對王禎和寫作上
的啟發，補足王禎和作品研究的缺漏。全文共 5 章：1.緒論；2.主題；3.形式與風
格；4.哲學與美學；5.結論。

23. 林宛儀　王禎和小說語言的流動性與在地性　清華大學臺灣文學研究所　碩

士論文　陳建忠教授指導　2010 年 7 月　83 頁

本論文以王禎和的小說文本作爲研究對象，將「文化流動」概念放入討論文本的主體脈絡。依照作品主題關懷意識，並以作品的歷史線性爲經，文本越界／翻譯類型爲緯，分從「在地的流動越界」、「城鄉流動與碰撞」、「西方文化移植」三個面樣探討王禎和小說的流動特質。全文共 5 章：1.緒論；2.在地的流動、越界；3.城鄉流動與碰撞；4.西方文化移植；5.結論。

24. 朱貞品　　臺灣鄉土文學與德國鄉土文學之比較──以克拉拉・菲比和王禎和的鄉土書寫爲例　輔仁大學跨文化研究所　博士論文　鄭芳雄教授指導　2010 年 11 月　279 頁

本論文探討德國十九世紀末鄉土文學運動與臺灣七十年代鄉土文學運動之差異，將這兩個運動發生的各方面具體因素、社會背景、文學思潮的轉變、運動的型態和特徵做一比較，歸納其總體的特徵和異同之處。並以德國鄉土作家克拉拉・菲比（Clara Viebig 1860—1952）關於艾菲爾（Eifel）的作品，與臺灣鄉土作家王禎和（1940—1990）關於花蓮的作品爲例，闡述鄉土作品的特色，並比較兩者對鄉土不同的詮釋，以及在作品中隱藏的社會意義和文化意涵。全文共 6 章：1.緒論；2.德國鄉土文學；3.克拉拉・菲比─關懷社會的鄉土作家；4.臺灣鄉土文學；5.王禎和的生平與創作；6.臺灣鄉土文學與德國鄉土文學之比較。

25. 吳明珊　　城鄉辯證、倫理情愛糾葛與悲喜交織──論王禎和的小說與劇本　臺灣大學臺灣文學研究所　碩士論文　柯慶明教授指導　2010 年　138 頁

本論文探究王禎和小說與劇本中城鄉辯證、道德情愛糾葛的議題，以及悲喜交織的藝術手法，認爲王禎和不僅是一位「鄉土主義作家」，也是深刻反思國家意識、民族認同的本土作家。全文共 5 章：1.緒論；2.城鄉辯證；3.倫理情愛糾葛；4.悲喜交織的藝術手法；5.結論。正文後附錄〈王禎和生平與創作年表〉。

26. 葉淑惠　　王禎和小說、劇本的生命書寫研究　高雄師範大學國文學系　碩士論文　顏美娟教授指導　2012 年 5 月　159 頁

本論文以不同於前人的作品分期方式，爲王禎和的小說、劇本的生命書寫歷程做分期，並從生命態度、生命情調、生命探索三方面，探討王禎和在創作歷程中，其作品中的生命書寫的變化。全文共 6 章：1.緒論；2.王禎和小說、劇本生命書寫的心路歷程；3.王禎和小說、劇本的生命書寫內容；4.王禎和小說、劇本生命書寫的表現技巧；5.王禎和小說、劇本生命書寫的蘊義與價值；6.結論。

27. 陳品嘉　　生命中的香格里拉——王禎和小說中的「家」與生存處境　中正大
學中國文學系　碩士論文　蕭義玲教授指導　2012 年 6 月　200 頁

本論文扣合王禎和的生命史與創作歷程，認爲兩者之間彼此呼應影響，再以「家」
爲切入點，對王禎和的小說作一整體性的詮釋，由此審視王禎和的核心關懷，開展
出他對於人的生存問題之省思。全文共 6 章：1.緒論；2.一以貫之的書寫主題——
從〈鬼・北風・人〉到《兩地相思》；3.家的衝突與斷裂；4.現代社會的生存之
道；5.殘缺中見圓滿；6.結論。

28. 莊淑香　　王禎和小說中的小人物研究　中正大學臺灣文學研究所　碩士論文
黃清順教授指導　2013 年　146 頁

本論文旨在探討王禎和小說中的「小人物」形象，並以佛斯特的小說理論爲分析基
礎，運用其《小說面面觀》中「扁型人物」和「圓型人物」的畫分，來替王氏文本
中的「小人物」性格類型作深入檢討。全文共 6 章：1.緒論；2.王禎和的生平暨創
作；3.王禎和小說中的扁型人物；4.小說中的圓型人物及其他；5.理論運用：《美
人圖》小說人物的具體分析；6.結論。正文後附錄〈王禎和創作年表及創作大事
記〉。

作家生平資料篇目

自述

29. 王禎和　　後記　三春記　臺北　晨鐘出版公司　1975 年 9 月　頁 183

30. 王禎和　　《電視・電視》自序　電視・電視　臺北　遠景出版公司　1980 年
3 月　頁 1—2

31. 王禎和　　《香格里拉》自序　洪範雜誌　第 1 期　1981 年 3 月　1 版

32. 王禎和　　自序　香格里拉　臺北　洪範書店　1981 年 12 月　頁 1—3

33. 王禎和　　《香格里拉》自序　洪範雜誌　第 45 期　1991 年 2 月　4 版

34. 王禎和　　後記　嫁粧一牛車　臺北　遠景出版公司　1981 年 5 月　頁 251—
253

35. 王禎和　　遠景版後記　嫁粧一牛車　臺北　洪範書店　1993 年 9 月　頁 271
—273

36. 王禎和講；李瑞記　王禎和細說個人寫作經驗[1]　中國時報　1983 年 8 月 18 日　8 版

37. 王禎和講；李瑞記　永恆的尋求——談小說寫作　文季　第 1 卷第 4 期　1983 年 11 月　頁 1—7

38. 王禎和講；李瑞記　代序——永恆的尋求　人生歌王　臺北　聯合文學雜誌社　1987 年 5 月　〔7〕頁

39. 王禎和講；李瑞記　永恆的尋求——談小說寫作　自立早報　1990 年 9 月 6 日　19 版

40. 王禎和講；李瑞記　代序——永恆的尋求　人生歌王　臺北　聯合文學出版社　2005 年 1 月　頁 5—14

41. 王禎和講；李瑞記　代序——永恆的尋求　人生歌王　臺北　聯合文學出版社　2013 年 8 月　頁 5—14

42. 王禎和，張美君　如果捨得　中國時報　1984 年 6 月 9 日　9 版

43. 王禎和　麵包與牛奶　八○○字小語（四）　臺北　文經出版社　1984 年 10 月　頁 32—33

44. 王禎和　《從簡愛出發》自序　洪範雜誌　第 23 期　1985 年 9 月 10 日　1 版

45. 王禎和　自序　從簡愛出發　臺北　洪範書店　1985 年 9 月　頁 1—2

46. 王禎和　二十七年前　現文因緣　臺北　現文出版社　1991 年 12 月　頁 94 —96

47. 王禎和　二十七年前　白先勇外集·現文因緣　臺北　天下遠見出版公司　2008 年 9 月　頁 131—133

48. 王禎和　《兩地相思》創作札記（摘刊）　聯合文學　第 103 期　1993 年 5 月　頁 70—71

49. 王禎和　《兩地相思》創作札記（摘刊）　兩地相思　臺北　聯合文學出版社　1998 年 6 月　頁 149—153

---

[1]本文後改篇名為〈永恆的尋求——談小說寫作〉、〈代序——永恆的尋求〉。

他述

50. 胡爲美　王禎和在鄉土上掘根　婦女雜誌　第 103 期　1977 年 4 月　頁 106
　　—111

51. 胡爲美　在鄉土上掘根　嫁粧一牛車　臺北　遠景出版公司　1981 年 5 月
　　頁 7—17

52. 胡爲美　在鄉土上掘根——遠景版五版代序　嫁粧一牛車　臺北　洪範書店
　　1993 年 9 月　頁 281—291

53. 楊昌年　淺談王禎和　中華文化復興月刊　第 10 卷第 9 期　1977 年 9 月
　　頁 43—47

54. 周濟平　王禎和簡傳　小說新潮　第 1 卷第 2 期　1977 年 10 月　頁 239—
　　240

55. 亞　菁　王禎和小說的人物造型　幼獅文藝　第 292 期　1978 年 4 月　頁
　　131—135

56. 藍祖蔚　王禎和有關電影的兩封信　聯合報　1979 年 9 月 5 日　29 版

57. 劉春城　王禎和雜憶　臺灣時報　1979 年 9 月 7 日　27 版

58. 曹永洋　寫給禎和　臺灣時報　1980 年 3 月 6 日　12 版

59. 林清玄　與命運對決——小說家王禎和的香格里拉　難遺人間未了情　臺北
　　時報文化出版公司　1980 年 9 月　頁 1—10

60. 鄺白曼，靜鳴　臺灣作家二十四人小傳——王禎和　當代文學　1981 年第 2
　　期　1981 年 2 月　頁 174

61. 林清玄　尊嚴的決鬥　洪範雜誌　第 1 期　1981 年 3 月　2 版

62.〔王晉民，鄺白曼主編〕　王禎和　臺灣與海外華人作家小傳　福州　福建
　　人民出版社　1983 年 9 月　頁 47—49

63.〔文訊雜誌〕　文苑短波——王禎和長篇小說將完成　文訊雜誌　第 4 期
　　1983 年 10 月　頁 8

64. 李豐楙　王禎和　中國現代短篇小說選析 2　臺北　長安出版社　1984 年 2
　　月　頁 567—568

65. 〔文訊雜誌〕　　文苑短波——王禎和外文牛車兩相宜　文訊雜誌　第 10 期
　　　1984 年 4 月　頁 160

66. 平　子　　有情世界——王禎和的家　文學家　第 1 期　1985 年 10 月　頁
　　　16—17

67. 郭立誠　　花蓮六年——兼談我的學生王禎和　文學家　第 1 期　1985 年 10
　　　月　頁 18—20

68. 劉春城　　小記王禎和　臺灣時報　1988 年 2 月 6 日　14 版

69. 劉春城　　小記王禎和　臺灣文學的兩個世界　高雄　派色文化出版社　1992
　　　年 7 月　頁 97—103

70. 楚　戈　　三人行——悼王禎和懷唐大俠　中國時報　1990 年 9 月 10 日　31
　　　版

71. 藍博堂　　小人物狂想曲——冷面笑匠王禎和　民眾日報　1990 年 9 月 14 日
　　　12 版

72. 陳　黎　　寂寞紅　中國時報　1990 年 9 月 10 日　31 版

73. 陳　黎　　寂寞紅　聲音鐘　臺北　元尊文化公司　1997 年 9 月　頁 214—
　　　218

74. 姚一葦　　秋日懷王禎和　中國時報　1990 年 9 月 16 日　21 版

75. 姚一葦　　秋日懷禎和　戲劇與人生——姚一葦評論集　臺北　書林出版公司
　　　1995 年 10 月　頁 194—199

76. 水　晶　　死人的太陽照不到活人的身上　中時晚報　1990 年 9 月 4 日　15
　　　版

77. 李　昂　　驚懼與警惕　中時晚報　1990 年 9 月 4 日　15 版

78. 尉天驄　　永在的禎和　中時晚報　1990 年 9 月 4 日　15 版

79. 鄭恆雄　　沒有借走的「卡門」　中時晚報　1990 年 9 月 4 日　15 版

80. 應鳳凰　　王禎和生平紀事　中時晚報　1990 年 9 月 4 日　15 版

81. 應鳳凰　　這樣的王禎和　中時晚報　1990 年 9 月 4 日　15 版

82. 應鳳凰　　人生危樓上的笑丑——懷王禎和　中時晚報　1990 年 9 月 4 日　15

　　　　　　版

83. 葉振富　　走向永恆的香格里拉——名小說家王禎和昨日猝逝　中國時報

　　　　　　1990 年 9 月 4 日　31 版

84. 吳嘉苓　　以《嫁粧一牛車》等作品享譽文壇，與癌症搏鬥九年——作家王禎

　　　　　　和鼻咽癌併發心臟衰竭去世　中國時報　1990 年 9 月 4 日　3 版

85. 姜玉景　　與喉癌搏鬥 9 年，筆耕未曾稍歇——王禎和在工作中遽逝　民生報

　　　　　　1990 年 9 月 4 日　14 版

86. 齊邦媛等[2]　　眾文人回憶中的王禎和：嘲諷人情，關懷鄉土　民生報　1990

　　　　　　年 9 月 4 日　14 版

87. 應鳳凰　　小說家王禎和　自由時報　1990 年 9 月 4 日　18 版

88. 馬蘭成　　用心寫出生命的滑稽，悲中帶喜笑中帶淚——王禎和走了，不帶走

　　　　　　辛酸的笑聲　自立早報　1990 年 9 月 4 日　12 版

89. 呂政達　　把歡笑留給人間，把痛苦留給自己——王禎和隨病魔悄然離去　自

　　　　　　立晚報　1990 年 9 月 4 日　13 版

90. 馬　森等[3]　　文學界悼念王禎和　聯合報　1990 年 9 月 4 日　29 版

91. 鄭恆雄　　王禎和與我論交三十一年　中央日報　1990 年 9 月 5 日　16 版

92. 王　拓　　沉著堅忍的藝術家　自立晚報　1990 年 9 月 5 日　14 版

93. 何　欣　　悼亡友禎和　自立晚報　1990 年 9 月 5 日　14 版

94. 李　喬　　文海星沉　自立晚報　1990 年 9 月 5 日　14 版

95. 姚一葦　　哭禎和　自立晚報　1990 年 9 月 5 日　14 版

96. 尉天驄　　王禎和的告白　自立晚報　1990 年 9 月 5 日　14 版

97. 黃春明　　文壇的勇者　自立晚報　1990 年 9 月 5 日　14 版

98. 應鳳凰　　王禎和小傳　自立晚報　1990 年 9 月 5 日　14 版

99. 陳若曦　　花蓮來的靦腆才子[4]　中時晚報　1990 年 9 月 4 日　15 版

100. 陳若曦　　花蓮才子王禎和　柏克萊郵簡　香港　天地圖書公司　1993 年

---

[2]合著者：齊邦媛、尉天驄、鄭清文、吳晟。

[3]合著者：馬森、王孝廉、蔡源煌、李永平、張大春。

[4]本文後改篇名為〈花蓮才子王禎和〉。

頁 121—123

101. 陳若曦　　花蓮才子王禎和　域外傳真　北京　人民文學出版社　1996 年 4 月　頁 233—235

102. 向　陽　　生命中無聲以對的嘆息——記與王禎和先生的文字交　自立早報　1990 年 9 月 6 日　19 版

103. 向　陽　　生命中無聲以對的嘆息——記與王禎和先生的文字交　喧嘩、吟哦與嘆息——臺灣文學散論　臺北　駱駝出版社　1996 年 11 月　頁 145—153

104. 〔洪範雜誌〕　悼念三位文學名家：王禎和小傳　洪範雜誌　第 45 期　1991 年 2 月　4 版

105. 阿　盛　　心香一束送——王禎和　心情兩紀年　臺北　聯合文學出版社　1991 年 10 月　頁 198—200

106. 鄭樹森　　王禎和的最後一封信　聯合報　1991 年 10 月 12 日　25 版

107. 鄭樹森　　王禎和的最後一封信　藝文綴語　臺北　洪範書店　1995 年 10 月　頁 237—239

108. 鄭樹森　　王禎和的最後一封信　兩地相思　臺北　聯合文學出版社　1998 年 6 月　頁 155—158

109. 林碧燕　　就從「夢」說起　大車拚　臺北　聯合文學出版社　1993 年 5 月　頁 5—7

110. 姜　筑　　難忘作家王禎和　很想和你分享快樂　臺北　文經出版社　1995 年 12 月　頁 141—142

111. 謝金蓉　　楊牧替花蓮文學譜下「定音」的反高潮——第一屆花蓮文學研討會紀實〔王禎和部分〕　新新聞　第 563 期　1997 年 12 月 21 日　頁 77—78，83

112. 陳宛蓉　　王禎和——化心酸為厚道特質　聯合報　1999 年 2 月 7 日　37 版

113. 陳宛蓉　　王禎和特寫——化辛酸為厚道特質　臺灣文學經典研討會論文集　臺北　行政院文建會，聯經出版公司　1999 年 6 月　頁 120

114. 李懷，桂華　　既鄉土又現代的說故事人——王禎和　文學臺灣人　臺北　遠流出版公司　2001 年 10 月　頁 171—172

115. 林政華　　臺灣本土小說名家與名作——光復以來的臺灣本土小說名家及其作品——王禎和　臺灣文學汲探　臺北　文史哲出版社　2002 年 3 月　頁 147—148

116. 曹銘宗　　大刀王五把學生當子女　聯合報　2002 年 9 月 23 日　14 版

117. 林政華　　含淚微笑面對臺人的小說家——王禎和　臺灣古今文學名家　桃園　開南管理學院通識教育中心　2003 年 3 月　頁 77

118. 賴素鈴　　故舊聚談王禎和，張愛玲軼事入話　民生報　2003 年 10 月 2 日　13 版

119. 〔彭瑞金編選〕　　作者簡介　國民文選・小說卷 3　臺北　玉山社出版公司　2004 年 7 月　頁 256—257

120. 楚　戈　　咖啡館裡的流浪民族——並追憶故友王禎和、唐文標　聯合文學　第 237 期　2004 年 7 月　頁 70—79

121. 尉天驄　　悲憫的笑紋——記王禎和　印刻文學生活誌　第 46 期　2007 年 6 月　頁 198—204

122. 尉天驄　　悲憫的笑紋：記王禎和　歲月　上海　上海人民出版社　2009 年 7 月　頁 144—153

123. 尉天驄　　悲憫的笑紋——記王禎和　回首我們的時代　臺北　印刻文學生活雜誌出版公司　2011 年 11 月　頁 181—195

124. 〔封德屏主編〕　　王禎和　2007 臺灣作家作品目錄　臺南　國立臺灣文學館　2008 年 7 月　頁 105

125. 〔賴芳伶主編〕　　作者簡介　山海書——宜花東文學選輯 1　臺北　二魚文化公司　2008 年 9 月　頁 83

126. 黃春明　　王禎和的笑臉　大便老師　臺北　聯合文學出版社　2009 年 5 月　頁 121—125

127. 尉天驄　　和姚一葦先生在一起的日子〔王禎和部分〕　歲月　上海　上海

人民出版社　2009 年 7 月　頁 86

128. 詹閔旭　　暴雨七〇〔王禎和部分〕　人間福報　2011 年 5 月 6 日　15 版

129. 修瑞瑩　　白先勇：王禎和寫不倫戀，張愛玲喜歡　聯合報　2011 年 5 月 24 日　A10 版

130. 向　陽　　咏唱臺灣庶民心聲的歌者——王禎和及其〈人生歌王〉　文訊雜誌　第 315 期　2012 年 1 月　頁 6—9

131. 向　陽　　咏唱臺灣庶民心聲的歌者——王禎和及其〈人生歌王〉　寫字年代——臺灣作家手稿故事　臺北　九歌出版社　2013 年 7 月　頁 73—81

132. 鄭樹森口述；熊志琴訪問整理　　追憶《文學季刊》點滴——另一種臺港交流之二——特別自覺的王禎和　文訊雜誌　第 318 期　2012 年 4 月　頁 33—34

133. 鄭樹森口述；熊志琴訪問整理　　《文學季刊》點滴——特別自覺的王禎和　結緣兩地：臺港文壇瑣憶　臺北　洪範書店　2013 年 2 月　頁 48—50

訪談、對談

134. 華　真　　爲了表現幾個熟悉的人物——與王禎和談《望你早歸》的演出　中國時報　1977 年 6 月 3 日　12 版

135. 秋　堇　　那一牛車的嫁粧拉到那裡去了——訪王禎和　書評書目　第 59 期　1978 年 3 月　頁 53—63

136. 黃武忠　　王禎和談小說的場景描述　臺灣時報　1978 年 6 月 16 日　9 版

137. 黃武忠　　小說的場景描述——訪王禎和先生　小說經驗——名家談寫作技巧　臺北　富春文化公司　1990 年 8 月　頁 72—80

138. 晴　軒　　訪王禎和談《香格里拉》——與生命對決　中國時報　1979 年 8 月 8 日　8 版

139. 林清玄　　戲肉與戲骨頭——訪王禎和談他的小說《美人圖》　中國時報　1981 年 2 月 10 日　8 版

140. 林清玄　　戲肉與戲骨頭——訪王禎和談他的小說《美人圖》　　洪範雜誌
　　　　第 5 期　1981 年 12 月　1 版

141. 林清玄　　戲肉與戲骨頭——訪王禎和談他的小說《美人圖》　　美人圖　臺
　　　　北　洪範書店　1982 年 2 月　頁 195—198

142. 林清玄　　戲肉與戲骨頭——訪王禎和談他的小說《美人圖》　　美人圖　臺
　　　　北　洪範書店　1982 年 3 月　頁 195—198

143. 林清玄　　戲肉與戲骨頭——訪王禎和談他的小說《美人圖》　　在刀口上
　　　　臺北　時報文化出版公司　1982 年 3 月　頁 329—332

144. 林清玄　　戲肉與戲骨頭——訪王禎和談他的小說《美人圖》　　臺港文學選
　　　　刊　1988 年第 1 期　1988 年 2 月　頁 61

145. 黃武忠　　人生的嘲弄者——王禎和印象　　臺灣時報　1981 年 9 月 14 日
　　　　112 版

146. 黃武忠　　人生的嘲弄者——王禎和印象　　洪範雜誌　第 6 期　1982 年 2 月
　　　　4 版

147. 黃武忠　　人生的嘲弄者——王禎和印象　　臺灣作家印象記　臺北　眾文圖
　　　　書公司　1984 年 5 月　頁 161—170

148. 丘彥明　　把歡笑撒滿人間——訪小說家王禎和　　聯合報　1984 年 2 月 19 日
　　　　8 版

149. 丘彥明　　把歡笑灑滿人間——訪小說家王禎和　　玫瑰玫瑰我愛你　臺北
　　　　遠景出版公司　1984 年 9 月　頁 269—278

150. 丘彥明　　把歡笑灑滿人間——訪小說家王禎和　　人情之美　臺北　允晨文
　　　　化公司　1989 年 1 月　頁 253—260

151. 丘彥明　　把歡笑灑滿人間——訪小說家王禎和　　玫瑰玫瑰我愛你　臺北
　　　　洪範書局　1994 年 2 月　頁 253—261

152. 劉春城　　我愛‧我思‧我寫：探訪小說家王禎和　　新書月刊　第 7 期
　　　　1984 年 4 月　頁 11—18

153. 劉春城　　我愛‧我思‧我寫：探訪小說家王禎和　　當代作家對話錄　臺北

　　　　　　　傳記文學出版社　1986 年 10 月　頁 40—58

154. 劉依萍　　戲謔、反諷下的「溫柔敦厚」　文學家　第 1 期　1985 年 10 月
　　　　　　　頁 9—11

155. 丘彥明　　張愛玲在臺灣——訪王禎和　聯合文學　第 29 期　1987 年 3 月
　　　　　　　頁 95—102

年表

156. 羅麗玲　　王禎和作品年表　小說新潮　第 1 卷第 2 期　1977 年 10 月　頁
　　　　　　　295—296

157. 〔聯合文學〕　　王禎和作品年表　聯合文學　第 103 期　1993 年 5 月　頁
　　　　　　　72

158. 劉玟伶　　王禎和生平記事年表　王禎和作品論：小說、劇本與影評　清華
　　　　　　　大學中國文學系　碩士論文　陳萬益教授指導　1997 年 6 月　頁
　　　　　　　193—196

159. 〔江一鯉主編〕　　王禎和作品年表　兩地相思　臺北　聯合文學出版社
　　　　　　　1998 年 6 月　頁 159—161

160. 莊永明　　王禎和年表（1940—1990）　文學臺灣人　臺北　遠流出版公司
　　　　　　　2001 年 10 月　頁 175

161. 許俊雅　　王禎和創作大事記　老鼠捧茶請人客　臺北　遠流出版公司
　　　　　　　2006 年 2 月　頁 96—97

162. 陳怡臻　　王禎和生平‧作品年表　笑的力量——論王禎和《美人圖》與
　　　　　　　《玫瑰玫瑰我愛你》中的鬧劇書寫　靜宜大學中國文學系　碩士
　　　　　　　論文　陳建忠教授指導　2009 年 8 月　頁 131—134

163. 吳明珊　　王禎和生平與創作年表　城鄉辯證、倫理情愛糾葛與悲喜交織—
　　　　　　　—論王禎和的小說與劇本　臺灣大學臺灣文學研究所　碩士論文
　　　　　　　柯慶明教授指導　2010 年　頁 131—138

其他

164. 莊淑香　　王禎和創作年表及創作大事記　王禎和小說中的小人物研究　中

正大學臺灣文學研究所　碩士論文　黃清順教授指導　2013 年　頁 130—132

165. 謝蓉倩　臺大辦理王禎和手稿系列特展　中央日報　2003 年 10 月 2 日　14 版

作品評論篇目

綜論

166. 〔王禎和〕　　關於王禎和　嫁粧一牛車　臺北　金字塔出版社　1969 年 5 月　頁 5—6

167. 尉天驄　悲憫的笑紋——對王禎和小說的印象　寂寞紅　臺北　晨鐘出版公司　1970 年 10 月　頁 1—4

168. 尉天驄　悲憫的笑紋——對王禎和小說的印象　三春記　臺北　晨鐘出版公司　1975 年 9 月　頁 1—4

169. 尉天驄　悲憫的笑紋——對王禎和小說的印象　眾神　臺北　遠行出版社　1976 年 3 月　頁 111—114

170. 尉天驄　從紅樓夢談到王禎和的小說　大學雜誌　第 70 期　1973 年 12 月　頁 57—65

171. 林柏燕　林柏燕批評集錦——論王禎和　中華文藝　第 58 期　1975 年 12 月　頁 99—100

172. 楊昌年　王禎和　近代小說研究　臺北　蘭臺書局　1976 年 1 月　頁 526

173. 何　欣　　王禎和的短篇小說　從大學生到草地人　臺北　遠行出版社　1976 年 3 月　頁 25—88

174. 阮義忠　王禎和——再豎一次大拇指　中國時報　1977 年 2 月 14 日　18 版

175. 舒　凡　他的寫作方向和方法值得讚賞　婦女雜誌　第 103 期　1977 年 4 月　頁 113

176. 尉天驄　王禎和小說的現實意義　婦女雜誌　第 103 期　1977 年 4 月　頁

112—113

177. 尉天驄　　王禎和小說的現實意義　民族與鄉土　臺中　慧龍文化公司　1979 年 1 月　頁 187—190

178. 尉天驄　　王禎和小說的現實意義——《嫁粧一牛車》五版代序　嫁粧一牛車　臺北　遠景出版公司　1981 年 5 月　頁 1—5

179. 尉天驄　　王禎和小說的現實意義——遠景版五版代序　嫁粧一牛車　臺北　洪範書店　1993 年 9 月　頁 275—279

180. 何　欣　　三十年來的小說〔王禎和部分〕　中華文化復興月刊　第 10 卷第 9 期　1977 年 9 月　頁 31

181. 楊昌年　　淺談王禎和　風裡芙蕖自有姿：楊昌年論評選集　臺北　文史哲出版社　2008 年 3 月　頁 170—183

182. 尉天驄　　王禎和小說中的人物與語言　小說新潮　第 1 卷第 2 期　1977 年 10 月　頁 257—260

183. 蔡源煌　　王禎和小說的排比結構[5]　小說新潮　第 1 卷第 2 期　1977 年 10 月　頁 241—256

184. 蔡源煌　　王禎和小說的排比結構　寂寞的結　臺北　聯經出版公司　1978 年 8 月　頁 93—112

185. 蔡源煌　　王禎和小說的排比結構　當代中國新文學大系・文學評論集　臺北　天視出版公司　1980 年 2 月　頁 375—390

186. 亞　菁　　王禎和小說的人物造型　現代文學評論　臺北　東大圖書公司　1983 年 2 月　頁 74—80

187. 水　晶　　小論王禎和　蘇打水集　臺北　大地出版社　1979 年 5 月　頁 17—24

188. 葉如新　　王禎和的臺語文學　海洋文藝　1979 年第 12 期　1979 年 12 月　頁 7—15

189. 也　斯　　感覺溫暖外的風塵——談王禎和的作品　嫁粧一牛車　臺北　遠

---

[5]本文探討王禎和小說內在結構，以了解王禎和小說創作歷程。

景出版公司　1981 年 5 月　頁 255—267

190. 鄭雅云　王禎和的寫實意識與嘲諷筆法　文藝月刊　第 151 期　1982 年 1 月　頁 111—116

191. 高天生　論王禎和的寫作風格　暖流　第 1 卷第 2 期　1982 年 2 月　頁 35—38

192. 高天生　論王禎和的寫作風格　洪範雜誌　第 8 期　1982 年 6 月　2 版

193. 許素蘭　試論王禎和小說風格的流變[6]　文學界　第 3 期　1982 年 7 月　頁 127—141

194. 許素蘭　試論王禎和小說風格的流變　昔日之境　臺北　鴻蒙文學出版公司　1985 年 9 月　頁 47—67

195. 殷張蘭熙　導言〔王禎和部分〕　寒梅　臺北　爾雅出版社　1983 年 1 月　頁 8

196. 黃拔光　「小人物」的代言人——王禎和　福建文學　1983 年第 2 期　1983 年　頁 52

197. 封祖盛　近二十多年來鄉土小說的發展——黃春明、王禎和、陳映真、王拓、楊青矗等的創作　臺灣小說主要流派初探　福州　福建人民出版社　1983 年 10 月　頁 105—115

198. 翁光宇　悲憫的胸懷，精緻的筆觸——談王禎和的創作　臺灣香港文學論文選　福州　福建人民出版社　1983 年 10 月　頁 194—206

199. 翁光宇　悲憫的胸懷，精緻的筆觸——論王禎和的創作　當代文學　1984 年第 5 期　1984 年 5 月　頁 136

200. 黃重添　簡論臺灣鄉土文學的新進展〔王禎和部分〕　臺灣研究集刊　1984 年第 2 期　1984 年 5 月　頁 16—26

201. 朱　南　試論三十年代臺灣小說〔王禎和部分〕　臺灣研究集刊　1984 年第 2 期　1984 年 5 月　頁 27—34

202. 齊邦媛　江河匯集成海的六十年代小說——王禎和　文訊雜誌　第 13 期

[6]本文以〈小林來臺北〉為分水嶺，分王禎和小說為前後兩期，以勾勒出王禎和小說的全貌。

1984 年 8 月　頁 59—60

203. 齊邦媛　江河匯集成海的六〇年代小說——王禎和　霧漸漸散的時候　臺北　九歌出版社　1998 年 10 月　頁 75—76

204. 黃重添　絢爛的藝術彩光——臺灣當代鄉土小說管窺〔王禎和部分〕　臺灣研究集刊　1985 年第 1 期　1985 年 2 月　頁 80—86

205. 黃重添　臺灣當代鄉土小說的審美追求〔王禎和部分〕　臺灣研究集刊　1985 年第 2 期　1985 年 5 月　頁 56—63

206. 葉石濤　臺灣文學史大綱（後篇）——六十年代的臺灣文學：無根與放逐〔王禎和部分〕　文學界　第 15 期　1985 年 8 月　頁 168

207. 葉石濤　臺灣文學史綱——六〇年代的臺灣文學——無根與放逐〔王禎和部分〕　葉石濤全集・評論卷五　臺南，高雄　國立臺灣文學館，高雄市文化局　2008 年 3 月　頁 144

208. 黃重添　臺灣當代鄉土小說發展縱橫觀〔王禎和部分〕　臺灣香港文學論文選　福州　海峽文藝出版社　1985 年 9 月　頁 35

209. 尉天驄　往生命本質探索的道理邁進——再讀王禎和的作品　文學家　第 1 期　1985 年 10 月　頁 6—9

210. 李金蓮　聽他們怎麼說？[7]　文學家　第 1 期　1985 年 10 月　頁 21—23

211. 林承璜　被扭曲的心靈——淺論王禎和的短篇小說　文學知識　1986 年第 9 期　1986 年 9 月　頁 32—34

212. 林承璜　被扭曲的心靈——淺論王禎和的短篇小說　臺灣香港文學評論集　福州　海峽文藝出版社　1994 年 2 月　頁 248—255

213. 吳璧雍　喜劇與悲劇——從《美人圖》到《玫瑰玫瑰我愛你》　文星　第 109 期　1987 年 7 月　頁 37—41

214. 呂正惠　荒謬的滑稽戲——王禎和的人生圖像[8]　文星　第 109 期　1987 年 7 月　頁 32—36

---

[7] 本文內容爲訪問多位民眾談其對王禎和小說的看法。
[8] 本文藉由王禎和作品，以探討其描寫人生圖像爲何模糊不清 。

215. 呂正惠　　荒謬的滑稽戲——王禎和的人生圖像　小說與社會　臺北　聯經
　　　　　　　出版公司　1988 年 5 月　頁 75—89

216. 呂正惠　　荒謬的滑稽戲——王禎和的人生圖像　中華現代文學大系‧評論
　　　　　　　卷一　臺北　九歌出版社　1989 年 5 月　頁 639—652

217. 關聯閣　　王禎和的小說　現代臺灣文學史　瀋陽　遼寧大學出版社　1987
　　　　　　　年 12 月　頁 678—685

218. 鄭清文　　臺灣當代小說精選序〔王禎和部分〕　臺灣當代小說精選（1945
　　　　　　　—1988）　臺北　新地文學出版社　1989 年 1 月　頁 15

219. 陸士清　　談王禎和的小說創作　快樂的人　福州　海峽文藝出版社　1989
　　　　　　　年 3 月　頁 328—332

220. 陸士清　　王禎和的小說創作　臺灣文學新論　上海　復旦大學出版社
　　　　　　　1993 年 6 月　頁 291—295

221. 古繼堂　　用喜劇手法表現悲劇人物的王禎和　臺灣小說發展史　臺北　文
　　　　　　　史哲出版社　1989 年 7 月　頁 528—537

222. 公仲，汪義生　　六十年代後期和七十年代臺灣文學（上）——黃春明和王
　　　　　　　禎和的小說　臺灣新文學史初編　南昌　江西人民出版社　1989
　　　　　　　年 8 月　頁 218—224

223. 陳俊昇　　從兩位文人的過世談起——中國錢穆與臺灣王禎和　民眾日報
　　　　　　　1990 年 9 月 14 日　12 版

224. 應鳳凰　　用嬉笑面對刻薄的命運——談王禎和幾本著作　自立早報　1990
　　　　　　　年 9 月 6 日　19 版

225. 劉春城　　王禎和的文學生涯　聯合文學　第 74 期　1990 年 12 月　頁 70—
　　　　　　　86

226. 林燿德　　現實與意識之間的蜃影——粗窺一九八〇年以前王禎和的小說創
　　　　　　　作[9]　王禎和作品研討會　臺北　文建會，聯合文學雜誌社主辦
　　　　　　　1990 年 11 月 5—6 日

---

[9]本文後改篇名為〈現實與意識之間的蜃影——初窺一九八〇年以前王禎和小說創作〉。

227. 林燿德　現實與意識之間的蜃影——粗窺一九八〇年以前王禎和的小說創作　聯合文學　第 74 期　1990 年 12 月　頁 42—50

228. 林燿德　現實與意識之間的蜃影——初窺一九八〇年以前王禎和小說創作[10]　重組的星空　臺北　業強出版社　1991 年 6 月　頁 63—79

229. 林燿德　現實與意識之間的蜃影——粗窺一九八〇年以前王禎和的小說創作　當代臺灣文學評論大系・小說批評卷　臺北　正中書局　1993 年 6 月　頁 377—396

230. 張大春　人人愛讀喜劇——王禎和怎樣和小人物「呼吸著同樣的空氣」　王禎和作品研討會　臺北　文建會，聯合文學雜誌社主辦　1990 年 11 月 5—6 日

231. 張大春　人人愛讀喜劇——王禎和怎樣和小人物「呼吸著同樣的空氣」　聯合文學　第 74 期　1990 年 12 月　頁 60—69

232. 張大春　人人愛讀喜劇——王禎和怎樣和小人物「呼吸著同樣的空氣」　張大春的文學意見　臺北　遠流出版公司　1992 年 5 月　頁 143—166

233. 彭瑞金　埋頭深耕的年代（1960—1969）——本土文學的理論與實踐〔王禎和部分〕　臺灣新文學運動 40 年　臺北　自立晚報社　1991 年 3 月　頁 131—132

234. 劉春城　「全本」王禎和的文字生涯——一個令人難忘的臺灣作家　臺灣新聞報　1991 年 4 月 23 日　15 版

235. 周永芳　七十年代臺灣鄉土文學作家——王禎和　七十年代臺灣鄉土文學研究　中國文化大學中國文學系　碩士論文　尉天驄教授指導　1991 年 6 月　頁 92—98，133—134

236. 葉凌毓　王禎和作品風格　傳習　第 9 期　1991 年 7 月　頁 83—96

237. 葉石濤　六〇年代的臺灣文學〔王禎和部分〕　臺灣文學史綱　高雄　文學界雜誌社　1991 年 9 月　頁 128—129

[10]本文分析王禎和一九八〇年以前的小說創作，以探討王禎和在鄉土派的定位。

238. 黃重添，莊明萱，闕豐齡　擅寫「弱小一群」的王禎和　臺灣新文學概觀（上）　廈門　鷺江出版社　1992 年 3 月　頁 211—220

239. 劉春城　一幢房子開始的文學生涯——初論王禎和[11]　臺灣文學的兩個世界　高雄　派色文化出版社　1992 年 7 月　頁 165—204

240. 劉春城　一幢房子開始的文學生涯——初論王禎和　人生歌王　臺北　聯合文學出版社　2005 年 1 月　頁 232—263

241. 劉春城　一幢房子開始的文學生涯——初論王禎和　人生歌王　臺北　聯合文學出版社　2013 年 8 月　頁 232—263

242. 黃重添　王禎和的小說創作　臺灣文學史（下）　福州　海峽文藝出版社　1993 年 1 月　頁 328—332

243. 王文伶　王禎和　臺灣喜劇小說選　臺北　新地文學出版社　1993 年 3 月　頁 129

244. 曹　明　王禎和的小說世界——紀念王禎和逝世二週年　臺港與海外華文文學評論和研究　1993 年第 1 期　1993 年 3 月　頁 34—38

245. 尉天驄　拚的哲學！笑的人生！[12]　大車拚　臺北　聯合文學出版社　1993 年 5 月　頁 105—109

246. 林宜澐　文學創作與鄉土關懷〔王禎和部分〕　東海岸評論　第 58 期　1993 年 5 月　頁 54—56

247. 陳芳明　王禎和小說中的個人與國家[13]　國家認同學術研討會論文集　臺北　現代學術研究基金會　1993 年 5 月　頁 158—182

248. 陳芳明　王禎和小說中的個人與國家　典範的追求　臺北　聯合文學出版社　1994 年 2 月　頁 252—279

249. 陳芳明　王禎和小說中的個人與國家　典範的追求　臺北　聯合文學出版

---

[11] 本文爲紀念王禎和而寫，綜論王禎和的生平以及小說特色以及時代意義。全文共 3 小節：1.前言：一個歷史傳記的綜合論敘；2.王禎和的小說成就及影響；3.文學生涯的起點。

[12] 本文析論王禎和的創作哲學。

[13] 本文一改過去評論家著重王禎和小說中的語言和技巧，重新探索作家作品背後的精神核心。全文共 5 小節：1.前言：王禎和語臺灣本土文學；2.花蓮：臺灣人的原型；3.臺灣族群的溫暖人情；4.批判知識份子與國家機器；5.本土文學的典範。

社　2008 年 4 月　頁 252—279

250. 彭瑞金　臺灣文學與臺灣話〔王禎和部分〕　臺灣文學探索　臺北　前衛
出版社　1994 年 1 月　頁 368—370

251. 王浩威　地方文學與地方認同〔王禎和部分〕　鄉土與文學——臺灣地區
區域文學會議實錄　臺北　聯經出版公司　1994 年 3 月　頁 30—
31

252. 沈靜嵐　「人生歌王」——王禎和　當西風走過——六○年代《現代文
學》派的論述與考察　成功大學歷史語言研究所　碩士論文　林
瑞明教授指導　1994 年 6 月　頁 56—63

253. 劉玟伶　從同名人物談王禎和的系列小說[14]　文學臺灣　第 13 期　1995 年
1 月　頁 225—242

254. 黃重添　對臺灣現態的深刻反省〔王禎和部分〕　臺灣長篇小說論　福州
海峽文藝出版社　1995 年 5 月　頁 147

255. 高全之　王禎和的小說藝術（上、下）[15]　幼獅文藝　第 502—503 期
1995 年 10，11 月　頁 84—96，91—100

256. 高全之　王禎和的小說藝術　王禎和的小說世界　臺北　三民書局　1997
年 2 月　頁 1—43

257. 王保生　兩岸文體風貌〔王禎和部分〕　揚子江與阿里山的對話——海峽
兩岸文學比較　上海　上海文藝出版社　1995 年 12 月　頁 356—
357

258. 高全之　王禎和小說的母親形象（上、下）　聯合報　1996 年 1 月 25—26
日　34 版

259. 高全之　王禎和小說的母親形象　王禎和的小說世界　臺北　三民書局
1997 年 2 月　頁 105—112

---

[14] 本文探索王禎和作品中的同名人物，藉此引導出閱讀王禎和小說的方法。
[15] 本文從王禎和小說敘事觀點，以及其小說世界四種受限情境，探討其文化位屬。全文共 8 小節：
1.前言；2.從敘事觀點談起；3.反抗惡勢力之能力微弱的受限情境；4.個人智障的受限情境；5.群
體智障的受限情境；6.生命有限期的受限情境；7.不斷求變的小說方法；8.如何為王禎和定位？

260. 高全之　恨鐵不成鋼——王禎和小說的民主焦灼　當代　第 151 期　1996
　　　　　年 2 月　頁 140—143

261. 高全之　恨鐵不成鋼——王禎和小說的民主焦灼　王禎和的小說世界　臺
　　　　　北　三民書局　1997 年 2 月　頁 113—122

262. 黎湘萍　被拋入歷史的人們——重讀陳映真、黃春明、王禎和的小說　臺
　　　　　灣研究　1996 年第 2 期　1996 年 6 月　頁 80—85

263. 張啓疆　當代臺灣小說裡的都市現象〔王禎和部分〕　臺灣文學中的社
　　　　　會：五十年來臺灣文學研討會論文集（一）　臺北　行政院文建
　　　　　會　1996 年 6 月　頁 209

264. 李豐楙　命與罪：六十年代臺灣小說中的宗教意識[16]　臺灣文學中的社會：
　　　　　五十年來臺灣文學研討會論文集（一）　臺北　行政院文建會
　　　　　1996 年 6 月　頁 249—275

265. 李豐楙　命與罪：六十年代臺灣小說中的宗教意識　認同、情慾與語言
　　　　　臺北　中研院文哲所　2004 年 12 月　頁 87—121

266. 高全之　張愛玲與王禎和[17]　幼獅文藝　第 515 期　1996 年 11 月　頁 90—
　　　　　98

267. 高全之　張愛玲與王禎和　王禎和的小說世界　臺北　三民書局　1997 年
　　　　　2 月　頁 155—170

268. 高全之　平等與同情——王禎和／黃春明小說娼妓態度　王禎和的小說世
　　　　　界　臺北　三民書局　1997 年 2 月　頁 89—96

269. 高全之　芻狗蒼生——王禎和如何寫生命卑微　王禎和的小說世界　臺北
　　　　　三民書局　1997 年 2 月　頁 135—144

270. 高全之　知命者不立乎巖牆之下——王禎和小說的人生命運看法　王禎和

---

[16]本文討論 60 年代小說家：白先勇、王文興、陳映真、王拓以及王禎和小說中的宗教主題。全文
　共 5 小節：1.前言；2.隨順與抗衡：臺灣社會中小人物的命運觀；3.護佑與罪罰：一個中國式的
　天意賞罰觀；4.死亡關懷：小說中兩種終極問題的思維；5.結語。
[17]本文回顧張愛玲與王禎和文學姻緣，再探討兩者間文學傳承關係。全文共 5 小節：1.張王文學因
　緣爲何重要？2.張對臺灣的一般性示意；3.張對臺灣文學的示意；4.張對王的可能影響；5.張王相
　知是文學傳奇。

的小說世界　臺北　三民書局　1997 年 2 月　頁 145—153

271. 林秀珍　　王禎和小說中——食色觀下的人性關懷　臺灣人文　第 1 期
　　　　　　　1997 年 6 月　頁 37—55

272. 古繼堂　　臺灣當代小說創作——臺灣七十年代鄉土小說的崛起〔王禎和部
　　　　　　　分〕　中華文學通史‧當代文學編（9）　北京　華藝出版社
　　　　　　　1997 年 9 月　頁 475—476

273. 呂正惠　　現代主義作家，還是鄉土小說作家？——王禎和　中國時報
　　　　　　　1997 年 10 月 11 日　27 版

274. 皮述民　　多元的當代小說〔王禎和部分〕　二十世紀中國新文學史　臺北
　　　　　　　駱駝出版社　1997 年 10 月　頁 452—453

275. 徐開塵　　詮釋花蓮的象徵[18]　聯合報　1997 年 12 月 13 日　41 版

276. 呂文翠　　花蓮花蓮：充滿否定性的市井家園——論王禎和小說中的「鄉
　　　　　　　土」　問學集　第 7 期　1997 年 12 月　頁 27—58

277. 楊　照　　論王禎和的小說[19]　第一屆花蓮文學研討會　花蓮　花蓮縣立文化
　　　　　　　中心主辦　1997 年 12 月 13—14 日

278. 楊　照　　「現代化」的多重邊緣經驗——論王禎和的小說　夢與灰燼：戰
　　　　　　　後文學史散論二集　臺北　聯合文學出版社　1998 年 4 月　頁
　　　　　　　115—132

279. 楊　照　　「現代化」的多重邊緣經驗——論王禎和的小說　第一屆花蓮文
　　　　　　　學研討會論文集　花蓮　花蓮縣立文化中心　1998 年 6 月　頁 15
　　　　　　　—23

280. 楊　照　　「現代化」的多重邊緣經驗——論王禎和的小說　霧與畫：戰後
　　　　　　　臺灣文學史散論　臺北　麥田出版‧城邦文化公司　2010 年 8 月
　　　　　　　頁 184—197

281. 劉玟伶　　王禎和的同名劇本：小說的舊瓶新裝　第一屆花蓮文學研討會

---

[18] 本文推崇王禎和的文學書寫足以做為詮釋花蓮的代表。
[19] 本文分析王禎和與「現代主義」文學之間的關係，以及王禎和戲謔風格形成的社會運作。後改篇
　名為〈「現代化」的多重邊緣經驗——論王禎和的小說〉。

花蓮　花蓮縣立文化中心主辦　1997 年 12 月 13—14 日

282. 劉玟伶　　王禎和的同名劇本——小說的舊瓶新裝　第一屆花蓮文學研討會
　　　　　　　論文集　花蓮　花蓮縣立文化中心　1998 年 6 月　頁 24—34

283. 徐照華　　王禎和小說的時代意識[20]　中國現代文學批評國際研討會　香港
　　　　　　　香港大學亞洲研究中心　1998 年 6 月 19—20

284. 徐照華　　論王禎和小說的時代意義　方法論於中國古典和現代文學的應用
　　　　　　　香港　香港大學亞洲研究中心　1999 年 4 月　頁 363—291

285. 李宜靜　　王禎和小說中以花蓮為背景之研究[21]　康寧學報　第 1 期　1998 年
　　　　　　　12 月　頁 35—53

286. 計璧瑞，宋剛　　王禎和　中國文學通典・小說通典　北京　解放軍文藝出
　　　　　　　版社　1999 年 1 月　頁 1110

287. 許琇禎　　多語言的文化衝突——王禎和小說研究[22]　中國學術年刊　第 20
　　　　　　　期　1999 年 3 月　頁 553—569，616

288. 林巧鄉，鄭雅尹　　帷幕揭開時——關於王禎和作品的兩種讀法　東之皇華
　　　　　　　第 1 期　1999 年 5 月　頁 48—61

289. 方　忠　　百年臺灣文學發展論——小說文體的自覺與更新〔王禎和部分〕
　　　　　　　百年中華文學史論：1898—1999　上海　華東師範大學出版社
　　　　　　　1999 年 9 月　頁 54

290. 徐照華　　論王禎和小說中的城鄉圖像[23]　第二屆花蓮文學研討會——地誌書
　　　　　　　寫與城鄉想像　花蓮　花蓮縣立文化中心主辦　2000 年 5 月 6 日

291. 徐照華　　論王禎和小說中的城鄉圖像　地誌書寫與城鄉想像：第二屆花蓮
　　　　　　　文學研討會論文集　花蓮　花蓮縣文化局　2000 年 12 月　頁 109

---

[20]本文討論王禎和小說文本中所呈現的社會漸次轉型的兩個階段。全文共 4 小節：1.前言；2.從內
　容看其時代意識；3.小說語言所表現的時代意識；4.結論。
[21]本文探討王禎和如何以花蓮建構其小說世界，從而觀察出作家有別於其他「鄉土作家」的風采。
　全文共 4 小節：1.前言；2.小說中的花蓮；3.文獻中的花蓮；4.結語。
[22]本文透過析論王禎和小說敘事語言及結構，揭示臺灣文學由鄉土而本土所展現的人文觀察與認
　知。
[23]本文歸納王禎和小說中的城市與農村形象。全文共 4 小節：1.前言；2.農村圖像；3.都會圖像；4.
　結論。

—127

292. 徐照華　　論王禎和小說中的城鄉圖像　臺灣歷史與文學研習專輯　臺北
　　　　　　　行政院文建會；臺中圖書館　2001 年 10 月　頁 113—138

293. 胡慈容　　臺灣當代愛情婚姻小說的女性描寫——男作家——王禎和　臺灣
　　　　　　　八十年代愛情小說中的女性語言　彰化師範大學國文學系　碩士
　　　　　　　論文　羅肇錦教授指導　2000 年 6 月　頁 28—32

294. 胡慈容　　當代女作家描寫女性時的語言與兩性觀——女作家的兩性觀〔王
　　　　　　　禎和部分〕　臺灣八十年代愛情小說中的女性語言　彰化師範大
　　　　　　　學國文學系　碩士論文　羅肇錦教授指導　2000 年 6 月　頁 155
　　　　　　　—159

295. 方　忠　　王禎和　二十世紀中國文學史　臺北　文史哲出版社　2000 年 9
　　　　　　　月　頁 883—885

296. 計紅芳　　王禎和——對工商社會敗象的嚴峻批判　臺港澳文學教程　上海
　　　　　　　漢語大辭典出版社　2000 年 10 月　頁 51—54

297. 林豐藝　　「笑」的反諷與「淚」的含藏——論王禎和小說中的批判與關懷
　　　　　　　臺灣人文　第 5 期　2000 年 12 月　頁 87—103

298. 丁　帆　　王禎和　中國大陸與臺灣鄉土小說比較史論　南京　南京大學出
　　　　　　　版社　2001 年 5 月　頁 421—424

299. 吳國禎　　王禎和作品中 e5 的臺語歌曲整理及其時代精神（台語文）[24]　文
　　　　　　　學經典與臺灣文學　臺北　富春文化公司　2002 年 1 月　頁 105
　　　　　　　—122

300. 陳芳明　　六〇年代現代小說的藝術成就——現代小說的轉型：黃春明與王
　　　　　　　禎和　聯合文學　第 208 期　2002 年 2 月　頁 160—162

301. 陳芳明　　一九六〇年代臺灣現代小說的藝術成就——現代小說的轉型〔王
　　　　　　　禎和部分〕　臺灣新文學史　臺北　聯經出版社　2011 年 10 月

---

[24]本文藉由王禎和作品，探討 e5 在其作品中所呈現的樣貌。全文共 3 小節：1.台語歌曲文化特性
e5 探查；2.王禎和作品內底 e5 台語歌曲及時代；3.台語歌曲置作品內底 e5 定位。

頁 402—405

302. 王　敏　　臺灣鄉土文學的崛起——王禎和　簡明臺灣文學史　北京　時事
　　　　　　　出版社　2002 年 6 月　頁 419—422

303. 古繼堂　　反對崇洋媚外的王禎和　臺灣文學的母體依戀　北京　九州出版
　　　　　　　社　2002 年 9 月　頁 372—380

304. 朱立立　　純化與雜化——臺灣現代派小說的兩種語言策略〔王禎和部分〕
　　　　　　　新視野、新開拓：第 12 屆世界華文文學國際學術研討會論文集
　　　　　　　上海　復旦大學出版社　2002 年 11 月　頁 194—197

305. 韓春萌　　關注弱勢團體，同鑄藝術情結——臺灣鄉土作家王禎和與黃春明
　　　　　　　創作比較　江西教育學院學報　第 24 卷第 1 期　2003 年 2 月　頁
　　　　　　　100—104

306. 呂文翠　　母性與文明的犧牲——王禎和小說新論　華夏學報　第 37 期
　　　　　　　2003 年 5 月　頁 143—158

307. 柯慶明　　啼笑皆是——為王禎和手稿資料展而作（上、下）[25]　聯合報
　　　　　　　2003 年 9 月 30 日—10 月 1 日　7 版

308. 柯慶明　　啼笑皆是——為王禎和先生手稿資料展而作　臺灣現代文學的視
　　　　　　　野　臺北　麥田出版公司　2006 年 12 月　頁 341—347

309. 徐志平　　臺灣鄉土文學三大家述評——獨樹一幟的語言藝術師——王禎和
　　　　　　　及其作品　人文藝術學報　第 3 期　2004 年 4 月　頁 48—53

310. 陳建忠　　戰後臺灣文學（1945—迄今）〔王禎和部分〕　臺灣的文學　臺
　　　　　　　北　群策會李登輝學校　2004 年 5 月　頁 78—82

311. 方　忠　　社會轉型期民族鄉土情感的書寫者——王禎和的小說　20 世紀臺
　　　　　　　灣文學史論　南昌　百花洲文藝出版社　2004 年 10 月　頁 79—
　　　　　　　81

312. 陳慶浩　　從現代幾個文學作品看臺灣社會的演變：以黃春明、王禎和、陳

---

[25]本文談王禎和作品中「中心／邊陲」之預設所形成的戲劇張力及其遊走劇本、小說之間的文學生
　涯。

映真爲例　2004 年臺灣文學國際研討會：臺灣文學正典的形成
法國　中研院中國文哲研究所，法國波爾多第三大學主辦　2004
年 11 月 2—4 日

313. Anna Maria Paoluzzi　王禎和小說中的家與社會：傳統與創新對比的隱喻？
（Family and Society in Wang Zhenhe's Narrative：A Metaphor for
the Dichotomy of Tradition and Innovation？）　2004 年臺灣文學國
際研討會：臺灣文學正典的形成　法國　中研院中國文哲研究
所，法國波爾多第三大學主辦　2004 年 11 月 2—4 日

314. Anna Maria Paoluzzi　王禎和小說中的家與社會：傳統與創新對比的隱喻？
（Family and Society in Wang Zhenhe's Narrative：A Metaphor for
the Dichotomy of Tradition and Innovation？）　臺灣文學研究新途
徑國際研討會　德國　中研院中國文哲研究所，德國波鴻魯爾大
學中國語文學系主辦　2004 年 11 月 8—9 日

315. 簡光明　小說敘述的黃金比例──王禎和的「抓貓法」　中國語文　第 96
卷第 2 期　2005 年 2 月　頁 42—45

316. 鄭千慈〔伊格言〕　伊會唸咒？──論知識份子、畸零人角色與王禎和小
說中前現代之解魅　崩解的自我──現代主義、畸零人與戰後臺
灣鄉土小說　淡江大學中國文學系　碩士論文　范銘如
教授指導　2005 年 6 月　頁 42—61

317. 陳宜伶　論王禎和短篇小說中的寡婦形象[26]　臺灣文學評論　第 5 卷第 3 期
2005 年 7 月　頁 125—139

318. 廖淑芳　童話的追尋與失落──七等生與《文學季刊》──朝向現實的追
尋──《文學季刊》前五期與陳映真、黃春明、王禎和　國家想
像、現代主義文學與文學現代性──以七等生文學現象爲核心
清華大學中國文學系　博士論文　呂正惠教授指導　2005 年 7 月

---

[26]本文探討王禎何短篇小說中寡婦形象，以了解其筆下寡婦形象所代表的深層意義。全文共 4 小
節：1.前言；2.寡婦形象的塑造；3.寡婦塑造的意義；4.結語。

頁 128—143

319. 尉天驄　　從鄉土文學運動看黃春明的小說〔王禎和部分〕　沿波討源,雖
幽必顯——認識臺灣作家的十二堂課　桃園　中央大學　2005 年
8 月　頁 161—164

320. 鄧與璋　　道德的選擇——論陳映真的王禎和的「熊掌」和「魚」　文學世
紀　第 57 期　2005 年 12 月　頁 94—98

321. 徐耀焜　　鹹酸之外——檢視臺灣當代的兩種飲食書寫——虛寫飲食的討論
〔王禎和部分〕　舌尖與筆尖的對話——臺灣當代飲食書寫研究
（1949—2004）　彰化師範大學國文學系　碩士論文　王年雙教
授指導　2006 年 1 月　頁 195

322. 范銘如　　七〇年代鄉土小說的「土」生土長〔〈五月十三節〉、〈來春姨悲
秋〉、〈嫁粧一牛車〉部分〕　跨領域的臺灣文學研究學術研討會
論文集　臺南　國家臺灣文學館　2006 年 3 月　頁 349—369

323. 呂文翠　　母體的隱喻:離鄉或戀土?——重讀王禎和[27]　在地與遷移‧第三
屆花蓮文學研討會論文集　花蓮　花蓮縣文化局　2006 年 5 月
頁 27—64

324. 林宜澐講；黃涵穎記　　王禎和的小說藝術　拜訪文學系列講座專輯　花蓮
花蓮縣立文化中心　2006 年 6 月　頁 81—90

325. 王　娟　　生命裡甚至也有修伯特無言以對的時候——王禎和對小人物命運
的獨特言說　江西金融職工大學學報　2006 年第 19 卷　2006 年 6
月　頁 162—163

326. 蘇偉貞　　第一代張派作家〔王禎和部分〕　描紅:臺灣張派作家世代論
臺北　三民書局　2006 年 9 月　頁 78—86

---

[27]本文探討王禎和小說中的母親形象與女體預言所象徵的「街鎮鄉土」,重新挖掘王禎和作為七〇
年代鄉土文學運動的論述焦點。全文共 7 小節:1.前言;2.母體:那令人著迷又深感窒息
的……;3.卑賤體:丑（醜）畫小人物之必要;4.笑聲與還鄉:鄉愁的辯證;5.複音邏輯——語
調與修辭;6.索多瑪的罪惡——痛詆城市文明:小說家的「愁」與「仇」;7.結論。

327. 周芬伶　　滑稽與諷刺——鄉土小說的道德兩難——王禎和[28]　聖與魔——臺灣戰後小說的心靈圖像（1945—2006）　臺北　印刻出版公司　2007 年 3 月　頁 106—114

328. 黃秋玉　　七〇年代臺灣鄉土文學作家及其作品特質——代表作家——王禎和　七〇年代臺灣鄉土文學及其教學研究——以高中教材為例　彰化師範大學國文學系　碩士論文　蔣美華教授指導　2007 年 6 月　頁 58—59

329. 楊哲銘　　（重）書寫（他者的）歷史：張藝謀電影與王禎和小說中性／別重現的後殖民語／情境的比較研究　跨領域對談：全球化下的臺灣文學與文化研究國際學術研討會　臺南　成功大學臺灣文學系主辦　2007 年 10 月 26—28 日

330. 施俊州　　語言、鄉土小說 kap 臺語文學史——論王禎和小說符碼轉換意義[29]　區域・語言・多元書寫——第四屆花蓮文學研討會　花蓮　花蓮縣文化局主辦；東華大學中國語文學系承辦　2007 年 11 月 17—18 日

331. 施俊州　　語言、鄉土小說 kap 臺語文學史：論王禎和小說符碼轉換ê意義　海翁臺語文學　第 74 期　2008 年 2 月　頁 4—50

332. 施俊州　　語言、鄉土小說 kap 臺語文學史——論王禎和小說符碼轉換ê意義　第四屆花蓮文學研討會論文集　花蓮　花蓮縣文化局　2008 年 3 月　頁 47—70

333. 廖淑芳　　從語言運用角度比較王禎和小說與林宜澐小說　區域・語言・多元書寫——第四屆花蓮文學研討會　花蓮　花蓮縣文化局主辦；東華大學中國語文學系承辦　2007 年 11 月 17—18 日

---

[28] 本文從「王禎和小說的嘲諷技巧與語言劇場」及「道德與死亡焦慮」2 個主題討論王禎和的諷刺小說。

[29] 本文以社會語言學語言選擇ê相關概念，探討王禎和小說符碼轉換ê意義。全文共小節：1.前言；2.鄉土小說ê文體 kap 時代脈絡；3.善良ê狼，抑惡意ê狼？：王禎和小說文體ê意義；4.結論：走 tshuê台文作家王禎和？

334. 廖淑芳　從語言運用角度比較王禎和與林宜澐小說[30]　第四屆花蓮文學研討會論文集　花蓮　花蓮縣文化局　2008 年 3 月　頁 239—262

335. 卓思敏　影響王禎和小說創作的因素　常州工學院學報（社科版）　第 25 卷第 6 期　2007 年 12 月　頁 15—20

336. 葉石濤　七〇年代臺灣文學的回顧〔王禎和部分〕　葉石濤全集・隨筆卷二　臺南，高雄　國立臺灣文學館，高雄市文化局　2008 年 3 月　頁 61—62

337. 廖淑芳　王禎和與林宜澐小說比較閱讀——以語言運用為主的考察　東華漢學　第 7 期　2008 年 6 月　頁 217—258

338. 曾萍萍　太陽兀自照耀著：《文學季刊》內容分析——第一件差事：大放異彩的小說創作〔王禎和部分〕　「文季」文學集團研究——以系列刊物為觀察對象　中央大學中國文學系　博士論文　李瑞騰教授指導　2008 年 7 月　頁 106—108

339. 曾萍萍　Made in Taiwan：《文季》雙月刊內容分析——臺灣製造的一條山路：「文季」老同人文學表現〔王禎和部分〕　「文季」文學集團研究——以系列刊物為觀察對象　中央大學中國文學系　博士論文　李瑞騰教授指導　2008 年 7 月　頁 234—235

340. 白先勇　六〇年代臺灣文學的「現代」與「鄉土」——六〇年代臺灣文學中的「現代」與「鄉土」〔王禎和部分〕　白先勇作品集・第六隻手指　臺北　天下遠見出版公司　2008 年 9 月　頁 451—452

341. 顏　訥　「善母」與「惡母」：從「女職」與「母性」觀點詮釋王禎和小說中的女性形象[31]　淡江中文學報　第 19 期　2008 年 12 月　頁 217

---

[30]本文比較二人語言表現形式的異同，探求可能的關係意涵。全文共 5 小節：1.前言；2.王禎和語言運用再探討；3.變焦觀察林宜澐與林宜澐的變焦觀察；4.林宜澐語言運用——時語改襲與頂針換喻的想像超越；5.結語。後改篇名為〈王禎和與林宜澐小說比較閱讀——以語言運用為主的考察〉。

[31]本文挑選王禎和小說有關女性形象的書寫，由外型、行為、言談的塑造方式以及語言符碼進行分析、詮釋。全文共 6 小節：1.前言；2.從文本情節分析女性形象的模塑；3.從符碼分析女性形象的模塑；4.從「女職」到「母性」分析女性形象的模塑；5.從作者生平與社會背景探究小說女性形象的模塑；6.結語。

—256

342. 劉雪真　　王禎和小說的鄉土書寫　2009　南榮通識教育學術研討會　臺南　南榮技術學院主辦　2009 年 3 月 13 日

343. 劉雪真　　王禎和小說的鄉土書寫　南榮學報　第 15 期　2012 年 5 月　頁 1—16

344. 蘇敏逸　　王禎和小說精神內涵之特殊性——兼論其筆下的臺灣社會人物圖象[32]　地方感・全球觀——第五屆花蓮文學研討會　花蓮　花蓮縣文化局主辦；東華大學中國語文學系協辦　2009 年 10 月 17—18 日

345. 蘇敏逸　　王禎和小說精神內涵之特殊性——兼論其筆下的臺灣社會人物圖象　地方感・全球觀：第五屆花蓮文學研討會論文集　花蓮　花蓮縣文化局　2009 年 12 月　頁 75—98

346. 李佩樺　　數一串念珠——從王禎和、袁哲生小說看「難過」的迴圈式書寫　第三屆臺大、政大臺文所研究生學術交流研討會　臺北　臺灣大學臺灣文學研究所，政治大學臺灣文學研究所主辦　2009 年 11 月 28 日

347. 陳家洋　　1971 年代臺灣鄉土小說的反殖民敘事〔王禎和部分〕　貴州社會科學　2010 年第 2 期　2010 年 2 月　頁 61—62

348. 林皇德　　鄉土與現代的交錯——王禎和　國語日報　2010 年 4 月 3 日　5 版

349. 林皇德　　王禎和——鄉土與現代的交錯　用愛釀成篇章：臺灣文學家的故事　臺南　國立臺灣文學館　2011 年 7 月　頁 133—136

350. 廖瑛瑛　　《文學季刊》的成立背景與風格——《文學季刊》的風格特色——代表人物——王禎和　反抗權威——七等生與《文學季刊》人文集團的交往及決裂　南華大學文學系　碩士論文　張錫輝教授

---

[32]本文討論王禎和創作精神內涵的特殊性。全文共 5 小節：1.前言；2.從「牛車」談起；3.軟弱、算計與爭奪——市井小人物圖象；4.嘲諷的與溫情的——〈小林來臺北〉之後的兩種態度和筆法；5.結語。

指導　2010 年 7 月　頁 125—130

351. 林宛儀　論王禎和小說在地的流動與越界[33]　臺灣文學論叢（三）　新竹
清華大學臺灣文學研究所　2011 年 3 月　頁 235—272

352. 應鳳凰，傅月庵　王禎和——《嫁粧一牛車》　冊頁流轉——臺灣文學書
入門 108　臺北　印刻文學生活雜誌出版公司　2011 年 3 月　頁
88—89

353. 朱雙一　回歸傳統和關切現實：鄉土文學再出發——臺灣鄉土文學的傳承
和當代的再出發——《文季》系列刊物與「左翼鄉土文學」的形
成〔王禎和部分〕　臺灣文學創作思潮簡史　臺北　人間出版社
2011 年 5 月　頁 311—313

354. 洪珊慧　多元流動的語言腔調——多音交響——王禎和作品的眾聲喧嘩
新刻的石像——王文興與同世代現代主義作家及作品研究　中央
大學中國文學系　博士論文　康來新教授指導　2011 年 6 月　頁
149—159

355. 洪珊慧　多元流動的語言腔調——符號的視覺展演——王禎和圖像式的小
說語言　新刻的石像——王文興與同世代現代主義作家及作品研
究　中央大學中國文學系　博士論文　康來新教授指導　2011 年
6 月　頁 164—169

356. 翁智琦　喜劇作為一種舞臺形式：現代奇人的鄉土寫實劇碼——當嬉鬧成
為一種溫情：王禎和的鄉土喜劇小說　八〇年代小說史脈絡下的
鄉土喜劇小說研究　清華大學臺灣文學研究所　碩士論文　陳建
忠教授指導　2011 年 6 月　頁 63—70

357. 翁智琦　喜劇作為文本舞臺：現代奇人的鄉土文學劇碼——當嬉鬧成為一
種溫情：王禎和的鄉土喜劇小說　臺灣文學論叢（四）　新竹
清華大學臺灣文學研究所　2012 年 3 月　頁 157—165

---

[33] 本文首先探討王禎和小說「鄉人現代性」的越界特質，再回顧作家居住環境的族群多元性。全文
共 5 小結：1.前言；2.〈鬼‧北風‧人〉的流動／越界；3.〈夏日〉的越界／翻譯；4.〈兩隻老
虎〉、〈香格里拉〉、〈素蘭要出嫁〉語言文字的越界；5.小結：越界的在地文化景象。

358. 翁智琦　　空間與地方——檢視作家鄉土觀的方式——知識份子的自我諧
　　　　　　　擬：王禎和的鄉土觀　八〇年代小說史脈絡下的鄉土喜劇小說研
　　　　　　　究　清華大學臺灣文學研究所　碩士論文　陳建忠教授指導
　　　　　　　2011 年 6 月　頁 92—99

359. 張曉風編　　王禎和　Contemporary Taiwanese Literature and Art Series——
　　　　　　　Short Stories（當代臺灣文學藝術系列——小說卷）　臺北　中華
　　　　　　　民國筆會　2011 年 12 月　頁 186

360. 劉曉蓮　　20 世紀 70 年代臺灣鄉土文學中的五四新文化精神——五四新文化
　　　　　　　精神的嫡系傳人〔王禎和部分〕　多元文化與臺灣當代文學　北
　　　　　　　京　文化藝術出版社　2011 年 12 月　頁 122—123

361. 戴華萱　　進入鄉土的寫實小說——故鄉草根人物的回眸與帝國主義的批判
　　　　　　　——王禎和　鄉土的回歸——六、七〇年代臺灣文學走向　臺南
　　　　　　　國立臺灣文學館　2012 年 11 月　頁 224—229

分論

◆單行本作品

散文

《電視・電視》

362. 舒　凡　　從「走訪追問錄」到《電視・電視》　電視・電視　臺北　遠景
　　　　　　　出版公司　1980 年 3 月　頁 1—2

363. 李少樵　　從電視到電視　書評書目　第 56 期　1977 年 12 月　頁 115—123

小說

《嫁粧一牛車》

364. 也　斯　　雜談王禎和近作（代序）　嫁粧一牛車　臺北　金字塔出版社
　　　　　　　1969 年 5 月　頁 1—4

365. 林柏燕　　評介《嫁粧一牛車》　幼獅文藝　第 191 期　1969 年 11 月　頁
　　　　　　　194—207

366. 林柏燕　　評介《嫁粧一牛車》　文學探索　臺北　大林出版社　1980 年 11

月　頁53—70

367. 劉紹銘　　談臺灣土生土長的作家——序《臺灣本土作家短篇小說選集》（上、下）〔《嫁粧一牛車》部分〕　聯合報　1976年8月11—12日　12版

368. 胡坤仲　　讀王禎和《嫁粧一牛車》　臺灣日報　1976年9月22日　9版

369. 花　村　　《嫁粧一牛車》評析　中華文藝　第51期　1977年7月　頁118—127

370. 黃武忠　　小說的方言使用——兼談：楊青矗《工廠人》、王禎和《嫁粧一牛車》、黃春明《莎喲娜啦‧再見》用語之比較　鹽分地帶文學選　臺北　林白出版社　1979年8月　頁530—544

371. 黃武忠　　小說的方言使用——兼談楊青矗《工廠人》、王禎和《嫁粧一牛車》、黃春明《莎喲娜啦‧再見》用語之比較　書評書目　第72期　1979年4月　頁56—65

372. 黃武忠　　小說的方言使用——兼談楊青矗《工廠人》、王禎和《嫁粧一牛車》、黃春明《莎喲娜啦，再見》用語之比較　文藝的滋味　臺北　自立晚報社　1983年10月　頁13—28

373. 黃武忠　　小說的方言使用——兼談楊青矗《工廠人》、王禎和《嫁粧一牛車》、黃春明《莎喲娜啦‧再見》用語之比較　南瀛文學選：評論卷（二）　臺南　臺南縣文化中心　1992年6月　頁524—539

374. 黃武忠　　小說的方言使用——兼談楊青矗《工廠人》、王禎和《嫁粧一牛車》、黃春明《莎喲娜啦‧再見》用語之比較　文學動念轉不停　臺南　臺南縣立文化中心　1999年5月　頁135—154

375. 百　靈　　《嫁粧一牛車》讀後　嘉義青年　1979年元月號　1979年1月　頁40—42

376. 舒　凡　　危機時代的新反抗文學——王禎和《嫁粧一牛車》序　嫁粧一牛車　臺北　遠景出版公司　1981年5月　頁19—23

377. 舒　凡　　「危機時代」的新反抗文學——遠景版序　嫁粧一牛車　臺北

洪範書店　1993 年 9 月　頁 265—269

378. 也　斯　　雜談王禎和近作——金字塔版代序　嫁粧一牛車　臺北　洪範書
　　　　　　　店　1993 年 9 月　頁 261—263

379. 也　斯　　雜談《嫁粧一牛車》　洪範雜誌　第 52 期　1994 年 2 月　3 版

380. 鄧君曼　　我看《嫁粧一牛車》　臺灣日報　1984 年 4 月 15 日　8 版

381. 郭明福　　難言的創痛　琳瑯書滿目　臺北　爾雅出版社　1985 年 7 月　頁
　　　　　　　135—139

382. 范文芳　　我們有喜劇嗎？〔《嫁粧一牛車》部分〕　國文天地　第 32 期
　　　　　　　1988 年 1 月　頁 32

383. 呂正惠　　夏日炎炎書解悶——好書推薦——現代小說書單——王禎和《嫁
　　　　　　　粧一牛車》　國文天地　第 39 期　1988 年 8 月　頁 26

384. 張素貞　　《嫁粧一牛車》　文學星空　臺北　國家文藝基金管理委員會
　　　　　　　1992 年 9 月　頁 65—67

385. 張素貞　　刻畫卑微小人物的歡喜哀愁——《嫁粧一牛車》　續讀現代小說
　　　　　　　臺北　東大圖書公司　1993 年 3 月　頁 255—256

386. 林燿德　　《嫁粧一牛車》　錦囊開卷　臺北　國家文藝基金管理委員會
　　　　　　　1993 年 6 月　頁 179—182

387. 林燿德　　評介《嫁粧一牛車》　將軍的版圖　臺北　華文網有限公司
　　　　　　　2001 年 12 月　頁 44—46

388. 萬榮華輯　《嫁粧一牛車》　中國時報　1993 年 7 月 28 日　27 版

389. 王淑秧　　鄉土與尋根〔《嫁粧一牛車》部分〕　揚子江與阿里山的對話—
　　　　　　　—海峽兩岸文學比較　上海　上海文藝出版社　1995 年 12 月　頁
　　　　　　　162—163

390. 宇　黎　　鄉土文學典型作《嫁粧一牛車》　中央日報　1996 年 4 月 3 日
　　　　　　　18 版

391. 曾仕良　　《嫁粧一牛車》　翰海觀潮　臺北　行政院文建會　1997 年 5 月
　　　　　　　頁 29—31

392. 黃克全　王禎和《嫁粧一牛車》　永恆意象：經典名作導讀　臺北　爾雅
　　　出版社　1998 年 7 月　頁 117—119

393. 藍祖蔚　臺灣小說改編電影的焦點與盲點〔《嫁粧一牛車》部分〕　臺灣
　　　現代小說史綜論　臺北　行政院文建會，聯經出版公司　1998 年
　　　12 月　頁 577—578，579

394. 陳長房　寓悲憫於笑紋——論王禎和《嫁粧一牛車》[34]　臺灣文學經典研討
　　　會論文集　臺北　聯經出版公司　1999 年 6 月　頁 102—117

395. 許俊雅　王禎和的《嫁粧一牛車》　島嶼容顏：臺灣文學評論集　臺北
　　　臺北縣文化局　2000 年 12 月　頁 162—165

396. 李奭學　方言與文學　中央日報　2002 年 11 月 11 日　16 版

397. 李奭學　方言與文學　經史子集　臺北　聯合文學出版社　2005 年 3 月
　　　頁 123—126

398. 應鳳凰　王禎和《嫁粧一牛車》　臺灣文學花園　臺北　玉山社出版公司
　　　2003 年 1 月　頁 70—74

399. 周昭翡　鄉土小說的代表作——《嫁粧一牛車》　文訊雜誌　第 221 期
　　　2004 年 3 月　頁 57

400. 陳培豐　由敘事、對話的文體分裂現象來觀察鄉土文學——翻譯、文體與
　　　近代文學的自主性——鄉土文學中敘事與對話的分裂現象——
　　　「一篇多話」的分工式文體〔《嫁粧一牛車》部分〕　臺灣文學
　　　的東亞思考——臺灣文學藝術與東亞現代性國際學術研討會論文
　　　集　臺北　行政院文建會　2007 年 7 月　頁 199—200

401. 盛　鎧　多元聲音並存的世界：王禎和《嫁粧一牛車》中的複調性　多元
　　　共生：第五屆苗栗縣文學研討會　苗栗　苗栗縣政府主辦；聯合
　　　大學臺灣語文與傳播學系，苗栗縣政府國際觀光文化局承辦
　　　2007 年 10 月 4—5 日

---

[34]本文探討王禎和《嫁粧一牛車》敘述脈落、語言的形式、以及蕉穢型的意象與人物形塑，以呈現
　作家的小說藝術。

402. 盛　鎧　　多元聲音並存的世界：王禎和《嫁粧一牛車》中的複調性　第五屆苗栗縣文學‧多元共生‧研討會論文集　苗栗　苗栗縣國際文化觀光局　2007 年 12 月　頁 35—50

403. 朱雙一　　從遷移到扎根：海與山的交會——福佬人：遵奉「愛拼才會贏」的準則〔《嫁粧一牛車》部分〕　臺灣文學與中華地域文化　廈門　鷺江出版社　2008 年 9 月　頁 129—130

《寂寞紅》

404. 戴維揚　　王禎和《寂寞紅》——一本富有濃厚臺灣氣味的小說（上、中、下）　中華日報　1972 年 7 月 19—21 日　9 版

405. 楊添源　　談王禎和的《寂寞紅》　青溪　第 62 期　1972 年 8 月　頁 137—143

《香格里拉》

406. 林雙不　　雙不齋談書——《香格里拉》　書評書目　第 93 期　1981 年 1 月　頁 60—61

407. 〔許燕，李敬選編〕　　《香格里拉》　感人的書　臺北　希代書版公司　1984 年 12 月　頁 45—55

408. 林淑慧　　臺灣現代公民人文素養的必修課——以「臺灣小說選讀」爲例〔《香格里拉》部分〕　國文天地　第 339 期　2013 年 8 月　頁 37

《美人圖》

409. 鄭雅云　　喜劇的諷刺——試評王禎和的《美人圖》　文藝月刊　第 161 期　1982 年 11 月　頁 30—39

410. 鄭雅云　　喜劇的諷喻——試評王禎和的《美人圖》　洪範雜誌　第 15 期　1984 年 1 月　3 版

411. 鄭雅云　　喜劇的諷喻　臺港文學選刊　1988 年第 1 期　1988 年 2 月　頁 58—60

412. 張之涵　　《美人圖》　時報雜誌　第 167 期　1983 年 2 月 13 日　頁 88—

90

413. 江　帆　讀《美人圖》　洪範雜誌　第 18 期　1984 年 11 月　2 版

414.〔洪範雜誌〕　　《美人圖》——又一部王禎和原著拍成電影　洪範雜誌　第 21 期　1985 年 4 月 30 日　2 版

415. 鄭恆雄　外來語言／文化「逼死」（VS.（對抗））本土語言／文化——解讀王禎和的《美人圖》[35]　王禎和作品研討會　臺北　文建會，聯合文學雜誌社主辦　1990 年 11 月 5—6 日

416. 鄭恆雄　外來語言／文化「逼死」（VS.（對抗））本土語言／文化——解讀王禎和的《美人圖》　聯合文學　第 74 期　1990 年 12 月　頁 51—59

417. 鄭恆雄　外來語言／文化「逼死」（VS.（對抗））本土語言／文化——解讀王禎和的《美人圖》　後殖民理論與文化認同　臺北　麥田出版公司　1995 年 7 月　頁 291—307

418. 鄭恆雄　論王禎和《美人圖》的意圖和文學效果[36]　中外文學　第 19 卷第 9 期　1991 年 2 月　頁 10—31

419. 周宜佳　王禎和《美女圖》作品風格之研究　臺北市立師範學院語文教育學系畢業論文集第二輯　臺北　臺北市立師院語文教育學系　1999 年 6 月　頁 223—264

420. 譚惠文　王禎和《美人圖》之修辭分析[37]　中國現代文學理論　第 17 期　2000 年 3 月　頁 133—160

421. 謝世宗　男性氣質與臺灣後殖民小說中的慾望經濟學〔《美人圖》部分〕　臺灣文學研究學報　第 9 期　2009 年 10 月　頁 37—67

422. 謝世宗　經濟殖民、大眾消費與進口現代性：臺灣殖民經濟小說及其性別次文本——《美人圖》：美人、消費、男同志　中外文學　第 39

---

[35]文從《美人圖》的文體及社會文化現象，探討《美人圖》的文學效果與隱含的意圖。

[36]本文藉由《美人圖》的文體及其反應社會文化現象，以探討其所隱含的意圖與文學效果。

[37]本文分析《美人圖》的修辭，以探討王禎和藉文本字句中的修辭，以寄寓其所欲表達的事物與感情。全文共 7 小節：1.前言；2.《美人圖》中的反諷運用；3.《美人圖》中的夸飾運用；4.《美人圖》中的譬喻運用；5.《美人圖》中的映襯運用；6.《美人圖》中的象徵運用；7.結論。

卷第 3 期　2010 年 9 月　頁 34—40

《玫瑰玫瑰我愛妳》

423. 姚一葦　　我讀《玫瑰玫瑰我愛你》　聯合月刊　第 35 期　1984 年 6 月　頁 92—96

424. 姚一葦　　我讀《玫瑰玫瑰我愛妳》　玫瑰玫瑰我愛你　臺北　遠景出版公司　1984 年 9 月　頁 1—11

425. 姚一葦　　我讀《玫瑰玫瑰我愛妳》　洪範雜誌　第 52 期　1994 年 2 月　1 版

426. 姚一葦　　我讀《玫瑰玫瑰我愛你》　玫瑰玫瑰我愛你　臺北　洪範書局 1994 年 2 月　頁 1—10

427. 姚一葦　　我讀《玫瑰玫瑰我愛你》　戲劇與人生——姚一葦評論集　臺北 書林出版公司　1995 年 10 月　頁 157—165

428. 蕭錦綿　　滑稽多刺的玫瑰——細談王禎和新作《玫瑰玫瑰我愛你》　新書 月刊　第 10 期　1984 年 7 月　頁 42—46

429. 蕭錦綿　　滑稽多刺的玫瑰——細談王禎和新作《玫瑰玫瑰我愛你》　玫瑰 玫瑰我愛你　臺北　遠景出版公司　1984 年 9 月　頁 279—295

430. 蕭錦綿　　滑稽多刺的玫瑰——細談王禎和新作《玫瑰玫瑰我愛你》　玫瑰 玫瑰我愛你　臺北　洪範書局　1994 年 2 月　頁 263—278

431. 龍應台　　王禎和走錯了路——評《玫瑰玫瑰我愛你》[38]　中央日報　1984 年 10 月 25 日　10 版

432. 龍應台　　評王禎和著《玫瑰玫瑰我愛你》　新書月刊　第 15 期　1984 年 12 月　頁 63

433. 龍應台　　王禎和走錯了路——評《玫瑰玫瑰我愛你》　龍應台評小說　臺 北　爾雅出版社　1985 年 6 月　頁 77—82

434. 王德威　　王禎和走錯了路嗎？　中央日報　1984 年 11 月 8 日　10 版

435. 王德威　　王禎和走錯了路嗎？——評王禎和《玫瑰玫瑰我愛你》　閱讀當

---

[38] 本文後改篇名為〈評王禎和著《玫瑰玫瑰我愛你》〉。

代小說——臺灣、大陸、香港、海外　臺北　遠流出版公司
1991 年 9 月　頁 21—25

436. 王德威　　王禎和走錯了路嗎？——評王禎和的《玫瑰玫瑰我愛你》　在字
句裡呼吸　臺北　時報文化出版公司　2006 年 9 月　頁 362—365

437. 應鳳凰　　綠樹成蔭子滿枝——八、九月份文學出版——王禎和《玫瑰玫瑰
我愛你》　文訊雜誌　第 14 期　1984 年 10 月　頁 313—314

438. 王德威　　從老舍到王禎和——現代中國小說的笑謔傾向　從劉鶚到王禎和
臺北　時報文化出版公司　1986 年 6 月　頁 162—182

439. Huang, I-min　　A Postmodernist Reading of Rose, Rose I Love You　Tamkang
Review　第 17 卷第 1 期　1986 年 9 月　頁 27—45

440. 黃重添　　多刺的「玫瑰」與冰冷的「小寡婦」——《玫瑰玫瑰我愛你》與
〈小寡婦〉比較隨想　臺灣研究集刊　1986 年第 4 期　1986 年 11
月　頁 91—96

441. 林承璜　　一朵艷麗的奇葩——評王禎和的《玫瑰玫瑰我愛你》　唐山師專
唐山教育學院學報　1988 年第 2 期　1988 年 2 月　頁 71—74，67

442. 林承璜　　一朵艷麗的奇葩——評王禎和的《玫瑰玫瑰我愛你》　新未來
第 6 期　1989 年 4 月　頁 45—50

443. 林承璜　　一朵艷麗的奇葩——評王禎和的《玫瑰玫瑰我愛你》　海峽
1991 年第 4 期　1991 年 8 月　頁 172—175

444. 林承璜　　一朵艷麗的奇葩——評王禎和的《玫瑰玫瑰我愛你》　臺灣香港
文學評論集　福州　海峽文藝出版社　1994 年 2 月　頁 256—265

445. 王德威　　玫瑰，玫瑰，我怎麼愛你？———種讀法的介紹　眾聲喧嘩——
三○與八○年代的中國小說　臺北　遠流出版公司　1988 年 9 月
頁 239—250

446. 賴松輝　　《玫瑰玫瑰我愛你》書中的敘述模式　文史論集　第 1 期　1990
年 1 月　頁 62—75

447. 東　　年　　美國美國我愛你——鬧劇《玫瑰玫瑰我愛你》的荒謬寓意[39]　王禎和作品研討會　臺北　文建會，聯合文學雜誌社主辦　1990 年 11月 5—6 日

448. 東　　年　　美國美國我愛你——鬧劇《玫瑰玫瑰我愛你》的荒謬寓意　聯合文學　第 74 期　1990 年 12 月　頁 24—37

449. 邱貴芬　　「發現臺灣」：建構臺灣後殖民論述——《玫瑰玫瑰我愛你》和臺灣後殖民文學　中外文學　第 21 卷第 2 期　1992 年 7 月　頁 157—167

450. 邱貴芬　　「發現臺灣」——建構臺灣後殖民論述——《玫瑰玫瑰我愛你》和臺灣後殖民文學　後殖民理論與文化認同　臺北　麥田出版公司　1995 年 7 月　頁 178—187

451. 邱貴芬　　「發現臺灣」——建構臺灣後殖民論述——《玫瑰玫瑰我愛你》和臺灣後殖民文學　中華現代文學大系（貳）・臺灣一九八九—二〇〇三評論卷（二）　臺北　九歌出版社　2003 年 10 月　頁 981—989

452. 邱貴芬　　「發現臺灣」：建構臺灣後殖民論述——《玫瑰玫瑰我愛你》和臺灣後殖民文學　仲介臺灣・女人　臺北　遠流出版公司　1997 年 9 月　頁 163—177

453. 邱貴芬　　「發現臺灣」——建構臺灣後殖民論述——《玫瑰玫瑰我愛你》和臺灣後殖民文學　20 世紀臺灣文學專題——文學思潮與論戰　臺北　萬卷樓圖書公司　2006 年 9 月　頁 316—322

454. 邱貴芬　　性別／權力／殖民論述：鄉土文學中的去勢男人〔《玫瑰玫瑰我愛你》部分〕　當代臺灣女性文學論　臺北　時報文化出版公司　1993 年 5 月　頁 29—31

455. 邱貴芬　　性別／權力／殖民論述：鄉土文學中的去勢男人〔《玫瑰玫瑰我愛你》部分〕　仲介臺灣・女人　臺北　遠流出版公司　1997 年

---

[39]本文探討《玫瑰玫瑰我愛你》中人物與故事情節，以呈現其荒謬寓意。

9 月　頁 194—296

456. 林世奇　從笑謔到包容——試析王禎和《玫瑰玫瑰我愛你》[40]　第一屆全國研究生論文研討會　臺北　淡江大學中國文學研究所主辦　1995年 12 月 9 日　〔19〕頁

457. 林世奇　從笑謔到包容——試析王禎和《玫瑰玫瑰我愛你》　中山女高學報　第 6 期　2006 年 12 月　頁 49—61

458. 蔡芳定　王禎和《玫瑰玫瑰我愛你》的小說藝術[41]　中國學術年刊　第 17 期　1996 年 3 月　頁 327—348

459. 王德威　小說創作與文化生產——聯副中長篇小說二十年〔《玫瑰玫瑰我愛你》部分〕　聯合報　1996 年 11 月 10 日　37 版

460. 曾仕良　《玫瑰玫瑰我愛你》　翰海觀潮　臺北　行政院文建會　1997 年5 月　頁 26—28

461. 劉恆興　王禎和《玫瑰玫瑰我愛你》中的諷刺特徵——兼論中國傳統文學的諷刺技巧　國文天地　第 153 期　1998 年 2 月　頁 76—88

462. 陳瓊琪　王禎和《玫瑰玫瑰我愛你》的敘述　第四屆南區四校研究生論文研討會　嘉義　中正大學中國文學研究所　1998 年 4 月 25—26 日

463. 陳瓊琪　王禎和《玫瑰玫瑰我愛你》的敘述形式　中山中文學刊　第 4 期　1998 年 6 月　頁 54—78

464. 蕭攀元　王禎和《玫瑰玫瑰我愛你》英譯本問世　聯合報　1998 年 11 月30 日　41 版

465. 楊　照　臺灣文學史上少見的鬧劇——王禎和的《玫瑰玫瑰我愛你》　中國時報　1999 年 4 月 20 日　37 版

466. 楊　照　臺灣文學史上少見的冒瀆鬧劇——王禎和的《玫瑰玫瑰我愛你》　洪範雜誌　第 64 期　2001 年 4 月　3 版

---

[40]本文透過喜劇／鬧劇歷史的傳統考察比較，探討《玫瑰玫瑰我愛你》的內容意識。全文共 5 小節：1.前言；2.喜劇／鬧劇的迷思；3.顛倒乾坤的策略；4.寫作意圖的探究；5.結語。

[41]本文採歷史研究法，歸納原典與相關批評文獻，整理出小說的藝術內涵。全文共 3 小節：1.前言；2.正文；3.結論。

467. 吳國禎　　王禎和的臺語書寫淺探——以《玫瑰玫瑰我愛你》爲考察對象
　　　　　　　靜宜大學第四屆中國文學研究所學生論文發表會　臺中　靜宜大
　　　　　　　學中文系　1999 年 12 月 11 日

468. 劉至瑜　　臺灣作家筆下的妓女形象——以呂赫若〈冬夜〉、黃春明〈莎喲娜
　　　　　　　啦・再見〉、王禎和《玫瑰玫瑰我愛你》和李喬《藍彩霞的春天》
　　　　　　　爲例[42]　臺灣人文　第 4 期　2000 年 6 月　頁 1—20

469. 李文卿　　走過殖民——論王禎和《玫瑰玫瑰我愛你》之諧謔書寫[43]　第六屆
　　　　　　　青年文學會議　臺北　文訊雜誌社　2002 年 11 月 8—9 日　頁 1
　　　　　　　—13

470. 李文卿　　走過殖民——論王禎和《玫瑰玫瑰我愛你》之諧謔書寫（摘要）
　　　　　　　文訊雜誌　第 206 期　2002 年 12 月　頁 52

471. 李文卿　　走過殖民：論王禎和《玫瑰玫瑰我愛你》之戲謔書寫　文學臺灣
　　　　　　　第 63 期　2007 年 7 月　頁 184—204

472. 章正忠　　王禎和《玫瑰玫瑰我愛你》的語言藝術　中國語文　第 92 卷第 4
　　　　　　　期　2003 年 4 月　頁 67—78

473. 王宗法　　王禎和的《玫瑰，玫瑰我愛你》　20 世紀中國文學通史　上海
　　　　　　　東方出版中心　2003 年 9 月　頁 617

474. 黃儀冠　　男性凝視，影像戲仿——臺灣「文學電影」的神女敘事與性別符
　　　　　　　碼（1980s）——《玫瑰玫瑰我愛你》　臺灣文學學報　第 5 期
　　　　　　　2004 年 6 月　頁 178—184

475. 陸敬思　　詼諧與（政治）潛意識的關係：解讀王禎和的本土幽默及其全球
　　　　　　　憂慮　正典的生成：臺灣文學國際研討會　臺北　中央研究院中

---

[42]本文以作家筆下的妓女形象，分析其所象徵臺灣人的苦難與諷刺殖民者迫害的創作方法。全文共
　5 小節：1.前言；2.簡介〈冬夜〉、〈莎喲娜啦・再見〉、《玫瑰玫瑰我愛你》和《藍彩霞的春天》；
　3.〈冬夜〉、〈莎喲娜啦・再見〉、《玫瑰玫瑰我愛你》和《藍彩霞的春天》時代背景；4.臺灣作家
　筆下的妓女形象；5.結論。
[43]本文從《玫瑰玫瑰我愛你》的語言建構以及戲謔的書寫模式，追尋其中的殖民記憶。全文共 4 小
　節：1.前言；2.殖民歷史的軌跡——多音交響；3.玫瑰，我怎麼愛你——知識份子的另一張臉；4.
　結語。

國文哲研究所，哥倫比亞蔣經國基金會中國文化及制度史研究中心　2004年7月15—17日　頁225—239

476. 李育霖　翻譯與地方文學生產：以王禎和小說《玫瑰玫瑰我愛你》爲例[44]
　　　中外文學　第35卷第4期　2006年9月　頁17—36

477. 林宛儀　論王禎和《玫瑰玫瑰我愛你》西方文化移植問題　臺清臺灣文學研究所研究生交流會　新竹　清華大學臺灣文學研究所，臺灣大學臺灣文學研究所　2007年3月24日

478. 林啓超；葉衽榤校訂　　最大眾的嚴肅文學——王禎和《玫瑰玫瑰我愛你》　明道文藝　第396期　2009年3月　頁74—77

479. 李育霖　翻譯與地方文學生產：以王禎和小說《玫瑰玫瑰我愛你》爲例　翻譯闖境：主體、倫理、美學　臺北　書林出版公司　2009年4月　頁135—157

480. 林明昌　吧女速成班，在花蓮——談王禎和的小說及電影《玫瑰玫瑰我愛你》　愛、理想與淚光：文學電影與土地的故事（下）　臺南　國立臺灣文學館　2010年12月　頁76—101

481. 何依霖著；張裕敏，杜欣欣，鄭惠雯譯　　重審美國霸權——大江健三郎‧野坂昭如‧黃春明‧王禎和——牽線拉客總動員：王禎和《玫瑰玫瑰我愛你》　異地繁花——海外臺灣文論選譯（下）　臺北　臺灣大學出版中心　2012年8月　頁306—316

482. 李秋蘭　美金美金我愛你——《玫瑰玫瑰我愛你》中的後殖民論述　藝見學刊　第4期　2012年10月　頁41—50

483. 陳意曉　王禎和小說《玫瑰玫瑰我愛你》中的文化板塊運動　中國現代文學　第22期　2012年12月　頁155—170

484. 林秀蓉　汙名與除名：臺灣小說「性病」之敘事意涵——梅毒印記的圖像——殖民霸權的遺毒〔《玫瑰玫瑰我愛你》部分〕　眾身顯影：

---

[44] 本文參照酒井直樹關於翻譯與主體性的關係，以及德勒茲與瓜達里「少數文學」概念，剖析臺灣如何挪用西方現代主義典範，繼而討論王禎和作品中的「翻譯」問題。全文共4小節：1.文化翻譯的界線；2.王禎和書寫中的「翻譯」；3.翻譯渡越主體及其書寫樣態；4.游牧主義及其變向。

臺灣小說疾病敘事意涵之探究（1929—2000）　高雄　春暉出版
社　2013 年 2 月　頁 170—172

485. 吳俊霖　王禎和《玫瑰玫瑰我愛你》的空間書寫及其空間隱喻　第七屆全
國研究生文學符號學術研討會　嘉義　南華大學文學系主辦
2013 年 5 月 25 日

《人生歌王》

486. 〔民生報〕　使讀者一頁頁沈迷下去　民生報　1987 年 5 月 25 日　4 版

487. 余玉照　王禎和的語言實驗——評《人生歌王》　聯合文學　第 32 期
1987 年 6 月　頁 209—210

488. 葉石濤　評《人生歌王》　文訊雜誌　第 30 期　1987 年 6 月　頁 215—
218

489. 葉石濤　評《人生歌王》　葉石濤全集・評論卷三　臺南，高雄　國立臺
灣文學館，高雄市文化局　2008 年 3 月　頁 429—434

490. 〔文化貴族〕　《人生歌王》　文化貴族　第 6 期　1988 年 7 月　頁 97

491. 陳建忠　他們為什麼要唱歌？——王禎和小說《人生歌王》[45]　人生歌王
臺北　聯合文學出版社　2013 年 8 月　頁 264—283

《兩地相思》

492. 鄭樹森　關於王禎和遺作《兩地相思》[46]　聯合報　1993 年 5 月 5 日　35
版

493. 鄭樹森　王禎和遺作《兩地相思》　聯合文學　第 103 期　1993 年 5 月
頁 8—9

494. 鄭樹森　王禎和遺作《兩地相思》　藝文綴語　臺北　洪範書店　1995 年
10 月　頁 233—235

495. 鄭樹森　王禎和遺作《兩地相思》整理報告　兩地相思　臺北　聯合文學

---

[45]本文藉由賞析《人生歌王》，探討王禎和作品的流變歷程。全文共 5 小節：1.鬧劇之王看人生：
《人生歌王》的作者；2.祖孫之歌：〈老鼠捧茶請人客〉；3.啟蒙之歌：〈素蘭小姐要出嫁：終身大
事〉；4.逐夢之歌：〈人生歌王〉；5.小結：讓我們一起合唱。
[46]本文後改篇名為〈王禎和遺作《兩地相思》〉、〈王禎和遺作《兩地相思》整理報告〉。

　　　　　　　出版社　1998 年 6 月　頁 5—7

496. 高全之　　痴情與貪生，讀王禎和遺作《兩地相思》　聯合報　1995 年 5 月
　　　　　　　21 日　34 版

497. 高全之　　痴情與貪生，讀王禎和遺作《兩地相思》　評論十家　臺北　爾
　　　　　　　雅出版社　1995 年 11 月　頁 223—231

498. 高全之　　癡情與貪生——讀王禎和遺作《兩地相思》　王禎和的小說世界
　　　　　　　臺北　三民書局　1997 年 2 月　頁 45—52

499. 董成瑜　　《兩地相思》爲王禎和畫下句點　中國時報　1998 年 5 月 21 日
　　　　　　　41 版

500. 〔民生報〕　　王禎和遺作《兩地相思》出版　民生報　1998 年 7 月 9 日
　　　　　　　34 版

501. 梅家玲　　好笑又辛酸的故事　聯合報　1998 年 7 月 20 日　41 版

502. 葉錦霞　　王禎和的病誌書寫——《兩地相思》試析[47]　主題文學學術研討會
　　　　　　　——生命的書寫　新竹　元培科技大學主辦　2003 年 5 月 3 日

503. 葉錦霞　　王禎和的病誌書寫——《兩地相思》試析　生命的書寫——第二
　　　　　　　屆主題文學學術研討會論文集　臺北　萬卷樓圖書公司　2003 年
　　　　　　　8 月　頁 65—90

504. 葉錦霞　　王禎和的病誌書寫——《兩地相思》試析　長庚科技學刊　第 3
　　　　　　　期　2004 年 12 月　頁 1—15

《老鼠捧茶請人客》

505. 許俊雅　　多語言的探索　老鼠捧茶請人客　臺北　遠流出版公司　2006 年
　　　　　　　2 月　頁 98—101

戲劇
《大車拼》

506. 李元貞　　《大車拚》　中國時報　1993 年 7 月 9 日　32 版

---

[47]本文以《兩地相思》分析一種病誌書寫的形式，並且探究王禎和自身經驗的書寫蘊含的目的及意義。全文共 5 小節：1.前言；2.一種病誌書寫；3.《兩地相思》的筆法；4.《兩地相思》的創作心理；5.結論。

507. 韓　秀　　《大車拚》　聯合報　1993 年 7 月 1 日　35 版

《望你早歸》

508. 邱祖胤　　34 年前禁演・王禎和《望你早歸》再登臺　中國時報　2011 年 7
月 17 日　A10 版

◆多部作品

《嫁粧一牛車》、《寂寞紅》

509. 朱星鶴　　把心住進一個素淨白描的世界——話說王禎和的書[48]　幼獅文藝
第 207 期　1971 年 3 月　頁 126—135

510. 朱星鶴　　一沙一世界——話說王禎和的書　一沙一世界　臺北　文豪出版
社　1979 年 12 月　頁 117—128

511. 朱星鶴　　一沙一世界——話說王禎和的書　一沙一世界　臺北　采風出版
社　1985 年 1 月　頁 153—166

《人生歌王》、〈嫁粧一牛車〉、《小林來臺北》

512. 李宜靜　　王禎和電影劇本之研究[49]　康寧學報　第 3 期　1999 年 12 月　頁
53—68

《美人圖》、〈素蘭要出嫁〉、〈嫁粧一牛車〉

513. 柯慶明　　臺灣「現代主義」小說序論〔《美人圖》、〈素蘭要出嫁〉、〈嫁粧
一牛車〉部分〕　臺灣現代文學的視野　臺北　麥田出版公司
2006 年 12 月　頁 143—194

《美人圖》、《玫瑰玫瑰我愛你》

514. 紀大偉　　羞恥與救贖：1980 年代——王禎和《美人圖》、《玫瑰玫瑰我愛
你》　正面與背影——臺灣同志文學簡史　臺南　國立臺灣文學
館　2012 年 10 月　頁 106—116

單篇作品

---

[48]本文後改篇名為〈一沙一世界——話說王禎和的書〉。
[49]本文探討王禎和喜好「電影」與「劇本」的淵源，同時比較〈嫁粧一牛車〉、〈小林來臺北〉、《人
生歌王》劇本與小說的差異。全文共 5 小節：1.前言；2.索源：與電影劇本的淵源；3.比較：改
編劇本；4.析論：創作劇本；5.結論。

515.　姚一葦　　　論王禎和的〈嫁粧一牛車〉　文學季刊　第 6 期　1968 年 2 月　頁 12—17

516.　姚一葦　　　論王禎和的〈嫁粧一牛車〉　從流動出發——現代小說批評　臺中　普天出版社　1972 年 1 月　頁 165—183

517.　姚一葦　　　論王禎和的〈嫁粧一牛車〉　文學論集　臺北　書評書目出版社　1974 年 11 月　頁 123—137

518.　姚一葦　　　論王禎和的〈嫁粧一牛車〉　中國現代作家論　臺北　聯經出版公司　1979 年 7 月　頁 495—510

519.　姚一葦　　　論王禎和的〈嫁粧一牛車〉　欣賞與批評　臺北　聯經出版公司　1989 年 7 月　頁 191—210

520.　姚一葦　　　論王禎和的〈嫁粧一牛車〉　臺灣本地作家短篇小說選　臺北　大地出版社　2003 年 7 月　頁 223—243

521.　葉石濤　　　論臺灣小說裡的喜劇意義（上、下）〔〈嫁粧一牛車〉部分〕　臺灣日報　1975 年 5 月 29—30 日　9 版

522.　葉石濤　　　論臺灣小說裡的喜劇意義〔〈嫁粧一牛車〉部分〕　作家的條件　臺北　遠景出版公司　1988 年 9 月　頁 29—30

523.　葉石濤　　　論臺灣小說裡的喜劇意義〔〈嫁粧一牛車〉部分〕　葉石濤全集・評論卷一　臺南，高雄　國立臺灣文學館，高雄市文化局　2008 年 3 月　頁 374

524.　張恆豪　　　王禎和〈嫁粧一牛車〉的社會關懷與人性探析　小說新潮　第 1 卷第 2 期　1977 年 10 月　頁 261—269

525.　Cyril Birch 著；楊　澤，童若雯摘譯　　朱西甯、黃春明、王禎和三人小說中的苦難意象（上、下）〔〈嫁粧一牛車〉〕　聯合報　1979 年 2 月 27—28 日　8 版

526.　白芝〔Cyril Birch〕著；楊澤，童若雯摘譯　　朱西甯、黃春明、王禎和三人小說中的苦難意象〔〈嫁粧一牛車〉〕　現代文學論　臺北　聯經出版公司　1981 年 12 月　頁 208—215

527. 郭雪茵　　談〈嫁粧一牛車〉的臺語對白　文學思潮　第 8 期　1980 年 1 月
　　　　　　頁 137—139

528. 洪醒夫　　〈嫁粧一牛車〉賞析　大家文學選・小說卷　臺中　明光出版社
　　　　　　1981 年 10 月　頁 286—288

529. 洪醒夫　　王禎和〈嫁粧一牛車〉賞析　洪醒夫全集・評論卷　彰化　彰化
　　　　　　縣文化局　2001 年 6 月　頁 164—166

530. 單德興　　論影響研究的一些做法及困難——以臺灣近三十年來的小說爲例
　　　　　　〔〈嫁粧一牛車〉部分〕　中外文學　第 11 卷第 4 期　1982 年 9
　　　　　　月　頁 86—88

531. 張素貞　　王禎和的〈嫁粧一牛車〉——無可奈何的悲涼境遇　大華晚報
　　　　　　1982 年 11 月 4 日　10 版

532. 張素貞　　王禎和的〈嫁粧一牛車〉——無可奈何的悲涼境遇　細讀現代小
　　　　　　說　臺北　東大圖書公司　1986 年 10 月　頁 275—285

533. 馬各，丁樹南　　〈嫁粧一牛車〉編者的話　五十六年短篇小說選　臺北
　　　　　　爾雅出版社　1983 年 2 月　頁 48—52

534. 李豐楙　　簡析〈嫁粧一牛車〉　中國現代短篇小說選析 2　臺北　長安出版
　　　　　　社　1984 年 2 月　頁 595—596

535. 陳國富　　〈嫁粧一牛車〉貧窮的奇觀　聯合報　1984 年 4 月 5 日　9 版

536. 水　晶　　拉雜談〈嫁粧一牛車〉　中國時報　1984 年 4 月 6 日　8 版

537. 石　偉　　王禎和與〈嫁粧一牛車〉　電影之友　1984 年第 4 期　1984 年 4
　　　　　　月　頁 29

538. 郭　瑞　　難以忍受又無法拒絕的生活——評〈嫁粧一牛車〉　當代電影
　　　　　　1984 年第 2 期　1984 年 4 月　頁 156

539. 〔中國時報〕　　新電影運動：以改編小說爲骨以影片風格爲貌——〈嫁粧
　　　　　　一牛車〉　中國時報　1984 年 6 月 9 日　8 版

540. 關連閣，孫清江　　評王禎和的〈嫁粧一牛車〉　齊齊哈爾師範學院學報
　　　　　　1989 年第 5 期　1989 年 9 月　頁 75—77

541. 葉杏美　王禎和〈嫁粧一牛車〉之悲劇探索　臺南師院學生學刊　第 16 期　1995 年 2 月　頁 128—140

542. 楊匡漢　現代主義在兩岸〔〈嫁粧一牛車〉部分〕　揚子江與阿里山的對話——海峽兩岸文學比較　上海　上海文藝出版社　1995 年 12 月　頁 197

543. 高全之　道德詭辯的營建及其超越——〈嫁粧一牛車〉的另一種讀法（上、下）[50]　幼獅文藝　第 508—509 期　1996 年 4，5 月　頁 92—97，95—99

544. 高全之　道德詭辯的營建及其超越——〈嫁粧一牛車〉的另一種讀法　王禎和的小說世界　臺北　三民書局　1997 年 2 月　頁 53—72

545. 李俐瑩　〈嫁粧一牛車〉的小說語言　重中論集　第 1 期　2001 年 6 月　頁 69—79

546. 洪錦淳　悲歌兩唱——論呂赫若〈牛車〉與王禎和〈嫁粧一牛車〉[51]　臺灣文學評論　第 2 卷第 1 期　2002 年 1 月　頁 84—95

547. 周芬伶　〈嫁粧一牛車〉賞析　繁花盛景——臺灣當代文學新選　臺北　正中書局　2003 年 8 月　頁 252—253

548. 李崇建　綿密的技巧，精練的語言〔〈嫁粧一牛車〉〕　寫作教室：閱讀文學名家　臺北　麥田出版社　2004 年 3 月　頁 243—249

549. 〔彭瑞金編選〕　〈嫁粧一牛車〉賞析　國民文選・小說卷 3　臺北　玉山社出版公司　2004 年 7 月　頁 284—285

550. 林黛嫚　〈嫁粧一牛車〉作品賞析　臺灣現代文選小說卷　臺北　三民書局　2005 年 5 月　頁 170—171

551. 陳國偉　導讀〈嫁粧一牛車〉　二十世紀臺灣文學金典・小說卷・戰後時期第一部　臺北　聯合文學出版社　2006 年 1 月　頁 353—354

---

[50]本文以〈嫁粧一牛車〉萬發以外人物觀點閱讀小說，以重新審視此篇作品。全文共 6 小節：1.新讀法的定義及其必要性；2.故事裡有六個孩子；3.阿好的形象討論；4.簡底的形象討論；5.道德層面的爭辯與緊張；6.道德詭辯與超越。

[51]本文透過比較二者的敘事技巧、風格，研究兩位作家在所處的時代下所展現的內涵。全文共 2 小節：1.敘事技巧；2.悲劇的特質。

552. 邱貴芬　翻譯驅動力下的臺灣文學生產——1960—1980 現代派與鄉土文學
　　　的辯證——臺灣現代派小說的特色〔〈嫁粧一牛車〉部分〕　臺
　　　灣小說史論　臺北　麥田出版公司　2007 年 3 月　頁 223—224

553. 張昌彥　動人的改編，忠實的拍攝——談《嫁粧一牛車》的電影、原著與
　　　地景　愛、理想與淚光：文學電影與土地的故事（上）　臺南
　　　國立臺灣文學館　2010 年 12 月　頁 338—361

554. 楊晉綺　論王禎和〈嫁粧一牛車〉「底」字的語法功能與修辭效果[52]　臺灣
　　　文學研究集刊　第 10 期　2011 年 8 月　頁 113—160

555. 陳蕙如　荒誕命運的通俗剪影——論《嫁粧一牛車》劇本與電影[53]　育達人
　　　文社會學報　第 9 期　2012 年 1 月　頁 87—104

556. 黃　仁　新臺灣電影代表作——《嫁粧一牛車》　新臺灣電影——臺語電
　　　影文化的演變與創新　臺北　臺灣商務印書館　2013 年 2 月　頁
　　　236

557. 隱　地　〈三春記——給 B.L.〉評析　五十七年短篇小說選　臺北　爾雅
　　　出版社　196 9 年 3 月　頁 175

558. 蜀　弓　從寫實中求進取的〈三春記〉　方眼中的跫音　臺北　藍星詩社
　　　1971 年 10 月　頁 110—118

559. 楊全瑛　死亡因素及主題——臣服宿命觀思想〔〈三春記〉部分〕　六○
　　　年代臺灣小說死亡主題研究　南華大學文學研究所　碩士論文
　　　陳啓佑教授指導　2002 年 12 月　頁 121—122

560. 王津平　從歸國學人的公害談幾篇文學作品——王禎和的〈小林來臺北〉
　　　仙人掌雜誌　第 2 期　1977 年 4 月　頁 114—116

561. 銀正雄　墳地裡哪來鐘聲？〔〈小林來臺北〉部分〕　鄉土文學討論集
　　　臺北　〔自行出版〕　1978 年 4 月　頁 201—202

[52]本文以語法功能與修辭學角度探討〈嫁粧一牛車〉，以呈現出主角緩慢運緩、猶疑憤忌的官感世界。全文共 5 小節：1.引言；2.構成「底」字短語修飾名詞；3.構成「底」字短語代替名詞；4.置於句末「底」字的各種功能與情態意義；5.結論。
[53]本文比較「嫁粧一牛車」小說、劇本、電影的差異。全文共 6 小結：1.前言；2.商業走向與電影體制；3.角色消長與觀眾認同；4.反諷與鬧劇；5.音樂及語言；6.結語。

562. 尉天驄　消費文明下的屈辱和憤怒──王禎和的〈小林來臺北〉　王禎和
作品研討會　臺北　文建會，聯合文學雜誌社主辦　1990 年 11 月
5─6 日

563. 尉天驄　消費文明下的屈辱和憤怒──談王禎和的〈小林來臺北〉　聯合
文學　第 74 期　1990 年 12 月　頁 38─41

564. 蔡詩萍　小說族與都市浪漫小說──「嚴肅」與「通俗」的相互顛覆
〔〈小林來臺北〉部分〕　流行天下　臺北　時報文化出版公司
1992 年 1 月　頁 168

565. 廖咸浩　臺灣小說與後殖民論述──「秘密剋」與「明你祖」之間〔〈小
林來臺北〉部分〕　臺灣現代小說史綜論　臺北　行政院文建
會，聯經出版公司　1998 年 12 月　頁 490─491

566. 張安琪　殖民經濟小說的主題探索──試論黃春明〈莎喲娜啦‧再見〉、王
禎和〈小林來臺北〉[54]　第三十屆鳳凰樹文學獎　臺南　成功大學
中國文學系　2002 年 6 月　頁 549─579

567. 許達然　六○──七○年代臺灣社會與文學〔〈小林來臺北〉部分〕　苦
悶與蛻變──60、70 年代臺灣文學與社會國際學術研討會　臺中
東海大學中文系主辦　2006 年 11 月　頁 41─42

568. 陳美靜　王禎和〈小林來臺北〉的修辭研究[55]　應華學報　第 5 期　2009
年 6 月　頁 137─158

569. 鍾文榛　臺灣現代小說前階段所透顯得孤獨與疏離──心理疏離與社會疏
離的交錯展演──鄉土文學中可看見的疏離〔〈小林來臺北〉〕
孤獨與疏離：從臺灣現代小說透視時代心靈的變遷　臺北　秀威
資訊科技　2012 年 12 月　頁 158─165

---

[54] 本文探討論黃春明〈莎喲娜啦‧再見〉、王禎和〈小林來臺北〉，以呈現一九七○年代臺灣殖民經
濟。全文共 3 小節：1.前言；2.正文；3 結論。
[55] 本文從修辭學的角度探討王禎和選擇、組織題材與表現手法，如何在〈小林來臺北〉中捕捉社會
現象。全文共 6 小節：前言；2.修辭的定義；3.舉題──階層對照；4.佈局──對比結構；5.風格
──修辭特色；6.結語。

570. 季　季　　王禎和的〈素蘭要出嫁〉[56]　書評書目　第 48 期　1977 年 4 月
　　　　　　　頁 166—168

571. 季　季　　〈素蘭要出嫁〉評介　六十五年短篇小說選　臺北　爾雅出版社
　　　　　　　1981 年 5 月　頁 179—182

572. 許素蘭　　〈素蘭要出嫁〉中辛氏家族的應變與體認[57]　小說新潮　第 1 卷第
　　　　　　　2 期　1977 年 10 月　頁 271—281

573. 許素蘭　　〈素蘭要出嫁〉中辛氏家族的應變與體認　昔日之境　臺北　鴻
　　　　　　　蒙文學出版公司　1985 年 9 月　頁 69—82

574. 王鼎鈞　　談王禎和的〈素蘭要出嫁〉　洪範雜誌　第 20 期　1985 年 2 月
　　　　　　　25 日　3 版

575. 王鼎鈞　　一顧傾城〔〈素蘭要出嫁〉部分〕　兩岸書聲　臺北　爾雅出版
　　　　　　　社　1990 年 11 月　頁 123—127

576. 綠　風　　〈素蘭要出嫁〉作品鑑賞　臺港小說鑑賞辭典　北京　中央民族
　　　　　　　學院出版社　1994 年 1 月　頁 517—518

577. 陳玉玲　　王禎和〈素蘭小姐要出嫁——終生大事〉導讀　臺灣文學讀本
　　　　　　　（二）　臺北　玉山社出版公司　2000 年 11 月　頁 64—66

578. 林俊德　　評王禎和的〈素蘭要出嫁〉（上、下）　臺灣新聞報　2002 年 8 月
　　　　　　　20 日—21 日　13 版

579. 歐陽子　　王禎和〈鬼‧北風‧人〉　現代文學小說選集（一）　臺北　爾
　　　　　　　雅出版社　1977 年 6 月　頁 63

580. 呂正惠　　小說家的誕生——王禎和的第一篇小說及其相關問題〔〈鬼‧北
　　　　　　　風‧人〉〕[58]　王禎和作品研討會　臺北　文建會，聯合文學雜誌
　　　　　　　社主辦　1990 年 11 月 5—6 日

581. 呂正惠　　小說家的誕生——王禎和的第一篇小說及其相關問題〔〈鬼‧北

---

[56]本文後改篇名為〈〈素蘭要出嫁〉評介〉。
[57]本文探討〈素蘭要出嫁〉中人物爭取生活空隙、適應生活劇變的能力，以及「個人化」的現實問題。
[58]本文探討王禎和第一篇小說〈鬼‧北風‧人〉以了解其成名前的創作歷程。

風‧人〉〕　聯合文學　第 74 期　1990 年 12 月　頁 16—23

582. 呂正惠　小說家的誕生——王禎和的第一篇小說及其相關問題〔〈鬼‧北風‧人〉〕　戰後臺灣文學經驗　臺北　新地文學出版社　1992年 12 月　頁 297—331

583. 陳美美　現代主義文學作品——現代主義小說：王禎和〈鬼‧北風‧人〉　臺灣現代主義文學的萌芽與再起　佛光人文社會學院文學研究所碩士論文　馬森教授指導　2004 年 6 月　頁 93—95

584. 郭玉雯　《現代文學小說選集》的現代主義特色〔〈鬼‧北風‧人〉部分〕　臺灣文學研究集刊　第 6 期　2009 年 8 月　頁 95—96

585. 許振江　〈伊會唸咒〉中的神鬼意識　小說新潮　第 1 卷第 2 期　1977 年10 月　頁 283—293

586. 趙夢娜　閱讀王禎和的〈伊會念咒〉　東海岸評論　第 54 期　1993 年 1 月5 日　頁 59—62

587. 綠　風　〈伊會念咒〉作品鑒賞　臺港小說鑒賞辭典　北京　中央民族學院出版社　1994 年 1 月　頁 501—502

588. 高全之　曹操敗走華容道——〈伊會唸咒〉修訂與結構之研討　王禎和的小說世界　臺北　三民書局　1997 年 2 月　頁 123—133

589. 季　季　餘音繞樑——王禎和〈香格里拉〉（上、中、下）[59]　中國時報1979 年 8 月 8—10 日　8 版

590. 季　季　餘音繞樑——王禎和〈香格里拉〉　書評書目　第 78 期　1979 年10 月　頁 34—54

591. 季　季　〈香格里拉〉評介　六十八年短篇小說選　臺北　爾雅出版社1980 年 6 月　頁 167—170

592. 李歐梵　一支小調譜成的文學新曲——評王禎和的〈香格里拉〉　中國時報　1979 年 10 月 24 日　8 版

593. 李歐梵　一支小調譜成的文學新曲——評王禎和的〈香格里拉〉　浪漫之

---

[59] 本文後改篇名為〈〈香格里拉〉評介〉。

餘　臺北　時報文化出版公司　1981 年 9 月　頁 138—152

594. 李歐梵　　一支小調譜成的文學新曲——評王禎和的〈香格里拉〉　香格里
拉　臺北　洪範書店　1981 年 12 月　頁 215—230

595. 李歐梵　　一支小調譜成的文學新曲——評王禎和的〈香格里拉〉　小說獎
第二屆——時報文學獎　臺北　時報文化出版公司　1982 年 3 月
頁 61—75

596. 葉石濤　　序〔〈香格里拉〉部分〕　一九七九年臺灣小說選　臺北　文華
出版社　1980 年 6 月　頁 6

597. 葉石濤　　一九七九年臺灣小說選〔〈香格里拉〉部分〕　作家的條件　臺
北　遠景出版公司　1981 年 6 月　頁 38

598. 葉石濤　　一九七九年臺灣小說選〔〈香格里拉〉部分〕　葉石濤全集・隨
筆卷一　臺南，高雄　國家臺灣文學館，高雄市文化局　2008 年
3 月　頁 203－204

599. 李豐楙　　簡析〈香格里拉〉　中國現代短篇小說選析 2　臺北　長安出版社
1984 年 2 月　頁 629—631

600. 政大文藝社小說組　　淺談王禎和的〈香格里拉〉　洪範雜誌　第 17 期
1984 年 7 月　3 版

601. 張系國　　理想與現實——論臺灣小說裡的理想世界〔〈香格里拉〉部分〕
讓未來等一等吧　臺北　洪範書店　1984 年 1 月　頁 190—193

602. 黃世裕　　淺談王禎和的〈香格里拉〉　大華晚報　1985 年 7 月 17 日　10
版

603. 王德威　　里程碑下的沉思——當代臺灣小說的神話性與歷史感〔〈香格里
拉〉部分〕　世界中文小說選（上）　臺北　時報文化出版公司
1987 年 10 月　頁 12—13

604. 王德威　　里程碑下的沉思——當代臺灣小說的神話性與歷史感〔〈香格里
拉〉部分〕　眾聲喧嘩——三○與八○年代的中國小說　臺北
遠流出版公司　1988 年 9 月　頁 282—283

605. 朱雅琪　點燃一盞人生愛的燈火——論王禎和的〈香格里拉〉　中國文化大學中文學報　第 9 期　2004 年 3 月　頁 111—130

606. 郝譽翔　〈香格里拉〉作品賞析　閱讀文學地景・小說卷（上）　臺北　行政院文建會　2008 年 4 月　頁 522

607. 曹珊妃　〈香格里拉〉導讀賞析　山海書——宜花東文學選輯 1　臺北　二魚文化公司　2008 年 9 月　頁 83—89

608. 黃武忠　社會結構變遷中的疏離感——王禎和〈來春姨悲秋〉與林佩芬〈一九七八年春〉之比較　文藝的滋味　臺北　自立晚報社　1983 年 10 月　頁 61—70

609. 黃武忠　社會結構變遷中的疏離感——王禎和〈來春姨悲秋〉與林佩芬〈一九七八年春〉之比較（上、下）　臺灣日報　1987 年 8 月 6—7 日　20 版

610. 黃武忠　社會結構變遷中的疏離感——王禎和〈來春姨悲秋〉與林佩芬〈一九七八年春〉之比較　文學動念轉不停　臺南　臺南縣立文化中心　1999 年 5 月　頁 183—192

611. 姚一葦　寫在〈聖夜〉發表之前　聯合文學　第 100 期　1993 年 2 月　頁 170—171

612. 姚一葦　寫在〈聖夜〉發表之前　大車拚　臺北　聯合文學出版社　1993 年 5 月　頁 225—227

613. 邱貴芬　笑以解憂，卻又焦慮——評王禎和〈大車拚〉　中時晚報　1993 年 7 月 18 日　15 版

614. 張素貞　王禎和的〈老鼠捧茶請人客〉——綜合國、臺、日語的靈魂告白　中國語文　第 73 卷第 6 期　1993 年 12 月　頁 38—44

615. 張素貞　王禎和的〈老鼠捧茶請人客〉——綜合國、臺、日語的靈魂告白　現代小說啓事　臺北　爾雅出版社　2001 年 8 月　頁 195—209

616. 高全之　〈寂寞紅〉的非常體制及其詮釋[60]　王禎和的小說世界　臺北　三

---

[60] 本文探討〈寂寞紅〉二次改寫的差異處，以及王禎和創作風格的改變。全文共 4 小節：爲什麼這

民書局　1997 年 2 月　頁 75—88

617.　郭誌光　　午夜船笛乍響：召喚沉睡的人性尊嚴〔〈兩隻老虎〉〕　戰後臺
灣勞工題材小說的異化主題（1945—2005）　清華大學臺灣文學
研究所　碩士論文　陳萬益教授指導　2006 年 8 月　頁 164

618.　郭誌光　　最熟悉的陌生人：戰後臺灣勞工題材小說中之勞工自我異化——
何枝可棲：社會孤立感〔〈那一年冬天〉部分〕　戰後臺灣勞工
題材小說的異化主題（1945—2005）　清華大學臺灣文學研究所
碩士論文　陳萬益教授指導　2006 年 8 月　頁 38—40

619.　郭誌光　　最熟悉的陌生人：戰後臺灣勞工題材小說中之勞工自我異化
〔〈那一年冬天〉部分〕　臺灣文學論叢（二）　新竹　清華大
學臺灣文學研究所　2010 年 3 月　頁 60

620.　陳宜伶　　王禎和筆下原住民女性角色的呈現——以〈夏日〉為例　國文天
地　第 262 期　2007 年 2 月　頁 60—65

621.　白先勇　　《現代文學》的回顧與前瞻〔〈鬼・北風・人〉部分〕　現代文
學　復刊第 1 期　1979 年 8 月　頁 18

622.　白先勇　　《現代文學》的回顧與前瞻〔〈鬼・北風・人〉部分〕　第六隻
手指　臺北　爾雅出版社　1995 年 11 月　頁 254—255

623.　白先勇　　《現代文學》的回顧與前瞻〔〈鬼・北風・人〉部分〕　白先勇
外集・現文因緣　臺北　天下遠見出版公司　2008 年 9 月　頁
276

多篇作品

624.　顏元叔　　我國當前的社會寫實主義小說——評陳若曦、王文興等八位作家
的作品（2—3）〔〈鬼・北風・人〉、〈來春姨悲秋〉、〈嫁粧一牛
車〉部分〕　中國時報　1977 年 9 月 7—8 日　12 版

625.　顏元叔　　我國當前的社會寫實主義小說〔〈鬼・北風・人〉、〈來春姨悲

秋〉、〈嫁粧一牛車〉部分〕　社會寫實文學及其他　臺北　巨流
圖書公司　1978 年 8 月　頁 86—92

626. 張大春　威權與挫敗——當代臺灣小說中的父親形象〔〈嫁粧一牛車〉、
〈三春記〉部分〕　張大春的文學意見　臺北　遠流出版公司
1992 年 5 月　頁 68—69

627. 朱嘉雯　地老天荒的原始世界——探討解嚴前後臺灣小說中的自然主義傾
向——自然主義在解嚴前後臺灣小說中所呈現的特質〔〈鬼・北
風・人〉、〈寂寞紅〉部分〕　解嚴以來臺灣文學國際學術研討會
論文集　臺北　萬卷樓圖書公司　2000 年 9 月　頁 285—286

628. 蔡振念　叫母親太沉重——臺灣現代小說中的母親及母女關係〔〈伊會念
咒〉、〈香格里拉〉、〈素蘭要出嫁〉部分〕　中國現代文學理論季
刊　第 20 期　2000 年 12 月　頁 518—521

629. 范銘如　七〇年代鄉土小說的「土」生土長〔〈五月十三節〉、〈來春姨悲
秋〉、〈嫁粧一牛車〉部分〕　文學地理：臺灣小說的空間閱讀
臺北　麥田出版公司　2008 年 9 月　頁 153—178

630. 陳芳明　蘋果與玫瑰的隱喻〔《玫瑰玫瑰我愛你》、〈小林來臺北〉部分〕
文訊雜誌　第 293 期　2010 年 3 月　頁 14—16

631. 陳芳明　臺灣鄉土文學運動中的論戰與批判——蘋果與玫瑰：帝國主義的
批判〔《玫瑰玫瑰我愛你》、〈小林來臺北〉部分〕　臺灣新文學
史　臺北　聯經出版社　2011 年 10 月　頁 543—545

作品評論目錄、索引

632. 陳君夫　王禎和小說的重要論評引得　小說新潮　第 1 卷第 2 期　1977 年
10 月　頁 297—298

633. 李豐楙　重要評論　中國現代短篇小說選析 2　臺北　長安出版社　1984
年 2 月　頁 597，631

634. 高惠琳　王禎和研究資料　文訊雜誌　第 60 期　1990 年 1 月　頁 100—
104

635. 高惠琳　王禎和研究資料　臺灣文學觀察雜誌　第 2 期　1990 年 9 月　頁 90—95

636. 劉玟伶　王禎和關係論著目錄　國立中央圖書館館刊　第 27 卷第 1 期　1994 年 6 月　頁 231—252

637. 高全之　有關王禎和批評及訪問目錄索引　王禎和的小說世界　臺北　三民書局　1997 年 2 月　頁 171—180

638. 劉玟伶　王禎和研究資料目錄彙編　王禎和作品論：小說、劇本與影評　清華大學中國文學系　碩士論文　陳萬益教授指導　1997 年 6 月　頁 241—257

639. 陳怡臻　王禎和生平‧作品評論資料彙編　笑的力量——論王禎和《美人圖》與《玫瑰玫瑰我愛你》中的鬧劇書寫　靜宜大學中國文學系　碩士論文　陳建忠教授指導　2009 年 8 月　頁 135—154

640.〔封德屏主編〕　王禎和　臺灣現當代作家評論資料目錄（一）　臺南　國立臺灣文學館　2010 年 11 月　頁 291—323

其他

641. 亮　軒　永不落幕的生命〔《英格麗‧褒曼自傳》〕　聯合文學　第 20 期　1986 年 6 月　頁 211

國家圖書館出版品預行編目資料

王禎和／許俊雅編選. -- 初版. -- 臺南市：臺灣文學
館, 2013.12
　　面；　　公分. -- (臺灣現當代作家研究資料彙編 ; 49)
ISBN 978-986-03-9159-6 (平裝)

1.王禎和　2.作家　3.文學評論

783.3886　　　　　　　　　　　　　　102024150

【臺灣現當代作家研究資料彙編】49

王禎和

發 行 人／　李瑞騰
指導單位／　文化部
出版單位／　國立台灣文學館
　　　　　　地址／70041 台南市中西區中正路 1 號
　　　　　　電話／06-2217201　　　　傳真／06-2218952
　　　　　　網址／www.nmtl.gov.tw　　電子信箱／pba@nmtl.gov.tw

總 策 畫／　封德屏
顧　　問／　林淇瀁　張恆豪　許俊雅　陳信元　陳義芝　須文蔚　應鳳凰
工作小組／　王雅嫻　杜秀卿　汪黛妏　張純昌　張傳欣　莊雅晴　陳欣怡
　　　　　　黃寁婷　練麗敏　蘇琬鈞
編　　選／　許俊雅
責任編輯／　王雅嫻
校　　對／　王雅嫻　林英勳　陳欣怡　黃敏琪　黃寁婷　趙慶華　潘佳君　練麗敏
計畫團隊／　財團法人台灣文學發展基金會
美術設計／　翁國鈞・不倒翁視覺創意
印　　刷／　松霖彩色印刷事業有限公司

著作財產權人／國立台灣文學館
本書保留所有權利。欲利用本書全部或部分內容者，須徵求著作財產權人同意或書面授
權。請洽國立台灣文學館研典組（電話：06-2217201）

經銷展售／　國家書店松江門市（02-25180207）
　　　　　　國立台灣文學館—雪芙瑞文學咖啡坊（06-2214632）
　　　　　　南天書局（02-23620190）　　　唐山出版社（02-23633072）
　　　　　　府城舊冊店（06-2763093）　　　台灣的店（02-23625799）
　　　　　　啓發文化（02-29586713）　　　三民書局（02-23617511）
　　　　　　草祭二手書店（06-2216872）　　五南文化廣場（04-22260330）
網路書店／　國家書店網路書店 www.govbooks.com.tw
　　　　　　五南文化廣場網路書店 www.wunanbooks.com.tw
　　　　　　三民書局網路書店 www.sanmin.com.tw

初版一刷／2013 年 12 月
定　　價／新臺幣 400 元整
　　　　　第一階段 15 冊新臺幣 5500 元整　第二階段 12 冊新臺幣 4500 元整
　　　　　第三階段 23 冊新臺幣 8500 元整　全套 50 冊新臺幣 18500 元整
　　　　　全套 50 冊合購特惠新臺幣 16500 元整

GPN／1010202825（單本）　ISBN／978-986-03-9159-6（單本）
　　　1010000407（套）　　　　　　978-986-02-7266-6（套）